ケース演習
民事訴訟実務と
法的思考

瀬木比呂志

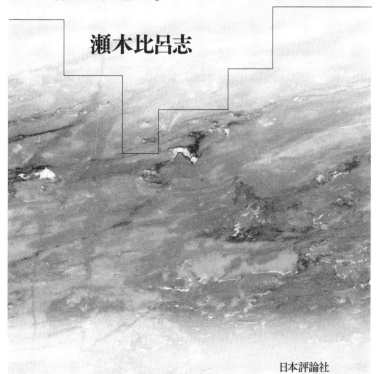

日本評論社

はしがき

　本書は、判例タイムズ社から出版されていた『ケースブック民事訴訟活動・事実認定と判断――心証形成・法的判断の過程とその解説』（以下、「旧版」という）に全面的かつ大幅な補足、修正を行って改訂するとともに、内容のアップトゥデートをも図ったものである。なお、改訂に伴い、書名も変更した。

　本書（改訂版）の特色としては、以下の３点が挙げられる。

　第一には、大学の演習における利用実績に基づき、必ず詳しい「解答」を示すとともに、関連の「解説」をも大幅に補充して、民事訴訟実務を理解し法的思考力を伸ばすための独習書としての利用価値を高めたことがある。

　第二には、民法を始めとする実体法関連の設問、また、民事訴訟法関連の設問を多数収録するという旧版以来の方針を前提としつつ、設問の内容・表現についても、上記のような目的にかなうよう、全面的な見直しを行ったことがある。

　第三には、訴訟法学者としての観点からの解説を補充するとともに、実務家としての視点からする解説についても、裁判官時代には書けなかった事柄をも含め、より直截的で掘り下げたものとしたことがある。

　以上の改訂、ことに第一の点ははかなり抜本的なものであり、本書の改訂は、『民事保全法〔新訂版〕』以来の日本評論社からの改訂新版シリーズの中でも、頁当たりに要した時間からすると最も大きなものとなった。

　以下、より具体的に説明する。

　旧版のタイトルを変更して『ケース演習　民事訴訟実務と法的思考』としたのは、私が大学において本書を用いて行っている演習の内容が以下のようなものであり、本書がそのような利用にふさわしいものであることが判明したことから、下記の趣旨を明確にするタイトルに変えたということである。改訂も、そのようなタイトルの変更に沿う形で行った。

　「本演習においては、ケース演習書、ケースブックの判決例を素材に、法的論点についての調査、立論の訓練を行い、論述の能力と法的思考力を併せて伸ばすことを目指す。具体的には、弁護士が日常接することの多い類型の事件と法的な

問題を含む事件における法律論展開の方法、主張立証活動のあり方とその技術を学生に把握させ、それによって、一般的な論述の能力、また、本当の法律的な能力、すなわち法的な問題について柔軟に深く掘り下げて考え、また、それを表現する力（司法試験、実務のいずれについても必要な能力である）を伸ばすことを目的とする。

　検討する設問には、民法を始めとする実体法、民事訴訟法等のさまざまな論点が含まれている。また、適宜、立法論的、制度論的、法社会学的な検討をも行う」

　本書は、本文冒頭の「本書の構成とその解説」で詳しく述べるとおり、弁護士を始めとする実務家、法科大学院および法学部の学生の独習書として、また、法科大学院における民事法系統の各種カリキュラムの教材、参考書として、さらには民事法研究者（民法等の実体法の研究者を含めて）の参考あるいは研究素材として、私の民事判決の中から、各種類型の、また、事実認定や法的判断に何らかの特色を含んだ事案の判決（単独体の判決のほか若干の合議体の判決。ただし、あまり長くないもの）を選択し、それに設問と多角的な解説を加えたケース演習書、ケースブックである。

　旧版では、「解説」には「解答ないしその要旨」が含まれていない場合もあったが、本書においては、独習書として利用される場合の便宜を考え、「解説」の項目名を「解答および解説」と変更し、この項目に、必ず、「解答」およびこれに関連する「解説」を含ませるようにした。この点は、上記のとおり、本改訂の最も大きな特色であり、学生のみならず、弁護士等の実務家にとっても、独習書等としての利便性を大いに高めたものと考える。

　さらに、「解答および解説」の記述に当たっては、ケース演習書、ケースブックという書物の性格を考慮し、法学の教科書等にありがちな「客観性を装った主観的な記述」を避け、「私」という一学者の視点からの、しかし、可能な限り客観性を追求した記述とするとともに、裁判官時代にはその仕事の性格上記すことの難しかった記述をも大幅に補充した。

　なお、「設問」、「解答および解説」の各修正補充については、私が大学で本書を教材として行っている上記演習の成果をも取り込んでいる。

　要するに、設問の内容に応じて適切な「解答および解説」を行うように努めたということである。

そのほかにも、「事例・設問・解説」のセクションのうち「判決」の部分を除いては、書物の全体について、細かな見直しを行った。

　本書は、上記のとおり、読者に、現実の、そして日常的に接するスタンダードな事案における法的調査と立論、主張立証活動、さらには、争点整理、事実認定、心証形成、法的判断の技術をリアルに把握していただき、それによって、本当の法律的な能力、すなわち法的な問題について柔軟に深く掘り下げて考え、また、それを表現する力を伸ばしていただくことを目的としている。

　読者の方々は、本書を熟読しつつみずからも考えることによって、外側からみただけではその全貌を容易に理解しがたい民事訴訟のリアルな実際を、内在的かつ多面的に理解することができるようになるはずである。

　なお、本書は、私の書物『民事訴訟実務・制度要論』、また、『民事訴訟の本質と諸相──市民のための裁判をめざして』〔各日本評論社〕と相補う性格をもったケース演習書、ケースブックでもある。読者の方々が、これらの書物を参照しながらこのケース演習書、ケースブックをお読みくださるならば、個々の事案と民事訴訟実務に関する立体的な理解を一層深めることができるものと考える。

　また、関連して、私の書物の中から、民事訴訟手続や民事裁判の背景を成す法社会学的な事柄や日本の司法制度、裁判についての知識を得、民事訴訟法とそれに基づく民事訴訟実務を立体的に理解するために有用と思われるものを選んで挙げておきたい。

　学生にも比較的読みやすいものが、『絶望の裁判所』、『ニッポンの裁判』〔各講談社現代新書〕である。基本的な観点は法社会学的なものだが、後者については、アメリカのプラグマティズム法学、リアリズム法学の方法をも参考にしている。日本における通常の法学の説明とは異なった観点からのより機能的でリアルな制度理解、裁判理解の方法を知ってもらうことは、本書の理解のためにも、民事訴訟実務や制度の理解のためにも、役立つはずである。ことに、日本の法学における判例理解が見落としている視点を補うという意味で、後者は参考になるのではないかと考える。

　本書が、今後、上記のような形で利用され、それによって、弁護士等の実務家や学生の民事訴訟実務に関する理解が深まるとともにその法的思考力が高まり、弁護士の主張立証活動の質にも一定の向上をみることができるなら、著者としてこれにまさる喜びはない。

本書は、上記『民事訴訟実務・制度要論』と同様、あまり類書のない書物であるため、その企画および原稿の全部または一部について、実務家、研究者の方々からさまざまな御意見をいただき、それらを、全般的な、また、個別的な記述のあり方に反映させている。お忙しい中時間をさいてくださったそれらの方々に感謝したい。また、よき伴走者として私の書物に付き合ってくださっている日本評論社のヴェテラン編集者、高橋耕さんにもお礼を申し上げたい。

　2017年1月1日

瀬木比呂志

ケース演習
民事訴訟実務と法的思考

目次

はしがき　i

本書の構成とその解説　*1*

民事判決書の現状とその解説── *13*

1　判決書の位置付け……………………………………………………*14*
2　判決書の目的──誰のためのものか？………………………………*14*
3　判決書のあり方………………………………………………………*15*
4　判決書のふたつのスタイル──旧様式（在来様式）と新様式………*20*
5　一般的な判決起案のあり方…………………………………………*22*
6　新様式判決の具体的な書き方………………………………………*26*
7　本書収録の判決について……………………………………………*32*

事例・設問・解説── *35*

第1　売買関連……………………………………………………………*36*

1　損害賠償請求事件（本訴、反訴とも）　*36*
　　事案・争点➡売買契約の成否、不当訴訟
　　　　　　　（事件受任の是非）
2　損害賠償請求事件　*48*
　　事案・争点➡継続的売買契約の解消と債務不履行
　　　　　　　（紛争の原因と背景）
3　売買代金請求事件　*60*
　　事案・争点➡継続的売買契約、独占販売契約、信義則

目　次

第 2　消費貸借関連……………………………………………………………… *68*

 4　貸金請求事件（本訴）、反訴請求事件　　*68*
  事案・争点➡消費貸借の全面的否認

 5　貸金請求事件　　*84*
  事案・争点➡貸主は原告か否か

第 3　賃貸借、使用貸借関連…………………………………………………… *94*

 6　建物明渡等請求事件　　*94*
  事案・争点➡債務不履行に背信性なしの抗弁

 7　建物明渡等請求事件　　*106*
  事案・争点➡信頼関係破壊による使用貸借解約
  　　　　　　（当事者主義のあり方と釈明権、裁判官の役割と能力）

 8　建物明渡請求事件（本訴）、損害賠償請求事件（反訴）　　*118*
  事案・争点➡賃料請求と漏水の抗弁

 9　工作物撤去土地明渡等請求事件　　*127*
  事案・争点➡賃貸借と換地処分
  　　　　　　（当事者主義のあり方と釈明権、裁判官の役割と能力）

第 4　請負関連…………………………………………………………………… *144*

 10　原状回復請求事件　　*144*
  事案・争点➡契約の相手方、契約内容の特定とその履行
  　　　　　　（要件事実論と争点整理）

 11　損害賠償請求事件（本訴）、請負代金請求事件（反訴）　　*157*
  事案・争点➡契約内容の特定とその履行、請負契約の瑕疵担保

 12　請負代金請求事件　　*168*
  事案・争点➡請負契約の履行

第 5　保　証……………………………………………………………………… *180*

 13　保証債務履行請求事件　　*180*
  事案・争点➡連帯保証の成否（積極）、2 段の推定

14　リース料請求事件　*187*
　　　　事案・争点 ➡ 連帯保証の成否（消極）

第6　登記手続請求関連 ……………………………………………………… *191*

　　15　建物所有権移転登記手続請求事件　*191*
　　　　事案・争点 ➡ 建物所有権の帰属
　　　　　　　　　　（日本の民事訴訟に多い「外見と実態の乖離」の主張、
　　　　　　　　　　　表と裏の二重基準〈ダブル・スタンダード〉）
　　16　土地所有権移転登記手続請求事件　*202*
　　　　事案・争点 ➡ 取得時効
　　　　　　　　　　（法理の要約、実質的判例変更）
　　17　土地建物所有権移転登記手続等請求事件　*211*
　　　　事案・争点 ➡ 遺留分、価額弁償
　　　　　　　　　　（制度の意味）

第7　不法行為一般 ………………………………………………………… *226*

　　18　損害賠償請求事件　*226*
　　　　事案・争点 ➡ 暴力行為
　　19　損害賠償請求事件　*239*
　　　　事案・争点 ➡ セクシュアル・ハラスメント
　　20　損害賠償請求事件　*250*
　　　　事案・争点 ➡ 横領ないしは横領に準じる不法行為
　　　　　　　　　　（法律家と市民の間にある認識の「溝」）
　　21　損害賠償請求事件　*260*
　　　　事案・争点 ➡ 詐　欺

第8　不法行為（交通事故） ……………………………………………… *268*

　　22　交通事故損害賠償請求事件　*268*
　　　　事案・争点 ➡ 過失相殺、逸失利益
　　23　交通事故損害賠償請求事件　*281*
　　　　事案・争点 ➡ 過失相殺
　　　　　　　　　　（新しい法的判断）

第9 境界確定……299

24 境界確定請求事件　*299*
　事案・争点➡境界確定
　　　　（当事者本人の言い分と代理人の主張立証のあり方）

25 境界確定請求事件　*313*
　事案・争点➡境界確定
　　　　（当事者本人の言い分と代理人の主張立証のあり方）

第10 共有物分割等……329

26 共有物分割請求事件　*329*
　事案・争点➡全面的価格賠償による共有物分割
　　　　（新しい法的判断）

27 共有物分割等請求事件（本訴）、立替金等請求事件（反訴）　*340*
　事案・争点➡共有物分割、複数の請求相互の論理的関係
　　　　（判決や法的主張のわかりやすさ）

第11 離婚、不貞慰謝料……355

28 離婚請求事件　*355*
　事案・争点➡「有責配偶者の離婚請求」の抗弁（請求棄却事例）
　　　　（離婚訴訟・制度についての法意識と判例）

29 離婚請求事件　*369*
　事案・争点➡「有責配偶者の離婚請求」の抗弁（請求認容事例）

30 損害賠償請求事件　*380*
　事案・争点➡配偶者の不貞の相手方（第三者）に対する慰謝料請求
　　　　（第三者に対する不貞慰謝料についての法意識と判例）

第12 その他の事件類型……389

31 詐害行為取消請求事件　*389*
　事案・争点➡詐害行為の成立

32 媒介報酬請求事件　*396*
　事案・争点➡停止条件成就妨害、商人の報酬請求権

33　学会費請求事件　*405*
　　　事案・争点➡準委任契約の債務不履行
　34　損害賠償請求事件　*415*
　　　事案・争点➡国家賠償（営造物責任）

第13　契約の解釈……………………………………………………………*432*

　35　損害賠償等請求事件　*432*
　　　事案・争点➡標準旅行業約款の解釈
　36　売買代金等請求事件（第一事件）、違約金請求事件（第二事件）　*441*
　　　事案・争点➡契約の解釈（違約金・精算金、履行引受・債務引受）

第14　法律論……………………………………………………………………*451*

　37　動産引渡請求事件　*451*
　　　事案・争点➡民事再生手続におけるリース契約の位置付け
　　　　　　　　　（判例研究・批評の意味）
　38　損害賠償請求事件（合議事件）　*471*
　　　事案・争点➡年金契約上の説明義務
　　　　　　　　　（判例研究・批評の意味）
　39　損害賠償請求事件　*490*
　　　事案・争点➡不告知投薬の違法性
　40　損害賠償請求事件（合議事件）　*506*
　　　事案・争点➡弁護士の受任と不法行為
　41　建物明渡等請求事件（本訴）、反訴請求事件　*517*
　　　事案・争点➡訴訟上の和解と既判力の拡張、物件明細書の性格

第15　原告本人訴訟……………………………………………………………*526*

　42　損害賠償等請求事件　*526*
　　　事案・争点➡原告本人訴訟のあり方と問題点
　43　損害賠償請求事件　*536*
　　　事案・争点➡原告本人訴訟のあり方と問題点

本書の構成とその解説

本書は、私の裁判官時代（より詳しくいえば、うち、私自身の工夫に基づく新様式による判決の書き方が安定した2000年前後以降の時代）の民事判決の中から、弁護士を始めとする実務家、法科大学院および法学部の学生の独習（自学自習、独習）あるいは研究会用の教材として、また、法科大学院における民事法系統の各種カリキュラムの教材、参考書として、さらには民事法研究者の参考あるいは研究素材として、適切と考えられるものをピックアップし、それに「設問」と詳細な「解答および解説」等を加えた書物である。

　はしがきにも記したとおり、全面改訂に伴い、「設問」の内容をより適切なものとし、また、各設問について、「解説」にとどまらず、「解答および解説」を掲載するとともに、その内容をも大幅に補充した（なお、旧版の9事件についてはその内容に問題を発見したため、削除した。これに伴い、旧版の10事件以下はひとつずつ番号が繰り上がっている）。

　本書収録の事案には判例誌に掲載されたものもかなり含まれている（ことに書物の半ば以降に多い）が、基本的には、後記のような類型ごとに、スタンダードな、そして相当程度に争われた民事訴訟のケースをなるべく幅広く選択するようにしている。

　民事訴訟のリアルな実態と実際、また、主張立証、法的立論、さらには、争点整理、事実認定、心証形成、法的判断のあり方とその技術をリアルに把握することができ、それによって本当の法律的な能力、すなわち法的な問題について柔軟に深く掘り下げて考え、また、それを表現する力を伸ばすには、事実関係が非常に複雑な事案や特異な法的争点を中心とした事案（日本の法学の授業ではむしろこうした事案が取り上げられることが多い）よりも、まずは、日常的に生起する民事訴訟実務上のさまざまな問題がそのままに現れているごく普通のケースを中心に検討するほうが望ましいからである。

　そうした観点から、事件としては、単独体（ひとりの裁判官による裁判）の判決（以下、単独体の事件を「単独事件」という）を中心とし（なお、合議体の事件〔以下「合議事件」という〕のそれも数件含まれている）、①事案については、さまざまな類型を念頭に置いて選択する（たとえば「売買関連」等の「事件名に関連した類型」のみならず、「契約の解釈」、「法律論」等の「争点の性格に関する類型」等をも含め、実務家と学生のための独習教材、また、演習・研究会等の教材としての適性といった観点から、多元的、実質的でファジーな基準による選択分類を行う）、②法律家の

独習や法科大学院における民事法系統の各種カリキュラムで広く利用できるように、法的立論をも含めた広義の主張立証過程（当事者側）、また、心証形成・事実認定・判断の過程（裁判官側）の過程とそれらに関する説示がヴィヴィッドに理解できるような選択を行う（事件名の類型、要件事実等の比較的形式的な側面よりも、主張立証、法的立論、また、事実認定と法的・価値関係的判断過程の重層的、多角的な理解に資するといった、より、実質的、機能的な、また、法社会学的・社会科学的なアプローチを重視する）、といった方針で編集と解説を行うこととした。これにより、民事訴訟法のみならず、民法等の民事実体法についても、日本の大学で教えられている比較的観念的、演繹的な思考方法とは異なった思考方法や法と事実の機能的分析の方法（こうした方法は、実は、大陸法系諸国においても、実務家には必須のものなのである）を学んでいただけるのではないかと考える。

なお、人事訴訟（具体的には離婚訴訟）については現在は家裁の管轄とされている（2003年〔平成15年〕成立の人事訴訟法により家裁に移管された）が、本書には、地裁事件であった時代の判決をそのまま掲載した。内容に大きな相違はなく、また、民事訴訟でなくなったとはいえ、実務家の多数が経験する事件類型だからである。

ここで、本書が、「私の裁判官時代の判決」のみを収録した書物であることについて一言述べておきたい。

それは、端的にいえば、「民事訴訟のリアルな実態と実際、また、主張立証、法的立論、さらには、争点整理、事実認定、心証形成、法的判断のあり方とその技術をリアルに把握することができ、それによって本当の法律的な能力、すなわち法的な問題について柔軟に深く掘り下げて考え、また、それを表現する力を伸ばす」という上記のような目的を達するケース演習書、ケースブックを作るには、これ以外の方法が考えにくかったからである。

事実認定、心証形成、法的判断のリアルな形成過程は当該裁判官以外には本当にはわからないし、主張立証や法的立論、あるいは争点整理の技術やその分析も、上記のような裁判官の判断過程とのからみ合いの中に位置付けるのでなければ、深く理解することは難しい。こうした問題について学ぶことは、法律家あるいは法律家を志す学生にとって絶対に必要なことであり、その必要性自体は誰もが認めていた。

それにもかかわらず、こうした事柄の体系的な検討は、これまで、必ずしも十

分に行われてこなかった（一流の研究者からも、判例を読んでも、上記のような部分はブラックボックスに近く、なかなか理解できないという意見を多数聴いてきたところである）。

　私は、民事訴訟実務と制度の理論的な、また網羅的・体系的な解明を目指した『民事訴訟実務・制度要論』ないしその旧版である『民事訴訟実務と制度の焦点』において、上記のような事柄について可能な限りの体系的・理論的解明を行うことを試みた。そして、幸いにしてこれらの書物は一定の成果を収め、実務家、研究者双方からその価値を認められたが、上記のような解明の核心となる部分をさらに具体的に記述するには、多数の事例の実証的分析という本書で行った以外の方法は考えにくかったのである。

　そこで、私は、研究者兼裁判官として、自己の判決を素材に、しかしながら、できる限り客観化、相対化された視点から、上記のような分析を試みようと考えたのである。

　本書の「解答および解説」の中には、弁護士の主張立証活動その他弁護士のあり方について分析し、場合によっては批評ないし批判を加えた部分もあるが、これは、もとより、個々の弁護士活動それ自体を批判する趣旨ではなく、個人を特定する指標を除去した、そして、言渡しからかなりの時間が経過した過去の判決を素材に、今後の実務、法学、法学教育の向上を旨として、制度利用者である市民（訴える場合、訴えられる場合の双方がありうる）の視点をも踏まえた「実務を知る研究者」としての視点から行ったものであることを御理解いただければ幸いである。

　そこには、「弁護士の主張立証活動、訴訟活動の質は、事案の適正な解決の可否に、そして、判決の質にも大きな影響を与えるものだから、機能的、合理的で適切、適正な訴訟活動を心がけてほしい。また、みずからの訴訟活動のあり方を内省的に振り返り客観視する視点をも保ってほしい」という私の願いが込められている。なお、多くの弁護士は、たとえその巧拙はあるとしてもおおむね誠実な主張立証活動を行っているし、法廷や和解の席でも誠実な対応をしていることは、私ももちろん認める。

　本書の原稿に関する弁護士や研究者の御意見についても、弁護士の主張立証活動に関しては、成功している例、そうでない例を含めできる限り具体的な分析があったほうが今後の参考になるのではないかというものが多かったことも付言しておきたい（付け加えるならば、裁判官の訴訟指揮や争点整理、和解、判決等のあり

方についても、同様の観点からする客観的で建設的な分析検討が行われてゆくことが望ましいであろう。現時点におけるその問題点については、私も、『絶望の裁判所』、『ニッポンの裁判』〔各講談社現代新書〕において、主としてその問題点、ダークサイドに力点を置いて、指摘と分析を行ったところである)。

　上記のとおり、本書の解説的部分の執筆に当たっては、できる限り客観化、相対化された視点から行ったが、その方向性についていえば、あくまで判決の結論を前提とせざるをえなかった。もっとも、だからといって、私は、収録された判決の結論や理由付けが絶対的に正しいとまでいうつもりはない。ただ、客観的分析にも限度があり、判決の結論とは反対の立場からこれを批評するといった視点までは採りようがなかったということである（無理にそれを行おうとしても、かえって不自然な記述になっただけのことであろう）。それは、読者の方々が、設問に関連して、自己の考え方に従いつつ場合により行っていただくのが適切な事柄であろう。

　これに関連して付言しておきたいのは、元々、判決という文書は、ある特定の資料（当事者によって提出された主張と証拠）に基づきある特定の視点から下されたひとつの判断にすぎず、たとえ確定した場合であってもそれによって保証される正しさは相対的なものだということである。

　それが判決の限界であって、社会生活上の判断のひとつとしてみるならばその精度がかなりの程度に高いものであることは間違いがない（特殊な才能のあるジャーナリストが長時間かけてやっと成功するような事実の解明が、知的能力は相対的に高いとしても特別なところはない裁判官や弁護士によって、制度によっては陪審員のような普通の市民によってなされうるという点は、裁判というシステムの大きなメリットであろう）としても、その「正しさ」は、もちろん、自然科学において証明された事実の「正しさ」などとはその意味合いを全く異にするものである（この相違は、自然科学と社会・人文科学の命題の意味するところの相違とある程度パラレルな関係にある）。

　当たり前のことではあるが、初めてまとめて判決を読む読者にはこのことを一応頭に入れておいていただくとよいと思う。最近の学生諸君の中には、「学習とは唯一の正しい答えを学ぶことである」というドグマを当然のこととしている人がままみられるが、法学、より広くいえば社会・人文科学の勉学とは、そのようなものではない（本当をいえば、自然科学の場合でさえ、答えの「正しさ」は相対的なものであり、その探究は、絶えざる疑いと仮説の検証の過程なのである）。

次に、書物の組立てについて述べる。
　この「本書の構成とその解説」の後に、いわゆる新様式判決書の具体的な記載方法（基本的には多くの裁判官と共通であるが、私独自の工夫も一定程度存在する）についてのひととおりの解説として「民事判決書の現状とその解説」のセクションを設け、その後に「事例、設問、解説」を掲げる（なお、「民事判決書の現状とその解説」のセクションは、『民事訴訟実務・制度要論』の第１部第16章「判決のあり方とその技術」の記述に基づき、それをさらに補足したものである）。
　本書の中核部分である「事例、設問、解説」のセクションは、上記のような類型ごとに事案を分類し、設問を設け、さらに参考事項や解答および解説等を加えたものである。
　具体的には、ケースごとに、その冒頭に第１ないし第15の「類型」、「番号」、「事件名」、「事案・争点」を掲げた上で、「判決」、「設問」、「参考事項」（関係条文や判例誌掲載）、「解答および解説」、「和解の可能性」の各部分を設けた。
　なお、当然のことながら、「解答および解説」以下の部分については、授業や研究会で使用する場合はもちろん、独習の場合であっても、設問検討後に読むことが望ましい。

　以下、それぞれの項目について必要な解説を加えておく。
　「類型」は、本書における事案の分類類型であり、上記のとおり、たとえば「売買関連」等の「事件名に関連した類型」のみならず、「契約の解釈」、「法律論」等の「争点の性格に関する類型」等をも含め、多元的、実質的でファジーな基準による選択分類を行っている。
　「番号」は本書におけるケースの番号である（１から43まで）。
　「事件名」は判決において特定されているそれである。
　「事案・争点」には、実質的な観点からみたその事案および争点の特質、また、その事案の解説で特にトピック的に記載した事項について記載した。後者については、当該事案それ自体とは直接関係のない事項を記している場合もあるので、前者と区別するために（　　）で記載している。
　「判決」については、明白な誤記等を修正し、仮名処理等個人を特定する指標を除去した以外には、変更を加えていない（なお、この改訂版では、さらに、読みやすさの観点から、わずかな箇所について、若干記述を整えた）。
　素材という側面からみるならば、ある程度記述を整えたり用語や形式的な記載

方法を統一したりしてもかまわないとも考えられるところであるが、やはりそれは差し控えた。
　実務家、学生、研究者のための参考資料、研究素材という側面を考えるならば内容に手を加えるのは不適当であろうと考えたことと、記載方法等の統一修正を行うことが教材としての価値を高めるかは疑問であることとによる。
　もっとも、上記のとおり、明白な誤記（ごくわずかだが）は正し、判決本文中のカタカナ符号については(ア)、(イ)……と「かっこ」に入れたものに統一する、「右」という言葉はすべて「前記」に置き換える（なお、この点は、本書のほかの部分では、横書きの書物の慣例に従い、当該項目内の事柄につき「上記」、それよりも前に記した事柄につき「前記」を使用しているのとは異なる）など、ひとつの書物の中の文書として違和感なく読めるようにという観点からの最小限の修正だけは行った。判決の中では（　　）内の活字のポイントは落としていない。これは、判例集、判例誌一般の例によった。
　なお、縦書きの判決については、横書きにしたが、数字等の表記は元のままにとどめた。また、判決文の段落符号については、私は、見やすさの観点から、横書き判決についても縦書き判決と同様にしていた。
　なお、判例誌掲載の場合とは異なり、裁判所名も省き、事件番号も実際とは変えている。判例誌に掲載された判決についても、この書物においては、ほかの判決との統一の観点から、同様にしている。
　上記のとおり、判決は、体系書や論文とは異なり、限られた時間と制約（たとえば弁論主義による制約等）の下で書かれたものという側面を免れない文書である。また、論文等とは異なり公共のものという側面を有する文書でもある。さらにいえば、判決は、論文でも職人芸でもなく、限られた時間と制約の下で、裁判官と当事者の少なくとも一方との間で認識の一致しなかった「争点」についての裁判官の判断とその事実的、法律的根拠を、なるべく具体的、正確、簡潔に、そしてわかりやすく示すはずの書面である。
　しかし、判決のこうした性格は、日本では、裁判官や弁護士にさえ十分に意識されていないように感じられるので、ここであらためて私の定義を述べておいた（ことに、職人的な意識をもった裁判官は、判決を一種の職人芸のように考え、これに関する独自の美学をもっている場合がままある。これに対し、私は、判決の美学がたとえ存在するとしても、それは、正確、簡潔、わかりやすさといった事項に資する限りでのものであり、形式的な記載方法等はその下位次元の事柄にすぎないと考えている）。

なお、判例誌と異なり、認定に供した証拠についても省略せずにそのまま掲げている。とはいっても、証拠の内容を逐一示すことは不可能なので、実際の判決そのままに書証番号や人証を表示するものにすぎない（なお、書証番号については、枝番の証拠がある場合には、元番号を漢数字で、枝番号を算用数字で示し〔たとえば、甲二、四、五の1、2などと示す〕、枝番の証拠がない場合には算用数字で示すのが私の一般的な記載方法である）。しかし、それだけでも、心証形成過程が感覚的に「わかる」部分はあると思う。

　また、「解答および解説」においては、場合により、認定に供した証拠や排斥した証拠の内容について、簡潔にではあるが言及している。上記のような証拠の表示と具体的な証拠についての解説をも含めた記述の全体によって、どのような証拠が認定に用いられ、あるいは排斥されたかの大筋は、読者の方々も想像できるのではないかと考える。これにより、「判例誌を読んでも、裁判官がどのような証拠によりどのように事実認定を行ったのかが全く把握できない」との学生や研究者の声に、ある程度は応えることができているのではないかと思う。

　判決に対する控訴の有無については、一部の事案を除き明らかにしていない（控訴がなされるのではないかと考えていたが結局控訴なく確定した事案について、そのことを記している例が若干存在するだけである）が、本書に収録した判決のほぼ3分の2は控訴されている（なお、私の控訴率はこれでも比較的低いほうである。日本の民事訴訟実務における控訴率の高さという問題については、『民事訴訟実務・制度要論』[124]参照）。

　控訴審における事件の終局区分についても書いていないが、和解が比較的多い。判決については、地裁に返ってきた記録を確認した限りでは、たとえば過失相殺の割合が変わったなどの事情による一部取消しはたまにあるものの、全部取消しはほとんどなく、本書収録の判決では、法律論を中心的な争点とし、価値関係的な要素の大きい事案でもある38事件くらいである。また、判決の「別紙」については、省略すると判決内容の理解が難しくなる例外的な場合を除いては、省略した。

　「設問」の内容は、主張立証・法的立論に関する設問、争点整理・事実認定・心証形成・法的判断の各過程に関する設問、民法を始めとする実体法や民事訴訟法上の論点に関する設問、実務的・理論的な設問、法律家のスキルとマインドあるいは広義の法曹倫理的な観点からする設問、より高次のパースペクティヴや法社会学的観点からする設問等、多岐にわたる。設問の形式は、独習と演習や研究

会における利用の双方を念頭に置くスタイルで行っている。

　設問の内容は、実際には民法を始めとする実体法がらみのものが最も多くなったが、これは、実務家・学生の研鑽という観点からも、また、法科大学院における利用という観点からも、実際の事件に即した実体法がらみの問題点の検討を多く含めるのが、法的思考力や表現力の向上のためにより有益であろうと考えたことによる。

　内容的には、通常の法科大学院や法学部の授業では尋ねられないようなこともかなり多く含まれているが、従来の日本の法学教育、法曹教育に欠けていた能力、何よりも「自己のパースペクティヴやヴィジョンに基づき、多様な視点から考えるとともに、考えた内容を表現する能力」を養うための設問という趣旨を第一に考えている。

　司法試験等各種の法律実務家・研究者関係の試験で試されている能力のエッセンスは、実は、知識の量ではなく、上記のような能力なのであり（あるいは、試験においては本来そのような能力こそが試されるべきなのであり）、記述式の試験でも口頭試問でも小論文でも、そうした能力の高さを示すことができれば合格は容易になることを、学生諸君にはよく理解していただければと考える（研究者や実務家にとっては釈迦に説法の事柄のはずだが、たとえば、新司法試験における民事訴訟法の問題がタコツボ的、ギルド的な一面的な視野から作成された問題という弊害を必ずしも免れておらず、学生たちの間の評判も、ほかの科目と比べてもあまりよくないように感じられることにつき、『民事訴訟実務・制度要論』［160］参照）。

　法科大学院における利用については、各種の演習、ことに実務家教員による民事訴訟法や民事法総合のそれにおける利用を念頭に置いた。

　しかし、本書の主たる利用法は、独習書としてのそれであろう。中堅・若手の弁護士による利用のほか、現在の法科大学院や法学部における授業にいささか飽き足りないものを感じているような学生諸君にとっても、本書による独習は、その潜在的な能力を伸ばすために有効なのではないかと考える。

　このことに関連して、独習（あるいは教師のいない研究会における利用）の方法について、さらに少し敷衍しておきたい。

　独習の場合には、1冊を通して行うことが多いであろうから、「考える」ことを中心とし、解答の作成は適宜簡潔にしてもよいであろう。まずは、設問についてよく考え、専用のノートに簡潔な解答を記した上で（もちろん設問によっては法的調査、リサーチを行うほうがベターだが、時間的に難しければ、考えかつ書いてみる

だけでもよい)、解説等の部分を読んで、自分の考え方の当否についてよく検証してみていただきたい。

　整った解答を書く時間がなければ、ごく簡潔なメモだけ作ってみるか、それも難しいなら、頭の中で考えをまとめてみるだけでもよいであろう。本書の半分くらいまでそうした作業を継続するだけで、上記のような能力が確実に向上してくることがわかっていただけるのではないかと考える。

　「参考事項」には、関係条文と判例誌掲載について記した。

　関係条文の記載は判例誌類の記載にならったものだが、多くの場合には概括的な条文が並ぶだけなので、本書の性格からするとそれほど大きな意味はない。むしろ、判例誌、ことに私が執筆していることも多い「判例タイムズ」誌の判決要旨やコメントについては、事案の理解のために何らかの参考になるはずである。判例分析の基本を学ぶという意味で、時間があれば読んでみることをお勧めしておく。

　「解答および解説」は、「判決」、「設問」と並ぶ本書の中核部分であり、上記のとおり、研究者と裁判官の各視点を統合した視点から行っている。具体的には、上記の各種設問に対する解答あるいはそれについて考えるためのヒントとなる事柄を中心としながら、主張立証、法的立論、争点整理、事実認定、心証形成、法的判断等の各種過程ないしはその技術について、できる限り正確で客観的な解説を行うように努めた(なお、「解答および解説」中に、ゴシック体の（ ）と数字により（設問1）などとあるのは、その表示以前の部分の記述がその設問に関連した記述であることを示している。また、「判決」において当事者の表示の後に「(当事者の略称)」を表示している場合には、「解答および解説」においても同じ略称を用いている)。

　言葉を換えれば、本書は、私にとっての、「争点整理、事実認定と判断（心証形成）過程の実証的（内省的）研究」という意味をももっていることになる。争点整理、判決、和解等について、あるいは事実認定や法的判断について一般論としていえることは限られている（こうした論点についての一般的な研究は、どうしても概念的、羅列的になって、本当に有用、必要な情報量に乏しいものとなりやすい)。そして、私が一般論としていえることはこれまでに掲げてきた各書物にすべて記している。

　本書の「解答および解説」は、事実認定や法的判断に関して一般論としては書けない個別具体的、経験主義的な領域についてのひとつの探究と解説、そしてアドヴァイスの試みなのであり、その意味では、上記のとおり、『民事訴訟実務・

制度要論』等と姉妹書の関係にある書物ということができる。

　この点は本書の大きな特色と考える。従来の判例誌のコメントや判例研究・批評・解説、また、各種の民事判決書集といった書物にはこうした記述や視点が欠けていたので、学生や研究者にとっては、「事実認定・評価・法的判断等の各種過程」の中核部分はブラックボックスの中にあった。そして、そのことが、日本における法学教育・研究のひとつの、しかしかなりの程度に大きな欠点となっていた。

　なぜならば、日本の研究者にはほとんど実務経験がなく、また、純粋な研究者のみならず法科大学院の実務家教員も、そうした欠点を補うための適切な教材や方法論を、少なくとも書物等の形では、共有していなかったからである。本書は、その欠落を埋めるための、ささやかではあるとしても最初の試みという側面を有している。設問について考えながら「読者参加型の研究」を、著者とともに行っていただければ幸いである。

　なお、教科書等において「裁判機関としての裁判所」の趣旨で「裁判所」という言葉を用いるような場合についても、本書においては、概念の厳密さが要求される場合を除き、多くは、「裁判官」の用語を用いている。本書の記述は、「具体的な裁判官」をイメージしながら読んでいただくほうがわかりやすい場合が多いからである。

　「和解の可能性」は、解説的部分の補足という位置付けで、当該事案（事実関係）について一般的にいえば考えられる和解の可能性、方向性について記している。これらの事案は、現実には和解の成立に至らず、あるいはおよそその可能性がないことから和解が試みられてすらいないものだから、解説的部分において和解につき記している場合はそれほど多くないが、実をいえば、一般的に考えれば和解が適切な、あるいは、和解が成立してもおかしくない事案もかなり存在する。

　和解について独立した実証的研究の書物が書かれることは考えにくい（解説が大変であり、また、労多くして興味をもつ人は少ないであろう）。そこで、「判決」、「解答および解説」等によって事案の詳細が明らかなこれらの事案についてありうる和解の可能性、方向性を記しておくことで、そうした研究に替えられる部分がいくぶんはあろうかと考え、この項目を設けた次第である。

　私は、裁判所から大学に移って以来、研究の総論として『民事訴訟の本質と諸相』を著した後、『民事保全法〔新訂版〕』〔日本評論社〕、『民事訴訟実務・制度要

論』を改訂復刊してきた（ほかに、裁判官時代に執筆してきた論文等を理論と実務の統合という観点から選択編集した論文集『民事裁判実務と理論の架橋』〔判例タイムズ社〕、日本の裁判官制度、裁判所と裁判官、そして裁判そのものの包括的・構造的批判を行った上記『絶望の裁判所』、『ニッポンの裁判』がそれらと深い関わりのある書物である）が、本書は、上記のとおり、判決という素材の分析検討を通じてこれらの書物のテーマを補足、深化するとともに、私が今後民事訴訟法、民事訴訟および民事訴訟制度に関する研究を進めてゆくためのひとつの足がかりとするという目的をも有している。その意味では通常の教材以上の目的をもった書物である。私としては、そのことが、教材としての質をも高めてくれたことを願っている。

　そうした深い関連性があることから、上記の各書物については、本書でも、それぞれ、「瀬木・本質」、「瀬木・民保」、「瀬木・要論」、「瀬木・架橋」、「瀬木・裁判所」、「瀬木・裁判」という略称で、適宜引用させていただいた（引用は、「瀬木・民保」、「瀬木・要論」については、頁ではなく、それらの書物の本文の左欄外に付したブロックごとの番号によって行っている。これは、それらの書物が改訂された場合にもそのまま検索が可能になるようにとの配慮からである）。これらの書物を併せて参照していただくことによって、本書の内容をより深く理解するとともに、設問についてもより緻密な検討を行うことが可能になるはずである。

　私は、裁判官時代およびその後大学人に転身して以来、みずからの実務経験の大部分を、上記のような専門書、一般書に生かしてきた。しかし、裁判官としての仕事において質的にひとつの中核を成す判決書の作成については、この書物の旧版を著すまでは、それを直接的に研究、教育、執筆に生かす方法がなかった。本書の執筆によって、私の実務経験のほぼすべてをみずからの研究、教育、執筆に生かすとともに読者の方々の勉学や研究の素材として提供することができたことは幸いと感じている。

　以上が、本書の成り立ちとその性格、構成についての解説である。私としては、この書物をひとつの里程標として、今後も上記のような研究を広げ、深めてゆきたいと考えている。

民事判決書の現状とその解説

前記のとおり、本書の素材は私の裁判官時代の民事判決である。そこで、それぞれのケース研究に入る前に、まず、判決書はどのような書面であるべきか、どうしたらわかりやすく緻密な判決書を書くことができるのか、といった判決書についての基本的な論点に触れておきたい。

記述の内容は、前記のとおり、瀬木・要論第 1 部第16章「判決のあり方とその技術」の記述に基づき、それをさらに補足したものである。

1　判決書の位置付け

私の考える現民事訴訟法対応型の訴訟運営は、裁判官方向明示型（暫定的心証開示型）争点整理を行い、争点整理がおおむね完了した段階と人証調べ後に適宜和解（心証中心型和解）を行い、この間に当事者から求められれば場合により相当詳細な（証拠評価までをも含めた）心証について開示、説明することもあるというものであった。要約すれば、全体として、訴訟の進行の段階に応じた裁判官の心証（見通し）を軸としての、透明性の高い審理を行うということになる（瀬木・要論第 1 部第 8 章「争点整理の方法 2 ――争点整理の実態」）。

このようなポリシーで訴訟運営を行う場合、判決書の機能は、最終的に裁判官と少なくとも一方の当事者との間で、事実上・法律上の争点について認識の一致に至らなかった事件について、裁判官の判断とその根拠を明らかにする書面、ということになると思われる。

そうすると、その具体的な記述のあり方の基本は、判決書の「事実」に当たる部分については、すでに争点が十分に整理されているはずであるから、なるべく正確でわかりやすい簡にして要を得た記述とし、「理由」に当たる部分については、争点に関する具体的な主張に留意しながら、的確な証拠評価をまじえ、ことに核心部分については重点的に詳しく書くのが基本であろう。

全体としてみると、判決書は、上記のような位置付けに沿いながら、準備書面と同様に、適正な分量で、できる限り具体性があって明晰なものとすることが望ましいといえよう。

2　判決書の目的――誰のためのものか？

1 で述べたところとは少し角度を変え、判決書の目的と機能、言い換えれば

「判決書は誰のためのものか？」という観点からこれを検討してみたい。

まず、第一には、当事者に読まれる書面として書かれるべきものであろう。私は、とりあえず弁護士を念頭に置きつつ、本人にとってのわかりやすさをも考慮し、判決書特有の伝統的な言い回しであっても日常用語としてなじまない表現はあまり使用しないようにしていた。また、なるべく形式論理で割り切るフラットな書き方（形式主義的な官僚判決）にならないように留意していた。判決書である以上一定の限度はあるものの、当事者の主張に応え、対話的なコミュニケーションを図る姿勢で書くと、わかりやすさや納得度が増すのではないだろうか。

なお、3でも述べることだが、当事者といっても弁護士と本人では判決書に対する関心のもち方が異なり、弁護士は、結論のほか自己の主張に対する応答が精密に細かく行われているかに関心をもつが、本人は、基本的には、結論とその根拠、事実認定の要点がわかればよいと考えている、といわれる。これまでは、判決書の読み手としての当事者という場合、もっぱら弁護士を念頭に置いた議論が行われてきた傾向があるが、今後は、当事者本人の読み方をも重視した考察や提言が行われるべきではないかと考える。

第二には、控訴があった場合の上級審裁判官にとってのわかりやすさが考慮されてよいであろう。もちろん、基本的には、第一の要請が満足される判決書であればおのずから第二の要請にも応えるものとなるはずであるが、上級審における審理判断がスムーズに行われるよう配慮するという観点からは、①誤記、誤算等を含め形式的な記載に誤りはないか、②訴訟物は明確か、③争点とこれに関する主張が証明・主張責任の点を含め漏れなく正確にとらえられているか、④主文と理由の間に食い違いはないか、などの点について特に重点的な見直しを行うことが適切であろう。

第三には、判例としての価値があると考えられる判決については、ことに、事実上・法律上の主張とこれに対する判断の流れが的確に示され、判旨事項と判決要旨が正確に導き出せるような説示となっているかという観点から見直しを行うことが望ましいであろう（このような判決については、判例誌等に掲載されて参考にされたり分析されることも多いからである）。

3　判決書のあり方

(1) 判決書のあり方については、常に、実務家の間で議論の対象とされてきた。

私が任官した1979年（昭和54年）ころには、要件事実に従った主張整理をそのままに反映したいわゆる旧様式（在来様式）の長い判決書が普通であった。しかし、これは、ことに当事者本人にとっては読みやすいものではなく、私は、同期の裁判官との議論の際に「もっとわかりやすい判決書のあり方が考えられてよいのではないか？」と述べて、「これが守られるべき伝統なのだ」との激しい反論を受けたことを覚えている（この発言にもみられるように、キャリア裁判官には、未特例判事補の時代からすでに、判決書を、当事者のためのものとしてよりも、法律家自身、自分自身の満足を中心としてとらえる傾向が強いことに留意してほしい）。

　1990年（平成2年）には、東京・大阪の高地裁に設けられた民事判決書改善委員会によって、争点中心のいわゆる「新様式判決書」が提言され（これには私も大阪高裁の委員として関与した。先の各委員会による共同提言「民事判決書の新しい様式について」は、判例タイムズ715号4頁以下に、また、その後の改善案については、大阪のものが最高裁判所事務総局民事裁判資料第201号に、東京のものが同第208号に、それぞれ掲載されている）、その後はこの様式が徐々に普及していった。

　そして、現民事訴訟法の下、現在は、新様式判決書をよりわかりやすいものとするべくさまざまな工夫や改善が試みられるに至っている（と信じたいところなのだが、近年は、能力に乏しい若手の裁判官による一方当事者の最終準備書面コピーアンドペイストによる「丸写し判決」の弊害が指摘され、また、判決の全般的な質の劣化、というよりもより根本的に「裁判官の判断自体の質の劣化」をいう弁護士の数も多い状況であるのは、残念というほかない。瀬木・裁判201頁以下参照）。

　(2)　判決書に対する弁護士の見方は、一貫して厳しい。弁護士任官者がある程度増えて判決書起案の大変さが認識されたこともあってか、以前ほど表立った批判はないものの、それでも、「形式論理だけで簡単に割り切るフラットな判決が多い」、「理由の中核部分が十分にきめ細かく説示されていない」などの意見はよく耳にする。

　このような意見自体は私なりに理解できるものではあるが、争訟性の高い事案においては、どのような判決書が書かれようと（つまり、裁判官の能力や判決の質にかかわらず）一般的に控訴率は相当高く、たとえ弁護士が辞任しても当事者本人が控訴するという現状（瀬木・要論[124]）を前提とすると、本人をも含めた当事者にとって納得のゆく判決とは一体どのようなものなのであろうか、との疑問がわからないでもない。

　(3)　次に目を外国に転じてみると、少なくとも第一審の判決書は、日本のそれ

に比べるとかなり簡略なようである。法曹一元のアメリカでは、第一審の判決書は、裁判官が口頭でざっと言い渡したものを勝訴当事者が書き取って提出し裁判官の認証を得るという、日本では考えられない形式で作成されており（私が見学した州地裁の例）、「これならいくらでも判決できるな」と思ったものだが、資料によると、大陸法系のフランスでも判決書はきわめて簡単、一番詳しいドイツのそれでも日本のそれに比べればかなりラフ、ということのようである（最高裁判所事務総局『民事裁判資料第181号　外国の民事判決書に関する参考資料』〔1989年〕）。

　(4)　さて、どのように考えるべきであろうか？

　悩ましい問題だが、私は、制度の組み立て方としてみれば、ことに法曹一元制度に移行する場合には、アメリカ的な行き方、すなわち、第一審（事実審）は簡略な判決書とし、上級審でセレクトした事案について緻密な判決書を作成し、これを判例として生かす、という行き方も十分考えられると思う（もっとも、アメリカ的な方法の根底には、裁判官は民主的に選出あるいは任命されているから信頼すべきものであるという思想がある。これはあくまで「思想」であって、現実の裁判官が必ずしも信頼されているとは限らないが、少なくとも、「全体としての裁判官」は、おそらく、アメリカのそれのほうが日本のそれよりも信頼されていると思う）。

　現に、日本においても、仮の地位を定める仮処分命令手続における決定は、重大な事案であっても、通常の民事事件の判決書よりは相当に簡略なものとなっているのである（もっとも、発令の場合の極端に簡潔な理由については、疑問が大きい。瀬木・民保［257］）。

　もしも、日本の判決書の現在のようなあり方（全体に、形式的には整っているものの、内容の割に長く、しばしば争点の記載や事実認定が不必要に細かく、一方で理由の中核部分の記述はフラットにすぎるといった、「官僚の自己満足的な作文」的傾向が否定しにくいという欠点が目立つと私は思うが）をそれなりに肯定する理由があるとすれば、日本人の事実認識のあり方、すなわち、訴訟手続は「ひとつしかない事実（真実）」を究明すべき場所であるとの考え方、感じ方との関連においてであろう。

　しかし、上記のとおり、当事者本人が判決書でまず関心をもつのは結論と事実認定、ことに主要な争点についてのそれであって法的な論理の流れではないとの感想はよく耳にするところであり、そうであるとすれば、主要な争点とこれについての判断以外の記述は簡潔でよいのではないかと考える。

　もっとも、この点については、「先のような意味での日本人の事実認識のあり

方はやはり相当に根強いものであると感じる。そうした観点からみるならば、職業裁判官による細かな事実認定とそれに基づく整った判決を提供できるシステムのメリットも肯定できるのではないか」との意見もありえよう（もちろん、あくまで、その中核部分が的確、明確に記述されているのを前提としてのことだが）。

　また、「日本では地裁判例も判例として重視されてきたことを考えるならば、判例になるような事案については、綿密な事実認定を行うとともに、法的な判断についてもその根拠が同程度に明確にされることが望ましい」という意見も耳にすることがある（なお、この意見の核心部分については私も否定するものではない。ただ、そのような判決であっても、より短くかつわかりやすく書くことはできるはずだと考える）。

　(5)　私自身は、日本の判決書のあり方には改善の余地が大きいと考える。少なくとも、判決のあり方、機能につき、次のような点は考えてゆくべきであろう。

　それは、①事実の的確な分析と有機的に結び付いた法的評価の必要性、②社会の変化に呼応した柔軟で適切な判断の必要性、③形式的な論理や硬直した経験則にとらわれない柔軟で血の通った判断の必要性、ということである。

　なお、④判決書を書く以上は完成度の高いものを書かなければならないという負担感が結果として無理な和解を勧める動機になっているのではないかということについても考えてみる必要があろう（瀬木・裁判所136頁、瀬木・裁判232頁）。これは、ことに若手裁判官や弁護士任官後間もない裁判官についていえることだが、ヴェテラン裁判官でも、「判決書を書く以上はどこに出しても恥ずかしくないものを」との自負、また、難しい事案についての判決が上級審にどう評価されるかという懸念から、和解の方向に気持ちが引きずられることは十分にありうると考える。

　判決を書くのに時間と労力のかかることが、結局、裁判官による和解の押し付け・強要の横行、ひいては人々の不信を招いているという事実、実情（しかも、その傾向は近年強まっている）についてはぜひ直視していただきたいと考える。これは、日本の司法は本当にユーザー本位の司法になってきているのか、何のための司法制度改革であったのか、という問題にも通じる。

　今後は、以上のような点も踏まえての一段高い見地に立った議論を行ってゆくことが適切であろう。

　(6)　また、裁判のあり方も、時代の流れと社会の要請によって変わってゆくことは免れない。近年の一連の司法制度改革は、よくもあしくもそのことを明らか

にした。

　たとえば、当事者本人一般の要望が、何よりも的確で迅速な判断を求めたい、訴えを提起した以上基本的には判決を求めたい、というものであり、判決書については、上記のような意味での精密さ（弁護士にとっての説得力）よりも迅速さと的確な検証可能性を求めたい（結論とそれを導く根拠の要旨がわかればよい）ということであるならば（私は、実は、そうではないかと思っている）、その時には、やはり、判決書のあり方も大きく変わらなければならないであろう。

　「裁判がまず第一に市民、国民のためのものであり、実務家の満足や研究者の参考のために書かれるものではない」ことを考えるならば、たとえば、先のような諸点に関する持続的で広範な実態調査が行われさまざまな角度から十分に分析されることが、判決書に関する今後の制度設計の前提として必要になるのではないかと考える（この点については、他の研究者〔山本和彦教授〕からも、「判決に当事者が何を求めるのかについて実務家が自分の個人的な感触から一般的な意見を立てていると感じられる傾向には違和感を覚えていたので、客観的なデータに基づく議論という方向には大賛成です」との意見が出ている。もっとも、私は、一方では、制度改革の前提としての客観的なデータの収集方法とその分析には細心の注意が必要である〔ラフな調査や小規模な調査で結論を出すことは危険である〕とも考えており、その点も併せて強調しておきたい）。

　(7)　以上に述べてきたような私の現在の考え方を再度まとめると、日本の判決には、①形式的には整っているが、フラットで長く、しばしば事実認定が不必要に細かく、一方肝心の主要な争点に関する判断部分は形式的かつおざなりな場合があって、全体として官僚の作文的な傾向が否定しにくい、②事実認定と法的判断、法理の結び付きが明確でないものがままみられ、したがって、抽象的な法理は示されていても、判断の具体的なメルクマールが不明確な場合がままある、という欠点が大きいのではないか、ということになる。

　少なくとも、こうした点については改善の余地が大きいと考える。その際、事実を正確に認定し、これが先例と異なる場合には新たな判断を行うという英米法的な発想（判例の先例拘束性を認めることの結果である）、また、法理の具体的なメルクマールを正確に確定するアメリカ法のリステイトメント（判例法理を条文の形にまとめ、説明を付したもの。アメリカ法律協会編集）の記述のあり方等、ことに後者は、参考になるのではないかと思う。弁護士も、英語がある程度できる方は、今では調査が容易になっているのだから、これぞという事件では英語文献や判例

も探索してみてはいかがかと考える。

　本書に収めた私の判決は、長いものではないし、一部の判決を除けば特別な時間をかけたものでもないが、少なくとも、先のような欠点を克服することと、当事者本人にとってもわかりやすいものとすることには、ある程度成功しているのではないかと考える。

　(8)　また、日本の制度が、本格的な部分的法曹一元制度（オランダやベルギーといった大陸法系諸国において行われている。オランダでは裁判官の８割を、ベルギーでは約５割を、法曹一元の形で採用している）の実現を経て全面的な法曹一元制度に移行するような場合には、第一審の判決は、主要な争点とこれについての判断という枢要部分に重点を置いた簡潔なものとし、控訴審以上にロークラークを置き、必要に応じて詳細な判決を行うことでよいのではないかと考える。そのためには、よき裁判官の資質（法的・知的能力、広い視野、鋭敏な人権感覚、判断者としての謙虚さ。瀬木・裁判294頁）をバランスよく満たしている弁護士が裁判官になることが必要だが。

　なお、この点に関し、そういう判決だと控訴理由が書きにくいという意見を弁護士から聞いたことがあるが、そのように現在の制度を所与のものとしてそこから一歩も出ない発想ではじり貧になってゆくことが避けられないのではないか、という感想を禁じえなかった。

4　判決書のふたつのスタイル──旧様式（在来様式）と新様式

　(1)　在来様式（従来の判決書の様式であり、より一般的には「旧様式」といわれる。「旧様式」という呼び方に価値的な判断は含まれていないから、私はこの用語を用いてもよいのではないかと思うが、現在でもなおこの様式の判決書やこれと新様式との折衷的な書き方の判決書が用いられていることを考えるならば、「在来様式」という言葉を用いるほうが適切、という考え方もある。以下では「旧様式」の語を用いる）と新様式については、現在は新様式が一般的になっているものの、「新様式が普及してから判決が雑になった」という声も熟練の裁判官からはきかれるところであった。そこで、各様式の利害得失について検討しておきたい。

　新様式に対する批判の要旨は、①この様式によると要件事実の検証がきちんと行われないまま争点がつかまえられることがあり、判決の論理性がそこなわれやすい、②裁判官の能力（起案力）の差が如実に表れ、非常に雑な判決が書かれる

ことがある、③書証の成立に関する検討がおろそかになりやすい、といったところであろうか。

これらはそれぞれうなずけるところもある批判だが、結局は、新様式に対する批判というよりは、旧様式よりも新様式のほうが判決の質にばらつきが出やすいこと（それはおそらく事実であろう）を指摘することに帰着するのではないかと感じられる。

(2)　しかし、この点についても、一般市民からみた場合のわかりやすさについて考えてみる必要があると思う。旧様式の、請求原因、抗弁、再抗弁と分断して主張を記載してゆく方法は、要件事実的な訓練を受けていない者にはきわめて読みにくいし、わかりにくい。

認否を細かく記載することについても同様で、かえって、どの部分を本当に争っているのかがわかりにくくなる。不知（知らない）という形による認否は、事実についても書証の成立についても実際にはあまり大きな意味をもたないのだから、ことさらに判決書の中に明示して示すことはかえって煩雑なのである（新様式では、不知として争われている事実は、たとえば、「請求原因のうち以上の争点に明示された以外の部分も争われている」といった形で一括して示せばよいことになる）。

(3)　要件事実との関係については、最初に要件事実から出発し、事実を分断しながらそれに当てはめてゆくような形で行われる争点整理が必ずしもよいとはいえないのではないか、ということもいえる。実際にはまず事実とそれに基づく法的な主張があり、これに基づいて法的な争点が整理されてゆくのであって、その逆ではない。

私自身は、要件事実をガイドラインとしながら争点整理を行うことは裁判官時代にもしていなかったし、現在でも反対である。

事案全体の要件事実的な整理は、もしも行うのであれば争点整理に入る前に、あるいは争点整理のための各期日の前に、頭の中で、あるいは紙の上で行っておくべきものであろう。

むしろ、争点整理を行う際には、主要事実を要件事実的に細かく分断してその各要素ごとに整理を進めるようなやり方は、「本来ひとつの有機体である紛争の全体や本質（中心的争点、真の争点）をみる目」、また、「真の争点」を明らかにするという争点整理の目的を忘れさせ、若手の裁判官についてよくいわれることだが、いたずらに重箱の隅をつつくような釈明に終始する結果を招くことになるという弊害が大きいのではないだろうか（瀬木・要論 [057] 参照）。

判決書についても同様で、若手裁判官には下書きにおいて要件事実的な整理を行ってみてから起案することが勧められるが、ヴェテランになれば、通常は、微妙な部分について要件事実的、証明責任的な検証を重点的に行うことで十分なはずである。旧様式は、どうしても、「最初に要件事実ありき」の発想に結び付きやすく、最終的に判決書に整理されることになる争点整理のあり方についても、概念的で硬いものにしてしまいやすい傾向があるのではないかと考える。

⑷　私は、当初の提言後も工夫や修正が加えられてきたことにより、新様式判決は今では実務に定着していると考える。しかしながら、その一般的な記載のあり方には時として若干疑問を感じる部分もある。そこで、以下においては、そうした部分をも含め、判決起案一般、また、新様式判決の技術についての私なりの考察を行ってみたい。

5　一般的な判決起案のあり方

⑴　まず、判決起案に関する訓練のあり方を理解していただくという観点から、私の裁判官時代の経験を少し書いておきたい。

判決起案は、当時の新任（私は1979年に任官した）の裁判官にとっては、その仕事の主要部分でもあり、また、気の重い部分でもあった。今と違って、ごく普通の事件でも記録が膨大であり、終結までに行われる争点整理も十分ではなかったからである。一件一件長い時間をかけながら苦闘していた。

任官して6年目、いわゆる特例判事補（判事補の職権の特例等に関する法律1条1項）となると同時に単独事件を担当した。このころにはかなり起案に慣れてきていたが、初めて自分の事件をもったことから、やはり、時間をかけて非常にていねいな起案をしていた。その甲斐あってか、判決の内容は弁護士には好評で、控訴率も、同じ裁判所の裁判官の中で最も低かった。

11年目から13年目、大阪高裁の陪席時代には、前記のとおり、民事判決書改善委員会による新様式判決書の提言とその後の改善に関与した。

14年目、那覇地家裁沖縄支部で部総括となった（家裁については実質的には辞令のみ）。嘉手納基地騒音公害訴訟事件（那覇地沖縄支平成6年2月24日。判例時報1488号20頁、判例タイムズ850号72頁。なお、瀬木・裁判所28頁）の終盤における審理判決が一番大きな仕事だったが、このころには、単独事件判決の起案のスピードはかなり速くなり、ごく普通の事件では、下書きについても以前ほど詳細なも

のは作らなくなっていた。

　21年目、東京地裁保全部の後で千葉地裁において久しぶりに通常の民事訴訟を担当し、ここで、みずからの新様式判決のスタイルをほぼ完成させた（本書に収録した判決はこの時期以降、すなわち1999年以降のものである）。

　論文、体系書、筆名の書物等さまざまな文章を10年余り書いてきたことと、みずからの審理のスタイルが整ってきたこととから、人証調べ終了時にはその時点での心証に基づく判決書の内容がほぼ頭に浮かぶようにもなっていた。

　最終準備書面によって先の心証を検証した後に行う起案にかける1件当たりの時間は、このころからは、6年目当時の2分の1ないし3分の1くらいにはなったと思う。下書きは、複雑な事案についてだけごく簡潔なメモを作成する程度であった。そして、単独事件であれば、起案に要する時間は多くは3、4時間前後から丸1日以内までであった（本書収録の判決についても多くはこの範囲内の時間で書いている。もっとも、単独事件でも、たとえば本書23事件のように合議に付してもよいレヴェルの法律論を含んだ事件では、例外的に丸2日ないしそれ以上をかけている）。

　もっとも、合議事件のうちある程度以上大きなものについては、もし最初から起案するとすれば、この時代でもやはりかなりの時間を要したであろう。

　(2)　審理の結果としての判断の結論と根拠を明確に示す文書という判決書の性格からすれば、裁判官の仕事の時間配分として、極端に大きな部分をこれにさくことは、本来、相当ではないであろう（もちろん左陪席の場合は別だが）。判決書は論文ではないのだから、慣れさえすれば、通常の単独事件であれば、起案それ自体に非常に大きな時間がかかるというものではないはずである。

　しかし、一方、限られた時間の中で一定の水準に達した判決起案を行うには、かなりの技術と訓練を要することも、これまでの記述からおわかりいただけたのではないかと考える。

　若手裁判官には、起案の心構えとして、ことに未特例判事補の間は納得のゆくまで時間をかけ、判決案を十分に練るようにし（合議体の合意が得られれば、判決の骨子になりうるレジュメを作成し、それに基づいて合議をしてもらうとよいと思う。瀬木・要論［119］の(2)）、判事になる前後ころからは、なるべく一定の範囲内の時間で、集中して、凝縮した内容の、わかりやすい起案を行うように工夫してみることを勧めたい。

　弁護士任官者の場合には、優秀な人でも最初のころには判決起案で苦労するこ

とが多いようだが、起案上達のためには、上記のサイクルを短い期間で終えるように努力することが必要であろう。

　(3)　判決の長さについては、一般論が立てにくい。

　これは準備書面でも同様だが、文章というものは、長いほうが明晰でわかりやすくなるとは限らない（むしろ逆になることも多い）からである。

　私の経験では、おそらく、自分の単独事件判決の長さは、当初のころよりも何割か短くなっていったと思うが、それは、内容を凝縮し、表現のあり方にも工夫をしているからである。裁判官の経験を積むにつれて単独事件判決が短めになってくることには根拠があると思う。

　しかし、これにはどうしてもかなり長期間の訓練が必要である。左陪席の起案はえてして長めだが、「もっと短くまとめるように工夫しては？」とアドヴァイスすると、起案の質自体が落ちてしまったり、わかりにくくなったりしやすい。合議事件判決については、一般的にいえば、当初はある程度長くなってもよいからていねいに書き、完成度の高いものが書けるようになった時点において、可能な範囲で短く書く工夫を始めるのがよいかもしれない。

　もっとも、だらだらと長いが散漫で論理の流れが弱い判決がわかりにくいことは、準備書面の場合と同様である。このような判決書ができる原因としては、①構想が十分に立たないまま書き始めること、②当事者の主張を自分の言葉で再構成しないで、そのままの表現で引用すること（記述が散漫になる。理由までこれをやるのが前記の「丸写し判決」である）、③一般的にワープロソフトのコピーアンドペイスト機能を安易に多用すること、④判決書作成以前のより根本的な原因だが、審理、争点整理のあり方自体に問題があること、などが考えられよう。いずれも注意してほしいところである。

　私の場合、現在のA4判横書きの様式で、単独事件判決の長さは、別紙を除いた本文の部分が、おおむね5、6枚から10枚くらいであった（7、8枚くらいまでのものが比較的多かったと思う）。若いころには、同じ用紙に換算すれば9枚から15枚くらい、ときにはそれ以上の長さのものを書いていたと思う（もっとも、これには、記述が長くなりやすい旧様式によっていたことも関係している）。

　合議事件判決の長さについては一概にはいえない。通常の合議事件であれば十数枚から20枚くらい、特に事実認定が複雑な事件や争点の多い事件ではそれに応じてある程度長くなり（30ないし40枚くらい）、大規模事件については60枚以上といった長さのものも出てくるであろう。もっとも、大規模事件の判決について

は、主張や事実認定の部分が非常に長い割には肝心の判断の中核部分が大ざっぱな判決が時にみられることを指摘しておきたい。

なお、合議事件判決の長さを含め、それをどのような形のものとするかについては、その時点における合議体全体としての力と余裕という事情も考慮要素に入れざるをえない場合があることも指摘しておきたい。

比較的余裕がある場合には詳細かつ精緻な判決を書くことも可能であろう。しかし、判決言渡しの予定が立て込んでいるときや主任裁判官が未だ十分に起案に慣れていないときには、長い判決には上記のような問題点が出てきやすいことも事実である。そのような場合には、綿密な合議を行った上で、分量としてはやや短め（通常の合議事件であれば10枚台くらい）の、正確で凝縮された判決書を目指したほうがよいのではないかと考える。これは、みずからの経験に基づくのみならず、さまざまな合議事件判決をさまざまな機会に検討してきた上での意見である。なお、上記の「合議事件判決については、一般的にいえば、当初はある程度長くなってもよいからていねいに書くほうがよい」という考え方との関係が問題になるが、私は、上記のとおり、綿密な合議を行うならば判決書の分量は場合によりやや短めを目指してもよく、ただし、その合議に従って主任裁判官が実際に起案する時点では、ここは詳しく書く必要があると感じられる部分はそうしてよい（その結果として判決書が当初予定したよりも長めになることはありうる）というように両者の関係を考えたい。

判決について弁護士からよく聞かれる批判として、理由の部分が簡単すぎる、理由の説示がフラットすぎるなどのことがある。このあたりは裁判官によって大きく差があるところで、私がみても、これはまた随分簡単だなあと感じるようなもの、反対に、およそ理由がないと思われるような主張や証明力に乏しい証拠を排斥する理由をここまで詳しく書く必要があるのだろうかと感じるようなもの、双方があった。

ごく一般的にいうと、右陪席クラスの起案はていねいだが後者の傾向があり、裁判長クラスになると前者の傾向が出てきやすいように思う。そして、弁護士からみると、簡単なほうについてはいかがなものかという見方になりやすいのかもしれない（もっとも、判決で最も重要な結論と理由の骨子に関する限り、裁判長の単独事件判決はやはり信頼度が高いようであった）。

私自身も、事案明白なケースでは以前より短めの判決が増えていたと思うが、それでも、大筋の流れと中心的な争点に関する説示だけはなるべく明確かつ具体

的に書くようにしていた。そして、事案にもよるものの、本格的に争われた事件（それなりに理由のある争われ方がされている事件という意味である）についての極端に短い判決というのは、やはりやや疑問を感じるところである。

(4)　なお、判決書は、当事者等を読者として想定する法的文書として、その起案のあり方には、準備書面の書き方と共通する要素が多々存在する。いずれについても、質がよくて的確に、つまり比較的短めに書かれたものが最もよく、質がよいが長いものがその次、ついで、質はよくないが長くはないもの、最後が、質が悪くてだらだらと長いもの（これはどんな文章でも最悪）ということになる。

6　新様式判決の具体的な書き方

(1)　判決書の最低限の要請は、主文、請求、訴訟物、そして、当事者の主張とこれに対する判断が示されること、また、判断の部分については、主文を導くために必要な記述が尽くされていることである（なお、判決書の必要的記載事項については、民事訴訟法253条に定められている）。

上記はきわめて当然のことなのだが、実際には、この要請を満たさない判決が時としてみられる。訴訟物が不明確、適用条文や法理の内容が不明確、理由の記載から主文の内容が導き出されない、などの理由による。上記のような要請に応える判決書となっているかどうかについては確実に確認することが必要である。

以下においては、判決書の「事実及び理由」の部分について、私のスタイルを簡潔に解説してゆきたい。基本的には普通の新様式判決とそれほど変わりはないが、その枠組みの中で私が気を付けていた部分、また、独自の工夫を行っていた部分を中心に述べる。なお、イメージがわきにくい場合には、本書に収めた判決、あるいは判例誌から検索できる私の判決のうち比較的新しいものをいくつか選んでお読みいただくとよいかと考える。

(2)　「事案の概要」

通常は、「事案の要旨」、「争いのない事実」、「争点」の３つの部分に分けている。

(ⅰ)　「事案の要旨」

「事案の要旨」においては、請求の概要を、訴訟物と請求原因が明らかになる形でなるべく簡潔に記載している。訴訟物については、附帯請求も含めて明確に記載する（附帯請求については、遅延損害金の起算日と元金に対する割合の根拠を示

す程度である)。また、予備的・選択的請求がある場合にはその旨も明らかにする。

　請求原因については、簡単なものは一文の中に書き切ってしまうが、項を分けたほうがわかりやすい場合には、「請求原因は下記のとおりである」としてこの欄の末尾に記すこともある。

　請求原因の記述が長くなる場合には、この欄においてはその骨子のみを示し、訴状、あるいは、争点整理完了後人証調べ前に従来の主張をまとめる趣旨で出してもらった準備書面の該当部分を別紙で引用することもある（私は、人証調べ後の最終準備書面よりもこの書面のほうを重視していた。人証調べ後にはもう心証が固まってしまっていることが多いので、詳しい準備書面が提出されてもあまり意味のないことが多いためである。最終準備書面を読んでから結論を決めるような裁判官は、あまりすぐれているとはいえない場合が多いであろう）。

　なお、このような引用をする場合にも、わかりやすさの観点から、訴訟物と請求原因の骨子だけは「事案の要旨」欄に記しておいたほうがよい。単に別紙を引用するだけでは不明確になりやすいからである。なお、引用する書面については一定程度の精密さのレヴェルをクリアしていることが必要であろう。

　このように独立した「事案の要旨」の欄を設けるのは、訴訟物と請求原因が最初に読み取れるようにするためである（「事案の概要」あるいは判決書の全体からそれを読み取ればよいというのが普通の新様式の記載方法だが、それでは、肝心の訴訟物や請求原因が非常にわかりにくくなる場合がある）。

(ⅱ)　「争いのない事実」ないし「前提事実」

　私は、単独事件判決では、「争いのない事実」の部分には、主要事実とこれに関連する重要な間接事実についてのみ記載していた。せいぜい数項であることが多い（なお、裁判所に顕著な事実、具体的には口頭弁論期日における消滅時効の援用や解除等は、当初はその旨を示してここに記載していたが、後には、関連する当事者の主張の部分に記すようになった）。

　この部分が非常に長い判決が時にみられるが、「争いのない事実」は本来主要事実と結び付いた概念である（主要事実については、証明不要効のみならず、審判排除効や不可撤回効も認められる）のに、細かな間接事実まで長々と記載するのはおかしいし（訴訟法のイロハであるにもかかわらず、実際に記載する場合にはそのことに思い至らないのはなぜ？）、「争いのない事実」は「争点」を際立たせるための記載でもあるのだから、不必要なことまで書くとかえってその機能がそこなわれる。

この部分の標題を「前提事実」とし、当事者が不知として一応争う程度の事実でこの部分において認定してしまったほうが後の記述がわかりやすくなる事実を、争いのない事実とともに記載する方法もある。①こうした事実がかなり多い場合、②主要な争点が法的なものである場合、等において「争点についての判断」では主要な争点だけを集中的に論じたほうがわかりやすいときに用いる。その場合には、「前提事実」という標題の後に、「（末尾に証拠を掲げた事実以外は当事者間に争いがない）」といった記述を行って、争いのない事実と証拠により認定した事実との区別を明らかにすべきであろう。

　当然のことながら、「前提事実」には、争点に深く関連する事実まで記載しないことが適切だが、これを行っている例が結構みられる。そのような事実をここに記載すると、「争点についての判断」以前の部分で裁判官がそれについて判断したも同然の結果になる。不相当であり、かつ、デリカシーを欠く記載のあり方といえよう（判決書を読む当事者の心情に思い至らないのはなぜ？）。

　私は、単独事件判決では、「前提事実」の記載方法はほとんど用いず、事実認定はすべて「争点についての判断」のほうで行うようにしていた。しかし、前提的な事実関係の複雑な合議事件判決では、「前提事実」の記載方法を用いるほうがわかりやすい場合もある程度存在する。

　⒤ii「争点」

　「争点」の記載は、これに対応する理由の中核部分の説示と相まって、新様式判決の核心、心臓部である。

　私の場合、単独事件判決では、この記載は、各争点について、その内容を示す見出しの後に、①証明・主張責任を負う当事者の主張、あるいは、②その主張に沿う具体的な争点の内容、を記載する形式で行っていた。すなわち、証明・主張責任を負う当事者の主張の概要をそのまま記載すれば足りる場合には、①の形式により（たとえば、「以下に記載する被告の錯誤の主張の当否」といった見出しの後に当該主張の概要を正確かつ具体的に記載する）、主張に対する積極否認や反論が争点の内容として重要であるなど①の形式によるのでは争点が具体的に明らかにならない場合には、②の形式によっていた（たとえば、「前記連帯保証契約の成否」といった見出しの後に、どのような態様、内容でその争点が争われているのかを具体的に記載する）。

　こうした争点の記載については、見出し、内容ともに正確に記載するよう細心の注意を払うべきである。複雑な争点についてはかなりの長さになってもよいか

ら、ともかく正確にまとめることが適切と考える（争点、ことにその見出しないし概要部分の記載はあまり長くしないという裁判官も多いが、そのような美学的な決まりがあるわけでもなく、感覚的、慣習的な考え方にすぎないと思う。ここにも、判決を当事者のためのものとしてよりも裁判官自身の満足のためのものとしてとらえる姿勢、「官僚の作文としての判決書の形」にこだわる姿勢がうかがわれる）。

　複雑な争点については、以上のような記載の後に、①の場合には相手方の主張を、②の場合には双方の主張を併記する（「原告の主張」、「被告の主張」といった形で併記する）とよりわかりやすく、合議事件判決ではむしろこれが普通のようである。ただし、その場合に気を付けるべきことは、この記載はあくまで補充的なものとし、上記のような部分までの記載で争点の内容自体はとりあえず書き切っておくことであろう。

　よく、「争点」の見出しないし概要部分の記述と「これに関する双方の主張」の記述を読んでもなお何が争点なのかもうひとつ明らかでない例がある。これでは、長く書くことによってかえって争点の内容があいまいになっているわけであって、長く書く意味が全くない。

　こうした記述になる原因は、まずは論理性と表現力の問題だが、より根本的にいえば、争点整理がきちんと行われていたのだろうか、要件事実ないし証明・主張責任がきちんと把握されていたのだろうか、という問題でもあるだろう。

　私は、単独事件判決では、先のような双方の主張の補足的な記述部分は、「……は、この点につき……と主張するが、証拠によれば……」といった形式で理由中に溶かし込んでしまうことが多かった（同じ記述を主張の部分と判断の部分で二度繰り返さないですむ）が、表現のあり方がより微妙になるのでそれなりの技術を要する。

　なお、争点整理の中での各争点の位置付けがわかりにくい場合には、それぞれの争点の記載の末尾に、「（請求原因の一部否認）」、「（再抗弁）」などといった形でその位置付けを記しておくのが、読み手に対する親切というものであろう。

(3)　争点についての判断

(i)　通常は「争点に対する判断」の標題を用いることが多いが、「争点に関する当事者の主張に対する判断」というならともかく、ストレートに「争点に対する判断」というのはどうもぴんとこないので、私は、「争点についての判断」としていた（もっとも、元裁判官の諸先輩方のように、こうした表現の問題についてひとつのエッセイ論文を書くまでのこだわりがあるわけではない）。

新様式のメリットは、前記「争いのない事実」、「争点」の記載とこの部分とが直接的に呼応し合って当事者の問いに答える形が浮き立つようになっていることにあるから、そのような流れを意識しながら書くことが大切である。
　(ⅱ)　争点ごとに、当該主張が認められるか否かを説示してゆく。
　(ⅲ)　事実が認められるか否かで終わる場合と、事実を客観的に認定した後にその評価を行って判断する場合とがある。
　後者は法的評価、判断の要素が大きい争点である。その場合、留意すべきことは、①事実と評価をできる限り峻別する、②評価の部分でおよそ斟酌しないような事実を延々と認定しない、ということであろう。
　事実と評価を混在させると非常にあいまいな説示になるが、一方、②からわかるとおり、「事実」として認定している事実も実は「評価的事実」なのである（このあたりのことは瀬木・要論第13章「事実認定のあり方」で詳しく記した〔[091]の(5)、[092]〕）。
　認定を踏まえた判断に当たる部分では、裁判官の判断の経過をできる限り具体的にかつわかりやすく示す。この部分の説示も、微妙な表現の訓練を要する典型的な部分である。
　(ⅳ)　間接事実からの推認の手法によって事実認定を行う場合については、認定自体に一種の評価の要素が混在する。こうした部分の説示もデリケートに行う必要がある。
　(ⅴ)　ある事実が認定できない場合について、証明・主張責任を負わない側が主張している積極否認の内容、あるいはこれに準じる事実を認定する例がある。瀬木・要論第13章「事実認定のあり方」（[092]の(4)）で触れた「かえって認定」である。「かえって、……の証拠からすれば、……の事実が認められる」といった説示になるので、「かえって認定」と名付けた。
　形式論理からすれば不要なはずのものだが、これを行っておいたほうが判決の説得力が増す事案が多いし、後に判断する別の争点で「かえって認定」における事実認定がそのまま利用できる場合も多い（「真の争点」、「主要な争点」に関わる事実認定が、「かえって認定」において行われる場合が多いためである）。
　(ⅵ)　事実を認定できない場合には、その点についての証拠評価はその箇所に記載することになる。
　事実を認定できる場合に、「先の認定に反する証拠は採用できない」として排斥した証拠の排斥理由は、そこに書いてもよいのだが、長くなる場合には、別に

項を設けてそこに記載したほうがわかりやすい。先の文章に続け、「(なお、これらの証拠を採用できない理由については後記○に記載する)」などといった形で断り書きを入れておくことになる。

 (ⅶ) 認定事実中のある特定の部分に関わる証拠評価は、その部分に書いてしまったほうがわかりやすいことがある。このような場合には、私は、事実認定の最初の部分に「(証拠)によれば、以下の事実が認められる」と記載した後に、「(なお、適宜、証拠の評価についてもかっこ書きで記載する)」と断り書きを入れ、認定事実の後に適宜証拠評価を記載していた。たとえば次のような記載となる。

  また、この別荘で原告が見付けた被告のAに対する手紙にも、被告のAに対する好意を示す文章がみられる(甲8号証。なお、被告本人尋問における「この手紙は別人のBに宛てて書き、結局出さずに持っていて別荘に忘れたものである」旨の供述は、それ自体不自然であり、甲6号証においてAが「内容からみて自分に宛てた手紙である可能性が高い」旨を認めていることに照らしても、採用しがたい)。

 (ⅷ) 認定事実に、前記の「争いのない事実」や「前提事実」を混在させる場合(非常に多い)には、「(証拠)によれば、以下の事実が認められる」との記載の後に、「(なお、わかりやすさの観点から、前記争いのない事実〔あるいは前提事実〕も適宜含めて記載する)」といった断り書きを入れておくとよい。

 (ⅸ) 事実認定に用いた証拠については冒頭に一括して掲げるとともに個々の認定事実の末尾にも適宜記載する。後者については必ずしも網羅的にする必要はなく、かなめとなるものを記載することでよい場合が多いが、これをしておかないと、個々の事実をどの証拠によって認定したのかが具体的に明らかにならないから、なるべくこまめに行っておくほうがよい(準備書面において当事者にも要求されていることである。民事訴訟規則79条4項)。

 (ⅹ) 書証の成立については、その成立自体で訴訟の帰趨が決まるような場合(重要な処分証書の場合等)にはそれ自体が主要な争点に準じた立証命題となるが、それほどでもない場合には、事実認定に関連して適宜の箇所で言及すればよい。私は、後者のような書証がかなり多い場合には、「争点についての判断」の冒頭に「書証の成立について」という項目を設けてそこに記載することがあった(もっとも、例としては限られている)。

(4) まとめ

　以上に述べた私の判決起案の方法の要諦をまとめると、①判決を読むだけで事案の全容が理解できるように書く（そうした意味での説明とわかりやすさに留意する）、②なるべく凝縮した記述の中に大きな情報量を盛り込むようにする（同じことを何度も繰り返したり、形式的でフラット、無意味な記述や判断に関わりのない事実認定を長々と行ったりしないように留意する）、③全体として、わかりやすく書く（ことに、事実認定に当たっては、そのストーリー的な要素に留意し、事柄の意味や因果関係を意識して書く。また、個々の事実認定になるべくまとまりをもたせる）、④法律論については、問題、結論、根拠を明確かつ論理的に記述する、といったところであろうか。

7　本書収録の判決について

　最後に、本書収録の判決にある程度みられる傾向ないし特色についてコメントしておく。
　基本的な点はこれまでに記したとおりだが、ここでは、私の担当する事件で判決になるものの特色という観点から補足しておきたい。
　私の場合、審理の過程（典型的には、争点整理が一通り終わった後あるいは人証調べ終了後）に、暫定的な心証を開示しながら和解を試みる場合が多く、また、和解の成立率も比較的高いために、判決になる事案にはある程度特色があった。
　私の和解についての特色は、①合議事件のほうがより和解率が高いことが多い（合議事件の和解率は年度によって大きく異なる傾向が強いが、最も高い年度については既済事件の6割近くであった）、②単独事件についても、平均よりは和解率が高く、ことに双方がそれなりに説得的な主張立証活動を行った（その意味では勝ち負けが一見明白ではない）事件についても和解が成立することが多い、という点であった。
　その反面として、判決になる事案にもかなり特色があった。
　具体的には、①原告の請求がおよそ無理なものである、あるいは、原告の請求は理由があると思われるが被告に全く資力がないなどの理由により、事案としてはかなり明白であるが和解ができにくい事案（後者につき、「ないものは払えない」というのは確かにひとつの真理である。もっとも、実際には、判決に至る事案では、原告は少額和解でもかまわないとの意向を示したが被告本人があくまで支払を拒絶した

例がかなり多い)、②当事者本人の事件に対する思い込みや感情的な思い入れが強かったり、性格的に柔軟性に乏しい部分があるために、自分の見方、視点とは異なった見方、視点を受け入れることが困難であり、通常であれば合理的と評価できるような和解案が相手方から提示されても、それを受け入れることができない事案(こうした場合、代理人も当事者を説得したがやはり無理であるという例が多いが、代理人も当事者と同様の見方で動かないという例も若干は存在する。なお、このような事案には訴額が比較的少額の事案が多い。これは、訴額が小さいと、明らかに旗色の悪い当事者であっても、勝っても負けてもかまわないという姿勢になってしまう場合が出てくることと関係がある)、③一方当事者やその代理人の主張立証活動のあり方に問題を含むために、フェアネスの観点から和解が不適切な事案(なお、このような事案では、そうした、いささか問題のある当事者自身もおよそ和解をする気がないことが多い)、が比較的多くなるという傾向がある(なお、②は、当事者にとって金銭だけの問題ではないから判決を求めるという事案が存在することを否定する趣旨では全くない。あくまで、通常であれば和解による解決を図ることで特に問題はないと考えられるような事案についてのことである)。

なお、本書の「解答および解説」では、当事者(代理人)の主張立証活動の問題点に触れている例が一定程度存在する。当事者(代理人)の主張立証活動に問題を含む事案は全体の中でみればそんなに多いわけではないが、判決事案をみると、上記のような事柄との関連で、そうした事案が、事件全般の平均の場合よりはかなり多くなるということである。

もっとも、そうした事案における主張立証活動の問題点について客観的に分析検討しておくことは、若手ないし中堅の実務家、あるいは学生にとっても、非常に有益なことであろうとは思う。なお、代理人弁護士の、主張立証を含めた訴訟活動、あるいは法廷や和解の席における言動等に極端な問題のある事案(それらが明白に悪質な事案)は本書には収録していないことも付言しておく(ケース演習の素材としては不適切だからである)。

最後にもう一度まとめておくと、私は、まともな事案やよい事案は和解で終了するとか、和解ができない事案は問題のある事案だとか考えているわけでは全くない。そのことは、たとえば、瀬木・要論第1部第15章「和解のあり方とその技術」や瀬木・裁判第6章をお読みいただければ理解されるところと考える。

あくまで、①結果論としてではあるが、問題含みの事案については和解ができないで判決に至る傾向があること、②そのために、本書収録の事案についても

(裁判官という立場からみて)当事者(代理人)の主張立証活動に問題のある事案がかなり多くなっていること、③しかしながら、これはあくまで私の単独事件における判決事案にみられるひとつの傾向にとどまること、をお断りしておきたいということにすぎない。

事例・設問・解説

第1　売買関連（1）

1　損害賠償請求事件（本訴、反訴とも）

事案・争点 ➡ 売買契約の成否、不当訴訟
　　　　　　（事件受任の是非）

＊なお、「設問」以下においては、わかりやすさの観点から、当事者の表示は本訴のそれによって行うこととする。

判　決

平成〇〇年〇月〇日判決言渡　同日原本交付
裁判所書記官　　　　〇　〇　〇　〇
平成9年（ワ）第1001号　損害賠償請求本訴事件
平成9年（ワ）第1093号　損害賠償請求反訴事件
口頭弁論終結日　平成〇〇年〇月〇日

判　決

東京都〇〇区〇〇町〇丁目〇番〇号
　　　本訴原告（反訴被告）　　　株式会社松岡土建
　　　同代表者代表取締役　　　　松　岡　仁　志
　　　同訴訟代理人弁護士　　　　〇　〇　〇　〇
〇〇県〇〇市〇〇町〇番地
　　　本訴被告（反訴原告）　　　田　口　典　介
　　　同訴訟代理人弁護士　　　　〇　〇　〇　〇
　　　同訴訟復代理人弁護士　　　〇　〇　〇　〇

主　文

一　本訴原告（反訴被告）の本訴請求を棄却する。
二　反訴被告（本訴原告）は、反訴原告（本訴被告）に対し、金三〇〇万円及びこれに対する平成九年四月一四日から支払済まで年五分の割合によ

る金員を支払え。
　三　反訴原告（本訴被告）のその余の反訴請求を棄却する。
　四　訴訟費用は、本訴反訴を通じこれを五分し、その四を本訴原告（反訴被告）の負担とし、その余を本訴被告（反訴原告）の負担とする。
　五　この判決は、第二項に限り仮に執行することができる。

事実及び理由

（当事者の略称）以下、便宜上、本訴原告（反訴被告）を「原告」と、本訴被告（反訴原告）を「被告」と略称する。

第一　請求
　一　本訴請求
　被告は、原告に対し、金四〇〇七万二〇〇〇円及びこれに対する平成九年二月九日から支払済みまで年六分の割合による金員を支払え。
　二　反訴請求
　原告は、被告に対し、金一〇〇〇万円及びこれに対する平成九年四月一四日から支払済みまで年五分の割合による金員を支払え。

第二　事案の概要
　一　事案の要旨
　本訴請求は、原告が、被告に対し、原告から被告に対して売り渡された別紙物件目録記載の土地（以下「本件土地」という）の売買契約（平成六年二月一六日成立、以下「本件売買契約」という）を被告の売買代金不払により原告が解除したとして、また、予備的に、本件売買契約が成立しなかったとしても原告は被告に対しいわゆる契約締結上の過失の法理によりその責任を問いうるとして、損害賠償請求を行うものである。損害の内容は、本件土地売買のために原告が行ったと主張する盛り土の除去費用である。遅延損害金の起算日は原告主張の契約解除の日であり、その利率は商事法定利率による。
　反訴請求は、被告が、原告に対し、原告の本訴請求は不当訴訟であるとして損害賠償請求を行うものである。損害の内容は、慰謝料六〇〇万円、弁護士費用四〇〇万円である。遅延損害金の起算日は、本訴請求の訴状の被告に対する送達の日の後の日（その二日後）である。

第1　売買関連 (1)

　二　争いのない事実
　1　平成六年二月一六日に、被告は、原告に対し、本件土地に関し、「買付証明書」という標題の文書を作成交付した。
　2　平成七年五月一五日に、原被告は、本件土地の売買に関連する金銭の授受のために、ポール信用金庫○○支店に集合した。
　3　平成九年二月五日に、原告の解除通知が被告に到達した。
　三　争点
（本訴請求）
　1　原被告間に、平成六年二月一六日に、本件売買契約あるいは前記買付証明書に記載された条件を原告が履行することを停止条件とする売買契約が成立したか（後者の場合にはさらに前記条件は成就したか）。
　またその解除による原告の損害とその額いかん。
　2　原被告間に前記売買契約が成立しなかったとしても、本件の事実関係の下においては、原告は、被告に対し、いわゆる契約締結上の過失の法理に基づく損害賠償請求をなしうるか。またその損害額いかん。
（反訴請求）
　3　原告の本訴請求はいわゆる不当訴訟に該当するか。またその損害額いかん。

第三　争点についての判断
　一　争点1について
　1　まず、本件売買契約（停止条件付売買契約を含む）を直接立証する契約書は存在しない。
　原告は、甲一（買付証明書）をもってその成立を証するものと主張するが、一般的にいってもこのような書面をもって直ちに不動産売買契約の成立を認めることはできないし、本件においてはこの書面をもって売買契約が成立したものであるという証人小池真二の証言、原告代表者の本人尋問の結果ないしこれらの者の陳述書（甲四、五）の記載は、乙二（争いのない事実2の日時の直前である平成七年五月一一日に原告側不動産業者から被告側のそれに送付された売買契約書案）、また、前記証言等に反する証人井上良太、同矢野英子の証言に照らし採用できない。
　2　以上によれば、本件売買契約の成立を認めることはできない。

かえって、甲一、一三の1ないし9、乙一、二、五ないし一〇、一七ないし一九、証人井上良太、同矢野英子、同広瀬太郎、同石田学の各証言によると、本件の経緯につき、以下のような事実を認めることができる（なお、この認定に反する証人小池真二、同浅田和代の各証言、原告代表者本人尋問の結果、甲三ないし五、一一の記載はいずれも採用できない。また、適宜、争いのない事実も含めて記載した）。

　（一）　被告は、本件土地に接する土地である〇〇市〇〇町字〇番の山林（以下「被告土地」という）を所有し、そこに檜を植林していたが、原告が平成二年一二月に本件土地を取得した後に、本件土地とともに被告土地のうちこれに接する部分をも掘り下げ、そこから大量の砂を搬出したので、抗議を重ねていた。しかし、原告はこれを聞き入れなかった。

　（二）　その後原告が被告土地を買うとの話もあったが、被告は、たとえ被告土地を原告に売っても、被告土地に接する別の被告所有の土地について（一）と同じような問題が起きると考え、これに応じなかった。

　（三）　平成四年ころ、逆に被告が本件土地を買うとの方向で原被告間に不動産業者を交えての折衝が始まった。

　（四）　平成六年二月一六日に、被告は、原告に対し、本件土地に関し、「買付証明書」（甲一）という標題の文書を作成交付した（争いのない事実）。
　その趣旨は、原告が、（ア）本件土地と被告土地の境界を明示し、（イ）本件土地と、そのころには既に砂の搬出後原告が別の場所から搬入した残土によって本件土地と同程度にまで高く盛り土がされていた被告土地とをなだらかな地勢でつなぎ、かつ、崖崩れの発生しないように造成し、（ウ）本件土地の地表五〇センチメートルを赤土で覆う、との行為を行ったならば被告が本件土地を三〇〇〇万円で買い受けてもよい、というものであった（なお、（イ）の点につき、原告は、前記買付証明書作成後本件土地に残土で盛り土を行うとの趣旨であったと主張するが、2冒頭に掲げた証拠によれば、甲一の記載はそのような趣旨のものとは到底みることができない。また、甲一の添付図面の本件土地部分に記入されている横線は、原告側不動産業者が当初作成して被告に送付した図面である乙一五の1においては記載されていなかったものであり、これと対比すると、甲一作成後に記入されたものと認められる）。

　（五）　その後平成六年内には前記（ア）ないし（ウ）の作業が完了した。被告は、なお本件土地や被告土地の崖崩れの危険があったことから、翌年春まで

売買契約締結の話を延ばすよう原告側業者に申し入れていた。

(六) 翌平成七年、売買契約が締結される運びとなった。

そこで、平成七年五月一五日に、原被告は、売買契約の締結及びこれに関連する金銭の授受のために、ポール信用金庫〇〇支店に集合した（外形的な集合の事実は当事者間に争いがない）。

具体的には、被告は、当日朝、取引銀行（山波銀行〇〇支店）で二口の定期預金合計三七〇〇万円弱を解約し、かつ、売買代金三〇〇〇万円中原告から現金で用意するように依頼されていた五〇〇万円を除いた二五〇〇万円については被告から依頼があったらポール信用金庫〇〇支店の原告口座に振り込むよう取引銀行の行員（前記石田証人）に依頼し、その後、不動産業者（前記井上証人）や司法書士（前記広瀬証人）とともにポール信用金庫〇〇支店に向かい、午前一二時過ぎないし午後一時ころに到着した。

(七) しかし、原告代表者は、契約の時刻として指定されていた午後一時三〇分に遅れ、ようやく午後三時ころに不動産業者（前記小池証人）とともに到着した。

(八) 原告代表者は、銀行に到着するやいなや、「この契約はしなくてもほかのところから金が入る、三〇〇〇万円くらいでは売れない」等のことを語気荒く述べ、そのまま帰ってしまった。そのため、関係書類のチェックや説明は、関係者の誰においても一切行うことができなかった（広瀬司法書士において甲一二の１、２の「平成７年５月15日」の日付部分を記載したとの証人浅田和代の証言は、これに反する証人広瀬太郎の証言に照らし採用できない）。

(九) 被告は、午後三時一〇分ないし二〇分ころに、前記取引銀行の石田行員に電話連絡を取り、契約はできなかったから二五〇〇万円の振込はしなくてよい旨連絡し、同行員は、直ちに前記二口の定期預金の解約を訂正処理する措置を執った。

二　争点２について

本件の経緯については、一２に認定したとおりである。

前記経緯に鑑みれば、原告は、みずから、本件土地売買の話をその契約締結に向けられた交渉の最終段階に至って決裂させたものであるから、たとえ契約の成立に向けて前記に認定したようななにがしかの行為を行っていたとしても、契約準備段階における信義則上の注意義務等を根拠とするいわゆる

契約締結上の過失の法理により保護されるべき者には当たらない。

なお付言すれば、前記買付証明書が作成された後に原告が行った準備行為が原告の主張するような大量の土砂の盛り土工事ではなかったことも、前記認定のとおりである。

三　争点3について

1　訴えの提起が違法な行為となるのは、提訴者が当該訴訟において主張した権利又は法律関係が事実的、法律的根拠を欠くものである上、同人がそのことを知りながら又は通常人であれば容易にそのことを知りえたのにあえて提起したなど、裁判制度の趣旨目的に照らして著しく相当性を欠く場合に限られるものであり、原告の裁判を受ける権利が憲法上の保障（三二条）を受け、尊重されるべきものであることに鑑みるならば、いわゆる不当訴訟の成立範囲は、かなり狭いものと考えられる（最三小判昭和六三年一月二六日民集四二巻一号一頁、判タ六七一号一一九頁。最一小判平成一一年四月二二日、判タ一〇〇六号一四一頁各参照）。

しかし、一2に認定した本件の経緯、それを踏まえての原告の本件本訴請求提起を考えると、原告は、みずから紛争のきっかけを作り、さらに、被告がみずからに害が及ぶことを防止するためにやむなく締結することを考えた本件売買契約について、その締結に向けられた交渉の最終段階に至ってこれを決裂させたものであるから、原告の本訴請求提起は、悪意に出たもの、あるいは少なくとも重過失があるものと考えざるをえず、被告に対する不法行為を構成するものと解される。

原告が本訴提起にあたって弁護士を依頼していることも、不法行為成立の妨げとはならない。原告の行為が不法行為を構成するか否かは主として平成七年五月一五日の原告代表者の前記のような行動の有無にかかっているところ、前記の点について原告が代理人弁護士に正確な事実を告げなければ、弁護士としても、本件本訴請求を提起するに妨げはないものと判断することが一応不合理ではないと考えられるからである。

2　前記不法行為によって被告が被った損害については、慰謝料として金一〇〇万円を認めるのが相当であり、また、弁護士費用については金二〇〇万円をもって原告の不法行為と相当因果関係のある損害と認めることができる。

第四　結論
　以上によれば、本訴請求は理由がなく、反訴請求については主文に示した限度で理由がある。

　　○○地方裁判所民事第○部

　　　　裁判官　　○　○　○　○

　　別紙　物件目録〈省略〉

設　問

　1　「契約締結上の過失の法理」について簡潔に説明せよ。

　2　訴えの提起が不法行為となる要件は何か。民事保全の申立てが不法行為となる場合の要件と比較するとどのような相違があるか。また、そのような要件の相違の根拠についても説明せよ（前もって自己の見解をまとめてみた上で、判例、学説を調査せよ）。

　3　判決は、「争点についての判断」一において、売買が認められないとしながら、その後に「かえって各関係証拠によれば、本件の経緯につき、以下のような事実を認めることができる」との詳細な認定（「民事判決書の現状とその解説」6(3)(v)で触れたいわゆる「かえって認定」。瀬木・要論［092］の(4)参照）を行い、その他の争点については上記の「かえって認定」を前提として簡潔に判断している。
　このような説示の方法の当否、利害得失について、証明責任の観点をも含めて考察せよ。

　4　本件判決が確定し、本件の原告代理人がその後に不当訴訟の共同不法行為に基づき訴えられた場合、被告（本件の原告代理人）としてはどのような主張をすることが考えられるか。
　また、一般論として、こうした事件の受任につき、弁護士職務基本規程31条「弁護士は、依頼の目的又は事件処理の方法が明らかに不当な事件を受任してはならない」との関係をどう考えるべきか。

参考事項

　関係条文　民法555条、709条

解答および解説

　売買のような比較的単純で一回的な契約類型については、最後まで本格的に争われる事案はまれであり、本件のように売買の成否それ自体が問題になる事案、あるいは2・3事件のような継続的売買契約がらみの事案等やや特殊な事案が多い。

　さて、本件の事実関係は判決を注意深く読んでもかなりわかりにくいのではないかと考えるが、それには、原告の行った行為がいささか常識では理解しにくいものであることが関係している（一般的に、常識では考えにくいような行動をとる者が関係する事案は、きわめてわかりにくいものとなりやすい。もっとも、私も、もしも現時点でこの判決を書くならば、まず背景となる事実関係を簡潔にまとめて、それに関連した事実認定がより理解しやすくなるように工夫するだろうとは考える）。

　判決から読み取れる限りの事実関係を日常的な言葉で述べてみよう。

　原告は、まず、原告の本件土地とこれに接する被告土地の一部を双方とも（被告土地については無断で）掘り下げて大量の砂を搬出した。次に、今度は、別の場所から搬入した工事等の残土を被告土地に（これも無断で）積み上げた。そのために、本件土地と被告土地の間に高低差が生じ（なお、高低差の具体的な状況は証拠からも定かではなかった）、崖崩れの危険が生じた。被告は、やむなく、原告との間で続いてきた一連の交渉の中で、甲一号証の「買付証明書」なる書面に表示された条件を原告が履行するならば本件土地を買うこととし、原告にこれを交付した。ところが、原告は、どたんばで売買契約はしないと述べて被告との間に進んでいた話を壊し、その後、本件本訴を提起した。

　おおむねこういうことになる。

　原告の請求原因は、契約締結上の過失に関する主張を含め、いずれも無理が大きいと思われる。

　契約締結上の過失の理論については、『新版注釈民法13〔補訂版〕』〔有斐閣〕90頁以下〔潮見佳男〕が詳しく分析している。契約準備段階における過失ある行為につき、不法行為責任とは異なる観点から評価を加え、行為者に帰責するための法理ということである。

この法理については、外国法の理論を継受した上で学説判例による議論の積み重ねが行われてきたために、その要件や効果については、一義的に定めにくい状況となっている。こうした法理（いわば一種の判例法）に基づいた主張を行う場合には、その成立のメルクマールを明らかにした上で、当該事案の事実関係への当てはめについてデリケートに考察してゆく必要がある。

　古典的、典型的には、契約が原始的不能であった場合（たとえば、売買契約締結の時点でその対象が焼失、盗難等によりなくなっていた場合）に一方当事者（この場合売主）が過失によってその原始的不能を知らなかったとき、相手方（この場合買主）が契約が有効であると信じたことによって被った損害、すなわち信頼利益（具体的には、たとえば、売買契約の対象が商品である場合にその保管場所を賃借して支払った賃料）の賠償を請求できる、といった例が挙げられる。

　しかし、このような事例は実際にはほとんどなく（教室説例）、むしろ、先のような古典的事例とはやや異質であるがこれに関連して論じられてきた契約交渉の不当破棄（相手方が契約の成立が確実と信じて相当の費用をかけた時点における正当な理由のない契約の破棄）や、契約締結過程における情報提供義務違反（契約締結過程で適切な情報を相手方に与えなかったために相手方が契約を締結して損害が生じた）といった場合のほうが重要である。

　なお、最高裁は後者の契約締結過程における情報提供義務違反の法的性質については契約責任ではなく不法行為責任であるとした（最二小判平成23年4月22日民集65巻3号1405頁）。現在進行中の債権法改正においては、契約交渉の不当破棄や契約締結過程における情報提供義務違反について明文の規定を置くことが検討されている（設問1）。

　反訴の「不当訴訟」を理由とする訴えは、裁判を受ける権利との兼ね合いからこれを認めるための要件が厳しく、一般的にはきわめて認められにくいものである（判例については、判決文中でも引用されている最三小判昭和63年1月26日民集42巻1号1頁は、「訴えの提起は、提訴者が当該訴訟において主張した権利又は法律関係が事実的、法律的根拠を欠くものである上、同人がそのことを知りながら又は通常人であれば容易にそのことを知りえたのにあえて提起したなど、裁判制度の趣旨目的に照らして著しく相当性を欠く場合に限り、相手方に対する違法な行為となる」旨判示している）。

　一方、民事保全の申立ての場合については、学説には無過失責任説を採るものが多いが、判例（最三小判昭43・12・24民集22巻13号3428頁）は、過失責任説を採

りながら、「保全命令が取り消され、あるいは債権者敗訴の本案判決が確定したときには、他に特段の事情がない限り債権者において過失があったものと推定される」としている。この「推定」については、事実上の推定を意味するものと解すべきであろう。

　無過失責任説の主な根拠は、当事者間の公平と民事保全制度の濫用の防止、仮執行宣言の場合とのバランスであり、これには理由がないではないが、保全命令は保全の必要性を欠くことのみによっても取り消されうるし、相当の根拠があって保全命令の申立てを行ったにもかかわらず結果的に本案で敗訴したことによって、債権者が何ら反証の機会もなく不法行為責任を負わされるのは酷であるから、判例の採っている考え方が、バランスとしてはよいと考える。

　もっとも、この種損害賠償請求訴訟における債権者の反証（上記の事実上の推定をくつがえす反証）にはそれなりのものが要求されると考えるべきであろう（この点、著しく相当性を欠くものであったことが立証されない限り不法行為が成立しない上記訴えの提起の場合とは大いに異なることに注意すべきである）（以上につき、詳しくは、瀬木・保全［069］参照）。

　このような相違（民事保全の申立てのほうがより不法行為が認められやすい）の根拠は、民事保全手続の本案訴訟手続に対する付随性、暫定性、また、本案のための「保全」という性格から裁判を受ける権利の保障という要請が本案訴訟の場合よりは後退すること、に求められよう。

　本件は、訴え（反訴）の提起について不法行為を認めた比較的珍しい事案だが、被告の気持ちとしては、「散々不法行為を重ねられ、訴えまで起こされた末のこの反訴が認められなければ、たまったものではない」というところであろう。私自身は、訴えの提起が不法行為となる場合について上記最高裁判例の掲げる要件はやや厳しすぎるのではないかと考えており、「これは原告本人も代理人弁護士もいかにも悪質だ」と思われるような訴えの提起については、本件と同様に不法行為請求を認めていた。といっても、33年間の裁判官経験で合計4、5件というところだが（設問2）。

　ごく普通に話を聞いていればこれはおかしいと気がついてもよいと思われるこのような訴えの提起に弁護士が関わったことの適否は、弁護士職務基本規程31条との関係でひとつの問題となりえよう。

　判決は、「弁護士の本訴受任提起については一応不合理とはいえない」旨判示しているが、それは、原告の「原告は本訴提起に当たって弁護士に依頼している

のであり不当訴訟とはいえない」という主張（意味不明の主張だが）に対する応答としての説示にすぎないことに注意していただきたい。なお、今思えば、本件のような事件についての原告代理人の受任を正当化するかのようなこうした説示をする必要はなかったという気がする。単に、「原告は本訴提起に当たって弁護士に依頼しているから不当訴訟とはいえない、などと主張するが、およそ理由がない」と書いておけば十分であった。

　弁護士倫理を論じる際に、机上の抽象的な議論をするだけではあまり意味はないのであって、たとえばこうした事案（これほどのものはまれであるとしても、この種の、いわゆる「筋の悪い」訴えの提起自体は、それほど珍しいものではない）に即して考えていただきたいと思うのである（なお、この点に関する詳細については、ぜひ、瀬木・要論［009］を参照していただきたい）。

　なお、本件の原告代理人が不当訴訟の共同不法行為に基づき訴えられた場合の争い方は、「事実関係について本人から聴取したところではそれに一定の正当性があると思われた。不当な訴えであった（少なくとも判決ではそう認定された）ことについて代理人に故意過失はない」というものであろう。ただ、本件のように①土地の売買についての売買契約書すらなく、②売買の話が出てきた経緯についても原告のほうに大きな問題があることがうかがわれ、③関係当事者が銀行に集まったことは明らかであるにもかかわらず被告が代金を支払わなかったという原告の言い分も明らかにおかしい、といった事情があるにもかかわらず安易に訴えを提起した原告代理人の判断は決してほめられたものではなく、私には、弁護士職務基本規程31条に照らしても疑問の余地が大きいものではないかと感じられる。

　もっとも、本件の原告代理人は、実際には、このような事件を多く手がけるような種類の弁護士ではなかったと思う。このように、弁護士は、うっかりすると、自己の依頼者の話をつい信用して不当な事件を受任してしまいやすいものだということには注意していただきたい。私は、弁護士としては、問題の大きそうな事件の受任には慎重であるべきではないかと考える（それは、いわゆる「問題弁護士」にしか関係のないような事柄ではないのだ）。なお、本人をおいて弁護士のみが不当訴訟で訴えられた**40**事件も併せて参照されたい。

　最近弁護士の知人、後輩から聞くところでは、不当訴訟を理由とする弁護士に対する訴訟や懲戒申立てが増加しているという。これからの弁護士は、こうした点にもよく注意を払いながら慎重に事件を受任し、仕事をしてゆかなければなら

ないと考える（設問4）。

　最後に、本件判決が行っている「かえって認定」（「民事判決書の現状とその解説」6(3)(v) で触れたとおり、ある事実が認定できない場合について、そのことを説示した後に、証明責任を負わない側が主張している積極否認の内容、あるいはこれに準じる事実を認定することを、瀬木・要論においてこう呼んだ。まとまった「かえって認定」は、ほかの争点の要証事実と重なり合うことが多い。瀬木・要論［092］の(4)参照）は、実務においてはままみられる。

　ここでの「かえって認定」は、売買契約の成立がおよそありにくいことを具体的に明らかにするとともに、評価的な概念である「契約締結上の過失」の主張が成り立たないことの具体的根拠、そして、反訴の不当訴訟を理由とする訴えが成立することの具体的根拠をも示すものとなっている。

　ひとつの争いで中心となる事実認定はなるべくひとつながりのものとして示されるほうがわかりやすいし、証明責任の負担がきちんと押さえられているならば、上記のような説示方法が散漫で不正確な印象を与えることもない。

　もっとも、経験の浅い裁判官が先のような点に留意せずに行うことのある、証明責任の負担についての検討を何ら行わないまま理由説示の最初に「本件の事実経過」などと題して延々と繰り広げる事実認定（なお、要件事実だけは表面的に丸暗記している判事補に限って、かえってこういうことをやりがちなものである）は、先のような認定とは異なり大変不正確で有害なものとなりやすいから注意すべきである（「事実認定をまとめて行うことの意味」と「証明責任の負担に関する検討」とがきちんと行われているか否かの相違である。もっとも、離婚訴訟においては、例外的にこうした包括的な事実認定が行われることが多い〔28・29事件〕が、それは、それらの事案の「解答および解説」で触れるとおり、日本の離婚訴訟の証明主題自体が非常に包括的なものであることの結果である）。

　なお、以上のような事実認定の方法について、詳しくは、瀬木・要論［092］を参照されたい（設問3）。

和解の可能性
　事案の性格に照らし、およそ考えにくい。

第1　売買関連 (2)

2　損害賠償請求事件

事案・争点 ➡ 継続的売買契約の解消と債務不履行
　　　　　　（紛争の原因と背景）

判　　決

平成○○年○月○日判決言渡　同日原本領収
裁判所書記官　　　○　○　○　○
平成16年（ワ）第1002号　損害賠償請求事件
口頭弁論終結日　平成○○年○月○日

判　　決

○○県○○市○○町○丁目○番○号
　　　原　　　　告　　　株式会社村上商店
　　　同代表者代表取締役　　石　井　　茂
　　　同訴訟代理人弁護士　　○　○　○　○
○○国○○州○番街
　　　被　　　　告　　　ロドリゲスフードカンパニー
　　　日本における代表者　　トーマス・クリス・デービッド
　　　同訴訟代理人弁護士　　○　○　○　○
　　　同　　　　　　　　　　○　○　○　○

主　　文

一　原告の請求を棄却する。
二　訴訟費用は、原告の負担とする。

事実及び理由

第一　請求

被告は、原告に対し、金1202万2444円及びこれに対する平成16年6月26日から支払済みまで年6分の割合による金員を支払え。

第二　事案の概要
　一　事案の要旨
　本件は、原告が、被告に対し、(ア)昭和61年以来の被告から原告へのペットフード供給契約（一次卸契約である。以下「本件契約」という）を平成11年9月27日付けの通知をもって正当な理由なく解約し、同年12月31日に終了させたとして、平成7年から11年までの平均仕入額の3パーセントに当たる純益の2年間分の損害賠償として790万2444円、慰謝料として100万円の支払を求めるとともに、(イ)平成9年10月ころに取引代金決済会社を従来のレオナルド株式会社（以下「レオナルド」という）から株式会社食丸（以下「食丸」という）に変更するように被告から求められてこれに従ったところその後わずか2か月で食丸は倒産し、その結果原告は食丸に預託していた保証金362万円のうち50万円しか返還が受けられなくなったとして、継続的取引契約の信義則上の附随義務違反に基づき、その差額312万円の支払を求めた事案である。

　遅延損害金の起算日は訴状送達日の翌日である。

　請求原因事実の詳細は、別紙（訴状写しの「請求の原因」欄）記載のとおりである。

　二　争いのない事実
　本件契約が昭和61年から継続し、原告がこれについて平成11年9月27日付けの通知をもって、同年12月31日に終了させる旨の解約の申入れ（以下「本件解約」という）をしたこと

　三　争点
　1　請求(ア)について
　本件解約が有効であるか否か及び損害の有無及び金額である。前者の点に関する双方の主張は以下のとおりである。
　(一)　被告の主張
　本件契約は、本件契約書8条3項（書面による3か月前の予告による解約）あるいは11条（期間満了日の3か月前までに解約の申入れがあったことによる期間満了終了）により平成11年12月31日に終了したものである。

そして、これは、原告の取引高の著しい下落及び問屋としての機能の欠如及びこうした点の改善の可能性について原告が説得力のある説明を行えなかったことを理由として行われたやむをえないものである。

また、原告は米穀等の卸売、小売とともにペットフードも扱っているにすぎず、ペットフードについても他メーカーの商品も扱っており、いずれにせよ本件契約（一次卸契約）の終了後も二次卸店として一次卸店から被告商品を仕入れることはできるから、本件契約の終了によって原告の被る不利益は小さい。

さらに、被告は、約定の３か月間の予告期間に加えて平成12年７月31日まで原告との直接取引を継続したから合計すると10か月の経過措置がとられたものであって、被告は、原告に対する十分な配慮を行った。

なお、被告がＡ県についてマーケット調査を行うに際し原告が協力したことは事実であるが、これは約20年も前のことであり、また、原告だけがこれに協力したわけではない。

また、原告のいう被告の「販売エリア」は被告の社内的な事務処理のために設定しているものにすぎず、卸問屋の進出とは何ら関係がない（もとより、各特約店は前記エリアにおける被告商品の独占的な販売権を与えられているものではない）。アガサ株式会社（以下「アガサ」という）はアガサ自身の方針によってＡ県における被告商品の卸売を始めたものである。

原告主張の投資と被告との取引の関連性は不明であるし、昭和60年の投資についてはいずれにせよ既に回収されているというべきである。

なお、原告の言及する株式会社室井（以下「室井」という）の被告との取引高は原告よりも大きい。

　（二）　原告の主張

原告の事業は、平成６ないし７年ころには、ペットフードの売上が６割、米穀等の売上が４割にまでなっていた。

また、原告は、被告がＡ県についてマーケット調査を行うに際し大きな協力をしており、これが被告の全国規模の事業の展開に大きく貢献したものである。

原告の取引高の減少については、被告がＡ県をその営業の北部エリアから南部エリアに変更した結果全国的な卸問屋のアガサ（被告の南部エリア特約店）の製品がＡ県に流入したことが原因である。

さらに、原告は、昭和61年に被告との取引を本格的に開始するに当たり、その準備のために、昭和60年に本社社屋を新築するとともにペットフード専用の倉庫を3階に作り、そのための専用エレベーターを設置し、別に新築した倉庫の2階をペットフード専用にし、これらペットフード関連の工事に1500万円をかけ、また、平成11年3月には、ペットフードのみを卸していたスーパーマーケット「はしもとマート」との取引のためのソフトウェアの開発に96万3900円を、同じく「クスリのカントリー」との取引のためのコンピューターシステムに409万5000円を支出している。

　被告は、原告と同程度の規模のＡ県の業者室井については平成12年の同社経営困難による営業譲渡までの間取引を打ち切っていない。

　なお、原告は、平成11年9月以降は一次卸店であれば受けられる特別値引きやタイアップキャンペーンなどの特典を受けていない。

　2　請求(イ)について

　被告は、原告の主張を争うとともに、食丸が会社更生法の適用を申請した平成9年12月から5年の経過による消滅時効を主張する。

　これに対し、原告は、原告がいったん保証金に関する原告の損害相当額について被告に対しその平成10年1月分と2月分の売買代金請求権と相殺を行ったのに対し、被告担当者において特別値引きやタイアップキャンペーンで穴埋めするから相殺した分を送金してくれと懇請したことからそれに従ったにもかかわらず結局それが実行されなかったのであるから、時効の起算点は被告が本件解約の申入れをした平成11年9月27日であり、それから5年内の平成16年6月15日に原告は本訴を提起したと主張する。

第三　争点についての判断

　一　請求(ア)について

　1　証拠(甲一、二六、原告代表者)からすれば、本件契約に基づく原告と被告のペットフードの取引はいわゆる継続的取引契約に該当するものと認められる。したがって、その終了のためには、取引の継続を困難ならしめる一定の事由、あるいは、契約終了による不利益を補うに足りる一定の措置の実施等が必要であるとみられる。

　そこで、前記のような観点から、本件契約書(甲一)8条3項(書面による3か月前の予告による解約)を念頭に置いた本件解約の有効性について考

えることとする。
　2　関係事実
　証拠（甲一、一四、二六、三六、乙一、二、八の1、2、九、原告代表者、証人池田。ただし、甲二六、三六、原告代表者については後記採用しない部分を除く）及び弁論の全趣旨によれば、以下の事実を認めることができる。甲二六、三六、原告代表者のうちこの認定に反する部分は採用できない。
　（一）　本件契約に基づく原被告の取引（原告を一次卸店、特約店とする取引）は昭和61年以来の長きにわたっており、取引開始からしばらくの間は、原告は、被告がＡ県についてマーケット調査を行うに際し他の特約店（室井）よりも協力的であるなど被告の営業に貢献するところはあった。
　（二）　しかし、原告の取引高は、平成3年ころからほぼ一貫して落ち込んでおり、平成10年、11年（本件解約の行われた年度）におけるそれは、それぞれ、平成3年の51.9パーセント、29.7パーセントとなっている（乙八の1、2）。
　このような取引高の低下は、従業員の少ない小企業である原告が、小売店を回ってこまめな営業や情報提供、販売促進活動を行うことをしなかったことによるところが大きかった。
　また、平成11年夏ころから被告担当者において原告との話合いを行い説明を求めた際にも、原告は、今後の説得力のある展望を示すことができなかった。
　（三）　また、原告は、その取引高の減少につき、被告がＡ県をその営業の北部エリアから南部エリアに変更した結果全国的な卸問屋のアガサの製品がＡ県に流入したことが原因であるなどとして被告に対して抗議を申し入れたことがあった（甲一四）が、被告のいう「販売エリア」は被告の社内的な事務処理のために設定されているものにすぎず、卸問屋の進出とは関係がなく（もとより、各特約店は前記エリアにおける被告商品の独占的な販売権を与えられているものでもなく）、アガサはアガサ自身の方針によってＡ県における被告商品の卸売を始めたものであり、原告との取引を打ち切ってアガサとの取引を始めた二次卸店（株式会社ブレッソン、ドライエル株式会社等）についても、その独自の判断に基づきそうしたものにすぎなかった（なお、甲三一はこの認定を左右するような証拠とは認められない）。
　（四）　原告は、ペットフードの取引も相当程度行ってはいるが、基本的

には、米穀等の卸売、小売とともにペットフードも扱っているものであって、ペットフードのみを扱っているわけではない（なお、原告の取引中に占めていたペットフードの割合を示す客観的な証拠はない）。また、ペットフードについても、被告以外のメーカーの商品も扱っている。

（五）　被告は、本件解約に当たり約定の３か月間の予告期間に加えて、平成12年７月31日までさらに７か月の間原告との直接取引（一次卸店、特約店としての取引）を継続したから、合計すると10か月の猶予期間を設けたものである（乙一、二。もっとも、この予告期間ないし猶予期間中は、原告は、一時卸店であれば通常受けられる特別値引きやタイアップキャンペーンなどの特典は受けていない。なお、甲三六〔原告代表者の陳述書〕には、「被告は、平成11年10月29日に、原告に対し、特約店を降格になっても１年間は３パーセントの値引きを行う」旨を約束したとの記載があるが、尋問終了後に提出された陳述書の記載であり、また、これを裏付けるに足りる客観的な証拠もなく、およそ採用しがたい）。

（六）　原告は、本件契約（一次卸契約）の終了後も二次卸店として一次卸店から被告商品を仕入れることはできるものであり、被告の商品が全く扱えなくなるわけではない。

３　その他の証拠について

（一）　原告は、昭和61年に被告との取引を本格的に開始するに当たり、その準備のために、昭和60年に本社社屋を新築するとともにペットフード専用の倉庫を３階に作り、そのための専用エレベーターを設置し、別に新築した倉庫の２階をペットフード専用にし、これらペットフード関連の工事に1500万円をかけ、また、平成11年３月には、ペットフードのみを卸していたスーパーマーケット「はしもとマート」との取引のためのソフトウェアの開発に96万3900円を、同じく「クスリのカントリー」との取引のためのコンピューターシステムに409万5000円を支出していると主張し、証拠（甲二六、原告代表者）にはこれに沿う部分があるが、昭和60年度の関係についてはその支出及び被告との取引の関連性を示す的確な証拠がない上、それから相当期間が経過してその支出の目的を達した状況にあると認められるし、平成11年度の関係についてはその支出自体は甲一七ないし一九により認められるものの、やはり、被告との取引の客観的な関連性は立証が十分でないといわざるをえない。

(二)　被告は、原告と同程度の規模のA県の業者室井については平成12年の同社経営困難による営業譲渡までの間取引を打ち切っていないと主張するが、この点は時代や状況の相違もあることである上、甲二〇によっても、室井の1986年度（昭和61年度）の被告との取引高は原告よりも格段に大きく、そうすると、先の点は、原告の主張を基礎付ける的確な事情とはみることができない。

　4　以上2、3において認定評価したところ、ことに継続的取引契約にとって本質的なものといえる前記2の(二)の事情に照らせば、また、被告において前記2の(五)のとおり約定の3か月の予告期間に加えて7か月の猶予期間を設けたことをも考慮するならば、本件解約は有効というべきであり、この点に関する原告の請求は理由がない。

　二　請求(イ)について

　請求(イ)については、被告が原告に対し平成9年10月ころに取引代金決済会社を従来のレオナルドから食丸に変更するよう求めたことを前提とするものであるところ、甲八のあいまいな文言をもってそのような指示があったとみることは難しいし、証拠（甲二一ないし二六、原告代表者）の原告の主張に沿う部分も、証拠（乙九、証人池田）に照らし採用できず、他に、原告の主張を認めるに足りる的確な証拠は存在しない。

　かえって、後者の証拠と甲六とによれば、被告は取引代金決済会社として3社を提案したものにすぎず、原告において、その中から、従前から株式会社佐々木ワールドフーズとの取引の関係で取引代金決済会社として利用していた食丸を選択したものと認められる。

第四　結論
　以上によれば、原告の請求は理由がない。

　○○地方裁判所民事第○部

　　　　裁判官　　○　○　○　○

　別紙　請求の原因〈省略〉

設問

1 「継続的売買契約の解消と債務不履行」の法理とその根拠、それが認められるためのメルクマールについて法的調査を行え。

2 本件紛争の背景にあるだろう原告と被告の従来の関係、また、双方の法律レヴェル以前の言い分や感情等につき判決の内容から可能な限りで推測し、また、本件紛争を避けるためには双方がどのような点に配慮すればよかったかについて考察せよ（予防法学的な観点からの設問である〔瀬木・要論［171］参照］。原告が、認められることがそれほど容易でないと想像できるこのような訴えの提起に踏み切った理由について、想像力を働かせて考えてみよう）。

3 「争点についての判断」一の1から4までの説示の流れとその論理的関係につき簡潔かつ正確に説明せよ。

参考事項
関係条文　民法555条

解答および解説

　継続的売買契約を始めとする継続的取引契約については、期間を定めた基本契約が交わされた上で個別的な契約が続いてゆく類型が典型的であり、この事案はそのような事例である。しかし、期間の定めのないもの、また、個別的な契約の集積がある段階で継続的売買契約と評価される場合、もある。

　基本契約の存続期間は年単位のものとなる。継続的取引契約では当事者間の信頼関係が強調されるので、事情変更の原則が通常よりも適用されやすく、また、契約継続についての期待保護の観点から、契約の解消（法的には解約）については、通常の履行遅滞による契約解除（民法541条）を認めることは妥当ではなく、当事者間の信頼関係を破壊するような行為が必要であるとされる。

　また、基本契約の条項に基づいた契約終了（たとえば、本件では、書面による一定期間前の予告による解約、定められた期間満了日の一定期間前の時点までの解約申入れによる期間満了終了、の双方が主張されている）についても、相手方の損害を可能な限り抑えることが要請され、場合によってはそれが債務不履行となる場合がありうるとされている。

　そのように考える根拠については、一種の契約上の責任だとされてきたが、そ

こでいう「契約責任」は、取引開始当初から明確になっているものではなく、事後的に取引の全経過を観察して初めて論じられうるものであるという意味では通常の契約責任とは異質であり、むしろ、信義則に由来する義務であるととらえるほうが適切かもしれない。

　本件でも、原告は、契約解消には正当な理由がなく債務不履行に当たるとして損害賠償と慰謝料を請求している。

　継続的売買契約の解消に関する債務不履行の法理が認められるためのメルクマールとしては、事実面では、たとえば、契約開始時の事情、取引の条件ことに買主の担保・保証提供の有無、当事者間の力関係、取引高と双方の営業に占めるその割合ことに取引に対する買主の依存度や商品の代替性の程度、買主が契約に関連して行った物的・人的投資、取引の継続してきた期間の長短、契約にまつわる双方の関係すなわち買主の貢献や売主の支援等の諸事情、買主の信頼関係破壊行為や営業実績・意欲の欠如等の諸事情、契約解消の経緯、契約解消の代替措置として行われた補償等の代償措置や設定された予告期間等が問題となり、それらの事情を総合的に評価してゆく上では、契約の継続についての買主の期待を保護すべき程度、当事者間の公平、社会・経済政策的な配慮、等が問題となりえようか（継続的売買契約の法理につき、詳しくは、『新版注釈民法14』〔有斐閣〕89頁以下〔岩城謙二〕等参照）（設問1）。

　継続的売買契約がらみの紛争は、興味深いことに、本件や3事件の場合のように、外資系企業との間で生じることがきわめて多い。相当に密接な関係が継続し、買主としては利益も得てきた反面随分尽くしてきたと考えているような法律関係についてドライな契約法の論理でばっさり切られると、経営にも大きな（場合により致命的な）打撃を受けるのみならず心も痛む、そうした事実関係から提訴に至る場合（あるいは抗弁を主張する場合）が多いと思われる。

　事案としては、いずれかといえば、継続的売買契約の解消に関する債務不履行の法理を主張する側に自己に都合のよい思い込みや事実解釈のねじ曲げが目立つ事案のほうが多い。

　しかし、一方、確かにこれは理不尽だとして継続的売買契約の解消（法的には解約）につき債務不履行を認めることとなる事案もある。これはあくまで一般論だが、外資系（ことにアメリカ系）企業の中には、自己の側の都合だけで理不尽で一方的な契約解消を行う企業も存在する。私の経験では、不当労働行為事件等でも、外資系企業のやり方には目に余るようなものが比較的多かったという気がし

ている。これは、法制度の相違、企業のモラルに関する考え方の相違もあるが、日本のセクションがほとんど実質的な決定権をもっていないために、杓子定規な対応ややりすぎの言動をとりやすいという事情もあるように感じられる（現地人による植民地行政が杓子定規なものになりやすいのと同じような理由である）。

　本件の原告の言い分も、全体としてみると無理が大きいように思われる。原告は、取引開始からしばらくの間は被告の営業に貢献するところがあったものの、その後取引高は一貫して落ち込んでおり、また、被告は、先の点について原告の説明を求めるなどし、かなりの予告・猶予期間を置いている。ただ、原告の視点に立ってみると、上記のとおり、「最初は随分協力し、見返りもちゃんと与えてくれていたのに今になって切り捨てるなんてひどい」という心情自体は一定程度理解できないではない。

　このあたりについては、おそらく、法に関する文化の相違、そしてコミュニケーションの不足という問題が背景にある。ことに、外資系企業の場合、担当者自身は日本人で普通によくある「甘えの関係」でやっていたのに、ある時トップ（むしろ海外親会社）がこれを許さなくなって突然あるいは早期の関係解消に至るという方針の変更がドラスティックであり、顧客の不満を招きやすいという側面がありそうである。

　本件でも、被告が、原告業務の改善のための、そして後には解約に向けられた、当事者間の交渉の過程で逐次みずからの見解を明確にするとともに書面化して原告に交付していたなら、ある程度の調整によってスムーズに関係を終了させることが可能であったのではないかという印象はある。原告については、被告に対する甘えやそれに起因する慢心が大きすぎ、取引高改善の努力を怠った点が致命的といえよう（設問２）。

　裁判官は（本当をいえば弁護士も）、目の前の紛争からある程度離れた高い視点から、醒めた、そしてある程度の温かみをも含んだ目で、事案とその置かれた文脈、コンテクストを見詰めることが時には必要である（事案だけではなく、コンテクストもみるというところに留意。普通は「事案」までのことしか指摘されないことが多い。この点につき、より詳しくは、瀬木・要論第１部第10章「事実をどのように把握するか？」、同第１章のⅡ「視点を動かすことの必要性」を参照していただきたい。弁護士にとっても、一般論としても、また「きれいに勝つ」ためにも、非常に重要なのが、こうしたさまざまな「視点の移動」を行う能力なのである）。

　そのような視点をもっていると和解もできやすくなる。本件もよいところまで

いったのだが、被告が最後にわずかな金額でも出せないということで不調になってしまった（日本の企業なら絶対和解ができるところで和解ができないことが外資系企業にはままある。負けても判決のほうがいいという例もある。上記のとおり、そのほうが親会社に対する説明が簡単だからであろうか？）。

したがって、被告代理人はおそらく勝訴の確信をもっていたのだろうと思われるが、それにしては、その後の人証調べにおける尋問も、最終準備書面も、争点になっていないような部分についてまで細々と尋ねたり主張したりで、「いやあ、渉外事務所の若手弁護士もなかなか大変そうだね」という感想を新たにした事案であった（民事通常訴訟関係のスタッフをもっていない渉外事務所弁護士の主張立証活動は、慣れないためか、クライアントとの関係が難しいためか、内容は比較的高いのだが感覚の悪いことが時にある。訴訟についてはある程度特化したスタッフをそろえることが望まれる）。

判決に移る。

本件は、訴状と答弁書を読んだだけでおよその帰趨がわかるような種類の事案である。原告の主張はかなりこじつけが目立つ。争点整理中に早々と訴訟の帰趨がみえる場合があることにつき、研究者は実感をもって理解できないことが多いようなので、たとえばこのような事案なのですよ、ということをここで説明しておきたい（本書にはそのような事案がほかにもかなりある。たとえば**24**事件の「解答および解説」参照）。

こうした弱くてあいまいな主張の整理は、裁判官の能力差が出やすい。当事者の主張を、弱いなら弱いなりに正確かつ的確にまとめる力がないと、判決も、結論だけは正しいが、内容がわかりにくいものになることがある。

本件判決は、上記のような点については、理由の説示においても工夫している。請求（ア）については、1で一般論の枠組みを設定し、2で事実認定を行い、3で原告が提出しているその他の証拠についても一応言及（あいさつ）し、4でまとめを行っている。「内容は弱いが種々根拠を挙げて細かい反対説」を論駁する際の論文の書き方にきわめて近いことがおわかりであろうか（設問3）。

請求（イ）については、初心者が判断を誤りやすいところである。司法修習生の起案はよくこういうところでつまずく。判事補でこの争点について的確かつ簡潔に判断できる人は優秀である。平均的なレヴェルだと、長々と書くことになりやすい（なお、実務家一般の間にも、「こうしたていねいな説示はよい。初心を忘れたヴェテラン判事にはばっさり切り捨てをする人がいるが、よくない」といった意見があ

る。裁判官、弁護士ともに年長者に時々みられる。私は、それは、それぞれの争点にふさわしい判断を行えばよいということなのであって、付随的な、かつあまり理由のない請求や主張を排斥する理由は、その内容が明確であれば短くてよい、と考えている）。

　こうした請求や争点についての判断があいまいで長いものとなりやすいことについては、当事者の主張立証活動の不十分（油断）もひとつの原因となっていることが多い。本件の被告代理人も、この請求は言いがかりだから当然勝てると思っていて、ろくに主張立証をしなかった（一方、上記のとおり、請求（ア）については、とりつかれたように詳細に反論していた）。

　裁判官は、請求（イ）についての被告の積極否認の内容が今ひとつあいまいなので明確にするよう釈明を求め、その結果、被告の言い分は、「被告は取引代金決済会社として3社を提案し、原告が食丸を選択しただけです。そのことは、原告提出の甲六号証（原告作成のメモ）からもうかがわれます。原告は、みずからの意思によって、従来から別取引で利用していた食丸を、上記3社の中から選んだにすぎないのです」という線でまとまった。そこさえ争点整理と書証で押さえておけば、判決の理由説示については半頁程度で十分なのである。

和解の可能性

　比較的少額の和解（本件の事実関係に照らせばたとえば200万円ないし150万円といったところか）であれば考えられるところであろう。本件では、「解答および解説」に記したとおり、被告が最後にたとえわずかな金額であっても出せないということで不調になってしまったが、一般的にいえば、「証拠上一見明白」という事案ばかりではないから、調整的な和解が成立する場合も多い種類の事件類型といえよう。

第1 売買関連 (3)

3 売買代金請求事件

事案・争点 ➡ 継続的売買契約、独占販売契約、信義則

判　決

平成○○年○月○日判決言渡　同日原本領収
裁判所書記官　　　　○　○　○　○
平成15年(ワ)第1003号　売買代金請求事件
口頭弁論終結日　平成○○年○月○日

判　決

東京都○○区○○町○丁目○番○号
　　　原　　　　　告　　　ジェイ・サクソンキュービック
　　　同代表者代表取締役　　金　井　　　隆
　　　同訴訟代理人弁護士　　○　○　○　○
　　　同　　　　　　　　　　○　○　○　○
東京都○○区○○町○丁目○番○号
　　　被　　　　　告　　　株式会社ブイピーワイ
　　　同代表者代表取締役　　野　木　完　次
　　　同訴訟代理人弁護士　　○　○　○　○
　　　同　　　　　　　　　　○　○　○　○

主　文

一　被告は、原告に対し、金471万1912円及びこれに対する平成15年3月8日から支払済みまで年6分の割合による金員を支払え。
二　訴訟費用は、被告の負担とする。
三　この判決は、仮に執行することができる。

事実及び理由

第一　請求
主文に同じ。

第二　事案の概要
　一　事案の要旨

　本件は、原告が、被告に対し、原被告の間に平成7年2月10日ころ成立した、原告が○○国法人であるキュービックH.Z.（以下「キュービック社」という）から輸入した歯科関連商品（以下「本件商品」という）を被告に継続的に売り渡すなどの合意（以下「本件契約」という）に基づき被告に売り渡しあるいは関連して修理交換作業を行った売買及び請負の代金（なお、売買の履行については一部につき被告の受領拒絶により口頭の提供を行ったとの主張である。また、原告は被告との間で合意解約を行った部分についてはこれを除いて請求している）並びに弁済期後の日から支払済みまで商事法定利率による遅延損害金の支払を請求した事案であり、請求原因事実の詳細は別紙（訴状の「請求の原因」欄及び別表）記載のとおりである（なお、明らかな誤記であるその4(2)冒頭部分については訂正してある）。

　二　被告の認否

　前記請求原因事実のうち支払条件の点について被告は「翌月15日支払」ではなく、「翌々月15日支払」であったと述べ、また、「原告の口頭の提供」の事実については不知としているが、その余の請求原因事実については認めている。

　三　争点

　前記二の争いのある部分の外、被告主張の下記の抗弁の当否である。

記

　被告は、原告あるいは原告の親会社であるキュービック社との間において、平成6年12月16日ころから平成7年1月24日ころまでの間に、本件契約に関連してキュービック社製造の歯科関連医療器具等のうち被告が随時選別する商品を被告の歯科関連の販路を用いて販売すること、選別商品には被告の刻印（マーク）を併用しかつ日本国内では被告以外の流通経路に出さず、その代わりに被告はその在庫・販売責任を負いキュービック社の拡販を約束す

ることを主要な内容とする特約（以下「本件特約」という）を締結していたところ、原告は、平成14年11月27日ころ、この特約を破って今後は原告が前記選別商品を日本国内で自由に販売する旨を告げてきたものであり、このことにより被告は多大の被害を被ったから、継続的契約の基礎にある信頼関係を破壊した原告の本件請求は信義則に反し、許されない。

第三　争点についての判断
　一　請求原因関係
　前記請求原因事実のうち支払条件の点については、甲三の４によれば原告主張のとおりと認められる（もっとも、原告は、被告主張の支払期以降の日を遅延損害金の起算日としているから、この点は本件の結論には影響しない）。
　また、「原告の口頭の提供」の事実については、甲八、九により認められるところである。
　その余の請求原因事実については当事者間に争いがない。
　二　抗弁について
　１　本件特約の有無について
　（一）　本件特約がその本質においていわゆる独占販売契約（特約）の一種と考えるべきものであることは、被告の主張から明らかである。
　（二）　ところで、独占販売契約は売主に大きな負担を課すものであり、また、その内容が明確でないと双方当事者に不利益をもたらすから、最小限、契約期間、最低販売数量、対象製品及び独占権の喪失事由などの事項について一義的に明確にした書面によって合意されるのが通常である（甲二二、二三。なお、このことは、日本国内の商取引においてもいえることであるが、渉外的商取引においてはより一層明らかなことといえる）。
　（三）　しかし、本件において、本件特約を証する明確な契約書は存在しない。
　また、平成６年12月に行われた、本件契約の内容の大綱に関する被告とキュービック社（原告の親会社である）の国際営業部長シュミットとの話し合いの結果を記載した甲二七の１、２や原被告間の取引開始確認書である甲三の１ないし４にも本件特約についての明示的でまとまった記載は何ら存在しない。

乙二の１、２については被告作成の書面に過ぎず、その作成経緯を証する客観的な証拠もなく、これをもって本件特約を証するものとは到底見がたい。

乙三の１ないし７についても、通常の渉外継続的売買取引の経過の中で交わされる書面の域を出ず、これをもって独占販売契約の内容を成す商品の特定がなされていると評価することは困難である。

（四）　被告は、被告がキュービック社の関連会社であるサザラ社に委託製造させている製品（いわゆるOEM製品）と競合する製品を、キュービック社がその日本における取引先の一つであるウェーブ社に販売することの中止を、本件特約を受けて被告においてキュービック社に申し入れ、キュービック社がこれを実行したことを、本件特約を基礎付ける間接事実として主張するが、このことを証する的確な客観的書証はなく、かえって、甲二四、二五の１ないし15、二九によれば、この主張に対応するウェーブ社のカタログ掲載商品の変動は、カタログの配付時期から見て、原告主張に係る本件特約締結時期よりもかなり以前の平成６年半ばころには決定されていたものと認められるから、被告の前記主張は理由がない。

また、被告は、本件特約を前提として被告がキュービック社のために多額の広告宣伝費用を投じたことを本件特約を基礎付ける間接事実として主張しており、この点については、乙五の１ないし５、六によれば被告が本件商品販売のために相応の費用を投じたこと自体は認められる（もっとも、乙六に掲げられた費用のすべてが本件商品販売のための費用であると見ることはできない）が、被告においても自己の売上を伸ばすために本件商品を被告のカタログに掲載するなどの広告宣伝を行うことは通常ありうることであり、このことだけでは本件特約の存在を推認するに足りないことは明らかである。

（五）　本件特約に関する陳述書（乙一、八）及び証人半田和人の証言のうち本件特約に関する部分も、これが締結された日時、相手方、その内容等について著しくあいまいであって、これを裏付ける客観的な書証が前記のとおり存在しないことに照らしても、また、これに反する甲二八及び証人玉山兼一の証言に照らしても、採用できない。

（六）　そもそも、本件特約に関する被告の主張自体、締結の時期及び特約の内容について変遷を重ねており（既に代理人間での通知書等の応酬を経た後、したがって、被告代理人としても当事者からの相当の事情聴取を経た後であるはずの平成15年８月21日付け答弁書においては、平成６年４月に

被告がキュービック社の日本における歯科市場の総輸入代理店になるとの合意がなされたとの主張であった。平成15年10月10日付け第1準備書面では、特約の内容はおおむね前記の被告の主張と同じとなったが、その締結の時期は平成6年12月とされた。そして、証人尋問を経た後の平成16年4月15日付け第3準備書面では、前記のとおり、締結の時期につき平成6年12月16日から平成7年1月24日にかけてという大きな幅を持ったものとされた)、このこと自体、前記主張の脆弱さを物語っているといわざるをえない。

　(七)　かえって、証拠(甲三の1ないし4、二六の1ないし9、二七の1、2、二八、二九、乙三の1ないし7、証人玉山)によれば、(ア)平成7年2月10日ころ成立した本件契約の大綱は前記(三)のとおり平成6年12月に取り決められたところ、本件契約は、被告(歯科関連商品を主として取り扱っている)にとってはサザラ社に製造させているOEM商品を補完する一般外科と歯科の共用製品の取引、キュービック社にとってはやはり同社の扱う商品中の小さな部分である医科歯科共用商品のごく一部についての取引であって、年商額も約800万円程度とわずかであり、したがって、キュービック社としても原告としてもおよそ独占販売権を付与するような意味付けの契約ではなかったこと、(イ)本件契約の内容は、前記のような性格を有する本件商品の売買を主たる内容とするものであるところ、被告が発注する商品についてはキュービック社のマークとともに被告のマークも付されるためその全部を被告が買い入れることとされ、原告は在庫責任を負担しないこと(甲二七の1、2)とされたこと、(ウ)原告は被告との取引開始後も本件商品を含む歯科関連商品を被告以外の会社にも販売していたが、歯科関係の消費者から直接引き合いがあった場合には売掛金回収のリスクを避けるためにこれを被告に紹介していたこと、がそれぞれ認められるところである。

　なお、このような事実関係からすれば、被告が発注するキュービック社の商品について被告のマークが付されることや歯科関係の消費者から直接原告に引き合いがあった場合に原告が被告を紹介していた事実についても、本件特約を推認すべき間接事実と評価することはおよそ困難である。

　2　以上によれば、その余の部分について判断するまでもなく、被告の抗弁は理由がない。

第四　結論

以上によれば、原告の請求は理由がある。

　○○地方裁判所民事第○部

　　　裁判官　　○　○　○　○

　別紙　請求の原因及びその別表〈省略〉

設　問

　1　判決の理由中に被告の主張のあり方について述べている部分がある（「争点についての判断」二1（六））が、この部分は、訴訟法的にみると、どのような性格の説示であると考えられるか。
　2　信義則違反の抗弁について、それが訴訟において容れられるためにはどのような実質を備えていることが必要と考えられるか。
　3　「争点についての判断」二の説示の流れとその論理的関係につき簡潔かつ正確に説明せよ。

参考事項
　関係条文　民法555条、1条

解答および解説

　本件では、被告は、売買等代金請求に対する抗弁として、継続的売買契約において締結されることがある「独占販売契約」の主張を行っている。同じような主張でも請求原因でなく抗弁で出る場合にはより認められにくいことが多いものだが、本件における独占販売契約の主張はその典型、いわゆる「無理筋の主張」というべきものであろう。損害の内容を明らかにできないこともあってかと思われるが、相殺でなく信義則違反の主張としていることも苦しい。
　信義則違反、権利濫用、公序良俗違反等のいわゆる「一般条項」の主張は、そこにどんな内容でも盛り込むことができる融通無碍な性格を有する反面、内容に乏しく主張自体失当に近いものになりやすい危険をも含んでいる。

こうした主張であっても、判例の的確な分析に基づいて、「本件ではこうした要素（メルクマール）が存在するからこの主張が認められるべきである」ときちんと説明できるものであれば別に弱くはみえない。しかし、そうした裏付けを欠く一般条項の主張は迫力を欠く。

　これらのうちで比較的ものになりやすいのは公序良俗違反、ついで権利濫用であり、それぞれ、法規等の違反があるとき、請求が条理にもとるときについて使われる。ことに、権利濫用の主張によって責任の限度を一定の程度に限定するような主張にはそれなりに考えさせるものがあることが多い。

　信義則違反については、深山の霧のように漠然と主張されることが上記のふたつの主張以上に多いようである。どのような事実・事情の存在により信義則違反が認められるのかを、その紛争の客観的背景や本質に留意しながら、きちんと整理して示すことが必要であろう（なお、瀬木・要論［070］の(3)(ⅲ)も参照）（設問2）。

　本件の争点は独占販売契約の有無だけであり、2事件と同じく、最初から大筋はみえている事案だが、判決は、やはり、当事者に対するコミュニケーションという観点をも含め、かなり詳細な説示を行っている。いずれにせよ「納得」は難しいだろうけれども、「少なくとも、客観的な評価によればあなたの主張は無理ですよ」ということを「説明」し「理解」してもらうための説示といえる。

　被告の主張の変遷に触れている点は、弁論の全趣旨（民事訴訟法247条）に関する説示ということになる。

　「弁論の全趣旨」とは、「口頭弁論に現れた一切の資料・状況から証拠調べの結果を除いたもの」であり、具体的には、当事者の陳述の内容・陳述の際の態度・時期、攻撃防御方法の提出態様・時期等であるが、考慮されることが比較的多いのは、根拠のない主張の変遷、主張の内容自体の脆弱性（主張自体失当に近い、正確にまとめることが困難である）等であろう。本件では被告の主張の中核的な部分についての変遷がはなはだしいことが裁判官の心証に一定程度影響しているため、その旨が説示されている（なお、瀬木・要論［065］の(3)参照）。

　裁判官は、弁論の全趣旨の評価については慎重でなければならないが、本件説示において具体的に明らかにされているような内容の主張の変遷となると、主張自体の重みをかなりの程度に減殺する可能性があることは否定できない。弁護士の方々には注意していただきたいところである（設問1）。

　「争点についての判断」二の説示は、「独占販売契約」の一般的な位置付けを行った後、本件特約につき、これを証する明確な契約書もその他の直接証拠も存

在しないこと、間接証拠からの推認もおよそ困難であること、人証および陳述書もきわめて証明力に乏しいこと、被告の主張の変遷が弁論の全趣旨として考慮されるものであることを述べ、最後に、原告の主張に沿う事実を「かえって認定」(「民事判決書の現状とその解説」6(3)(v)で触れた。瀬木・要論[092]の(4)参照）として行い、その意味合いについても説明している。上記のとおり、当事者に対するコミュニケーションという観点をも含め、かなり詳細な説示を行っている（設問3）。

なお、本件では、原告は、「被告の主張はおよそ無理だと思うが、従来一定の深い関係はあった（し、原告が被告の期待を裏切って判決にいう「選別商品」を日本国内で自由に販売する方針を採った）ことは事実だから、和解金額についてはかなりの譲歩をしてもよい」ということであった。それはそうであろうと裁判官としても思った。しかし、被告会社は全く譲らなかった。

その原因のひとつにつき、私は、被告代理人の当事者本人（被告会社）に対する訴訟についての見通しの説明が甘かった可能性があるのではないかという印象を抱いている。この点も注意していただきたいところである（瀬木・要論[008]参照。もっとも、本件では、被告本人は、原告の上記方針変更に対して法律以前の次元で許せないと怒ってしまっていたので、何を言おうと同じであったかもしれないが）。

和解の可能性

「解答および解説」に記したとおり、原告は、和解金額についてはかなりの譲歩をしてもよいということであった。たとえば請求額の半額程度を一時に支払うという案であれば原告としては和解をしてもよいと考えていたのではないかと思う。

第2 消費貸借関連（1）

4 貸金請求事件（本訴）、反訴請求事件

事案・争点 ➡ 消費貸借の全面的否認

＊反訴請求については、本件のように請求が特定されないこともある。なお、「設問」以下においては、わかりやすさの観点から、当事者の表示は本訴のそれによって行うこととする。

判　　決

平成〇〇年〇月〇日判決言渡　同日原本領収
裁判所書記官　　　　〇　〇　〇　〇
平成17年（ワ）第1004号　貸金本訴請求事件
平成17年（ワ）第1326号　反訴請求事件
口頭弁論終結日　平成〇〇年〇月〇日

判　　決

東京都〇〇区〇〇町〇丁目〇番〇号
　　本訴原告・反訴被告　　　　三　田　村　正　明
　　同訴訟代理人弁護士　　　　〇　〇　〇　〇
〇〇県〇〇市〇〇町〇丁目〇番地
　　本訴被告・反訴原告　　　　中　村　芳　江
〇〇県〇〇市〇〇町〇丁目〇番〇号
　　同　　　　　　　　　　　　島　谷　花　江
〇〇県〇〇市〇〇町〇丁目〇番〇号
　　同　　　　　　　　　　　　村　田　和　江
〇〇県〇〇市〇〇町〇丁目〇番地
　　同　　　　　　　　　　　　北　条　香　織
〇〇県〇〇市〇〇町〇丁目〇番〇号
　　同　　　　　　　　　　　　増　田　礼　子

上記5名訴訟代理人弁護士　〇　〇　〇　〇

（当事者の略称）以下、便宜上、本訴原告・反訴被告を単に「原告」と、本訴被告・反訴原告を単に「被告」と、それぞれ略称する。

主　文

一　被告らは、原告に対し、亡田中百江から相続した財産の限度において、以下のとおりの金員を支払え。
　1　被告中村芳江及び被告島谷花江については、いずれも、金1200万円及びこれに対する平成13年5月3日から支払済みまで年6分の割合による金員。
　2　その余の被告らについては、いずれも、金200万円及びこれに対する平成13年5月3日から支払済みまで年6分の割合による金員。
二　被告らの反訴請求をいずれも棄却する。
三　訴訟費用は、本訴反訴を通じ、被告らの負担とする。
四　この判決の第一項及び第三項は、仮に執行することができる。

事実及び理由

第一　請求
　一　本訴
　　主文第一項に同じ。
　二　反訴
　　原告は、被告らに対し、全部で200万円及びこれに対する平成13年1月20日から支払済みまで年5分の割合による金員を支払え。

第二　事案の概要
　一　事案の要旨
　1　本件本訴は、原告が、平成13年1月20日に亡田中百江（以下「百江」という）に対し、3000万円を、利息年6分、弁済期は百江が原告に対してその売却を委任していた不動産（甲一〇記載の各不動産）を売却した際に支払う、との約定の下に貸し渡した（以下、この消費貸借契約を「本件契約」といい、これに伴い交付された貸金を「本件貸金」という）ところ、百江は

平成14年２月５日に死亡し、前記の貸金債務については、百江の姉妹である被告中村芳江及び被告島谷花江がその５分の２（1200万円）ずつを、百江の異母姉である亡仲川千賀の子らであるその余の被告らがその15分の１（200万円）ずつを、それぞれ相続し、かつ、前記不動産はいずれも売却されたところ、被告らは、この売却に際して、原告の抵当権が設定されていた百江自宅不動産（東京都○○区○○町○丁目○番、宅地、地積○○平方メートル。東京都○○区○○町○丁目○番地、家屋番号○○番、木造瓦葺２階建居宅、床面積１階○○平方メートル、２階○○平方メートル。以下、単に「自宅不動産」という）に設定された原告の抵当権（以下「本件抵当権」という）登記抹消に伴い50万円を弁済したのでこれを本件貸金の平成13年１月21日から同年５月２日までの102日間の利息50万3014円のうち50万円に充当する（3014円は請求しない〔放棄する〕）とし、また、被告らが平成14年７月８日に百江の相続について限定承認の申立てをしたとして、被告らに対し、前記の各貸金債務の相続分とこれに対する平成13年５月３日から支払済みまでの約定の遅延損害金を、百江から相続した財産の限度で支払うことを求めた事案である。

　２　本件反訴は、被告らが、原告に対し、（ア）百江に対し何らの債権を有しないのに前記の不動産に虚偽の抵当権設定を行い、その登記抹消費用として50万円を受領した、（イ）故意に虚偽の貸付けを理由とする本件本訴を提起し、被告らに応訴を余儀なくさせ、精神的苦痛を与えた（その慰謝料として50万円が相当）、（ウ）前記の応訴のために被告らに弁護士への委任を余儀なくさせた（相当因果関係ある費用額としては100万円が相当）として、不法行為に基づき、全部で200万円（通常であれば不法行為債権として被告ら各自がそれぞれ請求すべきところであると思われるが、独自の考え方により、これを連帯ないし不可分債権と解するものかと思われる）及びこれに対する不法行為着手の日である平成13年１月20日から支払済みまで年５分の割合による遅延損害金の支払を求めた事案である。

　二　争いのない事実
　１　百江が平成14年２月５日に死亡し、被告らが原告主張の相続分によりこれを相続したこと
　２　被告らが平成14年７月８日に百江の相続について限定承認の申立てをしたこと

3　被告らが、本件抵当権登記の抹消に伴い、平成15年9月5日に、原告に50万円を交付したこと
　三　争点
　1　本件契約の有無及びこれに伴う3000万円の引渡しの有無
（一）　原告の主張
　原告と百江は昭和60年ころからの知人であり、知り合ったきっかけは原告の経営していた有限会社三田村材木店（以下「三田村材木店」という）の建築部である日出工務店（以下「日出工務店」という）が百江の自宅の建築を請け負ったことであった。
　原告は、平成12年12月ころ、百江から、身内には信頼できる人がいないので、原告において百江の所有不動産を売却して農協や信用組合に対する債務の整理をしてほしいと頼まれ、それまでの付合いもあったことからこれを承諾し、その後、無償でこれを行っていた。
　百江は、そうした状況の下で、平成13年1月ころに、原告に対し、前記の債務以外に近隣の人々にも借金があるのでこれをとりあえず早急に返済し、自分は老人ホームに入居するつもりなので、3000万円を貸してほしいと依頼した。
　原告は、百江から売却を依頼されている不動産をすべて売却すれば3000万円の回収は可能であろうと考えてこれを承諾し、本件契約を締結し、自宅不動産について本件抵当権の設定も受けた。
（二）　被告らの主張（要するに否認であるが、その要旨〔争点と直接に関わる部分〕についてまとめて記載した）
　(1)　本件契約の借用証書（甲一）は偽造されたものではないかと考えられる（なお、書証成立の認否としては不知）。また、同じ日に作成されたという委任状（甲一二）の印章（実印と思われる）とは異なる印章により印影が作出されていることも不自然である。
　本件抵当権については、原告が、百江の不動産の売却を依頼されていた関係で印鑑証明書を取得し、実印も用いて、百江に無断で設定したものと考えられる。
　(2)　3000万円もの現金が原告から百江に直接交付されたというのも不自然であり、また、この3000万円は百江の口座には入金されていない。原告のいう近隣の人々からの借金についてもその内容が何ら明らかではない。な

お、原告は、百江が亡くなった直後に、手紙（乙一五）で、主張の貸金について、「納税の為の売却の際に売却物件についている抵当権を抹消しなければ売却出来ずそのお金とか、」などと述べていたものである。

　本件契約の借用証書（甲一）が百江によって作成されたとするならば、原告は、百江に対しても、「あなたの不動産の売却のためにはこれに設定されている抵当権を抹消しなければならないが、そのためには3000万円が必要であるから、とりあえず私がこれを立て替えておいてあげる」旨を申し向けてこれを作成させたのではないかと考えられる。

　また、この3000万円の出所については、原告は、当初は悠久信用組合○○支店の原告の子ら名義の定期預金を解約して準備したと主張していたが、これが本件貸付のころには存在しないことが判明すると、前記の解約は平成11年のことであり、定期預金の名義には原告名義のものも含まれ、その大半は自宅の金庫に保管していたがうち2500万円については平成12年まで他に貸していたなどと主張ないし陳述を変遷させており信用できない。

　(3)　なお、原告は、百江の不動産の価格についても、「固定資産評価額は2億9300万円余であり、評価に近い価格では〔売却は〕無理だろうと予想される」旨を書面で述べていたのであり（乙三七）、この代金から貸金の回収が可能と考えていたというのはおかしい。

　2　被告ら主張の不法行為の有無及びそれによる損害の有無
　四　本件訴訟の経過について

　本件訴訟の経過及び第2回口頭弁論期日調書の記載について被告ら代理人が最終準備書面で種々述べており、原告代理人もこれに反論しているので、念のためここで一言しておく。

　前記の記載に関連して本件における当事者の訴訟活動について述べておくと、被告ら代理人は、従前から、電話会議を希望したにもかかわらず、準備書面の提出直送を頻々と遅延して弁論準備期日当日に提出し、裁判所、原告ら代理人とも当日になってからやっとその内容を知るといったことがあり、また、指定時刻に電話しても事務員が応答した後代理人が長時間電話に出ず、延々と裁判所や原告ら代理人を待たせるということもあった。

　第2回口頭弁論期日における被告らの主張をまとめた準備書面も、約束の期限よりも1週間遅れて当日提出されており、これは、相手方の防御を考えるならば非常にアンフェアな提出のあり方であった。

こうした状況の下、前記期日において、被告ら代理人は、被告らの主張に対する反証としての書証である甲二三の１、２の提出について強く異議を述べた。一方、原告に対する反対尋問については30分の予定と確認していたにもかかわらず延々と超過し、やむをえず裁判官が注意した（原告調書28頁。なお、この時、被告ら代理人は、裁判官に対し、当初、「60分でしょう」と答えていた）。のみならず、反対尋問の段階ではなく、再主尋問も終了した段階で、突然、書証番号も付されていない書面（乙三七）を示して尋問を行っている（原告調書36頁。弾劾証拠の提示は通常は反対尋問の段階で行うべきものであろう）。

第２回口頭弁論調書の記載は、こうした事情を踏まえた上、当事者双方の当日の言い分を調書に残す趣旨で行ったものである。

なお、被告ら代理人は最終準備書面において裁判所の同代理人に対する不快感が心証形成に影響を及ぼす可能性があるかのような表現も行っているので、これについても付言すれば、前記口頭弁論後に、事実上、弁論準備手続室において当事者双方に和解の意向があるか最後に確かめた際に、被告ら代理人が種々述べるので、裁判所は一般的な心証を開示した（その際、被告ら代理人は、心証の根拠についてこと細かに質問を続けた）。被告ら代理人が、その後、自己の訴訟活動に問題があったために裁判所は悪い心証を抱いているのかといった趣旨のことを尋ねたため、裁判所は、確かに訴訟活動にはどうかと思う面が多々あったが、そのようなことは心証には一切反映していない、極めて淡々とした証拠評価である旨答えている。

以上、通常であれば行わない記述であるが、被告ら代理人があえてこうした点について種々述べるので付言しておく次第である。

第三　争点についての判断

一　本件契約とこれに伴う3000万円の引渡しの有無及び本件貸金の一部弁済について

１　まず、本件契約の借用証書（甲一）の百江の署名については、前記の不動産売却に関する２通の委任状（甲一〇、一二。この売却の委任自体については被告らも強く争っているわけではない）の署名との対比から、少なくとも筆跡としては酷似しているといえる。

２　このことを踏まえて、証拠（甲一〔その外形〕、一〇、一一の１、２、

一二、一四、一五の１ないし６、一六の１、２、一七、一八、二〇ないし二二、乙一、二、一七の１、２、二八、二九、原告）を総合的に評価すれば、下記のとおり、甲一は真正に成立したものと認められる（本件契約の存在が認められる）し、これに基づく3000万円の授受の事実も認められる。

　証拠（乙三六、四六、四七、証人山形）のうちこの認定に反する部分は採用できない。

　なお、被告らの主張及びその提出の書証については、3でまとめて分析するほか、以下の認定においても適宜かっこ書きでこれに触れる場合がある。

　（一）　原告は、昭和40年ころから三田村材木店とその建築部である日出工務店を経営していたところ、昭和62年に百江の自宅の建築を請け負い、その後も、百江のアパートの解体や建築を請け負うなどし、また、平成９年には、百江が前記のアパートとは別の古いアパートを解体してその敷地を区分し、建売住宅として販売するに際して、日出工務店がこの建売住宅の建築等を請け負う関係もあって、百江の資金調達のために名義上の債務者となってやり、その際に、当該土地の百江の持分に三田村材木店を債務者とする抵当権が設定された（乙一七の１、２。なお、この抵当権設定の経緯について原告ないし三田村材木店に何らかの不正があったことを窺わせるに足りる証拠は存在しない。また、前記建売住宅販売については百江のアパート等を管理していたワンハウジングこと村上健が百江に協力している可能性があるところ、この村上と原告との関係については、昭和61年５月ころから１年ないし１年半くらいの間原告がその事務所の一角を貸しており、その間は三田村材木店の不動産部という肩書を使用させてやっていたことが認められる〔甲二三の１、２、乙三一の３、三二の２、三三の２、原告〕が、それ以上に、前記建売住宅販売について、原告と村上が結託して百江から不当な利益を得たことを窺わせるような証拠は特に存在しない）。

　（二）　原告は、平成12年の半ばころから、親族には親身になって相談に乗ってくれる人がいないからとの百江の言葉により、百江の税金の滞納問題について相談を受けるようになった。

　そこで、原告は、百江の要請により、その税金の滞納や金融機関からの借金について調査を行った。その結果、百江の不動産の一部ないし全部を売却して税金や債務の支払に充てる以外に方法がないことが判明した。

　そして、まず、百江の不動産の一部であるアパートとその敷地を売却する

こととなり、原告は、これに関連して、亀丸商工信用組合との間で百江の債務の減額交渉も行った（甲二〇、乙一、二。なお、平成12年12月25日に行われた乙一、二の不動産売買契約書に係る売却については、原告は百江の代理人として署名を行っている）。

　（三）　原告は、その後も百江の債務等の調査を続けた結果、結局、その不動産をすべて売却してその残余金で老人ホームに入るのが適当ではないかと百江に勧めた。

　すると、平成13年1月に、百江は、原告の意見に賛成するとともに、実は金融機関に対する債務以外に近隣の人々にも借金があるのでそれらをとりあえず早急に返済したいから、3000万円を貸してほしいと原告に依頼した。

　原告は、百江の金融機関からの債務と百江の財産（不動産）の時価とをそれぞれ算定し、すべての不動産を売却すれば約3億9000万円ないし4億円になるので、百江の債務を考慮しても回収は可能であると判断し、平成13年1月20日に、百江の不動産の売却に関する委任状（甲一二。なお、それ以前に作成されていた委任状として甲一〇も存在する）の交付を受け、また、現金3000万円を百江の自宅で貸し渡し、借用証書（甲一）に署名押印をしてもらった（なお、乙三七の4枚目の原告が被告らに送付した書面には「百江の不動産の平成13年度の課税評価額が2億9000万円余であり、現在の不況下では評価に近い価格での売却は無理だろうと予想されますが、やってみないとわかりません」との趣旨の記載があるが、この記載は、原告が、当初から原告の言動に疑惑を抱いていた被告らに対して売却に関して控え目な推測を述べたもの〔原告の主張するところである〕と解するならば、前記の認定を左右するようなものとまではいえない）。

　そして、原告は、百江の自宅不動産について本件抵当権の設定も受けた（平成13年3月5日に登記。甲一一の1、2）。

　（四）　本件貸金3000万円の貸付けの資金源については、原告が、自己や子らの名義で悠久信用組合〇〇支店に有していた6400万円余の定期預金の払戻しを平成11年に受けたうちから知人に貸していた2500万円が平成12年に返済され、これを自宅の金庫に保管していたものに、やはり手持ちの500万円を加えて調達したものであった（甲一四、一五の1ないし6、一七、二一、原告。なお、被告らは、この点につき、「原告は、当初は悠久信用組合〇〇支店の原告の子ら名義の定期預金を解約して準備したと主張していた

が、これが本件契約のころには存在しないことが判明すると、前記の解約は平成11年のことであり、名義には原告名義のものも含まれ、その大半は自宅の金庫に保管していたがうち2500万円については平成12年まで他に貸していたなどと主張ないし陳述を変遷させており信用できない」と主張するが、原告は、前記の解約の時期について具体的に主張していたわけではなく〔平成17年5月27日付け原告準備書面参照〕、その後の調査の結果、預金には原告名義のものも含まれ、解約は平成11年のことであり、解約金の一部は他に貸していたといった一連の事実が証拠上も明らかになったので主張を明確にしたにすぎない〔平成18年1月10日付け原告準備書面参照〕ものと認められるところである)。

3　被告らが主張しているその余の点についても触れておく。

(一)　まず、本件契約の借用証書(甲一)については、同じ日に作成されたという委任状(甲一二)の印章(実印と思われる)とは異なる印章により印影が作出されていることは確かであるが、これらが作成された時刻が異なるとすればこの点は格別不自然なこととまではいえず、この点についての原告の供述に特に疑うべき印象もなく、この点をもって前記借用証書の成立を疑うべき事情と解すべき理由はない。

(二)　3000万円の現金が原告から百江に直接交付されたという点についても、この3000万円が百江の口座には入金されていないようである(乙三)という点についても、やはり、格別不自然なこととまではいえないし、この点についての原告の供述に特に疑うべき印象もない(現金で受け取り、現金で弁済することもありうるであろう)。百江の近隣の人々からの借金について原告が百江に対して具体的に問いたださなかったことについても同様である。

(三)　また、原告が、百江が亡くなった直後に、手紙(乙一五)で、主張の貸金について、「納税の為の売却の際に売却物件についている抵当権を抹消しなければ売却出来ずそのお金とか、」と述べていたことは事実であるが、この手紙には、その後に、「又百江様が友達の人にも多額の借入金が有、それらを返済して借入者は亀丸商工、農協、小生と整理したわけです」との記述が続くのであり、被告らが問題にしている記述については、この点についての原告の供述(「百江の葬式が終わって間もないころに取り急ぎ作成したため様々なことを整理しないで一緒くたに書いてしまった。亀丸商工信

用組合が前記2(二)の乙一、二の不動産売買契約書に係る売却の際に当初は3000万円を弁済しなければ抵当権を抹消しないと言っていたことは確かにあるが、その件については自分が減額交渉をして同信用組合の取り分を1200万円としてもらったのであり、本件貸金の3000万円と前記の3000万円とは何の関係もない」との内容）によれば、先の抵当権を抹消した際のことを記述した際に「そのお金とか」といった記述が不用意に紛れ込んだものにすぎないと解することができる。

　なお、被告らは、この点について、本件契約の借用証書（甲一）が百江によって作成されたとするならば、原告は、百江に対しても、「あなたの不動産の売却のためにはこれに設定されている抵当権を抹消しなければならないが、そのためには3000万円が必要であるから、とりあえず私がこれを立て替えておいてあげる」旨を申し向けてこれを作成させたのではないかと考えられる旨を主張するが、被告ら援用の証拠（甲二〇の4頁、乙一、二、一五）を総合してもそのように解することは困難であり、憶測の域を出ない主張といわざるをえない。

　4　被告らが、本件抵当権登記の抹消に伴い、平成15年9月5日に、原告に50万円を交付したことについては当事者間に争いがなく、証拠（甲二〇、原告）及び弁論の全趣旨によれば、原告がこれを本件貸金の弁済としてその利息の一部に原告主張のとおり充当したことが認められる。

　二　被告ら主張の不法行為の有無及びそれによる損害の有無について

　証拠（乙三六、四六、四七、証人山形）のうち被告らの主張に沿う部分は前記一において記したとおり採用できない。

　かえって、前記一において認定判断したところによれば、原告が百江に対して本件貸金債権を有していたことが明らかであり、被告ら主張の50万円についてもその一部弁済として本件貸金の利息に充当されたことに問題はなく、本件本訴の提起が不法行為に当たらないことも明らかである。

第四　結論

　以上によれば、原告の本訴請求は理由があり、被告らの反訴請求は理由がない。

　　○○地方裁判所民事第○部

裁判官　　○　○　○　○

設　問

　1　本件事案の概要（要するにどのような争いなのかということ）、争点、裁判所の判断を、正確にかつわかりやすく要約せよ。

　2　本件における被告らの事実認定に関する主張（消費貸借の全面的否認）について考察、評価せよ（主張自体として弱い部分があるか。あるとすればそれはどのような部分か）。

　3　判決の第二「事案の概要」の四「本件訴訟の経過について」は、被告ら最終準備書面の記載や原告代理人のこれに対する反論に関連して、被告ら代理人の訴訟活動や上記被告ら最終準備書面中の心証形成に関する記述について触れている。このことの当否ないし意味について、訴訟法的な観点をも含めて考察せよ。

参考事項

　関係条文　民法587条

解答および解説

　消費貸借ないしその関連紛争についても、売買と同じような理由から、最後まで本格的に争われる事件はまれである（ただし、利息制限法違反を理由とする不当利得返還請求等の消費者取引的な要素を含む事件は別）。

　本件は、消費貸借契約（金銭返還等の約束）の成立と金銭の交付が徹底的に争われ、かつ、和解もおよそ無理ということで判決に至った。その意味では比較的珍しい事案である。

　そのため、争点の部分で、双方の主張をかなり詳細にまとめた上で判断に入っている。

　こうした事案は、実務経験がない人には、なぜそのような判断になるのかその根拠が見えにくいかもしれないと思うので、やや詳しく解説しておきたい。

　ポイントを述べると、被告の主張には、木を見て森を見ないという側面、また、原告の個々の主張について細部で種々反論しているが、全体を統合する視点が欠

けているという側面があるということだ（要するに、細かいけれども全体としてみると揚げ足取りに終始している印象が強い。日本のインターネットによくある、対象の揚げ足取りに終始する書込みの場合と同じ）。

　3000万円の現金の交付という形による金銭交付のあり方は確かにごく普通にあることではないし、その金銭が借主の口座に入金されていないというのも、もしそれが真実ならばまれなことであろう（もっとも、後者の点については、原告にはその点の立証が困難である。原告は百江の預金通帳を全面的に管理していたわけではないからだ）。こうした事情からみると、被告らが本件契約・貸金について疑いを抱いた結果訴訟になったこと自体については、無理もない面もあるといえよう。

　しかし、通常であれば「本当に貸借があったのだろうか？」と疑わせるようなきっかけや一事情になりうるそうした事実も、それぞれの事件における全体的な事実関係の布置結構の中で適切に評価しなければならない。

　キャリアシステムにおける裁判官の事実認定の相対的な長所として挙げられることの多い「安定性」の根拠は、かつては裁判官がそうした全体的な布置結構をとらえるバランス感覚を備えている場合が比較的多かった、という点にあると思われる。言葉を換えれば、キャリアシステム裁判官は、多数の事件を取り扱う中で、個々の事案を客観的、カテゴリー的に把握検証する能力については身につけている場合が多かったということである。

　このように、キャリアシステムの長所は裁判官（ことに、中間的なレヴェルの裁判官）の職人的な能力がそろっていることにあったのだが、近年は、「職人」が「官僚」に駆逐され、そうした長所も失われて、中心的な争点についてまでフラットな形式論理で割り切る判決、はなはだしい場合には、一方当事者の最終準備書面コピーアンドペイストによる「丸写し判決」までが現れるに至っていることは、瀬木・裁判（201頁）に詳しく記したとおりである（なお、裁判官の能力一般については、瀬木・本質第五章のⅡ3のとおりであり、民主制の下における裁判官が備えているべき資質を一言でいうならば、法的・知的能力、広い視野、鋭敏な人権感覚、そして謙虚さということになるだろう。瀬木・裁判295頁）。

　一方、日本の制度の弱点は、価値関係的な事案、新しい法的価値観が提示されている事案について、無難で現状維持的な判断や事大主義的・事なかれ主義的な判断が出やすい傾向が強いという点にあったが、このような弱点については、何ら変わっていない。

　本件に戻る。

事案の大筋をよくみていただきたい。借用証書は厳然として存在し、これについて偽造の疑いがあるという被告の主張は明らかに弱い。また、親族から孤立していたらしい百江と原告の親密な関係からすれば、こうした特異な態様の消費貸借が行われることもあながち不思議とはいえない（むしろ、ある程度継続的な人間関係の中では通常の感覚からすればいくぶん不思議なことはいくらでも起こりうるというほうが、込み入った民事事件に現れてくる事実関係の評価としては当たっているといえるくらいである）。

　貸金の調達原資に関する原告の立証も、この種事案の中ではそれなりにきっちりできているほうであり、この点についての「主張の変遷」（私は一般的にはこれには敏感である。3・11事件の「解答および解説」参照）をいう被告らの言い分は当たらない（むしろ、自己の都合ばかりにとらわれた被告ら代理人の主張立証活動のほうが、民事訴訟の適正な運営に関する弁護士の協力〔民事訴訟法2条、弁護士職務基本規程74条〕という観点からみてかなりの問題を含むものであったと評価できる）。

　さらに、こうした事案では非常に重要なものとなる原告の法廷供述の「信用性」（内容と並んで、供述の際の態度、すなわち、整合性のある供述が自然にできているかということ、補助事実が大切）についても、本件では、全般的にまずまず高かった。

　被告らも、訴訟の進行の中で上記のような事実認定上の弱点を徐々に意識するようにはなったのか、最終準備書面においては、「本件契約の借用証書（甲一）が百江によって作成されたとするならば、原告は、百江に対しても、『あなたの不動産の売却のためにはこれに設定されている抵当権を抹消しなければならないが、そのためには3000万円が必要であるから、とりあえず私がこれを立て替えておいてあげる』旨を申し向けてこれを作成させたのではないかと考えられる」との主張を提出した（「争点」1（二）(2)）。

　この主張は、もやもやした形では出ていないこともなかったのだが、裁判官も原告もその趣旨がよく理解できなかったので、裁判官は、もしもその点について何か主張したいのであれば最終準備書面では明確にするよう被告ら代理人に促していたものである。

　しかし、これは、客観的な根拠が薄弱な主張であり、法的なレヴェルでみれば「憶測」というほかないであろう。もちろん、この種の憶測はたとえばテレビのワイドショーには満ちあふれているが、民事裁判における主張はそのレヴェルでは通用しない。

4 貸金請求事件（本訴）、反訴請求事件

　ここで、主張立証を行う上でよく注意していただきたいことのひとつを書いておく。
　「ストーリーを組み立てることは非常に重要であり、場合によってはそれが訴訟の帰趨を決するが、そのストーリーは、憶測のレヴェルのものであってはならず、証拠の総合的な評価によって少なくともその大筋が認められるようなものでなくてはならない。根拠に乏しい憶測を言い立てることは、みずからの主張の脆弱さを明らかにすることであり、かえって逆効果である」
　ここでいうストーリーと憶測の区別はきわめて微妙だが、重要である。この書物のスペースでは具体的な説明は難しいが、たとえば、瀬木・要論（[041]の(4)、[092]）の記述を参考にして、よく考えてみていただきたい。
　その他双方の主張に対する応答や証拠評価については、「争点についての判断」一の２において適宜、３においては被告ら主張のその余の点についてまとめて行っているが、結論と根拠を読者（当事者、控訴審裁判官等）に理解させることがそれなりに難しい事案なので、比較的ていねいに説示している。
　「序章　本書の構成とその特色」でも触れたことだが、事実認定に関し、最後に、学生、あるいは法律家でない読者の方々が抱くかもしれない「真相はいかん？」という疑問について触れておくと、「それは、最後のところまではわからない」ということである。
　だからこそ証明責任という制度があるわけで、本件では、原告は、被告らの反証に対しても相応の反論と立証を行い、全体として証明責任は果たしたというのが判決の判断である（上記の借用証書につき、百江がだまされた結果作成されたものであり、あるいは、何らかの目的の下に合意の上での仮装の借用証書として作成されたものである可能性が絶対にないとまではいえないかもしれない。しかし、まずはありえないことであり、その方向での適切な反証もない）。
　なお、本件といくらか類似した事実認定上の問題を含む事案として、瀬木・要論[094]の事例13の⑦を併せて参照されたい。故人名義の領収書の真正な成立が問題となった事案だが、私は、こちらの事案（領収書の氏名の部分までがワープロ打ちされていた）については、領収書の真正な成立に疑問を抱いていた（設問１・２）。
　設問３が言及している「本件訴訟の経過について」は、上記の「民事訴訟の適正な運営に関する弁護士の協力」という観点をも含めての記載だが、あえてこれを行ったのは、被告ら代理人が最終口頭弁論期日において前回（人証調べ）の口

頭弁論調書の記載内容に異議を述べたことに対する応答、また、被告ら代理人が最終準備書面において同代理人の主張立証活動に対する裁判所の不快感が心証形成に影響を及ぼす可能性があるといった表現を行っていることに対する応答、ということである。

　このような事柄についても、3事件の場合のように弁論の全趣旨（民事訴訟法247条）という位置付けで被告らに不利な心証形成を行うための資料にできるかといえば、できないではないと思われ、被告らはまさにその懸念をいうわけだが、本件では、当事者本人の問題というよりも代理人の問題という要素が大きい（もっとも、被告ら本人も思い込みが強くかたくなではあった）ので、やはり、弁論の全趣旨としてまで考慮することは適切ではないと考えた（上記の説示が、判決の理由の部分でなく、事実〔主張〕の部分に記載されていることに注意。弁論の全趣旨として考慮するなら、理由の部分に記すべきである）。

　第一審の準備書面にこうしたことが記載される例はきわめてまれであり、控訴理由書にはさらに過激な記載が行われる可能性もある。控訴審裁判官の判断がそれによって影響されることはないと思うが、もしも影響があったりすれば、その影響は、相手方当事者にとってそれに対処することが難しい事柄となる。そこで、「裁判官は弁明せず」という昔からの慣習（？）の例外として、あえて触れておいたということである（設問3）。

　なお、原告代理人は、一般的にいえばかなり辛抱強いほうの弁護士だったが、最終口頭弁論期日では、被告ら代理人の訴訟活動に対して怒り心頭に発する状態となっていた。もしも原告代理人が短気でかつ裁判官が毅然とした訴訟指揮をとらなかったならば、この事件の法廷は修羅場となっていた可能性もある。

　「法律家たるもの法廷では冷静でなければ」と考えられるかもしれないが、実際には、「その『場』に置かれればあなただって簡単にそうなりかねませんよ」ということを、本書の読者の方々には理解していただきたい。裁判官、弁護士ともに（もちろん研究者も）冷静で客観的で品位ある態度を常に保ち続けるには、かなり強力な内省の力と意思力とが必要なものである。

　なお、本件判決主文における「相続財産の限度において（支払え）」との記述は、執行の関係で記されている事柄であって訴訟物に関するものではないが、これについても、「既判力に準じる効力」が問題になりうる（最二小判昭和49年4月26日民集28巻3号503頁）ことについては、民事訴訟法の授業で詳しく触れられているところである。

和解の可能性

　前記のとおり、本件は、「相続財産の限度において支払え」との主文になるため、たとえ原告が勝訴しても執行はなかなか難しいと考えられる事案であるところから、原告としては、和解には柔軟に対応する用意があったのではないかと思う。しかし、被告らには和解の意向は全くなかった。

第2　消費貸借関連 (2)

5　貸金請求事件

事案・争点 ➡ 貸主は原告か否か

判　決

平成○○年○月○日判決言渡　同日原本領収
裁判所書記官　　　○　○　○　○
平成17年(ワ)第1005号　貸金請求事件
口頭弁論終結日　平成○○年○月○日

判　決

東京都○○区○○町○丁目○番○号
　　　原　　　　　告　　　O.U.Aこと早瀬幹久
　　　同訴訟代理人弁護士　　○　○　○　○
東京都○○区○○町○丁目○番○号
　　　被　　　　　告　　　沖　　　　学
　　　同訴訟代理人弁護士　　○　○　○　○
　　　同　　　　　　　　　　○　○　○　○

主　文

一　原告の請求を棄却する。
二　訴訟費用は、原告の負担とする。

事実及び理由

第一　請求
　被告は、原告に対し、金1021万6027円及びうち金1000万円に対する平成17年2月1日から支払済みまで年19パーセントの割合による金員を支払え。

第二　事案の概要
一　事案の要旨
　本件は、原告が、被告に対し、平成16年11月9日に1000万円を利息年9.5パーセント、遅延損害金年19パーセント、弁済期平成17年1月31日として貸し渡した（以下、この貸借を「本件貸借」という）ことに基づき、元金と弁済期までの利息合計額及び元金に対する弁済期の翌日から支払済みまでの遅延損害金の各支払を求めた事案である。
二　争点
　1　本件貸借の貸主は誰か
　被告は、本件貸借の貸主は原告ではなく被告が外国通貨保証金取引を行っていたオーバーシー・ユニバーサル・エージェンシー株式会社（以下「訴外会社」という）であると主張する（請求原因の否認）。
　2　被告の以下の相殺の抗弁の当否
　被告は、平成16年9月22日以降同年11月12日までの間に訴外会社との間に外国通貨保証金取引を行っていた（以下「本件取引」という）ところ、このような取引については一般的に相場判断が困難で高度の危険性があり、また、業者と顧客の利益が相反し、実質的には賭博に該当するものであり、公序良俗違反に当たる上、本件取引については、適合性原則違反、断定的判断の提供、説明義務違反、過当取引、無断売買等の問題も存在していた。
　よって本件取引は不法行為に当たるところ、原告はこの取引の取引担当者でありかつ訴外会社の代表者でもあったから、不法行為責任（民法709条）、及び商法266条ノ3【現行会社法では429条】の責任を負う。
　損害額は、売買差損金（支払額と受取額の差額）が898万5000円、慰謝料が200万円、弁護士費用が100万円の合計1198万5000円であり、遅延損害金としては最後の入金日である平成16年10月19日から支払済みまで年5分の割合によるものを有する。
　被告は、平成17年4月19日の本件第1回口頭弁論期日に、前記債権をもって原告の本訴請求債権と対当額で相殺するとの意思表示をした。
　3　原告の以下の再抗弁の当否
　（一）　和解契約
　原告と訴外会社の間に平成16年11月12日に締結された和解（以下「本件和解」という）により被告の原告に対する損害賠償請求権も消滅した。

(二)　不法原因給付

　本件取引が公序良俗違反に当たるとすれば、不法原因給付となり、不法行為に基づく損害賠償請求権も民法708条の類推によりその請求は認められない。

　4　被告の以下の再々抗弁の当否

　本件和解は、その金額750万円のうち取引清算金を除いた実質的な和解金は94万円という低額にすぎず、また、被告の急迫した状況に乗じて、被告の氏名等まで記載された書面に被告の押印をさせるという形で短時間で作成されたものであって、被告は、これには本件取引終了に当たっての精算に関する効力しかないと考えていたものである。

　よって、本件和解は、公序良俗に反して無効である。

　また、被告には本件和解に関する書面の作成について取引終了のための書面と解していたという本件和解についての動機の錯誤があり、かつ、被告は、この動機を前記書面作成の際に表示している。

　さらに、訴外会社は、前記のような被告の誤解を生じさせこれに乗じて本件和解契約を締結させたものであり、これは詐欺に当たる。被告は、平成17年4月19日の本件第1回口頭弁論期日に、これを理由として本件和解を取り消す旨の意思表示をした。

第三　争点についての判断

　一　証拠(甲一ないし三、六、七、八の1ないし9、九、乙一、三ないし一六、二三、原告、被告。ただし、甲九、原告については後記採用しない部分を除く)によれば、本件貸借に至る経過の大要及び本件貸借の締結については、以下のとおりの事実が認められる。証拠(甲九、原告)のうちこの認定に反する部分は採用できない。

　1　被告は、東洋航空株式会社を定年退職後の76歳の男性であったが、平成16年9月中旬(以下、年号はすべて平成16年であるのでその記載を省略する)ころに訴外会社の小野塚優から勧誘を受け、さらに、9月22日には訴外会社営業部部長と称する(実際には代表者)(乙一、六)原告から勧誘を受け、確実にもうかる、短期間に利益が出るとの言葉を信じて、同日本件取引を行うことを承諾した。

　被告は、「9月23日には現居宅の売却を控えており、その手付金1000万円

が入る予定であるが、これは2か月後の現居宅明渡しまでには新たな居宅購入のために必要になる金員である」旨を説明した上で、「右金員をもって本件取引を行うがこれがなくなるようなことはないか」と原告に確認した。原告はそのようなことはない旨答えた。

　本件取引は、少額の保証金を支払って多額の外国通貨を売買したのと同様の地位を取得し任意の時点でその地位と反対の取引を行うことによって生じる観念上の為替差損益について差金の授受を行う、外国為替証拠金取引類似の取引であり、相場判断が困難で投機性が高く、高度の危険性を伴うものであったが、被告は、本件取引のそのような内容、性格をほとんど理解していなかった。

　2　被告は、9月28日に訴外会社の口座に500万円を振り込んだ。

　また、10月13日には、「すぐに入金をしないと大損する、これまでに入金したお金も戻らなくなる」との原告の言葉に応じて前記1000万円の残金500万円と株式を売却して工面した300万円の合計800万円を振り込んだ。10月19日には、原告の同様の言葉に応じてさらに450万円を振り込んだ。

　3　11月5日に被告の新居が急に決まり、その売買契約も平成16年内には締結できることとなった。

　被告は、原告に電話し、「すぐにも右売買契約の内金として1000万円を用意する必要がある、取引をやめるからこれまでに入金した1750万円をすぐに返してほしい」旨を告げた。

　すると、原告は、同日の夜に被告方を訪れ、被告の、「必ずもうかるということだったのに約束が違う、取引をやめるからこれまでに入金した1750万円をすぐに返してほしい」との言葉に対し、「それではOUA（原告が訴外会社の略称として用いていた言葉）のほうから1000万円をお貸しする。担当である池谷謙一（以下「池谷」という）を紹介するから一度OUAの本社に来てほしい」旨を告げ、被告は、原告の持参した借入申込書（甲二）に署名した。

　被告は、その翌日ころ、訴外会社の本社を訪れ、原告立会の下で、池谷から本件貸借の条件を聞いた。

　そして、11月9日に原告と池谷が再び被告方を訪れ（なお、原告自身、その本人尋問において、この時訴外会社の社員である池谷を同行したことを認めている）、被告は、借用証書（甲一）に署名押印し1000万円の交付を受

け、もって本件貸借が行われた。

　4　前記借用証書には貸主欄に「OUA」との記載があり、原告の氏名は記されておらず、また、貸主の住所については、当時の訴外会社の本店所在地住所（東京都○○区○○町○丁目○番地。乙三、四）が記載されていた。

　5　訴外会社の商業登記簿の目的欄には「金融業」との記載がある（乙一）。

　また、そのパンフレットや従業員の名刺には訴外会社の略称として「OUA」とのロゴによる表示が大きくなされており、前記のとおり、原告も、訴外会社を表す略称として「OUA」という言葉を用いていた（乙三ないし六）。

　6　原告は貸金業登録業者として「O.U.A」の商号で登録を行っており、その登録上の住所については、住民票上の住所ではなく、前記4の住所（東京都○○区○○町○丁目○番地）としていた。

　7　前記1000万円の資金の出所は原告ではなく訴外会社であった（原告本人尋問の結果。なお、原告は、「原告が訴外会社からこれを借り入れて被告に貸したものであるが、原告は訴外会社に対して利息は支払っていない」と供述している）。

　8　本件取引は11月12日に終了し、原告から被告に対して清算金として656万円が支払われた。

　二　以上一認定の事実のうち本件貸借の貸主が原告個人であるという原告の主張に沿う事実は6くらいである（7の事実も、貸金の出所が原告個人でなく訴外会社であるという点が重要なのであって、原告の主張に沿う事実とは言い難い。なお、7の括弧内の原告の供述に沿う客観的な証拠はないし、たとえこれがあるとしてもこのような貸借は極めて形式的なものではないかと考えられるところである）が、このことのみから本件貸借の貸主が原告個人であると推認することは困難であり（本件のような単発の貸借は貸金業者でなくともなしうるものと考えられる）、かえって、前記一認定の事実を総合すれば、本件貸借の貸主は訴外会社であったと推認されるものである。

　原告は、本件貸借の申込みは被告のほうから原告個人に対して行われたと陳述、供述するが、原告が被告に対してみずからを訴外会社の従業員であるとしか告げていなかったことは原告自身が認めるところであって（甲九、原告）、そのような立場にある者に対して被告が突然貸金の申込みをすることはそれだけでも不自然であり、前記一に認定した事実関係の下ではなおさら

のことである。

　また、借用証書の記載についても前記一4のとおりであり、貸主として訴外会社及び原告自身が訴外会社の略称として用いていた「OUA」と同様の記載がされ、その住所としても原告個人の住所でなく当時の訴外会社の本店所在地の住所が記載されている以上、被告の主観のみならず、客観的にみても、同借用証書における貸主の記載は訴外会社を意味するものと解するのが自然である。

第四　結論
　以上によれば、その余の点について判断するまでもなく、原告の請求は理由がない。

　○○地方裁判所民事第○部

　　　裁判官　　○　○　○　○

設問

1　本件は、理由では請求原因で決着がついているが、主張をみると再々抗弁までさまざまな主張が並んでいる。
　それらをよく読んだ上で、原告がこの訴えを起こした背景にはどのような事情があると考えられるか、また、この訴え提起が弁護士の訴訟戦術として相当なものといえるかにつき、想像力を働かせ、なるべく広い視野から考察せよ。
2　判決は、原告の主張に沿う証拠を個別的に検討するという認定判断方法を採らずに、本件の事実関係の全体について争点に関連した事実を認定し、それらの事実の総合的な評価の中で原告の主張におよそ理由がないことを明らかにするという方法を採っている。
　このような判断のあり方の当否、また、本件事案についてはそれに合理性があるといえるかについて考察せよ。

参考事項

　関係条文　民法587条

解答および解説

　本件は、貸主が原告か否かが主要な争点というこれまた珍しい事案である。

　そして、本件は、ヴェテラン民事裁判官であれば、訴状を読んだだけで、どことなくきなくさいにおいを感じる事案でもある。

　先物取引類似の信用取引が行われているという経過の中で、会社代表者が顧客に個人として大金を貸したという事実関係は、異例である。現在、顧客と会社間には先の取引をめぐって紛争があり、それについての話合いがつかない中で、会社代表者が、顧客からの不法行為に基づく損害賠償請求のいわば機先を制する形で提起したものではないかとの推測がつく。

　口頭弁論が始まってみると、実際にもそのとおりの事実関係に近いのではないかという印象がある。

　裁判官は、一連の紛争全体を視野に入れた和解の可能性があるか否かを双方に問うた。被告（顧客側）はあると言うが、原告（上記会社代表者）はないと言う。

　また、被告は、別訴としての損害賠償請求を会社とその代表者（本件の原告）に対して提起する可能性についても検討していると言う。これに対し、原告は、本件はそれとは別個の紛争であるから、たとえその訴えが提起されても本件との併合には不賛成であり、本件については早期に審理を進めてほしいと言う（以上の法廷でのやりとりは、裁判官が手綱を引き締めていないと激しい言い争いになりかねない、かなり緊迫したものであった）。

　裁判官は、「本件については貸主が原告か否かが主要な争点であると思うから、この点を中心に早期に審理を進めたい。双方とも、抗弁以下の主張についてはなるべく簡潔に整理し、証拠も精選して提出してほしい」と述べた。双方異議なし（なお、この時点で、被告は、「抗弁以下の主張についてはなるべく簡潔に整理し、証拠も精選して提出してほしい」という裁判官の要請から、「裁判官は、おそらく、本件の本質を見抜き、貸主は原告ではなく会社であるという判断をしてくれるであろう」と推測したものと思われる。そうでなければ、「抗弁以下の主張についてはなるべく簡潔に整理する」という方針に被告が簡単に同意するとは思えないからである）。

　争点整理は2回で完了。ただちに人証調べを行い早期に判決。

　一連の紛争に関する裁判官の「読み」は、以下のとおりである。

　「おそらく、本件控訴審で全面的な和解が試みられるだろう（この第一審判決が出ないうちは、一連の紛争についての和解の話合いは無理であろう）。そして、和解

ができなければ、本件決着後に顧客が先の損害賠償請求を提起するだろう。いずれにしても、前哨戦である本件訴訟については争点を絞って早期に進行させたほうが、全体的な紛争の早期のかつ適切な解決の可能性は高まる。この事件の審理を長引かせても、当事者も裁判所もコストがかかるだけであり、和解もかえってできにくい」

　本件原告の訴え提起が弁護士の訴訟戦術として相当なものといえるか否かについては、さまざまな考え方がありうるであろう。以下は私の考えである。

　まず、その動機については、①上記のとおり顧客からの不法行為に基づく損害賠償請求のいわば機先を制する目的（これについては、顧客からの不法行為に基づく損害賠償請求では消費貸借による相殺の抗弁が出せない〔民法509条〕ことも関係していよう）、②早期に消費貸借についての債務名義を得てより有利な形で紛争全体の解決を図りたいという目的、③個人の消費貸借が認められる場合には、被告の相殺の抗弁が封じられるのではないかという推測、等が考えられるが、本件事案の背景事情を考えると、あまり正当性の高い動機とはいいにくい。なお、③については、実際には、被告は、原告の取引担当者、代表取締役としての責任を抗弁で主張しており、抗弁が封じられることにはなっていない。

　また、被告としては、「こうした消費貸借契約自体、信用取引に関して紛争が起こった場合に被告に対して貸金請求を行い心理的な圧迫を与えることを意図し、また、会社による貸付では違法性が高いと判断されやすいため、わざと会社でなくその代表者個人を貸主として行われたものであって、本件の訴え提起にも問題がある」といった主張を行ってみたいところであろう（このような事情だけから原告の請求が権利濫用に当たるといった主張までを組み立てることはそれほど容易ではないだろうけれども、このような事情は、少なくとも、「被告は会社に対する別訴を提起するからその訴訟を本件訴訟と併合して同時に進行させてほしい」といった要望の根拠には十分なりうるであろう）。

　なお、本件の被告代理人は気付いていなかったようだが、こうした被告の主張を考えるならば、被告としては、別訴ではなく反訴を提起しても容れられる可能性が高かったと思われる（民事訴訟法146条参照。「本訴の防御の方法と関連する請求」に当たることになるだろう）。弁護士の訴訟活動には、こうした訴訟法の盲点の見落としを時々感じることがあった（38事件の「解答および解説」末尾に近い部分も参照）。

　実際には、こうした事実関係と状況におけるこのような訴えの提起はある程度

はみられる事態であり、ことに、代理人弁護士どうしの信頼関係が薄い（赤の他人である）東京では比較的多いと思われる。

　しかし、私としては、弁護士の訴訟戦術として適切なものであるとはいいにくいのではないかという気がしている（設問1）。

　なお、付け加えれば、本件被告は、退職前には一流会社の相当の地位にある社員だったのだが、尋問が行われた時点（60代後半）では、やや知力が衰えていたようである。尋問だけを聴いているとおおむね普通に答えられていた（なお、信用性も高いという印象だった）のだが、最後に、被告代理人が、彼に対し、「今、傍聴席に座っている人（原告本人）を見て下さい。誰ですか？」と尋ねると、「覚えがないな。わかりません」と答え、「あなたを訴えた原告ですが、思い出せませんか？」と重ねて尋ねられても、真顔で、「そうだったかなあ？……。そうですかねえ？……」と答えていた。前もって準備しておいたのでは得られない「効果」を挙げたうまい尋問の一例といえよう。

　一般的に、たとえば消滅時効等の技術的な争点を含まない訴訟で、本件のように再々抗弁まで出てくるケースはまれである（少なくとも私の場合には、合議事件でもまれであった）。そして、そういう事案は、どこか普通とは違った問題点を含んでいる場合が多い。

　設問2にもあるとおり、判決は、原告の主張に沿う証拠を個別的に検討するという認定判断方法を採らずに、本件の事実関係の全体について事実認定を行い、それらの事実の総合的な評価の中で原告の主張におよそ理由がないことを明らかにするという方法を採っている。

　こうした事案においては、前者のような判断方法（司法研修所編『民事判決起案の手引』〔法曹会。なお、逐次改訂されている〕等が採っている伝統的な方法）を採ると、理由はごく短く終わってしまう。

　しかし、原告も控訴審裁判官もそれではなかなか納得しないので、紛争の全体とそれについての裁判官の見方が明らかになるような判断方法を採る裁判官が多い。本件における「争点についての判断」の説示も、そうした観点から事案に応じた工夫を行った例ということになる（本件事案では、「民事判決書の現状とその解説」6(3)(v)で触れた「かえって認定」〔瀬木・要論[092]の(4)参照〕を延々と行うよりも、全体としての事実認定と証拠評価を正面から示すほうが、よりわかりやすいであろう）。

　具体的な理由の書き方のスタイルについては、私は、事案の性格に応じて適宜

変えていたが、いずれにしても、当事者が本気で争っている中心的な争点については、たとえ一方当事者の主張がおよそ採りにくいものである場合でも判断は相当詳細に行うというのが私の基本的な方針であった。そのことは、この判決からも、この書物のほかの判決からも、読み取っていただけるところではないかと考える（設問2）。

和解の可能性

「解答および解説」に記したとおり、一連の紛争全体を視野に入れた和解でなければ無理であろう。

被告の相殺の抗弁における売買差損金の主張が898万5000円であり、本件和解も行われているところから、たとえば、1000万円の貸金額に本件和解金額のうち被告の言う「実質的な和解金額」94万円を加えた金額（被告がこれまでに受け取っている金額）から前記売買差損金の相当部分（被告の抗弁が成り立つであろう割合の金額）を差し引いた金額（具体的な金額については裁判官により考え方が分かれよう）を被告が支払う方向で、原告および訴外会社（利害関係人として和解に参加）との間で和解を行うことが考えられようか。

もしも私が和解を試みるとすれば、「上記1094万円（被告がこれまでに受け取っている金額）」から、「売買差損金額898万5000円から被告の過失相殺分として約2割を控除した718万8000円（被告の抗弁が成り立つであろう割合の金額）」を差し引いた375万2000円を被告が原告に支払う、といった和解案を考えたい。

第3 賃貸借、使用貸借関連 (1)

6　建物明渡等請求事件

事案・争点 ➡ 債務不履行に背信性なしの抗弁

判　　決

平成○○年○月○日判決言渡　同日原本領収
裁判所書記官　　　　○　○　○　○
平成9年(ワ)第1006号　建物明渡等請求事件
口頭弁論終結日　平成○○年○月○日

判　　決

○○県○○市○○区○○町○番地
　　原　　　　　　告　　木沢倉庫有限会社
　　同代表者代表取締役　　木　沢　　　元
　　同訴訟代理人弁護士　　○　○　○　○
　　同　　　　　　　　　　○　○　○　○
○○県○○市○○区○○町○番地
　　被　　　　　　告　　株式会社大地産業
　　同代表者代表取締役　　本　間　絵美子
　　同訴訟代理人弁護士　　○　○　○　○

主　　文

一　被告は、原告に対し、別紙物件目録記載の建物を明け渡せ。
二　被告は、原告に対し、金195万5030円及び平成13年7月1日から第一項の明渡済みまで1か月金22万円の割合による金員を支払え。
三　訴訟費用は、被告の負担とする。
四　この判決は、第二項に限り、仮に執行することができる。

事実及び理由

第一　請求
主文に同じ。

第二　事案の概要
一　事案の要旨
　本件は、原告が、被告に対し、昭和54年8月3日に木沢とめ（以下「とめ」という）が被告に賃貸し、その後とめの死亡に伴い賃貸人の地位が原告に承継され、平成4年8月3日の更新により現在の契約内容となった別紙物件目録記載の建物（以下「本件建物」という）の賃貸借（以下「本件賃貸借」という。その内容は、前記更新の時点で、期間3年、賃料月額22万円で毎月末日に翌月分を持参払というものであり、また、2か月分以上の賃料不払があれば無催告解除できるとの特約があった）について、被告の従前からの賃料不払の繰り越し2か月分44万円及び平成9年1月分から平成9年3月分までの3か月分66万円合計110万円の賃料の不払を理由とする解除（平成9年3月6日意思表示到達。もっとも、原告は、本訴においては、前記の不払の繰り越し分については1か月分であったことを認めている。以下「本件解除」という）により終了したとして、賃貸借終了に基づき、（ア）本件建物の明渡し、（イ）平成8年11月1日から賃貸借終了日である平成9年3月6日までの期間相当の賃料（月額22万円の割合）、同月7日から平成13年6月30日までの間の月額22万円の割合による賃料相当損害金の合計額から原告がこの間に被告から支払を受けた金員（被告は賃料として支払ったと、原告は損害金として支払を受けたと主張）を控除した差額195万5030円の支払、（ウ）平成13年7月1日から本件建物の明渡済みまで月額22万円の割合による賃料相当損害金の支払、をそれぞれ求めた事案である。

二　争いのない事実
　被告は、前記一の原告主張の請求原因事実につき、被告の不払額が平成9年1月分から3月分までの3か月分のみであったことを主張する（繰り越し分の1か月分を否認）ほか、これを認めるか明らかには争わない。

三　争点
1　本件解除の時点における被告の未払賃料額

無催告解除の事案であるので、原告に、争いのある不払の事実の立証責任がある。

2　被告の、債務不履行が背信行為とならない特段の事情の主張（下記）の当否

記

原告代表者木沢元（以下「元」という）と被告代表者本間絵美子（以下「本間」という）との間には、平成5年ころから、昭和60年6月30日ころ本間がとめから買い受けた○○市○○区○○町○番30土地（以下、同所の土地については地番の後半の番号のみで表示する）の隣接地である35土地の売買の予約、これらの土地に接した道路の建設の約束をめぐって紛争があり、本間は元に対して前記予約や道路開設の履行を求めていた。

また、本間は、平成元年の本件賃貸借更新に際し、原告に対して、本件建物1階にクレーン付き塗装場を設置し、2階を事務所とする改築工事を行ってほしい旨申し出、原告がこれを承諾したにもかかわらず、原告は結局これを履行しなかった。一方平成元年と平成4年の更新時には本件賃貸借の賃料（以下「本件賃料」という）が月額で2万円ずつ増額されたが、これは前記の改築工事の対価的な意味を有していた。

前記のような状況の下で、平成7年6月ころから平成8年6月ころまでの間、両者間に話し合いがもたれていた。そして、平成8年6月に、元は、今野淳一弁護士を選任して、10土地に隣接する30、32土地（32土地は30土地から分筆されたもの）の所有者である本間に対し、10土地の物納申請に同意するよう求める民事調停の申立てをした。その後今野弁護士は調停を取り下げ、本間と交渉をしていたが、平成8年10月には元に解任されてしまった。

その後、元は、津田学土地家屋調査士（以下「津田」という）を代理人に選任し、本間との交渉を継続した。そして、平成9年1月17日には元ないし原告が高額すぎる本件賃料の清算金として221万円を本間ないし被告に支払うとの精算の案が津田から本間に提案され、本間がこれに対して再提案を行った。しかし、津田もまたそのころ元に解任された。

被告は、以上のような状況の下で3か月分の賃料の支払を保留したものであり、また、平成9年3月31日以降賃料の支払を再開し、平成11年1月分からは鑑定に基づく適正賃料である月額16万9400円を支払っているものである。

以上によれば、被告の賃料不払には、これが背信行為とならない特段の事情があるというべきである。
　3　被告の、本件解除は権利の濫用であるとの主張（下記）の当否
記
　2において述べたような事情に、本件賃貸借の終了が原告にもたらす利益は大きなものではないのに対し、被告及び本間の家族がこれによって被る不利益は、その営業や生活が成り立たなくなるという大きなものであることに鑑みるならば、本件解除は権利の濫用として許されない。

第三　争点についての判断
　一　本件解除の時点における被告の未払賃料額について
　本件解除の時点において被告に平成9年1月分から3月分までの3か月分の賃料不払があったことは当事者間に争いがない。
　また、証拠（甲五〔元が原告の決算書と通帳を照合して作成した書面〕、九〔丸一信用金庫作成の賃料入金状況に関する証明書〕、原告代表者〔以下、人証としての原被告代表者の表示については、2回の尋問を併せて表示する趣旨である〕）によれば、本件解除の時点における被告の不払賃料は、被告の認める平成9年1月から3月までの3か月分に従前からの繰り越し分である1か月分を加えた4か月分（88万円）であったことが認められる。
　なお、この4か月分の賃料不払は、前記無催告解除の特約を有効と認めるに足りる程度の債務不履行であるということができる。
　二　債務不履行が背信行為とならない特段の事情について
　1　証拠（甲三の1、2、四ないし六、七の1ないし6、八ないし一〇、乙一、二、三及び四の各1ないし3、五、七の1ないし3、八ないし一〇、一一の1ないし4、一二ないし一四、一五の1、2、一六ないし一八、二〇ないし二二、証人津田、原被告代表者。ただし、乙五についてはその外形自体。また、乙二一、二二、証人津田及び被告代表者については後記採用しない部分を除く）によれば、前記債務不履行、本件賃貸借全般及び原告ないし元と被告ないし本間の間の紛争をめぐる経緯については、以下のような事実が認められる（争いのない事実も適宜含めて記載する）。
　証拠（乙二一、二二、証人津田、被告代表者）のうち前記認定に反する部分については採用することができない。

（一）　昭和54年8月3日、とめは、被告に対し、本件建物を賃料1か月13万円（以下、賃料については月額を表示する）で、また、内部造作は協議の上改造できるが造作費用については賃借人の負担とするとの約定で、貸し渡した（乙一〇）。

本件賃料は、その後、昭和59年8月3日に16万円に、昭和62年8月3日に18万円に、平成元年8月3日に20万円に、平成4年8月3日に22万円に増額された。

また、平成3年1月4日にとめが死亡したことを契機に、本件賃貸借の貸主は原告に変更された。

（二）　被告は、本件建物でオイルクーラーの製造を行った。そのため、被告は、約800万円の費用をかけて本件建物を改造し、また、工場の前に塗装場を建築した（乙一一の1ないし4、一二ないし一四、一五の1、2）。

（三）　本間の家族は当初は本件建物の一部に住んでいたが、昭和62年5月6日に30土地から分筆された32土地を同月26日にとめから買い受け、平成元年8月4日には30土地をとめから買い受け、また、平成元年7月14日には、これらの土地に至る道路部分に当たる38土地の持分5分の1をとめから買い受け、30土地上に建物を新築してそこに移り住んだ（甲七の2ないし4）。

本間は、前記の買い受けの時点で、とめの子である元及び木沢京子（以下「京子」という）が2分の1ずつ共有する10土地と30、32土地との境界を承認しており、また、この境界には境界標も設置されていた。

前記の売買と同じころ、とめと本間の間に、30、32土地に接する35土地を後に将来本間に売り渡す旨の話し合いがなされた（もっとも、法的に明確な予約と評価できるほどの合意が成立したか否かには疑問の余地がある）。

また、本間は、このころに元が津田に作成させた、前記のようなとめ及び本間所有地周辺土地の今後の開発及び道路設置の計画図面（乙一八）について、これによってとめや元が本間に対してその図面どおりの道路開設の義務を負担したものと解し、そのような認識に基づいてその後の交渉を進めることとなった。

しかし、35土地の売買については、その価格及び前記の道路開設に関する双方の意向が折り合わず、結局、売買が成立しないままに推移していた（なお、本間は、元らに対し、35土地の所有権移転と前記の道路の開設を求

める権利の確認を求める訴訟をその後当庁に提起している)。

(四) また、被告(具体的には本間)は、平成元年8月3日の本件賃貸借更新に際し、原告(具体的には元)に対して、本件建物1階にクレーン付き塗装場を設置し、2階を事務所とする改築工事を行ってほしい旨申し出た。

元は、この改築は原告において行うのでその見返りに賃料を増額してほしいと申し出、本間がこれを了承したため、前記更新時の賃料は18万円から20万円に増額された。原告は、同年5月に工事の見積書(金額496万4600円。乙一)を被告に交付した。

しかし、同更新後に原告が同工事を業者に発注したところ、被告は、原告が被告に同工事の設計図を交付せず、また、被告の要望を十分に聞くこともなく工事を開始したとして、原告に抗議し、原告はその結果工事を中止した。原告は、中止した工事の資材代金として業者に140万円を支払った。

被告は、平成元年の更新の際の先の賃料増額については前記工事の対価的な意味合いが強いと考えていたところから、先のような経緯について不満を抱き、平成4年8月3日の更新時にも工事の実施を求めた。原告が工事を実施するか否かは更新の後に話し合いたいと答えたところ、被告は、これに特段の異議を述べることなく、更新に伴う20万円から22万円への賃料増額に応じたが、内心では原告に不満を抱き続けていた。

(五) 一方、平成3年1月4日にとめが死亡した後、その相続人である元と京子は、相続税の物納について税務署の承認を取り付け、平成7年に至り、本間に対し、元と京子の持分2分の1ずつの共有に係る10、35、31土地、元と京子が持分5分の2ずつ、本間の持分が前記のとおり5分の1の共有に係る38土地と、本間所有の30、32土地との境界の確認と、10土地の物納の同意を求めた。

しかし、本間は、本間の要求事項(詳細については後記のとおり)を承諾しなければ境界確認書も物納の同意書も発行できないと述べた。

そこで、平成7年の本件賃貸借更新時期に、元は、契約更新とともにこの問題を解決したいと申し入れたが、交渉は一向に進展しなかった。

(六) 元は、平成8年2月ころ、今野淳一弁護士に本間との交渉を依頼した。今野弁護士に対する本間の要求は、前記道路部分を延長開設すること、35土地の買取りに伴って10土地の一部32.05平方メートルを無償交付すること、35土地について売買予約の仮登記を設定すること、本件賃料を永久に

値上げしないこと、前記道路建設が本間の期待どおりに履行されないことから生じた本間の土地の価格の低下分約1386万円を支払うことを求めるものであり（乙八）、原告としては到底承諾できるものではなかった。

そのため、今野弁護士は、そのころ申し立てていた物納同意についての調停の申立てを取り下げ（乙七の1ないし3）、また、本間との交渉についても辞任した。

（七）　平成8年10月、元は、物納の手続を少しでも前進させようと、津田に対して10土地の測量を依頼した。津田が本間に境界の立会いを求めたところ、本間は本件賃料の減額（本間は、前記の改築工事が行われていない以上、平成元年以降の本件賃料については、過去にさかのぼって、本間が過大と考える部分の返還がなされるべきであると考えていた）や前記(六)のような問題を解決することが立会いの前提である旨述べた。津田が元にこれを伝え、自分が本間との交渉の仲介をしてやってもよい旨を述べたところから、その後、津田は、双方の交渉の事実上の仲介を行うようになった。

津田は、交渉を仲介した結果を文書（乙三の1ないし3）にまとめ、元の一応の承諾を得た上で、平成9年1月17日に本間に送付した。しかし、本間は、これに対し、賃料の過去にさかのぼっての精算についてはその他の合意とは切り離して直ちに行ってくれるよう求めたので、交渉は決裂した。

被告（本間）は、平成9年1月分から3月分までの賃料を故意に支払わなかったが、これは、少なくとも乙四の3に記載のある221万円分の賃料が返還されるのが当然であるから、3か月分程度の賃料支払は保留してよいとの認識に立つものであった。

なお、被告は従来から賃料の支払が遅れがちであり、実際には、平成9年3月の段階で、前記のとおり、先の3か月分以外に1か月分の賃料の滞納の繰り越しがあった。

（八）　原告は、これに対して、本件解除をもってこたえ、また、本訴を提起した。

被告は、その後、平成9年1月分以降の賃料相当の金員を原告に支払ったが、原告はこれを賃料相当損害金として受領した（甲三の1、2、五）。

なお、被告は、平成11年1月分以降については、みずから依頼した私的鑑定の結果（乙五。なお、同鑑定の鑑定手法は極めておおまかなものであって、継続する賃貸借の適正賃料の算出方法として相当なものといえるかは疑

問である）に基づき、みずからが相当賃料と考える16万9400円を支払っている（乙二〇）。

（九）　なお、元及び京子は、本訴に先駆けて本間に対し前記の境界の確定を求める訴訟（当庁平成9年（ワ）第961号）も提起した。

本訴とこの訴訟の両訴訟について行われた和解においては、最終的に原告が本件賃貸借の継続と3500万円の和解金の支払を提示したが、不調に終わり（平成11年6月22日）、同月29日に被告の代理人は辞任した。

（一〇）　前記境界確定訴訟については、その後、元が、競売により30、32土地を買い受けたことから、取下げで終了した。

その明渡しをめぐって元と本間の間に交渉が行われ、元はここでも紛争の全体的解決がなされるならば、その取得のために5000万円以上の金額を支出した30、32土地を3000万円で本間に売り渡す旨の提案をしたが、本間は結局その金額を用意できなかった。

また、本訴については、その後現在の被告代理人が受任して主張整理と和解が行われたが、その和解も不調となった。

2　前記1に認定の事実のうち、原告ないし元にも責められるべき点があるとすれば、それは、平成元年の改築工事について被告と十分な打ち合わせをしないまま着手してしまったこと程度である。

また、このこととの関連で、平成元年の月額2万円の賃料増額について被告が不満を持ったこともそれなりに理解できるものである。

しかしながら、このような事情があったからといって、前記1（七）のような態様での交渉の決裂の後に被告が一方的に3か月分の賃料の支払を故意に怠ったことにつき、これが背信行為とならない特段の事情があるということは困難である。被告には、前記の賃料増額が不満であるならば、賃料減額の請求をして訴訟を提起する等の法的に許された手段が用意されているのであり、これを採らずに、原告との交渉が決裂した状況の下で、また、従来から賃料の支払が遅れがちであり不払の繰り越しが1か月分22万円とはいえ存在するような状況の下で、一方的な賃料の不払を、しかも3か月分66万円という多額について行うことは、適法な行為とも相当な行為ともいえないからである。

かえって、本件賃貸借全般及びこれを含む原告ないし元と被告ないし本間の一連の紛争の経過を含む前記1認定の諸事実を総合して考えるならば、被

告の本件賃料不払は、まさに、背信的な、被告との信頼関係を破壊する行為であると評価せざるをえないのである。

　三　本件解除は権利の濫用であるとの主張について

　本件賃貸借全般及びこれを含む原告ないし元と被告ないし本間の一連の紛争の経過については前記二1において認定判断したとおりである。

　そうすると、被告及び本間の家族が本件賃貸借の終了によってその主張するような不利益を被るとしても、そのことだけでは、本件解除が権利の濫用として許されないとはいえない。

第四　結論

　以上によれば、原告の請求は理由がある。

　なお、仮執行宣言については、全体について付することも十分に考えられる事案ではあるが、被告にとっての建物使用の必要性、控訴審における和解の可能性等の事情に鑑み、第一審では、金銭請求の部分に限り、これを付することとする。

　○○地方裁判所民事第○部

　　　裁判官　　○　○　○　○

　別紙　物件目録〈省略〉

設問

1　判例において、無催告解除が許されるのはどのような場合とされているか。

2　判決から判明するところの本件当事者間における従来の紛争の要点について、なるべくわかりやすくかつ正確に要約し、また、これを前提として、被告の債務不履行が背信行為とならない特段の事情の有無について考察せよ。

参考事項

　関係条文　民法601条

解答および解説

　賃貸借、使用貸借関連の事案は多くが（早期）和解で終了するので、本格的に争われて判決に至る事案は筋金入りの対立事案が多い。そして、本書で選択した4件については、すべて、賃借人、使用借人側の言い分にちょっと首を傾げるような部分、あるいはほとんど横紙破りとさえ評価されるかもしれないような部分が存在する事案ということができる。これは、この種事案の判決にある程度一般的にみられる傾向かもしれない（もっとも、使用貸借事案については、貸主の側の問題のほうがより大きい事案の割合が、賃貸借事案よりは高い）。

　このあたりは一種の当事者学の問題となる。なぜ賃借人は無理の大きい主張に固執する場合があるのだろうという疑問は、ひとつの法社会学的研究の端緒になりうるのではないかと考える。予防法学（瀬木・要論［171］、瀬木・本質第四章のⅢ）的な観点からみれば、素人が不動産を人に貸す場合には、①できれば実質的な保険業者の立場も兼ねる大手業者を介して（転貸借の形で）貸しなさい、②そうでなければ、相手の人柄をよくみて契約書の内容にも十分に注意しなさい、ということがいえると思う（私が自分の建物を貸すとすれば①の方法による。法律や交渉の仕方がわかっていることと、実際に交渉を行うこととは別問題であり、私は、みずからが交渉の当事者になりたくはない）。

　なお、一般論としてもいえることだが、このセクションの事件群に関してはその点がことにはっきりしているので触れておきたいのは、「裁判における判断が、ある時点において直感として裁判官の下にやってくることが多いのは事実である（瀬木・裁判第1・2章）が、その直感は、その裁判官が有する限りのさまざまな経験則や知識、良識に裏付けられたものでなくてはならないし、また、法的な当てはめと検討という客観的に検証可能なプロセスに堪えうる判断、常識的で公平な判断でもあるべきものだ」ということである。

　裁判のそうした基本的な機能は、抽象的な法理中心の判例誌の判例を読むだけでは意外にわかりにくいものである。日常的な事案の中からそれなりの厚みのある事案を多数選択するという本書編集方針のひとつの理由は、そうした事案を素材とすることによって、若手ないし中堅の実務家や研究者にも、学生諸君にも、上記のことを実感として理解していただきたいからである。

　さて、本件の枠組み自体は単純なものである。

　まず、賃料不払を理由とする無催告解除の特約については、賃料不払を理由に

賃貸借契約を解除するに当たり、催告をしなくても不合理とは認められない事情がある場合には無催告で解除権を行使することができる趣旨の約定として有効と解するのが判例である（最一小判昭43年11月21日民集22巻12号2741頁。具体的には5か月分の不払についての無催告解除を有効とした）。

　実務上は、本件のように3か月程度の不払があれば無催告解除が認められ、あとは「被告の債務不履行が背信行為とならない特段の事情」の抗弁の問題とされるのが通常であろう。本件でもここが事実上唯一の争点であるといえる（解除が権利濫用に当たるとの抗弁は、内容的にみるならば、先の抗弁とほとんど同一である）（設問1）。

　判決は、この点についてかなり詳細な事実認定を行った（被告代表者等被告側の本人らがこの点に非常にこだわっていたからである）上で、本件の解除に至る経過において認められる「原告側の責められるべき事情」はごく限られたものであり、したがって被告の上記賃料不払は適法なものとも相当なものとも評価できないとしている。

　本件における被告側の行動は全体に問題が多い。要点を述べれば、①35土地の売買の話に関係して原告側が道路開設義務を負担したものとの思い込みに基づき35土地所有権移転と道路開設を求める訴えを提起、②そのために賃料が2万円増額された本件建物改築工事については、工事の進め方に不満をもって中止申入れ、原告は工事代金として140万円を業者に支払（もっとも、この点と、その後の更新時のさらなる賃料増額については、原告の進め方や説明等がやや配慮を欠いた可能性はある）、③当初認めていた境界の確認等を拒否し、原告側は境界確定の訴えを提起したが、結局被告側の土地が競売され原告側が買い受けて訴訟は取下げ、④その後の2回の交渉では原告側が到底のめない案を提示して譲らない、⑤すでに1か月分の賃料滞納があった状況（もっとも、このことを明確に認識してはいなかったかと思われる）で故意に3か月分の賃料不払、⑥原告の本訴提起後はみずからが相当と考える賃料のみを支払、といったところである。

　これでは、被告の債務不履行が背信行為とならない特段の事情など到底認めるに足りないであろう（設問2）。

　本件においては、裁判官、双方の代理人ともに（もちろん被告代理人については被告の意向に沿いながら）、双方当事者（ないしその関係者）間に存在する多数の紛争の抜本的解決という見地からの和解の可能性を種々模索したが、結局、和解は成立しなかった。

事案の大筋をみれば請求認容事案であることは明らかな本件について、私が相当にていねいな事実認定と判断を行ったのは、被告にとって、本件控訴審がみずからにあまり大きな打撃のない形での和解による全面的紛争解決のほぼ最後の機会である可能性が高いことを考慮しての、被告に対する説得という意味合いが大きい。そうでなければ、ここまで詳しい判決を書く必要はないと思う。

　建物明渡しの主文について仮執行宣言を付さないことについての判決末尾の理由説示も、同様の観点からのひとつの示唆という意味合いを含んでいる。

　現在の私は、この事案でここまで被告のために努力してやる必要があったのかなと感じないではないが、裁判官時代は、ともかく当事者のためということを第一として裁判をしていた。

和解の可能性

　「解答および解説」に記したとおり、当事者ないしその関係者間には多数の紛争があるところから、それらを抜本的に解決する和解を行うことが望ましい事案だったが、結局無理であった。

第3 賃貸借、使用貸借関連 (2)

7 建物明渡等請求事件

事案・争点 ➡ 信頼関係破壊による使用貸借解約
　　　　　　（当事者主義のあり方と釈明権、裁判官の役割と能力）

判　　決

平成○○年○月○日判決言渡　同日原本領収
裁判所書記官　　　○　○　○　○
平成12年（ワ）第1007号　建物明渡等請求事件
口頭弁論終結の日　平成○○年○月○日

判　　決

○○県○○市○○町○丁目○番地
　　原　　　　告　　石　倉　清　美
　　同訴訟代理人弁護士　　○　○　○　○
　　同　　　　　　　　　○　○　○　○
○○県○○市○○町○丁目○番地
　　被　　　　告　　石　倉　明　美
　　同訴訟代理人弁護士　　○　○　○　○

主　　文

一　被告は、原告に対し、別紙物件目録記載二の建物部分を明け渡し、かつ、平成12年9月12日から同明渡済みまで一か月金5万円の割合による金員を支払え。
二　原告のその余の請求を棄却する。
三　訴訟費用は、被告の負担とする。

事実及び理由

第一　請求
　被告は、原告に対し、別紙物件目録記載二の建物部分を明け渡し、かつ、平成12年9月12日から同明渡済みまで一か月金10万円の割合による金員を支払え。

第二　事案の概要
　一　事案の要旨
　本件は、原告が、被告に対し、民法597条2項ただし書による使用貸借の終了ないしその類推適用による解約に基づき（以上は選択的主張）、建物の明渡し及び明渡済みまでの賃料相当損害金の支払を求めた事案であり、使用貸借の終了日については、同項ただし書適用の場合を含め、前記解約告知の主張がされた日（第2回口頭弁論期日）に主張が統一されている。
　二　争いのない事実
　1　被告が、原告の亡夫石倉正彦の妹であること
　2　別紙物件目録記載二の建物部分（以下「本件建物部分」という）を含む同目録記載一の建物（以下「本件建物」という）は、昭和55年4月1日ころに正彦が建築し、同人が昭和59年11月20日に死亡したことにより、原告がこれを相続したものであること
　3　本件建物新築時である昭和55年4月1日ころに正彦と被告との間に本件建物部分の西側部分に当たる8畳間について使用貸借が成立したこと（原告は本件建物2階部分全体について使用貸借の成立を主張するが、被告は、使用貸借の対象について前記8畳間のみであると認否している。以下、その範囲の点はおくとして、同使用貸借を「本件使用貸借」という）
　4　被告が前記8畳間部分を占有していること
　三　争点
　1　本件使用貸借の範囲、また、本件建物部分中被告占有部分の範囲
　2　本件使用貸借は、民法597条2項ただし書による使用貸借の終了ないしその類推適用による解約（最二小判昭和42年11月24日民集21巻9号2460頁、判タ215号91頁参照）に基づき、平成12年9月11日に終了したか否か。
　この点に関する双方の主張の要点は以下のとおりである。
　（一）　原告の主張
　本件使用貸借は、本件建物建築当時未だ20代であった被告が独立して生

計を営むに足りる年齢に至るまでの期間をめどとして開始したものであるところ、既に使用貸借の開始時以来21年近くが経過していることからすると、民法597条2項本文の期間が実質的には経過しているともいえるのであり、たとえその期間自体が経過していないとしても、正彦の死後被告が原告の長男である伸広にいやがらせを継続してストレスを与え続けてきたのみならず、平成11年12月23日に至り、被告の兄弟姉妹ら（亡正彦の兄弟姉妹でもある）が大挙して原告方に押しかけ、彼らの亡父文ノ助の遺産分割の実質的なやり直しを内容とする書面に原告を強いて署名捺印させた事件において被告が中心的な役割を演じ、その後も、被告が、土足で廊下に上がり、浴室のガラスにひびを入らせ、帰宅後玄関を開けっ放しにする等のいやがらせ行為を継続したなどの契約締結後の事情により、同項ただし書の期間については少なくとも平成12年9月11日までに経過して本件使用貸借は終了したか、あるいは、使用貸借当事者間の信頼関係の破壊を理由として原告が平成12年9月11日の第2回口頭弁論期日に被告に対して解約告知の意思表示をしたことにより、同日に終了した（なお、原告が被告に対して前記解約告知の意思表示をした事実は裁判所に顕著である）。

　　（二）　被告の主張

　本件建物の前身である建物は被告の生家であったこと、被告が昭和48年の亡文ノ助の相続に当たって原告の夫であった正彦のために事実上相続放棄をさせられたこと、正彦の死後被告が会計事務所を退職して原告の農業に多大な貢献をしたこと、正彦が文ノ助の相続に当たり被告の独立に際しては家屋を与えることを約し、原告もまた平成2年に土地の売却により多額の収入を得た際に同様の約束をしたこと、被告は未だ独身であり特別な貯金もないこと、被告の占有部分は8畳間一間のみでわずかであることなどを考慮すれば、本件に民法597条2項ただし書の適用あるいは類推適用を行う余地はない。

　　3　被告占有部分の賃料相当損害金額

第三　争点についての判断
　一　争点1について
　甲八によれば、被告が現実に居住しているのは本件建物部分の西側部分に当たる8畳間のみであるけれども、同部分の残された東側部分についても、

昭和61年ころから数年の間伸広が使用した以外には原告の家族がこれを使用することはなく、その意味では事実上は被告の支配下にあったことが窺われるから、本件使用貸借の範囲、また、本件建物部分中被告占有部分の範囲については、原告主張のとおり本件建物部分全部と認めるのが相当である。

二　争点2について

1　便宜上、まず、民法597条2項ただし書の類推適用による解約の主張について判断する。

原告が、被告に対し、平成12年9月11日の第2回口頭弁論期日に、使用貸借当事者間の信頼関係の破壊を理由として解約告知の意思表示をしたことは当裁判所に顕著である。

そこで、以下、前記信頼関係破壊の有無について判断する。

2　証拠（甲四、六ないし一三、一五、一六、一七の1ないし10、一八ないし二〇、二二、二三の1ないし3、乙六、一一ないし一三、原被告本人。なお、甲六についてはその外形、また、甲一六及び被告本人については後記採用しない部分を除く）によれば、以下の事実を認めることができる（争いのない事実も適宜含めて記載する）。この認定に反する証拠（甲一六、乙一、二、被告本人のうちこの認定に反する部分）は採用できない。

（一）　亡石倉文ノ助とその妻まつとの間には、昭和48年3月3日の文ノ助の死亡当時、長女麻美、二女和美、長男亡正彦、三女やえ、二男鉄男、五女被告、三男竹三の7人の子があった（以下、被告を除いた前記人物らの氏名については単に名前で表示する）。原告は、前記のとおり、亡正彦の妻である。

（二）　昭和48年3月3日の文ノ助の死後、その相続については兄弟の間に争いがあったが、その時点で農業を行ってゆくことができるのは正彦夫婦のみであったことから、文ノ助の不動産は原則として全部正彦が相続する形での遺産分割協議が成立した（甲四。もっとも、鉄男、被告、竹三については、後に、相続を原因として土地を分け与えられ、あるいは正彦がこれを処分した後にその代替地を分け与えられており、被告については、最終的に、平成元年の時点で、本件建物の敷地周辺の一団の土地のうちの1筆165平方メートルが分け与えられており、これは、仮に被告が文ノ助の相続の放棄をせず、かつ相続分に従った相続がされた場合に被告が取得できた土地の約2割程度に当たる（甲一一ないし一三、乙六）。なお、被告は、前記相続に当

たって正彦及び原告が、正彦の兄弟姉妹に対し、兄弟姉妹に困ったことがあればその面倒をみる、農業をやめる場合にはあらためて相続財産の分割について協議し直す、被告と竹三が独立する時には各人に家を建てる等の、甲六の合意書（以下、単に「合意書」という）とおおむね同一内容のことを約束したと主張するが、この主張については、これを証するに足りる的確な客観的証拠がなく、また、これに沿う前記証拠（甲一六、乙一、二、被告本人）は前記のとおり採用できない。また、たとえそのような内容を一部に含んだ会話が正彦を含む兄弟姉妹の間で交わされたことがあったとしても、それが書面化されていない以上、およそ法的な拘束力を有する内容の合意であったと認めることは困難である。原告が、平成２年ころ後記土地の売却により多額の収入を得た際に、同様に、独立時に家を建ててやるとの約束を被告に対してしたとの被告の主張についても同様のことがいえ（なお、被告主張に沿う証拠として乙一五が加わる）、たとえ原告がそれに類することを被告に対して口にしたことがあったとしても、そのことをもって法的な拘束力を有する合意が成立したとみることは困難である。前記のとおり、鉄男、被告、竹三が、実際には、相続を原因としてある程度の土地を分け与えられていることからしても、正彦と原告がこれを超える給付を被告に対してするといった法的合意が成立したとは考えにくいところである。

　（三）　文ノ助の死亡当時、石倉家の建物にはまつ、正彦夫婦、そして、当時未成年であった被告と竹三が住んでいた。

　同建物は昭和53年に火災で焼失し、正彦は、昭和55年４月１日ころにその跡地に本件建物を建築した。この時点で竹三は家を出、正彦夫婦とまつのほかには被告だけが本件建物に残り、以後、被告は、本件使用貸借に基づき本件建物部分を占有してきた（なお、昭和61年ころから数年間は伸広がそのうち東側部分の部屋を使用していた）。

　（四）　正彦が昭和59年11月20日に死亡した後にも原告は農業を続けていたが、これによる収入はせいぜい年間200万円程度であり、原告はそのほかにパートに出るなどしていたが、その現金収入は限られていた。

　被告は、まつから要請されたことから、正彦の死後、昭和60年から平成元年までの間、それまで勤務していた会計事務所をやめて原告の農業を手伝った。この面での被告の貢献は、遠方の畑まで車を運転することを始め、一定程度の内容のある実質的なものであった。もっとも、被告の性格は気難し

く、原告は、常に被告の時間の都合等に気兼ねしながら仕事を依頼しなければならない状況であった。

　また、被告は、前記の期間を含め、週数回、夜、会計事務のアルバイトをして一定の収入を得ていたが、原告も、被告に対して農業収入の中から一定程度（月２万円程度）を被告に小遣いとして渡していた。この小遣いは労働の対価としてみれば必ずしも十分なものではなかったが、当時の原告の収入の中でみれば、相応のものであった。

　なお、被告は、平成３年ころ以降は、麻美の夫の経営する会社に勤務して月20万円程度の収入を得ている。

　（五）　本件建物部分のうち東側部分の部屋については、伸広が12歳であった昭和61年ころから数年の間伸広が使用していたが、被告と伸広はそのころから折り合いが悪く、被告は、伸広の友人のうち自分の気にいらない者が家に来ることをいやがる、伸広の遊びの邪魔をする、隣室で大きな音を立てる、伸広が先に入浴すると汚いと言って難癖を付ける等のいやがらせ的な言動を継続しており、伸広の部屋が一階に移された後も両者の関係は悪かった（なお、伸広もまた前記のように少年時代以来いじめられたことから被告に対して悪感情を抱き、被告に対していやがらせ的な言動をある程度は行った可能性はある）。

　（六）　原告は、農業による生活のめどが立たないところから、平成元年１月から２年１月にかけてかなりの土地（文ノ助から相続した土地を正彦が処分して購入した土地）を処分して２億6000万円余の金銭を取得し（乙一一ないし一三）、平成４年ころには駐車場を、平成５年ころにはアパート経営を始めて、農業については断念してしまった。

　前記の過程の中で、原告と前記の兄弟姉妹達の間、あるいは兄弟姉妹間には種々の駆け引きや交渉が行われ、あるいは軋轢が生じるようになった。

　（七）　そして、平成11年11月の末ころになると、前記兄弟姉妹の中には、原告の財産を同兄弟姉妹らに平等に分けろという者が出始めた。

　まつは、平成11年３月に脳梗塞で倒れ、しばらく入院していたが、退院後は若干認知症的な症状が出てきていたところ、前記兄弟姉妹の先のような意見に賛同し、原告に対して「家屋敷を除いた財産を分けてやれ」等と言ったため、原告と口論になり、原告が、その時の感情で「そんなことを言うなら私は出て行く」と言ったところ、まつは、泣いて、何も持たずに和美方へ

行ってしまった。

　まつはその夜麻美方に預けられ、二日後には原告に「すぐに帰るから」との電話をしてきたが、結局、その日の夕方、和美は、原告に対し、「この話の決まりがつかないうちはまつは連れて行けない」旨を告げ、以後、まつは、麻美方で生活している。

　（八）　その後の同年12月23日、やえを除く前記兄弟姉妹は、前記(二)で言及したような内容に本件建物とその敷地並びに駐車場の所有権をまつに返すことなどを加えた内容の書面（甲六）を作成し、原告方を訪れ、原告に対してこもごもこれに署名押印することを事実上強いた。そして、この書面の作成に当たっては、被告がそのまとめ役となってこれを行った（この書面中原告の署名押印はその自由な意思によってなされたものとは認め難いし、やえ作成部分については同人の意思に基づかないものであることが甲七から明らかである）。

　（九）　（八）の事件の後、原告及び伸広と被告の仲は険悪なものとなり、両者間に意思の疎通は全くなくなった。また、被告は、土足で廊下に上がり、浴室のガラスにひびを入らせ（甲九）、帰宅後玄関を開けっ放しにする等のいやがらせ行為を原告らに対して行った。

　2　前記1に認定したところによれば、本件使用貸借は、従前から生家に住んでいた被告の事実上の既得権を本件建物建築に際しても尊重して開始されたという側面がないではないものの、基本的には親族間の情誼と信頼関係に基づくものであると認められるところ、既に使用貸借の開始時以来21年近くが、また、当初の貸主で被告の兄に当たる正彦が死亡して以来でも16年以上が経過しており、この間、被告が伸広を嫌って未だ少年であった同人にいやがらせ行為を継続し、また、平成11年12月23日の前記合意書作成に当たってもそのまとめ役として中心的な役割を演じ、その後も、前記1（九）に認定したようないやがらせ行為を原告と伸広に対して行った等の事情により、その基盤をなす信頼関係は大きく破壊されたものというべきであり、このことは、被告が前記1（四）に認定したとおり原告の農業に一定期間相当の貢献をした事実、伸広もまた少年時代以来いじめられたことから被告に対して悪感情を抱き、いやがらせ的な言動をある程度は行った可能性がある事実によっても左右されるものではないといわざるをえない。

　そうすると、原告の行った前記解約告知は有効であり、本件使用貸借は原

告主張の日にこれにより終了したというべきである。
　三　争点3について
　甲一四によって認められる近隣のアパートの賃料との対比によって考えると、本件建物部分の賃料相当損害金額は一か月5万円と認めるのが相当である。

第四　結論
　以上によれば、原告の請求は主文の限度で理由がある。
　仮執行宣言については、本件には関連の紛争があってやはり当庁に係属中であることなどの事情に鑑み、第一審判決である本判決については付さないこととする。

　　○○地方裁判所民事第○部

　　　　裁判官　　○　○　○　○

　別紙　物件目録〈省略〉
　別紙　図面〈省略〉

設　問

1　使用貸借契約の終了事由について、みずからの条文解釈と判例付き六法に掲載されている判例の調査のみによってまとめよ。
　その後判例学説の調査を行い、先のレポートに「判例学説調査後の補足修正」部分を付加せよ。
2　1を前提として、本件における信頼関係破壊による使用貸借解約の主張の当否について考察せよ。

参考事項
　関係条文　民法597条2項

第3　賃貸借、使用貸借関連 (2)

解答および解説

　使用貸借契約の終了事由については、法に定めがあるのは、返還時期の定めがある場合には契約で定められた時期、返還時期の定めがない場合には契約に定められた目的に従い使用収益を終わった時あるいは使用収益をするのに足りる期間を経過した時、返還時期も使用収益目的も定めなかった場合には随時返還請求可能（以上民法597条）、借主の死亡（同599条）、用法違反、転貸あるいは使用貸借権譲渡による解除（同594条3項）であるが、ほかに、判例が認めたものとして、同法597条2項ただし書の類推適用による解約（最二小判昭和42年11月24日民集21巻9号2460頁。使用貸借当事者間の信頼関係が失われた場合につき上記ただし書の類推により解約を認める）が重要である。

　訴訟で実際に問題になるのは、民法597条2項ただし書あるいはその類推適用による解約くらいであり、ことに後者の場合が多い（瀬木・要論［053］の(2)の記述でもわざわざこれを掲げておいた理由はそこにある）（設問1）。

　それにもかかわらず、この判例を知らない弁護士が意外に多い。あいまいな主張のままに放置しておくと争点に関する具体的な主張が定まらないのでやむをえず釈明を求めることになる。法律面に関する釈明権あるいは法的観点指摘権能の行使である。

　もっとも、こうしたレヴェルの釈明権の行使についても反発する相手方代理人がごくまれには存在する。

　釈明権の行使がいかにあるべきかは今後の民事訴訟法学におけるひとつの大きな論点であろう。

　私は、釈明権ないし法的観点指摘権能の行使を無制限に認める学説の傾向には反対である（当事者対等の原則にもとり、弁論主義の第一原則に実質的にもとる結果にもなりかねない）し、従来の実務においても、裁判官は、争点整理が相当に進んだ段階において当事者の双方が考えもしなかった（すなわち、訴訟に現れている事実関係からは想像することが難しいような）釈明、法的観点指摘を行って訴訟の形成をがらりと変えてしまうようなことには慎重であったと考えるし、アメリカの実務ではそうした釈明、法的観点指摘はおよそ考えにくいとも思っている（瀬木・要論［054］、［056］）。

　しかし、上記の争点に関する限り、何となく信頼関係破壊をうかがわせる主張がぼうっと出ている訴状や準備書面をそのままにしておいても争点整理が進まな

いし、やがてそこが問題になることは目にみえているのだから、早めに請求原因を明確にするよう促すべきは当然であろう。

以下は本件を離れた一般論になるが、使用貸借の終了事由に関する正確な主張すらなかなか的確にまとめられない、あるいはしない弁護士が一定程度の割合で存在するのは事実である（このような問題はいわゆる新司法試験開始後の弁護士特有のものでは全くない）。このあたりに日本の法学教育や弁護士を取り巻く状況の大きな問題が存在すると私は感じている。

法律論はすべて裁判官任せ、かつ裁判官がやってくれるのが当然、という依存的体質の弁護士が結構存在するということである。そして、そうした弁護士に限って、釈明権を行使しなかった裁判官が悪い、教えてくれなかった裁判官が悪い、というに等しい主張を控訴審等で平気でしがちなものである。しかし、安易にそうした主張を行うのは専門家として相当に恥ずかしい事態であることを最低限頭に入れておいていただきたい。

なお、極端な例として、新たな主張を提出したいことを理由とする弁論再開の申立てが容れられなかったことにつき、弁論終結前に当該主張（きわめて通りにくい主張である）を提出することを怠っていた代理人が、きわめて品位を欠く表現の書面を何通も提出し、あまつさえ忌避申立てまで行った例があったが、たとえばこうした事案をみると、一部弁護士（あくまで一部ではあるが）の、裁判官依存とセットになった、自己責任の感覚と内省を欠いた責任転嫁体質は、日本の民事司法のひとつの病理なのではないかと感じられる。

公平のために裁判官についても触れておくと、最近は、裁判官任官者でも、ボーダーラインでは、先のような基本的な法律論からかなり怪しい人が出てきている。しかし、最低限このあたりが的確かつ正確に整理できないようでは、実体法、手続法の難問にただ一人で直面しなければならない民事単独事件の裁判など、とてもこなせるようにはならない。そうした「基礎的な能力のボーダーライン」については、志望者も、司法研修所教官や実務における指導官も、よく押さえておくべきであろう（能力に乏しい裁判官ほどできない修習生をかわいがる傾向があるのは冷厳な事実である）。

裁判官の仕事は、能力が高いほうがより適正にできることは間違いないが、平均的なレヴェルを目指すのであれば、ある一定ランクの基礎的能力（それも絶対的な水準としてはそれほど低くはないのだが）があれば何とかなる。潜在的な力の大きい人であれば非常に伸びる場合もある。しかし、基礎的能力が先のランクか

らさらに下の「ある一線」を割っていると、上記のとおり、たとえば民事単独事件の裁判がまともにできる水準に達することは難しい。それに、裁判官には、司法制度改革により不透明な形で改悪された再任の制度もある（瀬木・裁判所96頁）。こうしたことは志望者にはよくわかっておいてほしい事柄である。

　さらに一般論を付け加えておくと、ことに、最近は、司法試験合格者数や研究者の数の増加に伴い、以上のようなことを思う場合が多くなったけれども、それぞれの仕事が要求する一定レヴェルの能力と一定レヴェルの倫理的感覚さえ備えていれば、後ろ指を指されるような専門家にはならなくてすむのである。

　釈明権、法的観点指摘権能行使のあり方、当事者主義のあり方と弁護士倫理、裁判官の能力等、本件とは直接関係のない事柄について述べたが、重要なことなのでこのままとしておきたい。争点整理や訴訟指揮とこのような問題とは、一見関係がないようにみえながら実は密接に関連していることを理解していただければと考える。

　本件も、6事件同様争いの根がきわめて深いことから、判決は、民法597条2項ただし書の類推適用による解約の可否という中心的な争点についてはかなり詳細な事実認定と評価を行っている（「争点についての判断」二）。

　事件の背景には、土地の多くを相続した農家の長男の妻である原告が夫の死後農業をやめたことに伴い、亡夫の兄弟姉妹たちが土地の再分配等を求めた紛争があり、その紛争の中心人物として原告に合意書への署名押印を事実上強要したのが被告である。兄弟ふたりと被告（姉妹のうちでは唯一未婚であるためか）には相続後に土地の一部が分け与えられていることからみても、姉妹の中での被告（五女）の位置付けの特異さがうかがわれる。

　使用貸借プロパーで考えると、被告に有利な事情としては、本件使用貸借が従前から生家に住んでいた被告の事実上の既得権を尊重して開始されたことや被告が会計事務所を退職して原告の農業を手伝ったことが挙げられる。

　一方、不利な事情としては、被告による原告の長男に対するいやがらせ的な言動（通常の仲の悪さから生じる言動のレヴェルを超える）、上記の土地再分配紛争後の、土足で廊下に上がるなどの悪質ないやがらせがある。

　被告が土地再分配紛争の中心人物として原告に合意書への署名押印を事実上強要した事実とその後の開き直り的ないやがらせが、信頼関係破壊の決定的な事情といえよう。

　ここで注意してほしいのは、民法597条2項ただし書の類推適用による解約に

おいては、使用貸借そのものに関する事情以外の事情も考慮され、むしろそのような事情が決定的である場合が多いということだ（上記最判もそのような事案についてのものである）。その意味では、ここでの類推適用の「類推」の幅は大きいということができる（設問2）。

これは本書のほかの判決、あるいは広く判決一般についても同様だが、事実認定と事実の法理への当てはめに関する技術についてはことに注意していただきたい。こうしたことは、たとえば医師の診断や外科医のメスさばきと同様、時間をかければかけるほどよいというものではない。むしろ、ある一定の時間内で集中して検討を行ってすぱっと切るという緊張感のある姿勢が重要なのである。

より具体的にいうと、争点を正確に確定し、争点についての判断に必要にして十分な事実認定を的確に行い、そのような事実についての法的な評価を、結論とその根拠を明確にして示す、ということである（先のレヴェルで能力的に問題のある裁判官は、なかなかこれができず、ああでもないこうでもないと事件をいじくって結局は間違える、というパターンに陥りやすい。そして、そうした事態が生じる根本原因は考える力の不足にあることが、残念ながら多いのである）。

なお、関連して9事件の「解答および解説」も参照されたい。

和解の可能性

この事案についても、当事者ないしその関係者間にはほかにもさまざまな紛争（並行して進行している訴訟）があったところから、それら紛争を抜本的に解決する和解を行うことが望ましい事案であったが、第一審では結局すべて判決となったようである。もっとも、控訴審においては全面的、抜本的な和解で解決をみたと記憶している。

第3　賃貸借、使用貸借関連 (3)

8　建物明渡請求事件（本訴）、損害賠償請求事件（反訴）

事案・争点 ➡ 賃料請求と漏水の抗弁

＊なお、「設問」以下においては、わかりやすさの観点から、当事者の表示は本訴のそれによって行うこととする。

判　決

平成○○年○月○日判決言渡　同日原本領収
裁判所書記官　　　　○　○　○　○
平成14年（ワ）第1008号　建物明渡本訴請求事件
平成15年（ワ）第1246号　損害賠償反訴請求事件
口頭弁論終結日　平成○○年○月○日

判　決

東京都○○区○○町○番○号
　　本訴原告（反訴被告）　　　久　保　恵　子
　　同訴訟代理人弁護士　　　　○　○　○　○
東京都○○区○○町○番○号
　　本訴被告（反訴原告）　　　菅　原　三　郎
　　同訴訟代理人弁護士　　　　○　○　○　○

（当事者の略称）以下、便宜上、本訴原告（反訴被告）を単に「原告」と、本訴被告（反訴原告）を単に「被告」と、それぞれ略称する。

主　文

一　被告は、原告に対し、金110万5467円及びこれに対する平成15年3月7日から支払済みまで年5分の割合による金員を支払え。
二　被告の反訴請求を棄却する。

三　訴訟費用は、本訴反訴を通じ、被告の負担とする。
四　この判決は、第一項、第三項に限り、仮に執行することができる。

事実及び理由

第一　請求
　一　本訴
　主文第一項に同じ。
　二　反訴
　原告は、被告に対し、金337万2000円及びこれに対する平成15年7月31日から支払済みまで年5分の割合による金員を支払え。

第二　事案の概要
　一　事案の要旨
　本件本訴は、別紙物件目録記載の建物（以下「本件建物」という）の賃貸人であった原告が、賃借人であった被告に対し、既に終了した本件建物の賃貸借の未払賃料合計125万3467円（平成13年12月分から平成15年3月分まで。ただし、平成15年3月分は3月6日までの日割計算）から敷金金額14万8000円を控除した残額である110万5467円及びこれに対する本件建物明渡しの日の翌日である平成15年3月7日から支払済みまで民法所定の年5分の割合による遅延損害金の支払を求めた事案である。
　本件反訴は、被告が、原告に対し、後記の被告の主張（抗弁）に記載した各事実を前提として、原告の過失により生じた本件建物の相次ぐ漏水により被告の動産（ベッド、冷蔵庫、机、クッション等）が汚染されて使用に堪えなくなった被害（15万円）、新たなアパートを借りざるをえなかったその賃料の1か月分相当の手数料（7万4000円）及び同2か月分相当の礼金（14万8000円）の被害、慰謝料（300万円）の合計337万2000円の支払を、不法行為ないしは債務不履行に基づき求めた事案である。また、附帯請求として、前記の金員に対する反訴状送達の日の翌日から支払済みまで民法所定の年5分の割合による遅延損害金の支払も求めている。
　二　争いのない事実（明らかには争われていない事実を含む）
　1　原告は、被告に対し、平成13年4月20日に、本件建物を、賃料月額7万4000円、共益費月額8500円、毎月末日に翌月分支払の約定で貸し渡し

た。また、被告は、原告に対し、敷金として14万8000円を交付した。

　2　被告は、原告に対し、平成15年3月6日に本件建物を明け渡した。

　3　被告は、原告に対し、平成13年12月分以降の賃料を支払っていない。

　三　争点

　本訴についての以下のような被告の主張（抗弁）の当否及び前記反訴請求の当否

　1　賃料不払の合意1

　平成13年8月24日に原告の管理会社であり代理人ないし使者でもある野口産業株式会社（以下「野口産業」という）から被告に対し本件建物の出窓部分の改修工事の申入れがあり、吉川建設株式会社（以下「吉川建設」という）が同年9月から10月にかけて工事を行ったところ、その過程でたびたび雨漏りが生じた。

　これを踏まえて、同年10月30日に、野口産業担当者と原告が被告宅を訪問し、被告に対して同年11月の賃料の免除の意思表示をするとともに、再度このようなことがあった場合には別の建設会社に工事をさせる旨を申し入れた。

　それにもかかわらずその1週間後には再び雨漏りがあったが、原告は、被告との面会を拒否し、一方、野口産業は、再び吉川建設を使いたい旨を申し入れてきた。そこで、被告は、吉川建設を使うのであれば、社印の押されたきちんとした調査書を提出し、これについてはデータを添えて誰もが納得できるような内容にすることを求め、それが守れない場合には賃料を払わないと通告し、野口産業は吉川建設とともにこれを承諾した（以下、これを「1合意」という）。

　しかし、吉川建設は、被告の承諾もなく強引に工事を進め、1合意の内容も守らなかった。

　2　賃料不払の合意2

　平成14年4月から7月にかけて本件建物の上階の建物の改修工事が大希興産株式会社（以下「大希興産」という）によって行われたが、工事開始後の同年4月18日に本件建物のリビングルーム中央の蛍光灯付近から多量の漏水があり、被告のベッド、冷蔵庫、机、クッション等（価格合計15万円程度）が汚染されて使用に堪えなくなった。しかし、原告はこれに対して何らの対策も講じなかった。そのため、被告は、後に、新たにアパートを借りて、

荷物の大半をそちらに移した。
　同年4月25日ころ、被告及び被告の父菅原鉄男(以下「鉄男」という)は、同月18日の漏水及びそれ以前の雨漏りと原告の約束違反について原告、原告の妹の小松美奈子(以下「小松」という)及び野口産業担当者と話し合い、転居を宣言した。原告ないしその代理人あるいは使者である小松は、転居を承諾して被告に謝罪し、従前の賃料免除に加え、原告みずから本件建物に立ち会って被害を確認するまでの間はその後の賃料をも免除することを約した(以下、これを「2合意」という)。
　しかし、野口産業は、同年5月1日に2合意と全く異なる書面を送付してきており、また、原告も本件建物に立ち会って被害を確認することをしていない。
　3　債務不履行による債権の不発生
　前記のような漏水と原告の1・2合意の不履行に鑑みれば、原告の請求している期間の賃料は発生していない。

第三　争点についての判断
　一　本訴について
　1　前記争いのない事実に鑑みれば、本訴の請求原因事実は争いがないものとみることができる。
　2　抗弁1について
　(一)　証拠(甲4ないし6、10、乙16)によれば、平成13年8月24日ころに原告の管理会社(原告の代理人ないし使者と評価することができる)である野口産業から被告に対し本件建物の出窓部分の改修工事の申入れがあり、吉川建設が同年9月から10月にかけて工事を行ったところ、同年10月11日ころから出窓の一部に雨漏りが生じ、この雨漏り及びその補修工事のため被告が同月12日と18日にホテルに宿泊せざるをえなかったこと、これを踏まえて、同月30日に、野口産業担当者と原告が被告宅を訪問し、被告に対して、前記のホテル宿泊費を支払うとともに同年11月分の賃料の免除の意思表示をしたことは認められるところである。
　また、証拠(乙1、2の各1、2)によれば、同年11月には、前記の補修工事にもかかわらず前記の出窓部分に多少の雨漏りが続きその内側の床面に湿り気が生じていた事実、吉川建設が同年12月18日にその補修を完了した

事実も認めることができる。

　(二)　しかし、1合意の成立を含む抗弁1のその余の事実については、証拠（乙3、4、16、被告）にはこれに沿う部分があるものの、これは、これに反する証拠（甲2、3、乙12、証人小松）に照らし採用できない（そもそも、(一)に認定したような雨漏りの事実があったとはいえ、これについては、ホテル宿泊費の支払、1か月分の賃料免除、補修工事等によってそれなりの対処がなされているところであって、さらにある程度の金額の迷惑料の支払ないしは賃料の免除という程度のことであればともかくとして、これを大きく超えた1合意のような原告にとって一方的に不利な内容の合意〔被告の納得がいくような調査書が提出されない限り一切賃料を支払わなくてもよいというような合意〕が、しかも口頭で成立したという主張自体、通常では考えられないような内容のものといわざるをえない）。

　3　抗弁2について

　(一)　証拠（甲7、8、10、乙8、9、証人小松）によれば、平成14年4月から7月にかけて本件建物の上階の建物の改修工事が大希興産によって行われたが、工事開始後の同年4月18日に本件建物のリビングルーム中央の蛍光灯付近から漏水があったこと、被告が、同年8月6日に新たにアパートを借りたことは認められるところである。

　(二)　しかし、2合意の成立を含む抗弁2のその余の事実については、証拠（乙16、17、証人鉄男、被告）にはこれに沿う部分があるものの、これは、これに反する証拠（甲7、9、10、乙7、13、証人小松）に照らし採用できない（そもそも、2及び3の各(一)に認定したような雨漏りないし漏水の事実があったとはいえ、原告が野口産業を通じて提案したという後記書面〔甲9〕に類する程度の合意であればともかくとして、これを大きく超えた2合意のような原告にとって一方的に不利な内容の合意〔従前の賃料をすべて免除するのみならず、被告の納得がいくような形で原告が被害状況を確認しない限り事後の賃料も一切支払わなくてもよいという合意〕が、しかも口頭で成立したという主張自体、通常では考えられないような内容のものといわざるをえない。また、この点に関する鉄男の証言は、「平成14年4月までの賃料を免除してもらえばよいと原告側に告げたがその後これと相違する内容の書面〔甲9〕が送られてきたし原告も現場を見に来ないので被告に引っ越しさせ、荷物の一部は（被害の）証拠品として本件建物に置いておいた」とい

う内容のものであって、それ自体が、重要な部分で２合意の内容と相違しているものである。また、前記の、「荷物の一部は（被害の）証拠品として本件建物に置いておいた」との供述は、その意味合いが不明な、極めてほしいままな言い分であるといわざるをえない）。

（三）　かえって、（二）冒頭に掲げた証拠のうち後者のもの及び乙５によれば、この間の経緯につき、以下のような事実が認められるところである。

(1)　平成14年４月18日に、本件建物の上階の建物の新たな入居者から依頼を受けた大希興産が浴室の解体工事を行っていた際にポリバケツに汲み置いていた水をこぼしたところから前記のような漏水が生じた。漏水の事実を被告から聞いた鉄男は本件建物に赴き、被告とともに大希興産に抗議した。

大希興産の従業員である水野信吾が本件建物に赴いたところ、蛍光灯付近からの漏水でその直下部分の敷物のほか、被告の布製のバッグが汚れていた。水野はその状況を写真撮影し（甲７）、また、被告らの求めに応じて、前記漏水については工事業者である大希興産が責任を持って対処する旨の書面（乙７）を作成交付し、また、前記バッグの汚損については保険で対処できるので領収書を添えて請求してほしい旨を告げた。しかし、被告は、その後、大希興産にそのような請求をしなかった。

(2)　同月26日に、鉄男の経営する企業の事務所で、原告の代理としての小松（なお、原告本人は体調を崩して出席できなかった）、野口産業の従業員、被告、鉄男の間に話合いが持たれたが、これは、原告側としては、２で認定したような平成13年10ないし11月の漏水を原因とする被告との紛争を受けてのものと理解しており、また、この日には、被告らから、平成14年４月18日の漏水についての抗議は明確な形では表されなかった（少なくとも、小松は、この抗議についての明確な認識を有していない）。

前記の話合いでは、野口産業の従業員が、被告に対し、従前（平成13年10ないし11月）の漏水箇所は修繕されているが希望があれば他の部屋を提供してもよい旨を告げ、被告は、引っ越しを希望することと迷惑料を支払ってもらいたい旨を応答し、小松らは、後日野口産業の顧問弁護士とも相談の上何らかの和解案を提示する旨答えた。

(3)　原告は、平成14年５月１日に、野口産業を通じて、被告に対し、過去の賃料のうち平成14年２月分までを免除する旨の案（甲９）を提示したが、被告はこれを拒絶した（乙５）。

4 抗弁3について

 以上2、3の認定判断に照らすならば、抗弁3はおよそ理由がないものである。

 もっとも、前記の各漏水により本件建物ないしはその一部が一時的に使用不能となったのであればその間の賃料は一部減額されると解する余地がある（星野英一『借地借家法』219頁以下等）が、これについては、前記のとおり、平成13年10月の漏水につき使用不能期間を大幅に上回る1か月間の賃料が既に免除されているものであるし、また、同年11月と平成14年4月の漏水については、本件建物についての前記のような使用不能をきたすような漏水であったことを証する的確な証拠がないこと前記認定のとおりである。

二 反訴について

 反訴請求を基礎付ける被告の主張に沿う証拠が採用できないものであることは、前記一において既に認定判断したとおりである。

 そのうち平成14年4月18日に生じた漏水によって被告主張の各動産が汚損されて使用に堪えなくなったとの部分について再度注意的に触れておくと、これに沿う証拠（乙16、17、証人鉄男、被告）は、これに反する証拠（甲7、10、証人小松）に照らし採用できない。

 なお付言すれば、この漏水による動産の汚損がたとえ若干あったとしても、上階の建物の新たな入居者から依頼を受けた大希興産従業員の過失による不法行為について被告が原告に対しその責任を問いうることの法的な根拠についても明らかではないといわざるをえない。

第四 結論

 以上によれば、原告の本訴請求は理由があり、被告の反訴請求は理由がない。

　　○○地方裁判所民事第○部

　　　　裁判官　　○　○　○　○

　　別紙　物件目録〈省略〉

設問

1 賃借建物について漏水等の問題がある場合、賃借人は賃料の支払を拒むことができるか。漏水等の態様を想像しながら具体的に考察せよ。

2 被告の各抗弁について、代理人としては、立証が難しいとわかっていてもこのような主張を行わざるをえない場合がありうると考えるか。弁護士業務のあり方という観点から視野を広くとって考察せよ。

3 判決は、本訴に関する判断の末尾の部分(「争点についての判断」一4)で、被告の主張していない一部抗弁の可能性について簡潔に触れている。このことの当否ないし意味について、訴訟法的な観点をも含めて考察せよ。

参考事項

関係条文　民法601条、606条

解答および解説

訴え提起後に建物の明渡しが行われて未払賃料請求だけが残るという類型についても、時に最後まで争われる例がある。そうした場合、主張をみただけでこれはどうかと思われるような抗弁が出ることが多い。また、同様に無理のある反訴が提起されることもある。本件もそのような事案である。

代理人としては、本人がそれを強く主張するならば、立証が難しいとわかっていてもこのような主張を行わざるをえない場合はありえよう。

もっとも、そうした場合であっても、最低限、判例学説を参照し、証拠も検討して、それなりに整った主張として提出すべきことは当然であろう。しかし、実際には、そのような調査検討を経ないまま、ほしいままな主張が行われる例がかなりある。弁護士としては注意すべきところである。本件における被告の主張は被告および被告の父鉄男の言い分をそのまま準備書面に引き写したものに等しく、鉄男の証言の重要な部分が被告の主張に沿わないというお粗末さであった(なお、関連して24事件の「解答および解説」も参照)。

本件における抗弁についても、主張自体失当になってしまわないように何とか形を整えさせる方向で争点整理を行った(実際には裁判官が主張自体失当になってしまわないようにまとめてあげた)という側面が否定できないが、判決の理由の部分では、やはり、当事者間の感情的な対立を考慮して、簡単には切り捨てずに、

かなり詳しい認定判断を行っている（設問2）。

現在の私は、この事案でここまで被告および被告代理人のために努力してやる必要があったのかなと感じないではないが、裁判官時代は、こうした主張であってもなるべく形を整えさせ、主要な争点については綿密な認定判断を行っていた。

雨漏りによる使用不能等の抗弁（本件では漏水の抗弁）はこの種事案ではよくある（ほかにも、臭気の抗弁、建物粗悪の抗弁など、これに類した主張が出ることは多い）。しかし、判決理由中に述べられているとおり、建物の使用が全部不能に近い状況になるような態様のものでない限り賃料の支払を全部拒絶する抗弁としては立ちにくい（もっとも、「全部不能」の点については、社会常識に照らして柔軟に判断すべきであり、建物の大半あるいは重要な部分が使用不能であれば、賃貸借の目的をおよそ全うしないという事態はありえよう。しかし、現実には、それほどの使用不能が認定される事案は、粗悪な建物がなくなった近年にはあまりみられない）（設問1）。

判決は、「争点についての判断」一4で、使用が不能であった範囲と期間についての賃料支払一部拒絶の抗弁（賃借建物について漏水等の問題がある場合、一番自然なものとして考えられるのはこうした一部支払拒絶あるいは減額の抗弁である。条文としては民法606条に関連して論じられることが多い）も本件では成り立たないことを簡潔に説示している。

もしも一部抗弁が成り立つ可能性があるならば釈明権を行使するところだが、証拠からみておよそ成り立たない抗弁であれば理由中で簡潔に押さえておけば足りる、という考え方による（職人タイプの裁判官の中には、こうした点についても釈明権を行使して細かく主張させ、判決になると立証なしであっさり切ったりする例があるが、釈明権行使のあり方として適切であろうか？）。

なお、当事者がおよそ気付いておらず、問題にもしていないような主張（それまでの双方の主張立証に鑑みれば当然考えついてしかるべきであるとはいえないような主張）については、もちろん、判決においても触れるべきではないであろう（なお、釈明権、法的観点指摘権能については7事件の「解答および解説」参照）（設問3）。

和解の可能性

同種の本訴請求だけが行われている事案であれば、未払賃料の相当部分を被告が支払う和解はままあるが、本件のような反訴までが提起されているとなると、和解は到底難しい。

第3 賃貸借、使用貸借関連 (4)

9 工作物撤去土地明渡等請求事件

事案・争点 ➡ 賃貸借と換地処分
　　　　　　（当事者主義のあり方と釈明権、裁判官の役割と能力）

判　　決
平成○○年○月○日判決言渡　同日原本領収
裁判所書記官　　○　○　○　○
平成16年(ワ)第1010号　工作物撤去土地明渡等請求事件
口頭弁論終結日　平成○○年○月○日

　　　　　　　　　　　判　　決

東京都○○区○○町○丁目○番○号
　　　原　　　　　　　告　　小　畑　正　明
同所同番号
　　　原　　　　　　　告　　小　畑　美千子
同所同番号
　　　原　　　　　　　告　　小　畑　好　明
　　　原告ら訴訟代理人弁護士　○　○　○　○
　　　同　　　　　　　　　　　○　○　○　○
東京都○○区○○町○丁目○番○号
　　　被　　　　　　　告　　川　島　哲　郎
東京都○○区○○町○丁目○番○号
　　　被　　　　　　　告　　春　山　まゆみ
同所同番号
　　　被　　　　　　　告　　川　島　理　沙
　　　被告ら訴訟代理人弁護士　○　○　○　○
　　　同　　　　　　　　　　　○　○　○　○

主　文

一　被告らは、原告らに対し、別紙第2物件目録記載1の物件を撤去して、同目録記載2の土地を明け渡せ。

二　被告らは、平成15年9月5日から第一項の土地の明渡済みまで、原告小畑美千子に対し月額金1万8000円の割合、同小畑好明に対し月額3600円の割合、同小畑正明に対し月額2400円の割合による金員を、それぞれ支払え。

三　原告小畑美千子と被告らとの間において、別紙賃借権目録記載の賃借権の範囲が別紙第1物件目録記載4の土地（別紙図面斜線部分の土地）であることを確認する。

四　原告らの被告らに対するその余の請求を棄却する。

五　訴訟費用は、これを10分し、その1を原告らの、その余を被告らの各負担とする。

六　この判決は、第一項、第二項に限り、仮に執行することができる。

事実及び理由

第一　請求

一　被告らは、原告らに対し、別紙第2物件目録記載1の物件を撤去して、同目録記載2の土地を明け渡せ。

二　被告らは、平成15年9月5日から第一項の土地の明渡済みまで、原告小畑美千子に対し月額金2万7000円の割合、同小畑好明に対し月額5400円の割合、同小畑正明に対し月額3600円の割合による金員を、それぞれ支払え。

三　原告小畑美千子と被告らとの間において、別紙賃借権目録記載の賃借権の範囲が別紙第1物件目録記載4の土地（別紙図面斜線部分の土地）であることを確認する。

第二　事案の概要

一　事案の要旨

本件は、原告らが、被告らに対し、（ア）原告ら共有の別紙第1物件目録記載1の土地（以下「1土地」という。また、同目録記載の土地については同

目録記載の番号に従い、同様に「２土地」などと表示する）の所有権に基づき、別紙第２物件目録記載１の物件（以下「本件物件」という）を撤去して、同目録記載２の土地（以下「本件土地」という）を明け渡すことを求めるとともに、（イ）被告らによる本件土地占有開始の時点から明渡済みまで月額合計３万6000円の割合による賃料相当損害金の支払を原告らの持分割合に応じて求め、また、原告小畑美千子が、被告らに対し、同原告と被告らとの間において、別紙賃借権目録記載の賃借権（以下「本件賃借権」といい、これに関する契約を「本件賃貸借契約」という）の範囲が４土地（別紙図面斜線部分の土地）であることの確認を求めた事案である。

　二　争いのない事実等（証拠を掲げた事実を除いては、当事者間に争いがない）

　１　原告らの父である小畑学（以下「学」という）は、２・３・５土地を含む旧○○区○○町○丁目○○番○ないし○の土地（一団の土地として境界を接して存在していた）を所有しており、また後記土地区画整理事業の理事長であった。

　２　平成15年７月８日の換地処分により、２及び３土地は１土地に、５土地は４土地に換地された。

　３　学は平成15年７月12日に死亡し、平成16年５月12日に行われた遺産分割協議の結果、現在、１土地は、原告小畑美千子が100分の75、同小畑好明が100分の15、同小畑正明が100分の10の割合で共有し、４土地は原告小畑美千子が所有している。

　４　学の父小畑信秀は昭和27年12月ころ（この時期につき乙二、三の各１、２、四）被告らの父川島厚史（以下「厚史」という）に対して５土地を賃貸し（本件賃貸借契約）、昭和54年８月28日に厚史がこの土地上にアパート（以下「本件建物」という）を建築する（乙一）に伴い、そのころ（この時期につき乙五）、本件賃借権の目的は建物所有目的に変更された。

　５　昭和61年１月10日、学と被告らの母川島久子（以下「久子」という）との間で、本件賃貸借契約は、期間20年として更新された（以下「本件更新」という）。

　６　本件賃貸借契約の賃貸人たる地位は原告小畑美千子が承継し、賃借人たる地位は久子が平成14年８月16日に死亡したことに伴い、被告らが承継した。

7　被告らは、平成15年9月5日以降、本件物件を設置所有して本件土地を占有している。被告らは、本件賃借権の対象に本件土地が含まれる（前記換地処分にかかわらず、本件賃借権の範囲は5土地の範囲すなわち換地処分以前の賃借権の範囲と同様である）と主張して原告らと争っている。

三　争点
1　以下のような被告らの主張（抗弁）の当否
（一）　本件更新時の明示又は黙示の合意

（ア）昭和57年に○○区○○町○○東部土地区画整理事業（以下「本件事業」という）の準備会が結成され、後に○○東部土地区画整理組合（以下「本件組合」という）の理事長となる学もこれに加わっていたこと、（イ）本件更新が行われた時点で本件事業の概要は既に協議されており、本件賃借権の範囲にもこれにより減歩等の影響が生じうるにもかかわらず学は本件更新につき昭和81年までの20年間の長期で合意したこと、（ウ）学が本件更新の際もその後も前記のような影響の可能性について久子や被告らに平成13年9月まで告げなかったこと、（エ）学と久子の間では本件更新に係る本件賃借権の範囲についてはあくまで5土地の現況が基準とされていたこと、に照らすと、本件更新時、学と久子の間では、本件事業による換地処分の結果にかかわらずその前後を通じ5土地の現況に基づく従前と同一範囲の土地が本件賃借権の範囲とされるという明示又は黙示の合意（以下「本件合意」という）が存在した。

（二）　本件賃貸借契約それ自体の効力

仮に本件合意が存在しなかったとしても、一般的に、賃貸人は、賃貸借の目的物について、それが可能である限りこれを維持する義務を負うものであるところ、本件では、本件土地は学の承継人である原告美千子（以下、原告ら及び被告らはいずれもその名で特定する）に属しているのであるから、同原告は、本件土地を被告らに使用収益させる義務を承継している。

（三）　権利濫用

（ア）学は本件事業区域内の土地の2割を所有する大地主であり、本件組合の理事長であり、旧○○区○○町○丁目○番○ないし○の土地（一団の土地として境界を接して存在していた）を所有していたことから換地処分後の1土地と4土地の境界を自由に決定できたこと、（イ）学は、本件更新時ころまでには本件事業の概要を熟知していたのであり、賃貸人として、久子に対し

土地区画整理法（以下「法」という）85条1項の権利申告を促しこれに協力するなどして久子の権利保護措置をとるべき信義則上の義務があったのにこれを怠ったこと、(ウ)学は、本件更新後も平成13年9月の本件組合による道路拡張に関する説明会が開催されるまで、本件賃借権の範囲に影響が生じうることを久子や被告らに告げなかったこと、(エ)本件請求が認められれば被告らは既に平成13年12月ころの本件事業に伴う前面道路の拡張で借地の面積が削減されているのにさらに本件建物の駐車、駐輪スペースが大きく減少することにより賃料収入が低下しその価値が著しく減じる不利益を被る一方、原告らには本件土地使用の必要性はないこと、に照らすと、本件請求は権利の濫用である。

なお、被告らは、前記の権利濫用の主張に関連して、厚史が小笠原典久（以下「小笠原」という）から賃借していた土地の賃貸借契約解約をめぐる紛争に関し学が小笠原の肩を持って区画整理の概要についての厚史の質問に故意に答えず厚史に一方的に不利な条件で解約をさせたこと、また、厚史が学から賃借していた別土地の返還ないし所有権の交換に関する2件の紛争によって、学あるいは原告好明が厚史あるいは被告らに敵意を抱いていたことを主張する（第5回口頭弁論調書）。

2 本件土地の占有に関する相当な損害金額

原告らは、本件土地には自動車3台分の駐車場の設置が可能であるとして1台月額1万2000円とし、3台分で月額3万6000円を主張する。

被告は、これについての損害金は、本件賃貸借の賃料を基準とすればせいぜい月額4000円程度であると主張する。

第三 争点についての判断
一 抗弁について
1 本件更新時の明示又は黙示の合意について

被告らの掲げる間接事実のうち、本件更新が行われた時点で本件事業の概要は既に協議されており、本件賃借権の範囲にもこれにより減歩等の影響が生じうることが明白であったことを示す的確な証拠はないし、換地処分により前記のような減歩がありうる一般的な可能性自体は通常認められるとしても、昭和61年1月10日の本件更新の時点において実際には平成15年7月8日に行われることとなった換地処分の結果までを考慮に入れて本件賃借権の

期間や範囲が決定されたことを認めるに足りる証拠もない（本件更新時の契約書である甲六にもそのようなことをうかがわせる記載は一切ない）。もしも本件合意がなされたのであれば少なくとも本件更新時に前記のような減歩の可能性とこれに対する対応について協議が行われたはずであるが、これが行われた形跡もない。また、学と久子の間では本件更新に係る本件賃借権の範囲についてはあくまで５土地の現況が基準とされていたことを示す覚書等の的確な証拠も存在しない（証拠〔乙二四、被告哲郎〕のうちこの主張に沿う部分は、これに反する証拠〔甲一六、原告好明〕に照らし採用できない）。

そもそも、換地処分が行われた場合には従前地上の賃借権は換地後の土地上に移行するものであり（法104条１項、２項）、これと異なる本件合意が行われた場合にはそのことについて何らかの協議が行われるはずであるのにこれが行われていないのであるから、被告らのいうような本件合意の成立を認めるべき事実関係は本件では認められないといわざるをえない。

２　本件賃貸借契約それ自体の効力について

この主張については、その前提を成すところの、換地処分が行われた場合についても、賃貸人は、賃貸借の目的物について、それが可能である限りこれを維持する義務を負うものであるとの法的見解自体独自の見解であるといわざるをえず、採ることができない（主張自体失当である）。

３　権利濫用について

(一)　学が２・３・５土地を含む旧○○区○○町○丁目○○番○ないし○の土地（一団の土地として境界を接して存在していた）を所有しており、また本件事業の理事長であったこと自体は当事者間に争いがないが、そのことから学が換地処分後の１土地と４土地の境界を自由に決定できたことを推認できるものではなく、証拠（乙二四、被告哲郎）のうちこの点に沿う部分は的確な根拠を欠くものであり、これに反する証拠（甲一二、一三の１、２、一六、乙一一、原告好明）に照らし採用できない。

かえって、後者の証拠によれば、原告好明は、平成13年末に高齢の学に代わって、本件組合から、５土地（360.04平方メートル）が４土地（その時点で306平方メートルを予定）に換地される（約15パーセントの減歩率）との説明を受けてこれを了承したが、当初の仮換地案では４土地の北側境界が大きく内側に移動して本件建物のLPガス置き場にかかってしまう不都合があることからこの境界を従来の５土地の北側境界まで戻し、その代わりに仮

換地の西側の境界を若干東側に移動するとの提案を受けこれを了承し、平成15年3月19日には賃貸人である学の名義で被告哲郎にもこれを伝えた事実が認められるところである。

(二) 「学が本件更新時ころまでに本件事業の概要を熟知していた」事実を認めるに足りる的確な証拠はないし、「学に、賃貸人として、久子に対し法85条1項の権利申告を促しこれに協力するなどして久子の権利保護措置をとるべき信義則上の義務があった」との主張も採ることができない。なお付言すれば、法による換地処分が行われた場合、従前の土地に存在した未登記賃借権は、これについて法85条1項の権利申告がされていないときでも、法104条1項、2項各後段にかかわらず、換地上に移行して存続するのであり（最一小判昭和52年1月20日民集31巻1号1頁）、久子がこの権利申告を行わなかったことについて換地処分上特段の不利益を被ることも考えにくい。

(三) 被告ら主張のそれ以外の事情はそれだけでは権利の濫用を基礎付けるには十分なものではない。

なお付言すれば、登記簿上、4土地（306.79平方メートル）の5土地（360.04平方メートル）に対する減歩率は約14.79パーセントであるのに対し、本件事業対象地全体のそれは約23.75パーセント（甲八の2の5頁）、学が所有していた土地全体の減歩率は約20.19パーセントであり（甲三の「各筆各権利別清算金明細書」22頁の末尾の「18筆6987.14平方メートル」が「22筆5576.22平方メートル」に減歩）、4土地の減歩率は相対的にみてむしろ小さいものであるとの事実も認められるところである。

また、証拠（甲一六、原告好明）によれば、被告哲郎は、平成13年9月25日や平成14年8月12日に本件組合の職員から本件賃借権の対象となる土地について減歩がある旨の説明を聞いたときには特に異議は述べなかったが、平成15年3月24日の換地杭の埋設には立ち会わず、その後これを引き抜いてしまい、同年9月5日以降、前記争いのない事実のとおり他の被告らとともに本件物件を設置所有して本件土地を占有するに至ったことが認められる。

(四) なお、被告らの権利濫用の主張に関連して、証拠（乙二四、二八、被告哲郎）には、厚史が小笠原から賃借していた土地の賃貸借契約解約をめぐる紛争に関し学が小笠原の肩を持って区画整理の概要についての厚史の質問に故意に答えなかったとか、この紛争及び厚史が学から賃借していた別土地の返還ないし所有権の交換に関する2件の紛争に端を発して学あるいは原

告好明が厚史あるいは被告らに敵意を抱いたとの部分がある。

　そして、前者の紛争の存在については証拠（乙一四、一五、一六の1ないし3、一七、一八、一九の1ないし3、二六、二七）によって、後者の2件の紛争の存在については証拠（乙二〇ないし二三、二五）によって、それぞれ認められるところであるが、これらの紛争が話合いによって解決した（前者については昭和60年〔乙一八〕、後者については昭和53ないし57年〔乙二八〕及び平成4年〔乙二三〕）ことは前記の証拠（乙二四、二八、被告哲郎）自体も認めているところであるし、これらの証拠（乙二四、二八、被告哲郎）のうち、前者の紛争に関連して学が小笠原の肩をもって区画整理の概要についての厚史の質問に答えなかったとか、両者の紛争に端を発して学あるいは原告好明が厚史あるいは被告らに敵意を抱いたとの部分については、いずれも的確な根拠を欠く憶測としか言いようのないものであり、これに反する証拠（甲一六、原告好明）に照らし採用できない（なお、乙一三によれば、昭和59年の時点で学が厚史に対し、区画整理の結果「小笠原氏の畠も道がどうつくのか今のところ皆目わからない」旨を告げた事実は認められるものの、本件事業の認可公告の日である昭和63年9月26日〔乙七〕より相当前の前記の時点において学が前記のような回答をしたことはむしろ自然であり、そこに厚史に対する害意等はうかがわれない）。

　二　本件土地の占有に関する相当な損害金額について

　原告らは、本件土地には自動車3台分の駐車場の設置が可能であるとして1台月額1万2000円とし、3台分で月額3万6000円を主張している。

　前記のとおりの事実経過からみれば被告らによる本件土地の占有は何ら根拠のない不法占有というほかなく、これについての損害金を通常の土地賃貸借の場合の相当賃料により算出することは相当ではない。しかし、本件土地に縦列に3台の駐車を行う形での駐車場としての利用は現実的でないことからすると、本件土地の占有に関する相当な損害金額については、原告ら主張の1台分の駐車場賃貸料金1万2000円（甲一七、一八によればこの金額は相当なものであると認められる）の2倍である月額2万4000円を認めることが相当である。

　これを1土地についての原告らの共有持分に従って分けると、原告美千子分が1万8000円、同好明分が3600円、同正明分が2400円となる。

　第四　結論

以上によれば、原告の請求は主文の限度で理由がある。

○○地方裁判所民事第○部

  裁判官 ○ ○ ○ ○

別紙　第１物件目録

 1 所在 ○○区○○町○丁目
   地番 　２番５
   地目 　宅地
   地積 　148.04㎡

 2 所在 ○○区○○町○丁目
   地番 　300番４
   地目 　宅地
   地積 　20.61㎡

 3 所在 ○○区○○町○丁目
   地番 　300番５
   地目 　宅地
   地積 　113.51㎡

 4 所在 ○○区○○町○丁目
   地番 　２番６
   地目 　宅地
   地積 　306.79㎡

 5 所在 ○○区○○町○丁目
   地番 　300番３
   地目 　宅地
   地積 　360.04㎡

別紙　第2物件目録

1　鉄柵付きブロック塀
　　所　在　別紙第1物件目録記載1の土地のうち
　　　　　　別紙図面のC及びMの各点を直線で結んだ部分
　　形　状　高さ　1.25m
　　　　　　全長　15.60m
　　材　質　上部　金属製鉄柵
　　　　　　下部　コンクリート製ブロック
2　土地部分
　　別紙第1物件目録記載1の土地のうち別紙図面のCDJKCの各点を直線で結んだ範囲の土地部分35.26㎡（黒色部分）

別紙　賃借権目録

　　賃借権の目的　別紙第1物件目録記載4の土地
　　賃貸人　原告小畑美千子
　　賃借人　被告ら
　　期　間　昭和61年1月10日～平成18年1月9日
　　地　代　3か月間114,350円

別紙　図面

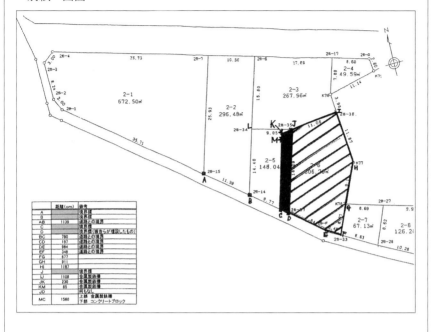

設　問

1　被告ら主張の当否について、賃貸借と換地処分（土地区画整理法参照）に関する判例学説をも調査して、法律論としての見地から検討せよ（判決の判断に関する分析、評価を含む）。

2　法的にみて趣旨があいまいな主張につき、裁判官が、後見的な立場からするに近い形で世話を焼いて法律的に整理してゆくという日本の民事訴訟の争点整理における慣行についてどう考えるか。

正しいことなのだろうか、今後も維持していけるのだろうか。

また、「当事者が責任をもって法的な主張立証をしない（できない）場合には、主張の要旨を簡潔にまとめさせた上で別紙等で引用し、ごく簡単に判断し、控訴審についても基本的には同じ方向で考えるほうが、今後の民事司法と当事者主義の成熟のためにはメリットがある」といった考え方（研究者の間では強くなってきていると思われる）についてどう考えるか。

第3　賃貸借、使用貸借関連 (4)

参考事項
関係条文　民法601条、土地区画整理法

解答および解説

賃貸借と換地処分についての最高裁判例の概要は以下のとおりである。

まず、仮換地の場合について。

従前の土地の一部を賃借する者は、土地区画整理法85条の定める権利申告の手続をして土地区画整理事業の施行者から仮に使用収益しうべき部分の指定を受けない限り、仮換地につき現実に使用収益をすることができない（最大判昭和40年3月10日民集19巻2号397頁）。

この判例は、仮換地の指定により従前の土地上の賃借人所有の建物がそのまま仮換地上に存することとなった場合であっても、同賃借人としては、特段の事情もないのに、施行者に対して権利申告の手続をせず、したがって施行者による使用収益部分の指定もないまま同建物を所有してその敷地たる仮換地の使用収益を継続することは許されないとしている。

そして、上記判例の趣旨は、従前の土地の賃借人が、たまたま1筆の土地の一部に賃借権を有するにすぎないときと、1筆の土地の全部に賃借権を有するときとで、異なることはない（最二小判昭和40年7月23日民集19巻5号1292頁）。

もっとも、従前の土地の一部を賃借する者は、土地区画整理事業施行者から仮換地につき使用収益すべき部分の指定を受けなかったとしても、従前の土地の所有者との間で、仮換地の特定部分について使用収益できる旨合意し、かつ、同特定部分がそのまま本換地の一部となることを条件として換地処分終了後もこれを賃貸借する旨合意した場合には、従前の土地の所有者との関係では、仮換地の同特定部分を適法に占有することができ、かつ、仮換地がそのまま本換地となったときには、本換地の同特定部分について賃借権を主張することができる（最二小判昭和48年12月7日民集27巻11号1503頁）。

次に、換地の場合について。

土地区画整理法による換地処分がされた場合、従前の土地に存在した未登記賃借権は、これについて同法85条の権利申告がなされていないときでも、換地上に移行して存続する（最一小判昭和52年1月20日民集31巻1号1頁）。

この判例は、換地計画において権利の目的となる換地または換地部分が定めら

れなかった場合には従前の土地についての権利は消滅する旨規定する土地区画整理法104条1、2項各後段については、土地区画整理事業の趣旨および換地の本質に鑑み、同規定の「換地又は換地部分が定められなかった場合」とは、同法90条のいわゆる関係者の同意による換地不指定清算処分および同法91条3項のいわゆる過小地についての換地不指定処分の場合をいうにとどまるとして、限定解釈する。

以上をさらに簡潔に要約すると、以下のとおりとなる。

仮換地については、仮に使用収益すべき部分の指定を受けない限り現実に使用収益をすることができない。このことは、従前の土地の賃借人が1筆の土地の一部に賃借権を有するにすぎないときであっても、1筆の土地の全部に賃借権を有するときであっても、異ならない（仮換地の使用については指定が必要）。

もっとも、賃借人は、従前の土地の所有者との間で、仮換地の特定部分について使用収益できる旨と、同特定部分がそのまま本換地の一部となることを条件として換地処分終了後もこれを賃貸借する旨とを合意した場合には、従前の土地の所有者との関係では、仮換地の同特定部分を適法に占有することができるし、仮換地がそのまま本換地となったときには、本換地の同特定部分について賃借権を主張することができる（ただし、当事者間における使用の約束は有効）。

一方、本換地については、従前の土地に存在した未登記賃借権は、これについて同法85条の権利申告がなされていないときでも、換地上に移行して存続する。なお、土地区画整理法104条1、2項各後段については限定解釈する（本換地については、当然に換地上に使用権が移行）。

このように、判例法理（場合によっては学説をも含めて）を正確、的確に、そしてできる限り簡潔に整理する作業は、実務家にとっても、研究者にとっても、必ず必要とされる能力なので、訓練によって養うようにしていただきたい（設問1）。

根深い対立事案であり、争点整理後の和解でもおよそ接点が作れない（原告らは、工作物の即時撤去がなされるなら損害金については減額ないしは免除を考えるということであり、裁判官としても、その案が不適切とは到底いえない）。

被告らの当初の主張は、法律論としては非常に理解しにくいものであり、その原因は、賃貸借の対象土地と換地処分に関する被告の基本的な発想法自体が特異なものであることに起因していた。つまり、被告らは、換地処分によって土地の面積が減少しても（いわゆる減歩。換地処分では必ずといってよいくらいあることである）賃貸借の対象土地は原則として減少しないという、常識的には考えられな

いような発想法を採っていた。

　もっとも、被告ら代理人に特に性格的な問題があるような事案ではなかった（法律論の水準は低かったが）ので、私は、できる限り被告ら主張の趣旨を汲み取り、賃貸借の対象土地と換地処分に関する判例学説の概要について説明し、調書の別紙の記載をも活用して、被告らの主張を、何とか法律論として通用するものに整えさせた。

　その程度は、おそらく、研究者が考えるような争点整理の範囲をはるかに超えており、日本の民事訴訟において裁判官がしばしば行ってきた「法律論の整理に関する、釈明権の行使のレヴェルを超えた後見的なアドヴァイス」という部分を含む。

　日本の裁判官がやむなくこれを行うのは、そうした主張を整理しないまま準備書面の交換を重ねれば、みずからも負担が増すし、また、結局控訴審においてそのような後見的主張整理が行われることになるならば、相手方にとっても、控訴審の主任裁判官にとっても酷な結果になることが目にみえているからである（なお、後記のような思い切った判決を書くと、控訴審の裁判長から所長や人事当局にその旨を告げられる、平たくいえば「言い付けられる」危険性がきわめて高いという事情もある。本書に収録した私の判決についても、定型に沿わないとして批判するのみならず、所長等に「私的な報告、告知」を行った裁判官が複数いる）。

　それだけ苦労して法的な主張として立つように整理し（もっとも、最後まで引っ込められなかった「争点」1（二）の主張については、私としては異例のことながら、主張自体失当で切った）、そして、被告ら代理人も裁判官の努力はある程度はわかってもよいと思われるにもかかわらず、なおここまでやるのかと感じたのが、権利の濫用の主張に関連しての、別件紛争での当事者、関係者間の確執に関する細々とした主張立証である（「争点」1（三）末尾の記述および「争点についての判断」一3（四）の説示各参照）。

　なお、被告ら代理人は、控訴審において、この判決のうち2台分の駐車場賃料金を相当な損害賠償金額として認めた部分について、「日本では認められていない『懲罰的損害賠償』を認めたものである」旨の主張まで行っていたということである。

　ところで、裁判官の能力という観点からみると、比較的経験の浅い裁判官（弁護士任官後まだ日が浅い裁判官を含む）や法律論があまり得意ではない裁判官（もちろん裁判官の中でみればという趣旨である）にとっては、以上のような争点整理

は、それほど簡単ではないと思われる。

　以上を踏まえて、私が本件事案をひとつの例として問題提起をしたいのは、かつては、つまりバブル景気の時期に低い能力の司法修習生でも裁判官に任用されるようになるまでの間は、裁判官の能力（ことに法的能力や緻密な整理の能力）が一定程度高くかつそろっていたから、こうした、当事者がかなりルースな主張をし（場合によっては、先の権利の濫用の主張に関連する主張のように、当事者のいいたいことは、争点との関連性が薄くても、気がすむまでいわせてもらうといった主張も行い）、裁判官がこれに対して手取り足取り説明して何とか形を整えさせ、主張の意味についても整序するという争点整理、証拠調べが行われてきており、かつ、それが可能でもあったが、それは、現時点においても、そして、これからも、可能なことなのであろうか、また、続けてゆくべきものなのであろうか、ということである。ことに、たとえ部分的なものではあっても本格的な法曹一元制度の実施に踏み切るような場合（瀬木・要論［145］の(5)。私は、少なくともその実現が急務と考えている）には、この疑問は先鋭なものとなる。

　雑駁でありかつおよそ立ちにくい主張については、設問2後段のようなやり方であっさりまとめてあっさり切れば足りる、控訴審でも同様、という、近年研究者の間では強くなってきていると思われる行き方は、おそらく、アメリカの民事訴訟では当たり前のことではないかと私は考える。

　また、詳しくはわからないが、これまでに得た情報に基づけば、ヨーロッパ諸国でもおそらくは同じ方向なのではないかと考える。もっとも、そのような方向を採る場合でも、裁判官は、判決において当事者の主張の要旨を明確に示すことができる程度までの主張整理はしておかなければならないであろうけれども。

①では、日本ではなぜそれができないのか？

②当事者主義の観点からみればいずれが望ましい審理方法なのか？

さらにいえば、

③もしも日本ではこれからもずっと従来のような裁判官後見型審理方式でゆきたいというのであれば、司法試験合格者の中の上位2割5分ないし3割くらいまでの能力を有する裁判官でないとかなり難しいところがあると思われる（多数の司法修習生を指導し、修習終了時の口述試験委員〔2006年まで行われていた〕も行ったことがある者の実感）が、そのような人材確保はすでにかなり以前からできていないのではないか？

④弁護士（会）サイドは以上のような事柄について本気で考えたことがあるの

だろうか？

「鳥の視点」（瀬木・要論［066］）を常に保って、実務と学説の双方を、一定の距離を置きながらできる限り客観的に見詰めるべく努力してきた研究者、元裁判官の立場からみると、たとえばそうした点が気になるところだ。実務家、研究者の双方にじっくりお考えいただければと思うのである。

日本の司法システム一般についていえることだが、民事司法のシステムについても、手続のリード、整序は裁判官にお任せという部分が非常に大きい。それが裁判官の仕事の重要性ややりがいにつながっているという部分もないではないが、当事者主義の成熟という観点からすると、いつまでも裁判官お任せ一本では絶対よくないと思う。

私が最後のころには裁判官の仕事にすっかり疲れてしまった理由のひとつに、こうした、いつまで経っても問題が解決されず、実務家の多数派は習い性となった仕事をルーティンで惰性的に行い、研究者の多数派は、それも若い世代になればなるほどそうした問題の所在にすら気付かずに演繹的な細かな理屈ばかりこねまわしている（すでに大学をしりぞいた学界長老たちのほうが、総体的にみれば、視野が広くオリジナリティーもある）という日本の司法の世界の限界をつくづく思い知ったという事情があることは否定できない（なお、38事件の「解答および解説」も参照）。

なお、上記のようなシステムの下では、裁判官の能力水準の低下のつけは、結局、ユーザーである当事者に回ってゆくということも併せて指摘しておきたい。

弁護士の方々は、裁判官の訴訟指揮のあり方にいらいらしたりその能力に不満を抱いた経験があると思うが、おそらく、そのような裁判官でも、司法修習生の中では、少なくとも成績については、2000年前後までは、相対的にみればかなり高かったはずなのである。「裁判官の能力が相当程度に高くかつそろっていることを前提とするシステムであり訴訟慣行である」という側面がかつての日本の民事裁判実務には相当に大きかったと思われる。しかし、そのような訴訟慣行は、現在では、おそらく、その前提を欠いてしまっている。

判決の判断については、みたとおりであり、学生諸君でもそれほど理解に苦労はないのではないかと考える。

しかし、この判決書は、その実質からみると、知的労働にかかる部分はかなりの程度に裁判官の創造物である。はたしてそれでよいのだろうか、ということである。

なお、この「解答および解説」に関しては、瀬木・要論第１部第８章「争点整理の方法２──争点整理の実態」、同第10章「事実をどのように把握するか？」、同第14章「法的調査と立論、法的判断」を併せて参照していただきたい。

また、関連して、７事件の「解答および解説」も参照されたい（設問２）。

和解の可能性

「解答および解説」に記したとおり、原告らは、工作物の即時撤去がなされるなら損害金については減額ないしは免除を考えるが、それ以外の和解は難しい（係争部分を新たに賃貸することも難しい）ということであった。

一方、被告らも、係争部分は賃貸借の範囲に含まれるという考え方を崩さず、その部分の新たな賃借さえ不満、ということだったと思う。

つまり、およそ和解の余地はないということである。

第4 請負関連（1）

10　原状回復請求事件

事案・争点 ➡ 契約の相手方、契約内容の特定とその履行
　　　　　　（要件事実論と争点整理）

判　決

平成〇〇年〇月〇日判決言渡　同日原本領収
裁判所書記官　　　〇　〇　〇　〇
平成14年(ワ)第1011号　原状回復請求事件
口頭弁論終結日　平成〇〇年〇月〇日

判　決

〇〇県〇〇市〇〇町〇丁目〇番〇号
　　原　　　告　　神　谷　早智子
　　同訴訟代理人弁護士　　〇　〇　〇　〇
東京都〇〇区〇〇町〇丁目〇番〇号
　　被　　　告　　金　田　あゆみ
　　同訴訟代理人弁護士　　〇　〇　〇　〇
　　同　　　　　　　　　　〇　〇　〇　〇

主　文

一　被告は、原告に対し、金100万円及びうち金20万円に対する平成8年2月25日から、うち金80万円に対する平成8年3月16日から、いずれも支払済みまで、年5分の割合による金員を支払え。
二　訴訟費用は、被告の負担とする。
三　この判決は、仮に執行することができる。

事実及び理由

第一　請求
主文に同じ。

第二　事案の概要
一　事案の要旨
　本件は、原告が、被告に対し、主位的に、平成8年2月24日に締結した請負契約（被告が、原告の左足のふくらはぎなどの欠損ないし変形部分を違和感なく隠し、外出等の日常生活ができ、温泉や海にも入れるようなシリコン製の身体欠損部分の装飾装置〔そのような意味での人工身体〕を100万円で製作提供する契約。以下「本件契約」という）につき、被告がその後試作品を作成したのみで製作を放棄し、債務の本旨に従った履行をしないとして、本件訴状をもって解除し、原状回復として、既に交付した請負代金100万円の返還とその受領の日の翌日（20万円につき）ないし翌々日（80万円につき）からの利息の支払を求め、予備的に、本件契約が被告との間に締結されたものでないとしても、被告は原告から請負代金を受け取っているから、悪意の不当利得受益者であるとして、不当利得に基づき、同様の支払を求めた事案である。

二　争点
　1　被告は本件契約の相手方であったか、あるいは、そうでないとしてもその責任を負うべきか。

（一）　原告の主張

本件契約の相手方は被告である。

仮に本件契約の相手方が被告のいうように株式会社フューチャーカミング（以下「本件会社」という）であるならば、これが平成8年6月1日に解散した後被告は本件契約に関する地位を本件会社から引き継いだものであるか、あるいは、本件会社は被告の責任逃れのための存在にすぎず、法人格否認の法理によりその法人格は否定されて、その実質である被告が本件契約上の責任を負うべきである。

（二）　被告の主張

本件契約の相手方は、被告ではなく、本件会社である。

　2　本件契約の内容はどのようなものであるか、また、被告はこれを履行したか。

(一) 原告の主張

本件契約の内容は、原告の左足のふくらはぎなどの欠損ないし変形部分を違和感なく隠し、外出等の日常生活ができ、温泉や海にも入ることのできるようなシリコン製の身体欠損部分の装飾装置を製作提供することであるところ、被告が製作したのは単なる試作品レベルのものばかりで、実用に堪えず、到底債務の履行があったとはいえない。

(二) 被告の主張

本件契約の内容は、原告の左足のふくらはぎなどの欠損ないし変形部分を違和感なく隠し、せめてスカートをはいて外出できる程度の装置を製作提供することであり、被告は、遅くとも平成11年8月3日までにはそのような製品を製作提供している。

なお、未完成部分が若干残っていたとしても、原告は、注文者としての協力義務を果たさず、最終的な製作方法の指定も行わなかったのであるから、解除は許されない。

3 被告が本件契約の代金を利得しているか、また、被告の利得は法律上の原因に基づかないといえるか。被告は悪意の受益者といえるか。

第三 争点についての判断
 一 争点1について

1 証拠(甲1ないし4、7、8、13、原告)によれば、原告は、テレビでの紹介番組を見て、被告の主宰するプラセティクス研究所を訪れ、被告と面談し、この研究所こと被告と契約するつもりで本件契約を締結したこと、その代金のうち20万円の領収証もこの研究所名義であり、同じく80万円の振込先口座の名義人も「プラセティクス研究所代表被告」というものであったことが認められる。

2 一方、証拠(乙1、4、5、乙7の1、2)によれば、本件契約の同意書の宛先としては本件会社と前記研究所が併記されており、原告が返送した製品の宅急便の宛先としても原告は「フューチャーカミング」と記載していること、1の口座は被告の個人の用途には充てられておらず、その口座の開設時の住民票上の被告住所も口座の普通預金印鑑票のそれとは異なることが認められる。

3 また、証拠(甲1、3、4、乙3、4、原告)によれば、本件会社の

代表者は被告であり、その実際の事務所の所在地（乙4）は前記研究所のそれ（甲1、3、4）と同じであったこと、本件会社は平成8年6月1日には解散していること、しかし、その後も本件契約の業務はそれまでと変わりなく行われていたことが認められる。

4　1の事実によれば、本件契約の相手方は被告であったと認められ、2の事実はこの認定を覆すに足りるようなものではない。本件契約の同意書の宛先としては本件会社と前記研究所が併記されていてその点極めてあいまいであるし、原告が返送した製品の宅配便の宛先として原告が「フューチャーカミング」と記載しているのは、被告側からの宅急便の送付の記載（乙12の1ないし6）に合わせたものにすぎないと考えられ、前記口座が被告の個人の用途には充てられておらず、その口座の開設時の住民票上の被告住所も口座の普通預金印鑑票のそれとは異なるといったことは、被告側の内部的な事情であって、取引の相手方には何ら知らされていない事柄にすぎず、これをさほど重視することができないからである。

なお、3の事実に鑑みると、たとえ本件契約の相手方が本件会社であったとしても、これが平成8年6月1日に解散した後被告は本件契約に関する地位を本件会社から引き継いだものとみるべきであるし、あるいは、そうでないとしても、本件会社は形骸的な存在にすぎず、法人格否認の法理によりその法人格は否定されて、その実質である被告が本件契約上の責任を負うべきであるということができよう。

二　争点2について

1　証拠（甲3、4、12、13、原告）によれば、本件契約の内容は、基本的には、原告の左足のふくらはぎなどの欠損ないし変形部分を違和感なく隠し、外出等の日常生活ができ、また、一応の耐水性もあるようなシリコン製の身体欠損部分の装飾装置を製作提供することであったものと認められる。

なお、温泉や海にも入ることができるとの点については、証拠（甲13、原告）によれば、被告が原告にそのようなことも自分の技術をもってすれば不可能ではない旨を述べたことは認められるけれども、これは一種の宣伝ないし勧誘のためのやや誇張された言葉ととる余地のあるものであり、前記のとおり、その言葉によって本件契約の内容として是認できるのは、「一応の耐水性」の限度であると認められる。

証拠（乙1、17、証人松野）のうち前記認定に反する部分は採用できな

い（なお、これらの証拠の内容自体前記の認定と必ずしも正面から抵触するような内容のものではなく、むしろ、大筋ではそれに沿うものともいえる）。また、原告の当時の代理人が作成した乙2の1の記載も、同様に、前記の認定を左右するような内容のものとは認められない。

　2　証拠（甲1、2、10ないし23、乙2の1、6、9の1ないし3、10、11、12の1ないし6、13、15ないし17、原告、証人松野。なお、甲13、乙17、原告、証人松野については、後記採用できない部分を除く）によれば、本件契約の履行に関して以下のような事実が認められる。証拠（甲13、乙17、原告、証人松野）のうち前記認定に反する部分は採用できない。また、原告が、平成14年7月9日の本件第1回口頭弁論期日に原告主張の理由で本件契約を解除したことは裁判所に顕著である。

　（一）　原告は、幼時の交通事故の結果、その左足に、ふくらはぎ全体が大きく欠損している、膝の位置が健常な右足よりもかなり低い、足首の部分が太くなっているなどの問題があった（乙15）ところ、テレビでの被告製品の紹介番組を見て、被告事務所を訪れ、平成8年2月24日に前記認定のような内容の本件契約を締結するとともに足の型取りをし、同日に20万円、平成8年3月14日に80万円、合計100万円の請負代金を前払いした（甲1、2）。なお、原告が被告本人と面会したのはこの時のみであった。

　（二）　しかし、その後被告からは連絡がなく、原告は、何度も問い合わせた結果、同年11月10日にやっと被告事務所で被告従業員植木と面会し、2度目の型取りをした。

　（三）　平成9年の半ばころに被告が最初の製品を原告に送付してきた。これは足に巻くタイプのものであったが、サイズが合わない上欠損部分のどこにどう装着するのか不明である、巻いたときの継ぎ目の部分が目立つなどの理由により、到底実用に堪えないものであった。

　（四）　原告は、その後間もなく、被告事務所を訪れ、原告の担当者とされた松野に問題点を告げて先の製品を預けた。

　（五）　同年11月29日、原告は、被告の連絡によりその事務所を訪れ、靴のように履くタイプの製品（乙9の1ないし3）を装着してみたが、これには、すべりやすくするため下にストッキングを履いた状態でかつ3人がかりでないと装着できない（1人での着脱が困難である）、膝が非常に曲げにくいといった基本的な問題点のほか、外観上も、ふくらはぎのふくらみがなく

不自然であるなどの欠点があり、やはり、実用に堪えないものであった。
　そこで、原告は、この製品を松野に預けた。
　（六）　その後も被告は原告に対し前記の二つのタイプの製品を送付してきたが、いずれにも同様の問題があった。しかし、平成10年11月ころには、松野は、その製作した製品の根本的な問題については解決しないまま、原告が基本的な製作方法を決めてくれなければ作れないと述べて製作を拒絶し、その結果、松野にかわって上司の前記植木が原告の責任担当者になった（乙10はそのころ松野が原告に宛てた手紙である）。
　（七）　平成11年2月19日ころ、植木と松野は原告方を訪れ、基本的な製作方法として一体型のそれを提案した。これに対し、原告夫婦は、分割型のほうが着脱や歩行が容易であり、機能的ではないかと述べた（乙6は原告がこの時植木らに交付したメモである）が、植木は、分割型では皮膚との境界部分が目立つため、一体型で製作し、着脱のしやすさや膝の曲げやすさの点は別途考慮したいと述べた（乙11は松野がこの時作成したメモである）。また、この日には、原告宅での型取りが行われた。
　（八）　平成11年8月3日ころ、植木と松野は一体型の製品（乙16）を原告方に持参したが、これについても、1人での着脱が困難、膝が曲げにくいとの基本的な問題点は解決されておらず、また、外観についても、ちょっと見ただけでは健常な足と区別がつかない程度の水準にも達しておらず、膝の下に皺が寄るなど、満足できる状態のものではなかった。
　そこで、被告は、この製品を持ち帰った。
　（九）　同年9月ころ、原告は、前記製品の問題点を指摘し、善処してくれるよう求める手紙（甲12はその下書きである）を被告に送付したが、以後、被告側は原告に対して連絡をしてこなくなった。
　原告は、平成12年3月に被告側の善処を求める電話をしたが、被告は、結局、同年5月10日に、従業員の早坂をして、もう製作を続けない、100万円は返金しない旨を原告に伝えてきた。
　3　2の認定によれば、被告は多くの製品を製作して原告にこれを試させているものの、巻くタイプの製品はおよそ実用に堪えるものではなく、履くタイプの製品も前記のような機能上の基本的な問題点を解決できず、外観上も問題を残したものであり、平成11年8月3日ころに原告方に持参した最後の製品についても被告は持ち帰っているものであるから、被告は、本件契

約上の債務の基本的な部分を履行していないというほかない。

　前記のとおり、元々原告の左足にはふくらはぎ全体が大きく欠損している、膝の位置が健常な右足よりもかなり低い、足首の部分が太くなっているなどの複数の問題があったのであり、シリコンによってこうした欠損部分の全部を覆うという被告の技術は、美観の点でも機能の点でも、前記のような原告の左足に存する問題を解決する製品を製作できる水準のものではなかったと考えられ、そのことは、松野証人の証言によっても窺われるところである。

　第四　結論
　以上によれば、原告の請求には理由がある。

　○○地方裁判所民事第○部

　　　　裁判官　　○　○　○　○

設問

　1　証明すべき事実と証明責任を考慮しながら、判決の争点整理における主要事実の大要を整理せよ（なお、要件事実について、あまりぎりぎり詰めて考えなくてもよい〔要件事実論の問題ではない〕。当事者の主張について、その法的構成はどのようなものか、また、証明責任の負担から考えてどのような事実の主張が必要か〔いずれの当事者が何を主張立証すべきか〕、主要な争点は何か、裁判所は契約内容の特定に当たりどのような点に留意すべきか、といった観点から、視野を広くとって考えてみてほしい）。

　また、争点整理によって本件契約の内容を特定し、証拠によって認定するに当たっては、どのような点に留意することが相当か。本件契約を取り巻くさまざまな事情や状況を注意深く考慮した上でまとめよ。

　2　「要件事実論」と「証明責任論」は同じ事柄を意味しているのであろうか、それとも異なるのであろうか、考察せよ。

参考事項

　関係条文　民法632条、415条

解答および解説

　請負は、おそらく、関連の事件数も典型契約中賃貸借についで多く、事実関係があいまいな紛争の割合は最も大きいのではないかと思われる。

　これは、①契約書がまともに作られない、場合によっては注文書さえ作られないことがある（ただし、下請法〔下請代金支払遅延等防止法〕成立後は、下請契約については、同法3条により下請事業者に対する書面〔いわゆる3条書面〕の交付義務があり、通常は、3条書面として契約書や注文書が作成される。したがって、下請契約では、業務委託契約書が作成され、そこに3条書面としての内容が記載されるのが普通になった）、②業者間の請負では、大幅な値引き、下請けへの皺寄せ、あるいは、別件の支払の流用・別件で利益を付けてあげるなどの担当者レヴェルにおける口約束等の不明瞭な調整が行われる例が多い、③やはり業者間の請負では、契約当事者の法的意識や倫理的意識が高くない例が多い、などの理由による。

　婉曲な表現では読者に伝わらないかもしれないからわかりやすく直截に書いておくと、請負は、大会社どうしで綿密な事前交渉を経て締結する場合や信用ある大手プレハブメーカーの契約にかかる場合（建物建築）等を除けば、典型契約の無法地帯であるといってもよいくらいの状況のままに推移していた感がある。

　関係の業界、監督官庁はもちろんだが、弁護士会としても、そうした状況を放置したまま個々の事件において同じような主張を続けてゆくことでよいのかをそろそろ考えてみる必要があるのではないだろうか。本当にほしいままな主張や争い方が多い契約類型なのである。

　そのような事態の原因は、いずれかといえば、代理人ではなく本人にあることが多いが、そのような本人と一体化して常識を欠く主張に固執する代理人もまた存在する。研究者も、こうした請負契約関連紛争の実態をほとんど知らないまま請負に関する解釈論を組み立ててみても説得力に乏しいことは、よく認識しておいていただきたい。

　本書においては、こうした請負契約関連紛争の実情がなるべくリアルに伝わるよう、できる限り異なった争点を含んだ、また紛争のニュアンスも多様な事案を選択するように努めた（なお、一般的にいえば、この種類型の事案も多くは和解で終了しており、判決にまで至る例は少ない）。

　さて、本件では、契約の相手方、また、契約内容の特定とその履行の有無が大きな争点となっている。

一般的に、契約当事者が誰であるかが問題になる事案においては、一方当事者の主張が筋のよくないものであることが多い。
　本件においても、「被告でなく本件会社が契約当事者である」という主張は被告の責任逃れのための方便という印象が強い。また、たとえそれが認められたとしても、地位の承継あるいは法人格否認の法理（主張の法的な位置付けとしては予備的な請求原因ということになろうか）により、いずれにせよ被告は責任を免れえないであろう。
　契約の内容の特定とその履行の有無については、これも契約書等の書面で明確にされているわけではなくはなはだあいまいではあるが、判決は、これについては、おおむね原告の主張に沿った認定を行いながらも、「温泉や海にも入ることができる」との点については契約の内容となっているとまでは認められないとしている（せいぜい「一応の耐水性の限度」が契約内容であるとしている）。
　本件の争点整理においては、この「契約内容の正確な特定」がその鍵になる。これさえ正確に特定されれば、あとは、判決に示されているような逐次の事実経過の認定さえていねいに行えば、「被告の履行が到底債務の本旨に従ったものとはいえないこと」は、おのずから明らかになるであろう。
　不完全履行の概念、類型は、たとえば、進行中の債権法改正の過程で書かれた内田貴『民法改正のいま——中間試案ガイド』〔商事法務〕117頁においては、否定されている。民法学上の考え方としては、それでよいのかもしれない。
　しかし、特定の品質を備えた動産の製作の請負、準委任（典型的には医療行為）といった契約類型では、不完全履行の概念には、少なくとも当事者が主張立証すべき事項を考える上では一定の意味があるのではないかと考える。
　不完全履行の場合には、債権者において、「履行がなされたがそれが不完全であること」の主張立証を行う必要があり、そのために、契約で措定された債務の内容を正確に主張立証しなければならず、また、被告はその内容を争うことが多く、訴訟においても、この点が問題になることが多いのである。この点は、通常の債務不履行の場合とはかなり異なる（中野貞一郎「医療過誤訴訟の手続問題——最近における民事訴訟理論の動き」『民事手続の現在問題』〔判例タイムズ社〕110頁以下参照）。
　この事案は、その典型的な例のひとつといえよう。教科書だけで不完全履行について学んでもなかなか具体的なイメージがわかないものだが、この判決を一度よく検討すれば、その概念の意味は非常に鮮明に頭に入るはずである。ケースブ

ックで学ばせるアメリカの教育のメリット、また、本書が試みているように日常的な事案の判決によって学んでいただくことのメリットは、たとえばこうした点にもあると思う。

　したがって、原告としては、具体的には、「とりあえずの履行が被告によってなされたがそれは不完全であって債務の本旨に従っておらず、契約目的を達成できないこと」を主張立証することになる。

　ここで注意すべきは、この事案では、「原告の主張どおりの契約内容であったことが認定されないからといって請求原因が認められないことになるものではない」ということであろう。どのような内容の契約であるにせよ、その重要な部分が履行されておらず、全体として債務の本旨に従った履行がなかったと評価できれば、不完全履行と契約目的達成不能を肯定することができるはずだからである。

　この点、要件事実論による争点整理一本の頭で考えていると、「そもそも原告の主張どおりの契約内容であることが認められないからその余の点について判断するまでもなく原告の主張は理由がない」、あるいは、「被告の履行が債務の本旨に従っていないことの立証もない」といったミスリーディングにおちいる危険がある（事実そのように事案を理解した学生や司法修習生がかなりの数あった）。

　要件事実論は争点整理の前提として一応押さえておくべきものではあるが、それによって争点整理を行うべきツールであるとは、私は考えない。

　要件事実は、きわめて概念的であり、かつ、訴訟に現れた事実を細かく分断して要件事実に当てはめてゆく思考方法を採るために、それぞれの事案における紛争の具体的な特質と真にその核心となる部分、すなわち、真の争点の洗い出し（瀬木・要論［054］の(2)、(3)参照）という、「争点整理の意味・核心」に対する理解や感覚がお留守になる危険がある。

　わかりやすくいえば、ひとつのまとまった全体である「真の争点」を要件事実によって細切れに分断してしまってかえってそれがみえなくなる危険性が大きい、ということだ。若くて能力が特にすぐれているわけでもない裁判官の「重箱の隅をつつくばかりで一向に真の争点にたどり着けない争点整理」は、「要件事実に基づく争点整理」というドグマの結果として生じることが多い。

　私自身は、争点整理は、双方の主張、ストーリーの食い違う部分とその法的評価に留意しながらダイレクトに事案の本質、真の争点を洗い出してゆく作業であると考えている。

　私が争点整理において要件事実を意識することがあったのは、①当事者双方が

ある法的主張の証明・主張責任の帰属を明確に意識しないままに相手方主張の不備をいうばかりで争点整理が進まない、②ある法的主張の証明・主張責任の帰属が裁判官にも必ずしも明確ではなく調査の必要がある、③ある法的主張の内容を成す事実（主要事実、要件事実）が②と同様に明確でない、といった３つの場合だったが、①については実際には常識に属するレヴェルの事柄が理解されていない結果である場合が多く、一方、②、③の例はごくわずかであった（以上につき、瀬木・要論［057］参照）。

また、私の経験によれば、②、③の例の大半は判例によって条文の内容が補足修正されている場合であり、要件事実の調査といっても、実際には、判例と法解釈の調査と同義の場合がほとんどであった（一例として、16事件の「解答および解説」参照）（設問１）。

「要件事実論」と「証明責任論」の関係についても、正確に答えられない学生や司法修習生が多い。

証明責任論自体は、要件事実論という概念と関係なく存在しうるし、抗弁、再抗弁といった主張の判断の順序に関する整序も、必ずしも要件事実論を前提としなければならないものではない。

つまり、「証明責任論」とは、証明責任の分配に関する考察一般を指し、それは、大きく、①法規の規定や解釈によって証明責任が決定されるとする法律要件分類説と、②証拠との距離、立証の難易、事実の存在・不存在の蓋然性等の実質的要素の総合考慮によって証明責任が決定されるとする考え方（いわば総合考慮説）とに分けられる。

現在の通説は、法律要件分類説に各種の要素を考慮して一定の修正を加える「修正された法律要件分類説」であり、そのうち、司法研修所による考察を中心として積み重ねられてきた実務家による考察が、いわゆる「要件事実論」である。そのようにいえよう（設問２）。

本件においても、原告の主張する契約解除事由の内容が何であるかを明確にし、さらに、そのためには原告においてどこまでの事実を主張立証しなければならないか、その立証は書証によって果たされたか、といったように考えを推し進めてゆくこと自体は、要件事実論に頼らなくてもできるし、そうした、より根本的な地点からの検討のほうが、先の「温泉や海にも入ることができる」という原告主張の意味合いを見逃さずにそれに的確に対応できるであろう。

学生、司法修習生によくあるのは、条文ごとの要件事実の丸暗記だが、これは、

そうした要件事実整序の根拠について考えようとしない、さらにはなはだしい場合には個々の要件事実の具体的な内容を正確に理解していない、という危険な事態を招きやすい。法律論において最も危険なのは根拠を考えない丸暗記だが、要件事実論をほころびのない無謬の体系として教えることにはそのような危険を招きやすい欠点があることも、指摘しておきたい。

　また、これは司法修習生に限らず、新任判事補についてもよくあることなのだが、ひとつの社会的な事実について要件事実を構成する各事実ごとに、場合によってはそうではない事実についてまで、やたらに数多く争点を設定して判決起案を行うために、わかりにくく不正確であるのみならず一見していかにも稚拙な印象を与える判決書となる例がままみられることも指摘しておきたい。要件事実による分断的思考の弊害ということである。

　以上につき、詳しくは、瀬木・要論［055］、［057］、［154］、［159］、また、［083］の(9)の山本和彦教授意見をそれぞれ参照されたい。

　少し具体的に書いておくと、要件事実整理の根拠を考えようとしないという問題点については、上記［154］の事例20における質問形式による答案講評の際の質問と応答の記録をお読みいただければ、容易に理解されるところではないかと考える。

　個々の要件事実の具体的な内容を正確に理解していないという問題点については、一例として、民法110条の表見代理の要件事実（①代理行為、②顕名〔代理行為が本人のためにすることを示して行われたこと〕、③善意〔代理行為者に代理権があると相手方が信じたこと〕、④そのように信じたことについての正当な理由の存在、⑤基本代理権）のうちたとえば③について、上記のような講評の際に質問してみたところ、「代理人の行為がその権限外のものであることを相手方が知らなかったこと」と答えた司法修習生が何人もいたことを挙げておく。

　⑤についても、判例は法律行為に関するものであることを求める（最二小判昭和35年2月19日民集14巻2号250頁）が、学説は、基本代理権という要件が要求される趣旨は要するに外観作出に対する本人の関与が必要であるということにすぎないのだから、対外関係を予定した事実行為の委託をも含むと考えるべきだとしていること（基本代理権ではなく基本権限と呼ぶべきだとする。内田貴『民法Ⅰ〔第4版〕総則・物件総論』190頁〔東京大学出版会〕）、また、代理行為の時点においてなお存続する代理権でなければならないこと、などをわかっていない司法修習生がかなり存在した。「代理行為、顕名、善意……」といった項目だけ丸暗記して

わかったつもりになるくらいならば、民法110条の立法趣旨と基本的な解釈論を正確に復習する（あるいは学び直す）ほうがずっとましであろう。

　まとめると、①争点整理においては、その前提としてとりあえず頭の中で要件事実を押さえておくこと自体は必要だが、要件事実論に従って争点整理を行うという発想には問題が大きいこと、②要件事実論を教えあるいは学ぶ際には、その根拠と限界についても批判的に検討する視点が必要であること、を認識しておく必要があるということになる。

和解の可能性

　原告は、妥当な金額（たとえば請求額の半額程度）で和解してもよいということであった。「大変お気の毒とは思うが、冷静に考えれば、あなたの求めていたような製品は、もし製作が可能であるとしても非常に高価なものになるはずだということは理解できますよね」との裁判官の言葉には納得して、「テレビの甘言を信じた自分も考え方が甘かったです」と述べていた。

　しかし、被告本人は和解自体に拒絶的であった。おそらく、最後まで和解はできなかったのではないかと思われる。

　一般的にいえば、被告も相当の手間はかけていることから、被告に一定の歩み寄りの余地があれば原告もそれなりの妥協はする事実関係といえ、請求額の半額程度の和解に落ち着くことも多いと思われる。

第4 請負関連 (2)

11 損害賠償請求事件（本訴）、請負代金請求事件（反訴）

事案・争点 ➡ 契約内容の特定とその履行、請負契約の瑕疵担保

＊なお、「設問」以下においては、わかりやすさの観点から、当事者の表示は本訴のそれによって行うこととする。

判　決

平成○○年○月○日判決言渡　同日原本領収
裁判所書記官　　○　○　○　○
平成14年(ワ)第1012号　損害賠償本訴請求事件
平成15年(ワ)第1079号　請負代金反訴請求事件
口頭弁論終結日　平成○○年○月○日

判　決

東京都○○区○○町○丁目○番○号
　　　本訴原告（反訴被告）　　　株式会社ダイナミックパワーズ
　　　同代表者代表取締役　　　岩　谷　勇　三
　　　同訴訟代理人弁護士　　　○　○　○　○
　　　同　　　　　　　　　　　○　○　○　○
○○県○○市○○町○丁目○番○号
　　　本訴被告（反訴原告）　　　有限会社ピーチ・プロダクション
　　　同代表者代表取締役　　　丸　尾　和　典
　　　同訴訟代理人弁護士　　　○　○　○　○

（当事者の略称）以下、便宜上、本訴原告（反訴被告）を単に「原告」と、本訴被告（反訴原告）を単に「被告」と、それぞれ略称する。

主　文

一　原告の本訴請求を棄却する。
二　原告は、被告に対し、金49万6250円及びこれに対する平成14年5月19日から支払済みまで年5分の割合による金員を支払え。
三　訴訟費用は、本訴反訴を通じ、原告の負担とする。
四　この判決は、第二項、第三項に限り、仮に執行することができる。

事実及び理由

第一　請求
　一　本訴
被告は、原告に対し、金740万9885円及びこれに対する平成14年12月26日から支払済みまで年6分の割合による金員を支払え。
　二　反訴
主文第二項に同じ。

第二　事案の概要
　一　事案の要旨
本件本訴は、原告が、被告に対し、平成14年4月11日に原被告間で締結された請負契約（以下「本件契約」という）に基づいて作成された被告の成果物（初級システムアドミニストレーター試験対策用CD-ROM〔以下「本件ロム」という〕のための原稿〔以下「本件原稿」という〕）に瑕疵があり、また、原告においてその瑕疵の修補を求めたにもかかわらず被告がこれを行わなかったため、原告は、本件ロムの作成をそこから請け負っていた株式会社ピーシーエヌ総合教育研究所（以下「訴外会社」という）から契約を解除され、その結果、本件ロム作成のために費やした費用と逸失利益の合計額から原告が訴外会社から受領した着手金を控除した金額相当の損害を被ったとして、被告に対し、本件原稿の瑕疵によって生じた損害の賠償請求をするものであり、また、商事法定利率による遅延損害金請求の起算日は、訴状送達の日の翌日である。
本件反訴は、被告が、原告に対し、本件契約の残代金を請求するものであり、遅延損害金請求の起算日は、本件原稿の引渡し後の日である。
　二　争いのない事実
（ア）本件契約の内容のうち、その締結の日が平成14年4月11日であり、

代金が149万6250円であったこと、請負代金のうち100万円については本件契約締結後間もなく支払われたこと、(イ)本件契約において定められた被告のなすべき業務のうち、被告が、原稿を電子メールとファクシミリの双方の形式で原告に納付する、ファクシミリの原稿については原稿の内容に沿って簡単な解説図を添えるとの各点、(ウ)本件契約の納期が少なくとも最終的には同年5月20日と合意され、それ以前の同月17日まで(第3回口頭弁論調書参照)に被告が原告に順次作成原稿を納入したこと。

三 争点

1 本件契約において定められた被告の本件原稿作成業務の内容いかん、また、原告に引き渡された本件原稿には瑕疵があったか。

原告は、本件契約において定められた被告の本件原稿作成業務の内容につき、誤字、脱字のないことを含め何ら遺漏のない原稿を作成することであって原告にはその内容を確認校正する義務はなく(原告が本件原稿に関して行うことが予定されていた作業は、そのファイル形式を変換して本件ロムに格納することのみであったという)、この観点から本件原稿には別紙1(平成15年3月24日付け原告準備書面2添付の別紙)記載のような瑕疵があり、また、原稿のうち音声ガイダンスを行うべき部分を特定(下線を引くことによる)しない瑕疵があったとし、さらに、たとえ原告に原稿の内容を確認する義務があったとしても、原告は、本件原稿引渡し後間もなく瑕疵を指摘して修補を求めたものであって、いずれにせよ被告には瑕疵担保責任があると主張する。

被告は、原告の主張を争い、原告にも原稿の内容確認、校正の義務は当然あるのであって、そのことを前提とすれば、本件原稿には瑕疵と評価できるほどのものはなかった(たとえ若干の問題があったとしてもそれは原告の指摘を待って修正すれば足りるものであった)とし、さらに、原告が、本件原稿引渡し後間もなく問題点を指摘して修補を求めた事実もないと主張する。なお、原告主張の瑕疵についての被告の反論は別紙2(平成15年4月30日付け被告第1準備書面添付の別紙。なお、後記グループ1の「43」については誤記を訂正してある)記載のとおりであり(うちグループ1は原告の指摘自体が誤りであるとする項目であり、グループ2は表現方法に関する考え方の相違にすぎないとする項目である)、また、被告は、音声ガイダンスの点については、原稿作成に着手した後原稿全部についてナレーションを付す

る（読み上げる）ことが適切と判断したためナレーションに合わせて画面上に字幕を表示する部分についてのみ下線を引くこととし、そのことについて原告の同意を得たものであり、かつその義務は履行したと主張する。

　2　瑕疵修補請求権の喪失の有無

　被告は、本件契約においては原告は納品から7日以内の検収義務を負うことになっていたが、原告はこれを行わなかったから瑕疵修補請求権を失ったと主張し、原告はこれを争う。

　3　損害の発生及びその額

　原告主張の損害の内容は、別紙3のとおりである。

第三　争点についての判断

　一　本訴について

　1　原告は、本件契約において定められた被告の本件原稿作成業務の内容につき、誤字、脱字のないことを含め何ら遺漏のない原稿を作成することであって原告にはその内容を確認校正する義務はないと主張するので、まず、この点について判断する。

　（一）　証拠（甲三、原告代表者）にはこれに沿う部分があるが、（ア）証拠（乙二四、証人渡辺）に照らし、また、（イ）通常の原稿作成業務について注文者が原稿の内容を全く確認しないなどといったことはおよそ考えにくいこと、（ウ）もしもそのような内容の契約を締結するならばこれは極めて異例の事柄であるから契約書にその旨が明記されるのが当然であるにもかかわらず、本件契約については契約書すら作成されておらず、しかも言を左右にして契約書の作成を拒んでいたのは原告のほうであったこと（乙一ないし六、乙二四、証人渡辺）に照らしても、およそ採用できない。

　（二）　この点につき、原告は、本件契約当初、訴外会社に対する原告の納期が平成14年5月20日であり、被告の原告に対する納期が同月17日であったところ、被告から納期を同月20日にしてほしい旨依頼されたため、訴外会社の納期との関係で訴外会社の承諾が必要である旨を被告に告げ、その上で訴外会社の承諾を得てそちらの納期を同月23日に延期してもらった上で本件契約の納期を同月20日に変更したのであり、こうした事情は被告も知悉していたこと、したがって、被告は、原告に原稿確認の予定も余裕もないことを知っていたはずであることを主張し（平成15年12月1日付け原告準

備書面4〔最終準備書面〕)、証拠(甲三、原告代表者)にはこれに沿う部分があるが、これについては、証拠(乙二四、証人渡辺。原告の訴外会社に対する納期については全く知らなかったとの証言を含む)に反するのみならず、原告が、訴状において、本件契約の納期は平成14年5月20日であり、原告の訴外会社に対する納期が同月25日であったと何らの留保なく明確に主張していたこととも明らかに相違しており、到底採用できない(前記の主張の変遷は、原告代表者の陳述の信用性の乏しさ、原告の主張の一貫性の乏しさを物語るものというほかない)。

また、原告は、原告の本業が建設業であってIT系の業務はホームページ作成程度しかしたことがなく、被告は原告のこのような経験の乏しさを知っていたから本件原稿の確認もできないことを理解していたとも主張する。

そして、渡辺証人も原告の本業が建設業であることと初級システムアドミニストレーター試験についての知識に乏しいことは被告から聞いていた旨を供述している。

しかしながら、前記の事実だけから、本件契約において定められた被告の原稿作成業務の内容につき、誤字、脱字のないことを含め何ら遺漏のない原稿を作成することであって原告にはその内容を確認校正する義務はないとの内容であったなどといった事実を推認することは困難である。その理由は、そのような推認が一般的にいっても不当である上、本件ロム作成に関する業務の実質の大半を原告が被告を含めた他の業者に下請けさせていたことは原告代表者もその供述で認めるところであって、そうであるならば校正業務についても外注に出すことは十分に考えられるところだからでもある。

(三) 以上、この点に関する原告の主張はおよそ認めることができないものであるといわざるをえない。

2 次に、本件原稿には別紙1記載のような瑕疵があるとの原告の主張について判断する。

(一) この主張は、前記1において判断した原告の主張を一つの前提としているが、前記前提主張が認められないものであることは1において認定判断したとおりである。

そうすると、本件原稿における何らかのミスが請負契約上の瑕疵と判断されるものであるかどうかについては、原告の確認ないし校正の義務を前提として考えるべきもの(およそ通常の確認や校正では相当期間内に対処できな

第4　請負関連 (2)

いミスであるか否かを判断すべきもの）となる。

　（二）　そこで別紙1の各項目について判断する（別紙1と2の各意見を踏まえ、甲一の1ないし34、乙一三ないし一九の内容をも勘案しながら順次判断していく）。

　(1)　別紙1の各項目のうち、まず、2については、内容の明らかな誤りと認められる（被告もこれを認める）。

　(2)　その3、31、43、46、47、53については表現に若干不正確な部分があると、5については記載漏れがあると、15については表現の意味するところがややわかりにくいと、35、40については表現の統一を欠く部分があると、それぞれ認められる。

　(3)　その11、22ないし25、29、30、32ないし34、36、38、39、41、42、45、48ないし52については誤字、誤記、脱字等であると認められる。

　(4)　その他の項目については誤りとは認められない。

　(5)　以上についてみるに、内容の明らかな誤りは一箇所のみであり、それ以外については表現に若干の問題を含んでいるか誤記、誤字、脱字等であって、質的にみて通常の確認ないしは校正によって処理できない内容のものとは認められないし、本件原稿の分量が全体でA4版500枚、約80万字である（乙二四、弁論の全趣旨）ことを考えるならば、量的にも通常の範囲を超えて大きいものとはいえない。また、これらの原稿は作成次第順次原告に納入されたものである（争いがない）から、部内であれ外注であれ、原告がその態勢さえ整えていたならば確認校正は無理なく行えたはずである。もっとも、最後の納入については平成14年5月17日までに行われたものと認められる（前記争いのない事実）からこれについてはもしも原告の訴外会社に対する納入の期日が原告の当初の主張通り同月25日であったとするならば期間的に厳しいこととなるが、これは、いずれにせよ、原告において、本件契約の納期を決定する際に配慮しておくべき事柄であるといえる。

　（三）　そうすると、本件原稿に瑕疵があるとの原告の主張を採ることはできない。

　3　また、本件原稿には音声ガイダンスを行うべき部分を特定（下線を引くことによる）しない瑕疵があったとの原告の主張については、この点に関する的確な立証はなく、かえって、証拠（乙二〇ないし二二、証人渡辺）によれば、被告において原稿作成に着手した後原稿全部についてナレーション

を付する(読み上げる)ことが適切と判断したためナレーションに合わせて字幕を表示する部分についてのみ下線を引くこととし、これについて原告の同意を得、かつその義務を履行したものと認められる。

4　最後に、たとえ原告に原稿の内容を確認する義務があったとしても、原告は、本件原稿引渡し後間もなくその瑕疵(ないしは問題点)を指摘して修補を求めたとの原告の主張(この主張は、たとえ本件原稿のミスが瑕疵とは評価されないレベルのものであったとしてもなお被告には原告の求めにもかかわらずそれを確認修正しない債務不履行があった、との主張と解することが可能である)について判断するに、証拠(甲三、原告代表者)にはこれに沿う部分があるが、これは、その内容自体極めてあいまいであり、また、証拠(乙一一の1、2、二四、二六、証人渡辺)に照らしても、採用できない。

かえって、後者の証拠によれば、原告は、被告が順次作成納入した本件原稿について何らの明確な応答をしなかったこと、ところが、原告担当者の坂本は、同年6月6日、7日の両日にわたり、問題点を具体的に特定することなく本件原稿あるいは被告の業務のあり方にクレームを付け、ことに同月7日には被告の呼んだ警官が説得するまで被告敷地から退去しなかったこと、しかし、被告は、その後も、原告に対して本件原稿の問題点を指摘されれば検討する旨は伝えていたことが認められるところである。

5　以上によれば、その余の点について判断するまでもなく、原告の本訴請求は理由がない。

二　反訴について

前記争いのない事実及び一の認定判断に鑑みれば、被告は本件契約上の義務を履行し、また、本件原稿には瑕疵と評価できるほどの問題はなかったし、被告にはその他本件契約履行上の債務不履行はなかったものと評価することができるから、本件契約の残代金の支払と本件原稿引渡し後の日以降の遅延損害金の支払を求める被告の反訴請求は理由がある。

第四　結論

以上のとおり、原告の本訴請求は理由がなく、被告の反訴請求は理由がある。

第4　請負関連 (2)

　　　　○○地方裁判所民事第○部

　　　　　裁判官　　○　○　○　○

　　別紙1　平成15年3月24日付け原告準備書面2添付の別紙〈省略〉
　　別紙2　平成15年4月30日付け被告第1準備書面添付の別紙〈省略〉
　　別紙3　原告主張の損害の内容〈省略〉

設　問

　1　本件におけるいわゆる「真の争点」、すなわち、最も重要な「原告と被告の主張の食い違い」は、どのようなものと考えられるか。
　また、判決は、そうした点についてどのような判断を行っているか。
　2　判決の理由中に原告の主張の変遷について述べている部分がある（「争点についての判断」一1（二））が、この部分は、訴訟法的にみると、どのような性格をもつ記述と考えられるか。

参考事項

　関係条文　民法632条、634条以下

解答および解説

　原告の請求は請負契約上の瑕疵担保（民法634条以下）に基づく損害賠償請求である。その前提として、本件契約上の被告の債務について「何ら遺漏のない原稿を作成する義務」を主張している（この事案の争点整理においても、10事件と同様、契約内容の特定が最初の問題となった）。そして、被告も述べているとおり、原稿の作成に関してこのような極端な義務を措定しなければならないこと自体が原告の主張の不自然さを示しているといえる。

　被告の言い分は、本件原稿には瑕疵と評価できるほどのものはなかったし、原稿引渡し後間もなく原告がその瑕疵を特定して修補を求めた事実もない、原告は被告の仕事に根拠のないいいがかりをつけて損害賠償請求を行い、のみならず、残代金の支払すら怠っているにすぎない、というものである。

証拠関係の大筋をみるだけでも、被告の言い分のほうが正しいらしいことは判明する。

さて、本件におけるいわゆる「真の争点」、すなわち、最も重要な「原告と被告の主張の食い違い」は、どのようなものと考えられるだろうか（10事件の「解答および解説」においても述べたとおり、これを明らかにすることが争点整理の最重要事項であると私は考える）。

それは、①原告には原稿の確認ないし校正の義務があったか否か、②原告に原稿の確認ないし校正の義務があった場合、そのことを前提としてもなお本件原稿に何らかの瑕疵があったといえるか否か、ということであろう。判断の内容が細かくなるのは②のほうだが、争点としてより重要なのは①のほうである。

判決は、①については、「争点についての判断」一1において、（一）で、主として経験則を援用しつつ「原稿の注文者に確認や校正の義務のないのは異例のことであり、そのような場合にはそのことが契約書に記載されるはずであるところ、本件においては原告のほうが契約書の作成を拒んでいた」と認定判断し、（二）で、原告の主張の重要部分についての最終準備書面における変遷について触れ、結局、原告の主張を基礎付けるものとして原告が主張するところは薄弱であるとし、（三）で、この点に関する原告の主張はおよそ認めることができない、とまとめている。

以上の判断については、私としては比較的まれなことだが、常識的な経験則を基盤とした判断を行っている。経験則を推論のよりどころとしてあからさまに持ち出す主張や判断は脆弱なものになることがあるので注意が必要だが（経験則の落とし穴。瀬木・要論[093]）、この判断部分のように手堅い経験則であれば問題はない。かなり例外の大きいような事柄、本当にそれが経験則といえるか否か微妙であるような事柄を経験則として持ち出すと、この「落とし穴」にはまる。

判決は、②については、「争点についての判断」一2において、双方当事者の主張を表にまとめさせたものを別紙（細かいし、事案理解のためにどうしても必要なものとは思われないので、記載は省略した）として引用しながら、各項目に誤りが存在するか否かについてはごく簡潔に判断し、その瑕疵としての評価（法的な評価）の部分についてはある程度詳しい説示を行っている。

比較的わかりにくい事案であるため、全体に、細かな部分についてもわかりやすさと正確さを旨として書き方に工夫が凝らされていることに留意してほしい。平均的な若手裁判官がこの事件の判決を書くと、この２倍（場合によっては３倍）

くらいの長さがあって、かつ、かなりわかりにくいものになりやすいのではないかと思う。

　ことに、肝心の①についての説示が手薄で、反面、②のほうはやたらに細かい、という判決は、若手のそれではなくても、日本の裁判官の判決には、ありがちなものであろう。つまり、本件は、争点整理にも判決書作成にもそれ相応の技術を要する事案なのである（設問１）。

　さて、原告は、最終準備書面で、自己の従来の主張の一部を自己に都合のいいように、かつ、変更することを明らかにしないまま、こっそりと変更していた。判決は、「争点についての判断」一１（二）でそのことに言及している。これは、弁論の全趣旨（民事訴訟法247条）に関する説示の典型である（詳細については３事件の「解答および解説」参照）。つまり、根拠のない、かつ、自己の都合に合わせた主張の変遷、ということである。

　原告代理人は、この主張の変遷を最終準備書面の中で、そっと、隠すように行っていた。しかし、私はこうした変更は決して見逃さないので、最終口頭弁論期日において、「なぜそのような変更を行ったのか」について原告代理人に問いただし、調書の別紙に「調査不足であった」との応答を記載しておいた。さて、しかし、この主張の変遷については、本当に代理人の調査不足が理由だったのだろうか？……（代理人としては、理由を問われればそうとしか答えようがなかったとは思うが）

　「依頼者との関係における弁護士の厳しく苦しい立場については理解できないではない。しかしながら、あまりみっともないことはやめたほうがよくはないですか」というのが私の基本的な考え方である。

　上記のような主張の変更自体については、平均的な代理人でも当事者との関係上やむなく行うことがあるかもしれない。しかし、本件でよくないのは、上記のとおり、主張を変更する旨が準備書面において明確にされていない点である。裁判官がきちんと記録を読んでいなければ、だまされて、この主張の変遷に基づき原告に有利な判断をしてくれるかもしれないという期待に基づくものかと思われるが、アンフェアであり、弁論の全趣旨として通常の主張の変遷よりもマイナスに考慮されることになる。主張を変更するなら、堂々とフェアに行うことだけは心がけてほしいものである（設問２）。

　裁判官は、最後に、双方（本訴反訴）ともに請求放棄の和解を一応勧めてみたが、被告代理人は、「残代金は少額とはいえ、この紛争で先方から訴えを提起さ

れ、やむなく反訴を提起してここまで争ってくると、少額だからといって残代金の請求をあきらめさせることは困難です。争点整理以来大変御面倒でしたが、判決でお願いします」ということであった。

それはそうだろうと私も思う。私が被告代理人だったとしても、判決を求めただろう。

微妙な事案では、本訴反訴ともに請求放棄とし、訴訟費用の各自負担のほか清算条項（当事者相互に和解条項に定める以外に債権債務関係がないことを確認する条項）を加えるという和解はそこそこあるが、本件では、被告は、原告の言い分が大変理不尽であると腹を立てており、そのような和解も無理だったということである。

そして、このような判決となった。こういうのを、私は、「やぶへびの訴え提起」と呼びたい。本件では反訴の金額が小さいからまだいいが、事案によっては、本訴の何倍もの金額の反訴が提起されて、それが認容される場合もある。

相手が訴えを起こしてくることが明らかだからその前に自分のほうから訴えを提起しておきたいというのであればまだしも、漫然と藪をつついていたら大蛇が出てきたという場合には、何のために弁護士を頼んだのかということになって、弁護士の立場もなくなるのではないだろうか。

依頼者は、自分の見通しが悪かったことや自己に都合の悪い事実を弁護士に告げていなかったことなどについては、簡単に忘れてしまいやすいものである。当たり前のことだが、自己の依頼者にとって不都合な事情についても最低限の確認は行った上で、訴えを提起するか否かの決断を行うことをお勧めしたい（詳しくは、瀬木・要論第1部第2章「訴えの提起まで」参照）。

和解の可能性

「解答および解説」に記したとおりである。

第4 請負関連 (3)

12 請負代金請求事件

事案・争点 ➡ 請負契約の履行

判　決

平成○○年○月○日判決言渡　同日原本交付
裁判所書記官　　　　○　○　○　○
平成9年(ワ)第1013号　請負代金請求事件
口頭弁論終結日　平成○○年○月○日

判　決

○○県○○市○○町○丁目○番○号
　　　原　　　告　　　有限会社ミヨシ
　　　同代表者代表取締役　　三　好　　　勇
　　　同訴訟代理人弁護士　　○　○　○　○
北海道○○市○○町○番地
　　　被　　　告　　　野沢金属協業組合
　　　同代表者代表理事　　　岸　田　哲　郎
　　　同訴訟代理人弁護士　　○　○　○　○

主　文

一　被告は、原告に対し、金九二一万五五四七円及びこれに対する平成九年二月一日から支払済みまで年六分の割合による金員を支払え。
二　訴訟費用は、被告の負担とする。
三　この判決は、仮に執行することができる。

事実及び理由

第一　請求

主文に同じ。

第二　事案の概要
　一　事案の要旨
　本件は、原告が、被告に対し、平成八年の四月から一二月までの間に原被告間に締結された建築金物製作及び取付工事の各請負契約の履行を終えたとして、前記工事代金残金を請求した事案である。遅延損害金の起算日は最終工事の弁済期（出来高払、月末締め翌月末払いの約定に基づく）の翌日であり、利率は商事法定利率による（原被告はいずれも商人である）。
　二　争いのない事実
　1　原被告間に、平成八年の四月から一二月までの間に別紙一「工事一覧表」の工事名の各請負契約（以下一括して「本件契約」という）が締結され、番号二四番の「古沢ドーム」の工事を除いてはその仕事が完成し、また、引渡しが終えられて、履行が完了したこと、原被告間で取り決められた弁済期は出来高払、月末締め翌月末払であったこと、原被告がいずれも商人であること
　2　原告が、「安達ドーム」の工事代金という名目の下に、被告から、以下のとおり合計八三〇万円の支払を受けたこと

記

　平成八年五月末日　　　金六〇万円
　同年七月末日　　　　　金二七〇万円
　同年八月末日　　　　　金三二〇万円
　同年九月末日　　　　　金九〇万円
　同年一〇月末日　　　　金九〇万円
　三　争点
　1　原告主張の工事残代金の有無
（原告の主張）
本件契約の工事代金は別紙一「工事一覧表」記載のとおりである。
　前記工事代金及びうち残代金の額については、平成九年二月二四日、被告東京事務所において、原告代表者三好勇、被告東京事務所の八木恵介次長、元被告社員で前記事務所の営業課長であった塚本秀治（以下それぞれ、「三好」、「八木」、「塚本」という）が会合を開き、議論して確定し、その結果を

計算書(甲四三の1ないし6。以下「本件計算書」という)に記載した(以下、平成九年二月二四日に行われた前記会合を「本件会合」という)。

　原告の請求は、前記計算書で確定した数字に基づくものであり、その具体的な算出過程については、弁論準備手続を経て作成した別紙二「原告準備書面(六)」記載のとおりである(なお、前記準備書面の別紙が前記別紙一にあたる)。

　なお、前記「古沢ドーム」工事については、原告は、被告との間に本件トラブルが生じて残代金の支払を拒絶されたため一部製品の引渡しを拒絶していたが、その後、被告に前記の仕事を請け負わせた栄光工業株式会社(以下「栄光工業」という)に対しこれを引き渡し、その履行を完了している。

(被告の主張)

　本件契約の工事代金は別紙三「別紙一覧表(一)、(二)」のとおりである(「現場名」の冒頭記載の算用数字の番号が、別紙一の工事番号と対応している。また、「別紙一覧表(二)」の分の工事代金九三〇万円は未払であるが、後記2の相殺の結果消滅する)。

　本件会合が開かれたこと自体は認めるが、これは、原告主張のように本件契約の工事代金及び残代金の額を確定するために行われたものではなく、それらに関する原告の主張を聞き置く趣旨で行われたものにすぎず、本件計算書にもそれ以上の意味はない。

　「古沢ドーム」の関係では、後記2(二)のとおり相殺を主張する。

　2　被告主張の相殺の主張の成否

　なお、被告は、原告に対し、平成一一年九月三〇日の本件弁論準備手続期日において、以下の各債権をもって原告の本訴における請求権とその対等額において相殺する旨の意思表示をした(裁判所に顕著な事実)。

(一)　安達ドーム関係

(被告の主張)

　原告は、「安達ドーム」の工事を施行したことがないにもかかわらず、前記工事代金として、前記二2のとおり八三〇万円の支払を受けているので、被告は、原告に対し、八三〇万円の不当利得返還請求権を有している。

(原告の主張)

　「安達ドーム」の工事代金名目での工事代金の支払は、実際には、本件工事の代金の支払としてなされたものであり、原告に不当利得はない。

すなわち、この時期、被告は、元請から赤字工事を受注していたため、元請から支払を受けた工事代金で原告ら孫請業者に対する支払のできない不足分が生じる場合があり、これにつき、工事が完了しながら未だ孫請から請求がきていない他の業者の工事の工事代金の名目でとりあえず支払をするなどの方法により支払を行っていた。「安達ドーム」の工事代金名目での工事代金の支払はこれに相当するものであり、本件計算書は、そのことをも含んだ上で作成されたものである。

（二）　古沢ドーム関係
（被告の主張）

　原告が、「古沢ドーム」の完成済みの製品を、被告との約束に反して栄光工業に納品しなかったため、被告は、栄光工業から同工事の残代金二〇〇万円について違約損害金で相殺され、これを受領できなかった。前記二〇〇万円については、原告の債務不履行により受領できなかったものであるから、被告は、原告に対し、前記金額の損害賠償請求権を有している。

（原告の主張）

　1において、原告の請負の履行の関係で述べたとおり、前記製品の引渡しが遅れたのは、被告のいわれのない支払拒絶によるものであり、また、原告はその後栄光工業に製品を引き渡しているのであるから、原告に債務不履行はない。

第三　争点についての判断
　一　争点1について
　1　認定事実

　証拠（甲一ないし四二、四三の一ないし六、四九、五〇、乙一ないし五、一四、証人塚本秀治、原告代表者本人）によれば、以下の事実を認めることができる（なお、適宜、争いのない事実も含めて記載する。また、認定事実についてそのように認定すべき理由についても、適宜、認定の後に括弧書きで記載する）。前記認定に反する証人中谷吾郎、同八木恵介の証言は、ことに本件会合の趣旨、本件計算書作成の趣旨に関し、的確な説明ができなかったり、あいまいであったりする部分が多く、採用することができない（なお、前記各証言の中には、前記の点に関し、むしろ原告の主張を消極的にではあれ認めるかのような部分も存在する）。

第4　請負関連 (3)

　(一)　原告は、平成八年四月から一二月までの間に、被告から、本件契約の内容をなす各契約を請負い、逐次これを履行していった。

　(二)　被告は、北海道に主たる事務所を有していたところ、事業拡張のため、平成八年四月に新たに東京に事務所を開設した。

　しかし、当初は赤字覚悟で工事を受注しなければならない状況であった。

　前記のような事情から、被告が元請業者から請け負った請負代金額では、自己がさらに仕事を請け負わせた原告ら孫請業者に対して請負金額全額の支払ができず、不足分が生じる事態が起こっていた。

　そこで、平成八年四月に被告に営業課長として就職した塚本は、そうした事態が起こった場合には、別の孫請業者が行い、未だ請求書を提出していない工事について当該業者（支払に不足が生じている業者）が行ったこととし、その名目でとりあえず支払をしていた。前記のような事務処理を行えばやがては被告がその穴埋めをしなければならないこととなるが、塚本としては、最終的には、被告に大きな利益の出る工事について生じる黒字分でこれを調整することができるのではないかと考えていた。

　(三)　塚本は、原告についても、その工事代金について、適正な金額よりも低い請求を出させ（現実には、原告の請求書は、最終的に正式に被告に提出されるものは、塚本が代行して作成していた。その一部が甲一ないし四二である）、それによって原告に生じる赤字分については、江口興業株式会社（以下「江口興業」という）が行った「安達ドーム」の工事を原告が行ったこととし、前記代金額をとりあえず原告に支払っていた。

　その例が、別紙一の番号一番の○○県障害者福祉施設の工事であり、原告が当初作成した請求書（甲四九）では一四五万円が請求されており、本件計算書の該当部分（甲四三の１）においても原告の見積金額として同額が記載されているところ、その弁済期である平成八年五月末日に同工事の代金額として支払われたのは八五万円であり（甲四三の１）、差額の六〇万円は、「安達ドーム」の工事代金名目で支払われている（甲四三の６）。

　被告から原告に対し「安達ドーム」の工事代金名目で支払われた金額は、前記のように、原告が現実に行った工事の対価としての実質を有しており、そのため、本件計算書の「支払済金額」欄にも、「安達ドーム」名目で八三〇万円の支払が記載されている（甲四三の６。以上(三)の点につき、被告は乙一ないし三を提出するが、乙一は基本的に前記の認定に反するもので

はないし、平成八年一二月二六日に原告が塚本と連名で被告に提出した、謝罪文的な記載のある乙三についても、その原告作成部分については、被告東京事務所長の中谷吾郎と塚本が、同月末以降に弁済期が到来する工事代金の支払を円滑に受けられるようにするため必要である旨三好に告げて作成させたものと認められるから、前記認定を妨げるものではない。また、被告は、原告が行ったどの工事代金の不足分に「安達ドーム」の工事代金が充てられたのかを原告において具体的に主張立証すべきであるというが、これは、後記不当利得返還請求の関係で被告において主張立証すべき事柄であり、また、原告は、前記の関係について包括的な立証をするほか、その一部については、前記のとおり具体的な充当の立証をも行っているところである。なお、被告は、「安達ドーム」の工事代金の名目で原告に金銭を支払うとの事務処理は塚本において秘密裏のうちにかつほしいままに行ったものであって被告の他の職員はあずかり知らなかったとも主張するが、この点については、江口興業としては、大きな金額の工事であり、被告には何度も工事に関して電話で交渉等をし、見積書も提出しているのであるから「安達ドーム」の工事を江口興業が行っていたことは塚本以外の被告の人間も知っていたはずである旨の証人久保田直樹の証言により、被告東京事務所の職員のかなりの部分が、塚本がそのような事務処理を行っていたことを薄々は知っていたことが認められるところである)。

(四) ところが、平成八年一一月三〇日に、被告会社の方針を批判したとの理由で塚本が被告を解雇された後、塚本が行っていた前記のような事務処理が被告の内部で問題となり、被告は、とりあえず塚本と原告に前記乙一、三を作成させ、さらに、原告に対する同年一二月末日以降の工事代金の支払を停止し、その上で、大木一郎弁護士に前記紛争の処理を依頼した。

(五) 本件会合は、塚本から事情聴取をした大木弁護士の指示により被告が主宰して行われたものであり、本件計算書の作成を目的としていた。

本件会合における本件計算書の作成過程は、まず、八木によって、「現場名」、「支払済金額」、「ミヨシ見積」の各欄が記載され、その右に、被告の荒川課長補佐によって「塚本氏と三好社長間の取決め金額」が記載され、最後に、三好によって、一番右端の「(有)ミヨシ」の欄が記載されるというものであった。

そして、「塚本氏と三好社長間の取決め金額」の欄に記載を行うにあたっ

ては、被告の工事台帳や工事に関するファイル、塚本の手帳の記載、原告の見積書、三好のメモの記載等が参照され、また、記載の後には、計算書の一頁ごとに、三好、塚本、八木の三名（もっとも、甲四三の5については、八木に代わり、そこに記載された工事の関係に詳しい前記荒川）が、確認の趣旨でその上部に署名した。

同欄記載の金額は、いずれも、「ミヨシ見積」欄記載の金額以下の数字となっており、また、「(有)ミヨシ」欄記載の金額は、「塚本氏と三好社長間の取決め金額」欄記載の金額から若干の端数を切り捨てた金額となっている。

（六）　本件計算書作成の後、大木弁護士から本件における原告代理人である〇〇弁護士に対し、本件計算書の記載に従って本件工事代金残金を支払う意向であるとの連絡があった。

しかし、その後大木弁護士は被告によって解任された。

（七）　本件計算書の「(有)ミヨシ」欄記載の金額の合計額に当時の消費税額を加えた金額三九一六万九八七〇円から、同計算書の「支払済金額」欄記載の金額（ただし、※のある部分は現実には支払がなされなかったので除く）の合計額に当時の消費税額を加えた金額二九九五万七三二三円を控除した金額九二一万二五四七円に、別紙一の番号一七の「岸スポーツセンター」工事の請求に関する消費税額の誤算による差額三〇〇〇円を加えると、本件における原告の請求額となる（その具体的な算出過程は、別紙二のとおりである）。

（八）　なお、「古沢ドーム」については、原告は、被告との間に紛争が生じた結果、前記のとおり被告から本件工事残代金の支払を拒絶されたため一部製品の引渡しを拒絶していたが、その後、被告に前記の仕事を請け負わせた栄光工業との話し合いの結果栄光工業にこれを引き渡し、その履行を完了した。

2　判断

（一）　1に認定した事実を総合すれば、原告主張のとおり、本件会合は、本件工事の残代金額を確定するために行われたものであり、そこにおける本件計算書の作成によって前記代金は確定したものと推認することができる。なお、乙一、三の各記載が前記推認を妨げるものでないことは、既に、1（三）において、認定の理由として記載したとおりである。

（二）　なお、「古沢ドーム」の工事代金の請求については、原告がその履

行を終えたことが前提となるが、この点についても、前記1(八)のとおり、原告がその履行を終えたことを認めることができる。原告が一部製品の引渡しを拒否した点についても、被告の前記工事残代金支払拒絶に対して行ったもので、やむをえない行為とみるほかない（法的にみれば、同時履行の抗弁の実質を有している。民法六三三条本文参照）。

二　争点2について

1　争点2(一)(安達ドーム関係)について

これについては、被告において原告の利得が法律上の原因に基づかないこと、すなわち、「安達ドーム」の工事代金の名目で原告に支払われた金銭について原告にこれを受け取るべき理由がなかったこと、について具体的な立証を行うことが必要である。

しかし、この点に関する証人中谷吾郎、同八木恵介の証言はいずれもはなはだあいまいであって、これに反する証人塚本秀治の証言、原告代表者本人尋問の結果に照らし採用できない。また、乙一はそれ自体原告の利得が不当であることを証する書面とはいえず、平成八年一二月二六日に原告が塚本と連名で被告に提出した、謝罪文的な記載のある乙三のうち原告作成部分についても、証人塚本秀治の証言、原告代表者本人尋問の結果によれば、前記一1(三)のとおり、被告東京事務所長の中谷吾郎と塚本が、同月末以降に弁済期が到来する工事代金の支払を円滑に受けられるようにするために必要である旨三好に告げて作成させたものと認められるから、少なくともこの書証のみによって原告の利得が不当であることが証明されたとみることは困難である。そして、ほかに、前記の事実を認めるに足りる的確な証拠はない。

2　争点2(二)(古沢ドーム関係)について

これについても、原告の債務不履行及びこれによって被告が損害を被ったことに関する証人八木恵介の証言はあいまいであって、これに反する証人塚本秀治の証言、原告代表者本人尋問の結果に照らし採用できず、他にこれを認めるに足りる的確な証拠はない。

かえって、証人塚本秀治の証言、原告代表者本人尋問の結果によれば、前記の点に関し、原告がその債務を履行した事実が認められることは前記一1(八)及び2(二)に記したとおりである（なお、たとえ被告が栄光工業から二〇〇万円の工事残代金の支払を受けていない事実が認められるとしても、原告に債務不履行がない以上、このことについて原告が法的責任を負ういわ

れはない)。

第四　結論
　以上によれば、原告の請求は理由がある。

○○地方裁判所民事第○部

　　裁判官　　○　○　○　○

別紙一　工事一覧表〈省略〉
別紙二　原告準備書面(六)〈省略〉
別紙三　別紙一覧表(一)、(二)〈省略〉

設　問
　1　本件における裁判所の判断の要点を、みずからの言葉でわかりやすくかつ正確に要約せよ。
　2　本件紛争はどのような経緯で始まったものと考えられるか。
　3　判決の理由中に主張立証責任の負担に関する被告の主張を排斥している部分がある(「争点についての判断」一1(三)最後の段落のかっこ内)が、その部分の意味するところを、なるべくわかりやすくかつ正確に説明せよ。

参考事項
　関係条文　民法632条、505条以下

解答および解説

　本件は、10事件の「解答および解説」の冒頭で記したような請負契約によくある不正確な事務処理が原因となって起こった紛争に関する事案である。
　被告の主張はわかりにくいと思われるが、これでも、相当にわかりやすく整理したものなのである。
　こうした、当事者の主張が理解しにくい事案は、本書では原則として取り上げ

ていないのだが、請負については、これがまさにひとつの典型的な争い方であるところから、あえてこの事案を選択してみた。

　本件の判断について、日常的な言葉でわかりやすく敷衍してみよう。

　原告は、「本件会合」で被告の未払残代金が確定されたという。被告はこれを否認し、本件会合は単に原告の主張を聞いておくというだけの趣旨のものだったという。

　しかし、本件会合の行われた経緯や出席者、そこで作成された書面の内容に照らすと、被告の主張は不自然であり、本件会合の結果当時の被告代理人弁護士がいったんは未払分を確定して支払をすることになっていたにもかかわらず、被告がこれを解任してしまったものにすぎないのではないかと考えられる。

　個別工事について被告が相殺を主張している「古沢ドーム」関係工事（不当利得に基づく）については、実際には「古沢ドーム」関係工事についての支払というのは名目だけのことであって本件工事の代金として支払われたものであるし、「安達ドーム」関係工事（債務不履行に基づく）については、原告は、これを完成して元請けに当たる企業に引き渡しており、債務不履行などない（設問１）。

　本件の紛争の原因は、おそらく、被告が、みずからの側の担当者について、不適切な事務処理を行ったとして解雇し、その担当者の行った行為についてこれを認めないと主張し始めたことにある。

　判決を読むと手前勝手な主張と感じられるのではないかと思うが、実際には、こうした形で紛争が始まる例は非常に多く、また、そのような場合、そうした当事者は、自己の主張が根拠に乏しいにもかかわらず行きがかり上これに固執する傾向があり、そのために和解もできにくい。

　しかし、みずからの企業におけるルースな事務処理についてこれを管理できていなかったにもかかわらず、そのことを棚上げして取引の相手方を非難する行動に出るこうした当事者の主張には、無理が大きいことが多い。もちろん、取引の相手方がみずからの企業の担当者と共謀して不法行為を働いたような事案であればそれも理解できるが、実際にはそのようなケースは少ない（設問２）。

　さて、本件では、設問２にあるとおり、被告が、「古沢ドーム」関係についてみずからが主張立証すべき事柄について、相手が行うべきであるとの主張に固執している。

　これについて解説しておくと、まず、不当利得の要件事実については、これを主張する側が「相手方の利得が法律上の原因に基づかないこと」を主張立証しな

ければならないとするのが一般的な考え方である。
　これは、「自己の損失」、「相手方の利得」、「これらの間の因果関係」だけを主張立証すれば足りるとの考え方を採ると、きわめて広い範囲で不当利得が成立することになってしまう（たとえば契約の解除、取消し、無効に基づく原状回復請求等においても、上記のような事柄だけを主張立証すれば足りることとなり、不当利得返還請求が広範に訴訟物として選択されることとなって、「不当利得の補充的性格」に反する結果を招く）ことを避ける点に実質的な根拠があるともいわれている。おそらくそうなのではないかと私も考える。
　もっとも、このように証明・主張責任の分担において通常考慮されるべきような事柄ではない事柄が大きな根拠となって証明・主張責任の分担が決定されている部分があるため、実際の訴訟では、相手方においても相当の反証をしなければならない場合が多い（35事件の「解答および解説」参照）。
　本件においても、原告はこの点について十分な反証を行っており、「争点についての判断」─1（三）最後の段落のかっこ内に記載されている被告の言い分は、適切なものとも相当なものともいいにくい。
　なお、争点整理の段階で被告代理人が納得してみずからの主張を合理的に整理していれば、判決書にこの部分のような説示は出てこない。このあたりは、被告本人というよりむしろ専門家としての被告代理人の感覚が問題であろう。なお、本件の被告代理人の訴訟に臨む態度は、全般に、被告本人の視点からしかものをみないというにとどまらず、被告本人以上にかたくなであった（設問3）。
　民事裁判を経験した当事者が、アンケートなどで、「私の弁護士だけが私の言い分をちゃんと理解してくれた。私の弁護士だけがまともだった」といった回答を寄せる場合、それは、実は、たとえばこうした事案におけるこのような当事者の「思い」なのかもしれないということは、アンケートを分析する研究者も一応頭に入れておくべきところであろう。
　「アンケートの分析検討は、視野が広くて洞察力の深い研究者にやってもらわないと困るなあ」というのが、これまでにこうしたアンケートのまとめ方につき時として首を傾げたことのある私の率直な感想である。

和解の可能性

　「解答および解説」に記したとおり、被告が訴訟外の和解交渉に不満をもって代理人弁護士を解任したところから始まっている事件であり、和解はおよそ困難

である。

　もっとも、そのような事情がなければ、この事実関係であれば、一般的には、請求額をある程度減額しての和解に落ち着くことが多いといえよう。

　なお、「解答および解説」にも記したとおり、本件は、本来であれば訴訟外の話合いで解決してよかったはずの事案と考えられる。

第5　保　証 (1)

13　保証債務履行請求事件

事案・争点 ➡ 連帯保証の成否（積極）、2段の推定

判　決

平成〇〇年〇月〇日判決言渡　同日原本交付
裁判所書記官　　　〇　〇　〇　〇
平成10年(ワ)第1014号　保証債務履行請求事件
口頭弁論終結日　平成〇〇年〇月〇日

判　決

〇〇県〇〇市〇〇町〇丁目〇番〇号
　　　原　　　　　告　　サンフラワー信用金庫
　　　同代表者代表理事　　谷　見　三　郎
　　　同訴訟代理人弁護士　　〇　〇　〇　〇
〇〇県〇〇市〇〇町〇丁目〇番〇号
　　　被　　　　　告　　井　原　秀　朗
　　　同訴訟代理人弁護士　　〇　〇　〇　〇

主　文

一　被告は、原告に対し、金三〇〇〇万円及びこれに対する平成四年一月一日から支払済みまで年一八・二五パーセントの割合による金員を支払え。
二　訴訟費用は、被告の負担とする。
三　この判決は、仮に執行することができる。

事実及び理由

第一　請求
　主文に同じ。

第二　事案の概要
一　事案の要旨

　本件は、原告（平成六年の合併前は南谷信用金庫）が、昭和六一年八月二五日に、日出建設株式会社（以下「本件会社」という）との間で信用金庫取引（以下「本件取引」という）に関する契約を締結すると同時に当時前記会社の代表取締役であった被告との間に締結した、本件取引に関して生じた一切の債務についての連帯保証契約（以下「本件契約」という）に基づき、原告が平成三年七月二五日に弁済期を平成三年一二月末日として手形貸付の方法により本件会社に貸し付けた三〇〇〇万円及び弁済期後の平成四年一月一日から支払済みまで本件取引において定められた年一八・二五パーセントの遅延損害金を支払うことを求めた事案である。

二　争点

　被告は、本件契約を否認し、その余の請求原因を不知として争う。
　したがって、主要な争点は、本件契約の成否である。

第三　争点についての判断

一　証拠（被告作成部分を除いた甲一、二。甲三、四、七ないし九、一〇の1、2、証人三好春樹、同真木健作）によれば、前記第二の一の原告の主張（請求原因）のうち本件契約を除く事実を認めることができる。

二　本件契約の成否について

　1　甲一、二（甲一は本件取引・本件契約の契約書、甲二は前記三〇〇〇万円の貸付の約束手形。以下、甲二を「本件手形」という）の被告名下の印影が被告の印章（実印）によるものであることは争いがない。

　したがって、特段の反証のない限り、前記各印影は被告の意思に基づいて顕出されたものと事実上推定され、その結果、民事訴訟法二二八条四項により、前記各被告作成部分が被告の意思に基づいて真正に成立したものと推定されることになる。

　そこで、反証の有無について判断する（本件請求原因の関係からは甲一の被告作成部分の成立を問題にすれば足りるが、その成立は甲二の被告作成部分〔本件手形上の連帯保証〕の成立と密接に関連しているので、甲二についても併せて判断する）。

　2　被告は、その陳述書（乙五、八ないし一〇）及び本人尋問の結果にお

いて、甲一、二の被告作成部分は当時本件会社の経理を担当していた花田光之がほしいままに署名し、かつ、本件会社にあった被告の実印を持ち出して押捺し、偽造したものであると供述し、また、これに関連して、後に言及するような書証を提出する。

3　しかし、証拠(被告作成部分を除いた甲一、二。甲三ないし九、一〇の1、2、一三ないし一五)によれば、以下のような事実が認められる。

(一)　本件契約当時原告〇〇支店に勤務していた三好(前記三好証人)は、昭和六一年の五月ころ、当時本件会社の専務で経理責任者であった花田と知り合い、本件会社に融資をすることとなった。花田は、「社長である被告は工事の監督をしており、事務所にはあまり出てこないが、営業と経理については自分が全面的に任されている」旨を述べていた。

(二)　本件取引の契約及び本件契約の締結に当たって、三好は、同年八月二二日に、花田から、今夜であれば被告と会えると聞き、その夜、指定された〇〇駅近くの居酒屋「家族堂」で被告と花田に会った。三好が、花田から申込みのあった手形割引と四〇〇〇万円の運転資金の貸付の件について被告に確認したところ、被告も、「金銭面はすべて花田に任せているのでよろしくお願いします」と三好に述べた。

(三)　翌日の八月二三日に花田が原告に来店し、額面三五三万円、振出人横山組の約束手形の割引を求めるとともに、「被告には夜にでも自宅で署名してもらう」と述べて完成前の甲一を持ち帰り、翌日ころ、完成した甲一を持参した。

その結果、前記の手形割引と四〇〇〇万円の貸付が行われた(後者は同年九月六日)。前記四〇〇〇万円の貸付の稟議書には「8/22面談にて保証意思確認」との記載が特記事項として赤字でなされており、その部分に三好の押印がある。

(四)　花田は、同年一〇月下旬に、本件会社の代表者が被告から自分に交代する旨を原告に告げ、間もなく、原告に、前記変更届と変更後の商業登記簿謄本を提出した。

(五)　その後も原告は本件会社に融資を続け、被告には各融資の前後に確認の電話を入れていた。本件手形による貸付もその一環として行われた。

4　2の被告の供述は、3の事実に照らすと採用し難い。

ことに、被告は、「前記の代表者の変更は花田が無断で行った」とか「本

件会社は本件紛争のころ銀行から融資を受ける必要は一切なかった」等と述べているが、前記の供述は、被告自身がその内容を確認したと反対尋問で明言している甲一三ないし一五（本件会社のそのころの税務申告書や決算報告書）と明白に矛盾しており、およそ信用できない内容のものというほかない。

　また、甲一、二の被告名義署名部分の筆跡自体も、成立に争いがない甲五、六の被告署名と基本的な部分で極めてよく似ており、この点からも被告の前記供述は信用し難い。

　さらに、被告は、三好が被告に会ったという昭和六一年八月二二日には自分は九州にいたと述べ、これに沿う証拠として乙六号証の２を提出するが、以上に照らすと、また、その作成者について証人尋問をする意向はないと被告が述べていること（第一〇回口頭弁論調書）に照らすと、これもまたにわかに信用できない。

　5　以上によれば、２の被告の供述や既に言及した被告提出の書証は、甲一、二の被告作成部分の成立に関する前記の推定を覆すに足りる的確な反証とは到底いえない。また、そのほかに、前記の推定を覆すに足りる的確な反証もない。

　6　したがって、前記の推定により、甲一、二の被告作成部分は真正に成立したものと推定され、そして、前記甲一、二によれば本件契約の成立を認めることができる。

第四　結論
　以上によれば、原告の請求は理由がある。

○○地方裁判所民事第○部

　　　裁判官　　○　○　○　○

設問

　1　私文書の真正な成立に関するいわゆる「２段の推定」（印影による推定）について、その法的な性格を説明し、また、推定の争い方について具体的な例を挙げながら正確にかつわかりやすく説明せよ。

2 比較的単純な事案と思われるこの事案の審理は、口頭弁論終結までに約2年間を要した。それはなぜだろうか。判決の記述に基づいて考えてみよ。

参考事項

関係条文　民法446条以下、民事訴訟法228条4項

解答および解説

　連帯保証債務の履行請求事案は、本格的に争われるものもある程度は存在するが、請求棄却事例は少ない。したがって、大半の事案は和解で終了する。

　しかし、本件のように、まずは請求認容という事実関係でも最後まで争われる事案もまれには存在する（なお、被告に全く資力がない場合には和解の余地もないが、そのような被告はそれほど強く事実関係を争わないことが多い）。

　連帯保証契約に関する処分証書には、本人の印章により顕出（けんしゅつ）（なお、「顕出」という言葉は多くの辞書にはないので、私は、まだしも「作出」のほうがベターではないかと思っている）された印影が存在するのが普通である（これがないという事案はまれだ）。

　そして、印影が作成名義人の印章によるものであることが立証されれば、その印影は作成名義人の意思に基づくものであることが推定され（最三小判昭和39年5月12日民集18巻4号597頁）、そうすると、民事訴訟法228条4項の「本人又はその代理人の押印があるとき」の要件が満たされて、当該文書が真正に成立したことが推定される。これを「2段の推定」という。連帯保証債務の履行請求事案においては、この2段の推定が働くことが多い。

　意外に正確に理解されていないことが多いのが、2段の推定の法的な性格である。

　まず、第1段の推定は、日常的な経験則による事実上の推定にすぎない。第2段の推定については、法定証拠法則（文書の成立の真正という補助事実に関する裁判官の自由心証に対する一定の拘束）を定めたものと解されている。

　つまり、裁判官は、反証がない限りは、「確かにこの文書には本人の意思に基づく押印があるが、私の心証では、文書の内容をほとんど認識していなかったように感じられるから、文書の成立は認められない」などといったように自由心証により文書の成立を認めないという判断をすることができないわけである。

特段の反証もないのに裁判官が先のような事実認定を自由心証で行うことは、この補助事実の認定にあっては、恣意的と評価されるおそれが大きいであろう。そこで、民事訴訟法228条4項は、この点につき上記のような法廷証拠法則を定めたわけである。
　もちろん、いずれの推定も、反証によりくつがえすことができる。
　第1段の推定を争うには、印章の盗用、冒用等の反証によるのが一般的である。印章の保管場所を知っている者がすきをみて印章を取り出し盗用、押印した、という場合が非常に多い。
　第1段の推定の前提たる事実を争う場合には、当該印影は本人の印章により顕出されたものではないことを主張立証することになる。たとえば、「本件印影は一見本件印章により顕出されたもののようにみえるが、実は、パソコンを用いて本件印章による印影に似せて作られたものにすぎない」（近年は、印影さえあればこの種の偽造が可能であり、かつ、素人には見分けにくい。もっとも、保証の事案では、偽造の例はまずない）などといった争い方となろう。
　第2段の推定を争うには、当該印影は作成名義人の意思に基づくものではあるが、つまり、本人がみずからの意思に基づき押したものではあるが、①本人が多数の書面に押印を求められた際にその内容を確認しないまま押してしまったものである（たとえば、連帯保証契約書関係書類の中に抵当権設定契約書が紛れ込まされていたが、本人はそのことに気付かずに連帯保証契約書関係書類のうちのひとつのつもりで押印してしまった、など）、②何らかの理由により白紙に押印して第三者に交付したものが悪用された、③押印の後に文書が改ざんされて別の内容の文書にされた、などの反証を行うのが普通である。
　第2段の推定の前提たる事実を争う場合には、当該印影は本人の意思に基づくものではないことを主張立証することになる。たとえば、「本件印章は一貫して本人の自宅に保管されていたが、本件文書が作成された当時、本人は外国にいた」などといった争い方になろう。
　以上については、正確に理解、記憶しておいていただきたい（設問1）。
　処分証書（その文書によって法律行為が行われた文書。契約書、遺言書、手形、契約解除の通知書等。実際に問題となることが多いのは連帯保証契約書等の契約書）について2段の推定が働くことが判明した場合には、判決においても、これについての上記のような反証が成功しているか否かを通常の判決における理由説示よりは簡潔に判断している例が多い。本件判決は、反証の成功を認めず、2段の推定

が成立するとした定型的な判決例である。

　もっとも、処分証書についても、その体裁や作成経過に問題が大きい場合には、2段の推定の成立を安易に認めて原告の請求を認容すべきではないことが多いから、注意が必要である（簡裁の判決には、上記のような事案について、10行程度のきわめて簡潔な説示で2段の推定の成立を安易に認めて原告の請求を認容しているものが、時折みられた）。

　本件の被告は確信犯的にほしいままな供述をしていた（資力も乏しいようであった。なお、人証の供述の信用性一般につき、瀬木・要論［083］参照）が、このような単純な事案で口頭弁論終結までに約2年間を要したのは、被告本人が、訴訟の引き延ばしを図り、弁護士を何度も取り替えるなどしてぐずぐずと抵抗し続けたからである（最初は代理人が付かず、いったん代理人が付いた後に辞任し、さらに新たな代理人が付く、といった展開になる事件の本人には、かなり問題のあることが多い）。

　手続保障は、民事訴訟法理論の核心を成す重要な概念だが、被告によって悪用される危険性をもはらんでいることには留意しておかなければならない（「仮の地位を定める仮処分の特別訴訟化論の新たな展開」瀬木・架橋136頁、判例タイムズ1179号26頁参照）（設問2）。

和解の可能性

　訴訟の経過の中で和解の話が出たこともあったが、結局うやむやになってしまったように記憶している。こうした事案では、原告も、和解の履行の確実性に不安を感じるであろう。

第5　保　証 (2)

14　リース料請求事件

事案・争点 ➡ 連帯保証の成否（消極）

判　決

平成○○年○月○日判決言渡　同日原本領収
裁判所書記官　　　　　○　○　○　○
平成16年（ワ）第1015号　リース料請求事件
口頭弁論終結日　平成○○年○月○日

判　　決

東京都○○区○○町○丁目○番○号
　　　　原　　　　　　告　　三王リース株式会社
　　　　同代表者代表取締役　　佐　伯　直　弘
　　　　同訴訟代理人弁護士　　○　○　○　○
　　　　同　　　　　　　　　　○　○　○　○
○○県○○市○○町○番○号
　　　　被　　　　　　告　　高　島　邦　明

主　　文

一　原告の請求を棄却する。
二　訴訟費用は、原告の負担とする。

事実及び理由

第一　請求

　被告は、原告に対し、311万0120円及びうち金6万9720円に対する平成14年9月27日から、うち金304万0400円に対する平成15年2月24日から、いずれも支払済みまで年14.6パーセントの割合による金員を支払え。

第5　保　証 ⑵

　第二　事案の概要
　　一　事案の要旨
　本件は、リース会社である原告から、原告とマシタ梱包運輸有限会社（以下「マシタ」という）との契約について連帯保証した被告に対する連帯保証債務履行請求であり、期限の利益喪失後の遅延損害金請求をその内容に含んでいる。
　請求原因の詳細は、別紙（訴状写し）の請求の原因欄記載のとおりである。
　　二　被告の主張
　被告は、請求原因を争い、ことに、各連帯保証契約の成立を否認し、また、自分は原告主張の各契約については一切何も知らないという。

　第三　判断
　　一　原告とマシタの各リース契約の成立については、甲１、２によれば、これを一応認めることができる（後記二の各認定から推認されるところによれば、被告代表者であった真下大介が名目上の代表者であった被告を代表者として表示する形式で締結したものであろうと考えられる）。
　　二　連帯保証契約の成立について
　　１　甲１、２（リース契約書）の賃借人欄には「マシタ代表者高島邦明」とのゴム印が押捺されているが、被告は、マシタにおいては配車と運転を行っていただけで、代表者であったことはなく、ただ、親会社の指示によって代表者として自分の名前が用いられることを承諾していたにすぎないものと認められ、また、被告はこれらリース契約そのものに関与したことはないものと認められる（甲８、被告本人）。
　　２　甲１、２（リース契約書）の連帯保証人欄には被告名義の署名と押印があるが、被告名義の署名の字体はこれら２通の契約書で異なっている上、前記いずれの署名も、本件における尋問の際に宣誓書に記された被告の署名の字体とは大きく相違しており、このことに、被告がマシタに正常に勤務していたのは平成13年３、４月までであり、本件の第１のリース契約が締結された同年５月には既にあまり出社しておらず、また、第２のリース契約が締結された同年８月に先立つ同年７月には正式に退社していたことを併せ考えると、これらの連帯保証契約に関与していないとの被告本人尋問の結果は信用できるものであり、結局、甲１、２の被告作成部分の成立を認めること

は難しい。

3　なお、証拠（甲7、証人神崎）によれば、連帯保証契約についての電話による本人に対する確認についても、前記第1のリース契約の連帯保証に関しては、被告の同一性確認のためには生年月日程度しか確認されていないところ（証人神崎）、運転手である被告の生年月日等免許証に記載されているような情報についてはマシタにおいて容易に確認できる状況となっていたことは見やすい道理であり、また、第2のリース契約の連帯保証に関しては、確認の電話がなされた際には被告は在社しておらず後から被告と名乗る者から連絡があって確認したとのことであり、1、2の事実関係に照らすと、こうした確認状況についても、被告の連帯保証を示唆するものとは見がたい（むしろ、他の者が被告を名乗って応答したり電話をした可能性が高いというべきである）。

また、第1のリース契約に関して、被告が、サプライヤーであるパセラー株式会社の重田昇と打合せをしているとの甲7の記載についても、被告本人尋問の結果に照らし、採用できない。

4　以上によれば、結局、本件において、原告主張の各連帯保証契約の立証があったとは見がたいといわざるをえない。

第四　結論
　以上によれば、原告の請求は理由がない。

○○地方裁判所民事第○部

　　　裁判官　　○　○　○　○

別紙　訴状〈省略〉

設　問

1　判決の判断の内容とそのポイントにつき正確にかつわかりやすく説明せよ。
2　被告が、たとえその実質を欠く名目的な地位であったとしてもマシタの代表取締役となっていた（その登記もされていた）場合には、原告は、ほかにどのよ

うな請求を被告に対して行うことが考えられるか。

参考事項
　　関係条文　民法446条以下

解答および解説

　13事件の「解答および解説」で述べたとおり、連帯保証債務の履行請求事案の棄却事例は少ないが、本件は請求が棄却された比較的珍しい事案である（なお、被告は本人訴訟である。被告本人訴訟については、原告本人訴訟と比較すると、本人にやや個性的なところのある事案〔42・43事件参照〕は少ない。こうしたごく単純な事案〔被告の主張の要旨を調書別紙に整理した上で、原告に反論させ、人証調べをすれば終了〕であれば、訴訟進行上特別な問題もない）。

　本件の判断のポイントは、①被告は2通のリース契約書の自己名義の印影が自己の印章によって顕出されたこと自体を認めておらず、署名の字体についても、被告のそれと大きく異なるのみならず2通の契約書相互間でも異なる、②リース契約時に被告が出社していたこと自体が定かでない、③連帯保証契約後の電話による本人確認の内容がずさんである、といった事情であろうか。こうした事案では、契約書の形式的証拠力は認めにくい（設問1）。

　原告敗訴覚悟事案だが、被告に和解の気がない以上原告としても判決でやむをえない、という経過で判決となった。被告は、訴えられたこと自体が心外だと述べていた。

　「親会社の指示で代表者として事実上自分の名前が使われることを承諾していた」というだけでは、確かに、一般的な意味での帰責事由を問うことも難しいであろう（もちろん代表者として登記されてもいない）。

　これが名目的とはいえ代表取締役として選任され登記されていれば、会社法429条（会社法制定前の商法266条ノ3。役員等の第三者に対する損害賠償責任）の責任が問われうる（最大判昭和44年11月26日民集23巻11号2150頁）ので、また事情は異なってくる（設問2）。

和解の可能性
　「解答および解説」に記したとおりである。

第6 登記手続請求関連（1）

15 建物所有権移転登記手続請求事件

事案・争点 ➡ 建物所有権の帰属
（日本の民事訴訟に多い「外見と実態の乖離」の主張、表と裏の二重基準(ダブル・スタンダード)）

判　決

平成○○年○月○日判決言渡　同日原本領収
裁判所書記官　　　○　○　○　○
平成15年（ワ）第1016号　建物所有権移転登記手続請求事件
口頭弁論終結日　平成○○年○月○日

判　決

東京都○○区○○町○丁目○番○号
　　　原　　　　　　告　　新　井　博　之
　　　同訴訟代理人弁護士　　○　○　○　○
○○県○○市○○町○○区○丁目○番○号
　　　被　　　　　　告　　松　尾　町　子
東京都○○区○○町○丁目○番○号
　　　被　　　　　　告　　松　尾　健　一
　　　被告ら訴訟代理人弁護士　○　○　○　○

主　文

一　被告らは、原告に対し、別紙物件目録記載の建物につき、真正な登記名義の回復を原因とする所有権移転登記手続をせよ。
二　訴訟費用は、被告らの負担とする。

事実及び理由

第一 請求
主文に同じ。

第二 事案の概要
一 事案の要旨
本件は、原告が、別紙物件目録記載の建物（以下「本件建物」という）の所有権は、その完成時である昭和47年1月10日に原告が原始取得したものであるところ、これにつき、その登記名義は亡松尾正一（以下「正一」という）のものとなっていたとして、正一の相続人である被告らに対し、真正な登記名義の回復を求めた事案である。

二 争いのない事実等（証拠を掲げた事実以外は、当事者間に争いがない）
1 本件建物は昭和47年1月10日ころ完成し（甲3）、同年6月5日に正一名義で所有権保存登記がなされている。

2 正一は平成14年4月2日に死亡した。その相続人は、被告ら及び新井美智子（原告の妻。以下「美智子」という）の3名であり、被告松尾町子（以下「被告町子」という）は正一の妻、美智子は長女、被告松尾健一（以下「被告健一」という）は三男である。

三 争点
1 原告が本件建物の所有権を原始取得したか否か

この点につき、原告は、原告がその借金により本件建物を建築したこと、請負契約も原告が締結したこと、その後正一が本件建物の権利証を原告に渡したことなどから明らかなように本件建物の所有権は原告が原始取得したものであって、正一も当初からこれを認めていたと主張し、登記名義を正一のものとしたのは税理士のアドバイスに従ったにすぎないと主張する。

被告らは、正一の登記名義は真正なものであって、固定資産税も正一が支払っていたものであり、原告がその借金により正一の土地（以下「本件土地」という）に本件建物を建築したことについては、正一が、原告の本件建物建築の申出に対し、しばらくは無償で建物を使ってよいからその代わりに原告が自分で本件建物を建てるようにと告げた結果にすぎず、また、原告は本件建物の1階で中華料理店を営み、2階に居住していたところ、昭和47年当時のそれらの相当賃料月額はそれぞれ少なくとも9万円、6万円でありかつ

上昇傾向にあったから、昭和47年当時から原告が前記借金のローンを支払い終えるまでに負担した金額は、その期間の相当賃料額を下回っていたものであり、したがって、原告には、本件建物の建築代金を負担してでも本件土地上にそれを建てさせてもらうメリットがあったと主張する。
　2　被告らの以下のような主張の当否
（一）　信義則違反
　原告は、本件建物のローン完済後20年以上にわたり登記名義の変更を求めないままこれを放置し、また、本件建物の固定資産税すら負担せずにその賃料相当額を大きく下回るローン負担をするだけで本件建物から高額の利益を得続けたものであり、さらに前記ローンについても正一らの協力があって完済できたものであることなどの事情を考えるならば、原告の本件請求は信義則に反する。
（二）　取得時効
　正一は、本件建物に移り住んだ後、その登記名義を有した状況で、20年以上の長期にわたりこれを占有し続け、かつ、固定資産税を支払い続けたものであるから、本件建物を時効取得した。

第三　争点についての判断
　一　争点1について
　1　証拠（甲一、一一ないし一六、証人美智子、原告、被告健一〔ただし、被告健一については後記採用しない部分を除く〕）によれば、以下のとおり、本件建物の所有権は原告が原始取得したものと認めることができる（なお、前記第二の二の事実についても適宜含めて記載する）。
　証拠（乙四、五、八、九、被告健一）のうち前記認定に反する部分については、その中核部分においてあいまいであり、証拠（甲一、一一ないし一六、証人美智子、原告）に照らし、採用できない。
　また、証拠（乙二の1ないし21、三の1ないし5、六、七の1、2）も前記認定を妨げるものとはいえない（その理由については、後記2で述べる）。
（一）　原告と美智子は、昭和43年2月から、本件土地上に当時存在した建物において、中華料理店を営んでいた。
　原告は、それ以前にはタイプライターの製造会社の副工場長をしていたが、正一から前記建物で何か商売をしてはどうかと勧められ、当時タイプライタ

一製造業は斜陽になりつつあったことなどから前記申出を受けることとし、中華料理店を始めることとしたものであった。親族間の好意に基づく使用であったことから、原告は、建物の賃料を正一に支払っていなかった（法的には、使用貸借であったものと解される）。

　（二）　原告は、昭和46年ころ、客から建物の建替えを進められ、正一と相談してその同意を得、同年9月14日に公共金融公庫から1000万円を借り入れ、その大半（約870万円）を建築資金とし、みずから請負契約を締結して、本件建物を建築し、昭和47年1月10日ころ完成させた（甲一、一二、一三）。

　もっとも、本件建物の所有名義については、税理士のアドバイス（本件土地を建物所有目的のために使用貸借させることによって原告に贈与税が課されるのを避けるなどの目的であったものと推測される〔甲一六〕）により、とりあえず正一名義とされた。

　正一は、原告に対し、「ビルが建ったらおばあちゃん（被告町子）と住ませてくれ」と言っていたところ、昭和48年秋ころには本件建物の3階に引っ越し、また、4階にはその後7年間くらいは被告健一が住んでいた。1階は店舗として、2階は住居として、原告ら家族が使用した。

　正一と被告町子夫婦は、中華料理店の営業終了後の後片付けの手伝いをし、原告の子供達の面倒もみるなどしていた。原告夫婦は夫婦喧嘩をすることはあったものの、原告と正一の関係には特別な問題はなく、良好であった。

　（三）　原告は前記借金のローン月額17万円（うち利息分は7万円）を昭和55年まで支払い続けた。そのころの原告の収入は月額22ないし23万円で、予想したよりはよかったものの、ローンの負担は相当に厳しかった。

　そうしたこともあり、本件建物の固定資産税は正一が支払っていたが、本件建物の電気、水道、ガス、電話等の利用料金についてはすべて原告が負担していた。本件土地の利用関係は使用貸借のままであった。

　（四）　正一は、本件建物の建築後2年半くらいしたころに（原告本人尋問の結果）原告に対し、本件建物の権利証を、本件土地のそれとともに渡していた（甲一四、一五）。

　（五）　原告は、昭和63年には中華料理店を廃業し、以後、本件建物1階部分を他に賃貸して相当の利益を得ていた。そして、前記廃業と同時に、正一が本件建物1階の一角で行っていた製麺業もともに廃業したこともあって、

その後、原告は、正一に対し、正一の死亡後は被告町子に対し、月額25万円（平成14年9月からは15万円）を生活費の援助として支払っていた。
　（六）　正一は平成14年4月2日に死亡した。原告は、その後、本件建物を自己の名義にしてもらう必要があると考え、折を見て、美智子を通じ被告町子に話すつもりでいた。
　ところが、同年9月22日、被告らは、本件建物3階で、美智子に対し、本件建物を被告町子名義にしたいと述べた。美智子は、地域の祭りのために外出していた原告を呼んだ。原告は前記の話を聞いて激昂し、言い争いとなり、被告町子は翌日本件建物を出て妹の家に移った。
　なお、本件建物4階には、現在は、原告の長男が居住している。
　2　証拠（乙二の1ないし21、三の1ないし5、六、七の1、2）によれば、本件建物の建築当時の1、2階部分の相当賃料月額合計が10万円以上の金額であった可能性が高いことが認められないではない。
　しかし、本件土地上の旧建物で原告が中華料理店を開くこと自体が元々正一の好意に基づくものであり、本件建物の建築についても、正一は自分達夫婦がそこに移り住むなどのメリットも考えた上、好意によってこれに同意したものと考えられ、その趣旨は、本件土地を本件建物の所有を目的として使用貸借させるということであったと解されるのであって、原告と正一の間に、本件建物の原告ら使用部分の賃料相当額を原告のローン負担額と厳密に比較した上で本件建物を正一の所有としその一部を原告に使用貸借するといった話合いがなされたとは、本件証拠関係からはおよそ考えにくく、そうすると、2冒頭の事実が1の認定を妨げるような重大な事情であるとみることは困難である。
　二　争点2について
　1　争点2（一）の被告らの主張については、本件建物についての原告のローン負担額が本件建物の当時の相当賃料額を大幅に下回るものであったことや、原告が正一らの協力があって前記ローンを完済できたものであることを認めるに足りる的確な証拠はない（これらの点に関して本件証拠上認められるところは前記一に認定判断したとおりである）。
　また、原告が、昭和55年の本件建物のローン完済後20年以上にわたり登記名義の変更を求めないままこれを放置し、その間本件建物の固定資産税を負担しなかったこと、原告が今日までに本件建物から得てきた利益の総額が

相当のものにのぼる可能性のあることは前記一1において認定したとおりであるが、そうした事実をもって原告の本件請求が信義則に反するとはいえない。

　2　争点2(二)の被告らの主張については、正一がその生前に本件建物全体の占有を継続し続けたことを認めるに足りる的確な証拠はない（かえって、前記一1に認定したとおり、正一は、原告に対し、「ビルが建ったらおばあちゃん（被告町子）と住ませてくれ」と言っていたところ、昭和48年秋ころには本件建物の3階に引っ越し、その後原告の承諾の下にその3階部分のみに居住したにすぎないものと認められる）し、前記3階部分の占有についても外形的、客観的にみて正一が原告の所有権を排斥して占有する意思は有していなかったものと解されるから、採用できない。

第四　結論
　以上によれば、原告の請求は理由がある。

　○○地方裁判所民事第○部

　　　裁判官　　○　○　○　○

　　別紙　物件目録〈省略〉

設　問

　1　建物所有権の原始的な帰属が争われている本件のような事案（請負契約に関連して注文者と請負人の間で所有権の帰属が争われている事案ではないことに注意）において、この点を判断するに当たってはどのような事情が重視されるべきか。
　また、本件においてはどのような事情が重要なものとして考慮されているか。
　2　本件土地は被告らと原告の妻の共有である。原告が本件訴訟に勝訴した場合、その判断を前提として被告らが原告に対し別個の訴訟を提起することが考えられるか。考えられるとすればその請求はどのようなものか。
　3　不動産の登記名義を有しない者が真の所有者であることを主張するこうした訴えの背景にある特殊日本的な事情、表と裏、建前と本音の二重基準について

考察せよ（契約書の内容について実際の約束はそれとは異なるといった主張をすることをも含めて）。

　将来においては、判例、学説、立法が、こうした主張は基本的に認めないという方向を採ることが考えられるだろうか、また、そうした方向性は相当なものといえるだろうか。

参考事項

　特になし。

解答および解説

　登記手続請求にかかる訴えの内容は種々さまざまだが、所有権の帰属、取得時効、遺留分といった論点はこの請求関連で現れることが多いため、それらの論点を含む事案を「登記手続請求関連」としてまとめてみた。

　本件は、建物所有権の原始的な帰属が争われた典型的な事案のひとつである。

　なお、設問1については、ごく一般的にいえば、①建物建築契約を締結した者は誰か、②建物建築、取得に当たり費用を負担した者、金銭を出捐した者は誰か、③所有権保存登記は誰の名義になっているか、建物の権利証は誰が持っているか、④建物に関する公租公課は誰が負担しているか、⑤建物占有の状況、⑥所有者でなければとらないような行動をとった者はいるか、それは誰か、といった事情が問題となろうか（なお、権利証については、2005年〔平成17年〕に法改正があり、法務局によって時期はずれるものの、平成17年以降、順次、「登記済証」ではなく「登記識別情報通知書」という書類が発行されるようになった）。

　もっとも、上記のような事情について機械的、形式的に判断するのではなく、個々の事案の特質をよく把握した上でそれらを適切にかつ総合的に評価してゆくことが必要である。

　本件において判断のかなめとなる事情は、①原告がその借金により本件建物を建築したこと（この種事案でこうしたかなりの程度に決定的な事情が存在することは珍しい）、②正一が原告に対して本件建物の権利証を渡していたこと、③正一死亡後に本件建物を被告町子名義にしたいとの話を持ちかけられたときに原告が激高していること、などである。

　この点に関する被告らの主張のうちそれなりに筋が通っておりきちんと応答し

ておく必要があるのは、「本件建物の原告ら使用部分の賃料相当額が原告のローン負担額を上回っていたから、原告には、本件建物の建築代金を負担してでも本件土地上にそれを建てさせてもらうメリットがあった」という部分である。

判決は、この主張につき、「争点についての判断」一の末尾の部分で、要旨以下のように答えている。

「本件建物の建築当時の1、2階部分の相当賃料月額合計が10万円以上の金額であった可能性が高いことは、認められないではない（被告らのいうように賃料相当額が原告のローン月額17万円を上回っていたとまではいえないとしても、それがローン月額と大差のない金額であった可能性はある）。しかし、原告と正一の間に、本件建物の原告ら使用部分の賃料相当額を原告のローン負担額と厳密に比較した上で本件建物を正一の所有としその一部を原告に使用貸借するといった話合いがなされたとは、本件証拠関係からはおよそ考えにくく、そうすると、先のような事実について、本件建物の所有権は原告が原始取得したものであるとの認定を妨げるような重大な事情であるとみることはできない」

なお、本件のように、建築（取得）代金を支出している、権利証を預かっている、中心的に占有・使用・利用しているといった事実がきれいにそろう事案はともかく、一般的にいえば、登記上の所有者でない者が原始的に所有権を取得したことを主張することは、それほど容易ではなく、取得時効を主張するのが普通であろう（取得時効を請求原因とする16事件参照）。

逆に、本件で私がやや引っかかったのは、本件建物を正一名義にした理由である「税理士のアドバイス」の内容が、原告に対し釈明を促したにもかかわらず、なおあまりはっきりしなかったことであった。

昭和48年11月1日付けの国税庁通達「使用貸借に係る土地についての相続税及び贈与税の取り扱いについて」によれば、個人間で建物所有を目的として土地の使用貸借が行われた場合には、使用借権設定の対価として権利金等を支払う慣行がある地域でも、その使用権の対価はゼロとして取り扱うこととされており、実務においても、所有者に固定資産税程度の支払をするにとどまり基本的に無償である場合には、特段の課税関係は生じないとされているという。

本件建物の完成、登記が昭和48年であることを考えると、原告が贈与税の負担を免れるために本件建物を正一名義にしたことはありうるかもしれない（この点は、授業において、不動産関連の業務を行っていたことのある学生から指摘された）。

しかし、原告の主張は、釈明を促しても、なお、上記のとおりきわめてあいま

いなままであり、先の通達への言及や説明もなかった。

　だからといって、大筋としては原告の原始取得を認めてしかるべき事実関係のこの事案において上記の点を大きく評価することは相当ではなく、結局、判決では、この点については、甲一六（弁護士の報告書）により、「原告に贈与税が課されるのを避けるなどの目的であったものと推測される」との概括的な評価を行うにとどめた。

　実際には、それ以外の目的や事情があったことも考えられるが、この動機が決定的な争点（いわゆる真の争点）になるような事案でない限り、裁判官は、そうした点にあまり立ち入って憶測を繰り広げるべきではない。もっとも、上記のような動機がおよそありえない不自然なものであることについて、被告らから説得力のある主張立証が行われた場合には、話はまた別である。こうした点も、事実認定・判断上のひとつのテクニックである（設問１）。

　ところで、本件建物の敷地は被告らと原告の妻の共有（被告らの持分は合計で４分の３）であり、共有物の管理に関する事項は共有者の持分価格の過半数で決する（民法252条本文）以上、原告が勝訴しても、土地の利用権は使用貸借であるため、建物（木造建物）所有を目的とする土地の使用貸借における使用収益をなすに足るべき期間の経過（民法597条２項ただし書）に関する判例（最一小判平成11年２月25日判例時報1670号18頁、判例タイムズ998号113頁）の趣旨（木造建物の所有を目的とする土地の使用貸借について、契約締結後約38年８か月を経過し、この間に貸主と借主の間の人的つながりの状況が著しく変化しているという事実関係の下では、借主には同建物以外に居住するところがなく、貸主には同土地を使用する必要等特別の事情が生じていないというだけでは、使用収益をなすに足るべき期間の経過を否定することができない）に照らすと、何年か後には、被告らから建物収去土地明渡請求訴訟が提起され、その訴訟において上記の期間が経過したと判断されることとなる可能性が高かった（設問２）。

　そこで、裁判官は、原告に先のような法律関係と判例の趣旨について説明し、「原告の建物所有権を確認し、しかし、何年か後にはこれを被告に譲渡する」との和解を勧めた。この和解案は、さまざまな案がつぶれた後に提案したものであり、双方とも前向きに検討するということであった（原告はそれまでに建物の一部を他に賃貸してすでにかなり大きな利益を得ていたという事情もあった）。

　しかし、原告本人は、「何年か後に建物所有権を被告に譲渡する」ことにどうしても納得できないということで、和解不調となった。

原告代理人は、「原告は、法的にいえば裁判官の和解案が一番よいということも、裁判官の尽力もよくわかっているのですが、やはり、そういうふうになる法律のあり方に納得がゆかないというのです。裁判官には合わせる顔がないから今日は出頭しないがお礼は述べてほしい、ということでした」と恐縮されていた（詳しくは、瀬木・要論［104］参照。本件は、その事例14の事案である）。

長い紛争状態を経てきた当事者の気持ち、心情、そのような当事者に得心のゆくような和解の提案がいかに難しいものであるかを示すエピソードといえよう。

しかし、もう一歩踏み込んで考えると、「後からそんなことを言うくらいならなぜ最初から登記名義を自分のものにしておかなかったのか。少なくとも、故人の生前に強い申入れをして登記を得ておくか、あるいは所有権の確認等の何らかの文書を得ておかなかったのか」という問いかけが可能となるだろう。

「建前と本音の使い分け」、その二重基準（ダブル・スタンダード）については、日本の精神的風土の大きな特色であり、実際的根拠がある場合も存在する。政治家を始めとした権力者、また権力的機構、あるいは企業等が意図的に二重基準（ダブル・スタンダード）を使い分ける場合が典型的である。こちらはわかりやすい（ある程度はどこの国にでも存在する事柄である）。

心理学的にみてより難しいのが、なぜ二重基準（ダブル・スタンダード）を使うのかがよくわからない場合である。これが、本件のように、「実際の契約や約束、あるいは実際の権利関係と異なる内容の書面を作成してしまうこと、あるいは、そのような事実状態を作出し、放置することによってそうでなければ予防できたはずの法的紛争を生じさせてしまうこと」の原因となる。

たとえば税金対策（本件のような場合、もしも意図的に行われたとすれば、節税目的というより脱税目的であるが）といった動機、目的がはっきりしていれば、その是非はおくとしてもまだ理解できるのだが、なぜ面倒な「二重基準」を用いたのかが当事者にもはっきりわかっていない場合が訴訟には結構出てくる。本件はそのような事例のひとつである。

こうなると、もはや、「二重基準」が無意識の心理的機制として血肉化しているのだろうか、とでも考えたくなるのだが、冗談でなく、実際そうなのかもしれないという気がすることがあった。こうしたことは、「規範やきまりの物神化」、「物事を明確にすることをきらう傾向」の惰性、帰結として、特に根拠や動機もなく生じうる場合があるのではないか（瀬木・本質第四章のⅠ２、Ⅱ参照）。

例を挙げることは控えるが、裁判所組織の運営、仕事のあり方や事務のあり方、法律家の書面作成方法や弁論のあり方等においても、こうした例は結構あるよう

に思う。

　そして、長年民事裁判官を務めた経験からすると、「登記は、あるいは契約書や関連文書の記載はそうなっているが、実は違う」といった主張をいつまでもいつまでも法廷で行い続けている日本の状況には、一定の疑問を感じる。

　ことに、本件のように、そのことの動機すらはっきりとはわからない（「表と裏状態」を作り出した人間が、脱税という違法な目的すら明確にすることができない）という事案では、「もしも、さしたる根拠もなく好き好んでそういうことをするのが日本人の特性だということであれば、アメリカの一部文化人類学者や国際政治学者が主張するように、日本は他の世界とは隔絶した独自の文化、文明によって形作られた別世界なのかもしれない」といった、軽い絶望にも似た思いを抱くのである。

　「『表と裏の二重基準』を使い分けるなら、その責任は自分でとりなさい」という方向でコンセンサスができるようにしてゆくための法教育、予防法学（瀬木・要論［171］）が今こそ求められているのではないだろうか（設問３）。

　最後に、被告らの抗弁については、形勢が不利であることが明らかになってから口頭弁論終結が近い段階で付け加えられた主張であり、無理が大きい。

　さらにひとつ付け加えておくと、上記の、建物（木造建物）所有を目的とする土地の使用貸借における使用収益をなすに足るべき期間の経過（民法597条２項ただし書）に関する判例と並ぶ判例として、建物の使用貸借契約が借主およびその家族の長期間の居住を目的とするものであっても、借主が同建物の使用を始めてから約32年４か月を経過したときは、特段の事情のない限り同目的に従った使用収益をなすに足るべき期間は経過したものと認めた最一小判昭和59年11月22日最高裁判所裁判集民事143号177頁がある（なお、これらの判例の解説については、判例タイムズ臨時増刊『平成11年度主要民事判例仮説』〔1036号86頁〕参照）。

　使用貸借の終了にかかる建物収去土地明渡・建物明渡訴訟を手がける場合には必ず念頭に置いておくべき判例であるにもかかわらず、これらの判例の存在を知らない弁護士が多いので、付言しておく次第である。

和解の可能性

　「解答および解説」に記したとおりである。

　もっとも、この事実関係であれば、一般的にいえば前記のような和解が成立する場合が多いと思われる。

第6 登記手続請求関連 (2)

16 土地所有権移転登記手続請求事件

事案・争点 ➡ 取得時効
　　　　　　（法理の要約、実質的判例変更）

判　　決

平成〇〇年〇月〇日判決言渡　同日原本領収
裁判所書記官　　　〇　〇　〇　〇
平成12年(ワ)第1017号　土地所有権移転登記手続請求事件
口頭弁論終結日　平成〇〇年〇月〇日

判　　決

〇〇県〇〇市〇〇区〇〇町〇番地
　　　原　　　　　告　　大　森　　悟
　　　同訴訟代理人弁護士　〇　〇　〇　〇
〇〇県〇〇市〇〇区〇〇町〇番地
　　　被　　　　　告　　石　橋　宗　男
　　　同訴訟代理人弁護士　〇　〇　〇　〇
　　　同　　　　　　　　　〇　〇　〇　〇

主　　文

一　被告は、原告に対し、別紙物件目録記載の土地について、昭和27年1月1日時効取得を原因とする所有権移転登記手続をせよ。
二　訴訟費用は、被告の負担とする。

事実及び理由

第一　請求
　主文に同じ。

第二　事案の概要
一　事案の要旨
　本件は、原告が、被告に対し、別紙物件目録記載の土地（以下「本件土地」という）について、昭和27年1月1日時効取得（20年あるいは10年の取得時効を選択的に主張）を原因とする所有権移転登記手続を求めた事案である。

二　争いのない事実等
　1　原告が、昭和35年ころ以降本件土地を占有し、畑として耕作していること。

　2　本件土地はかつて被告の亡祖父石橋義之（以下「義之」という）が所有していたこと、その登記名義が、昭和62年1月13日の相続を原因として被告の亡父石橋鉄男（以下「鉄男」という）に、さらに平成元年6月6日相続を原因として被告に移転していること。

　3　鉄男が、昭和31年3月20日付けで、○○市○○区○○町○番の畑、当時の面積1反8畝22歩（以下「本件農地」という）について農地法による払下げを受けたこと。

　4　原告が、平成○○年○月○日の本件口頭弁論期日において、前記の時効を援用する旨の意思表示をしたこと（顕著な事実）。

三　争点（なお、本件においては、20年間の占有に争いがないので、短期取得時効の要件である無過失の点は争点として掲げない）
　1　原告は、昭和26年ころから本件土地を占有していたか。

　2　以下の被告の抗弁（他主占有権原と他主占有事情）の当否（原告の反論も後に併せて記載）

　鉄男は、昭和35年ころ、原告に対し、本件土地を無償で野菜畑として貸し渡したものであり、原告の本件土地占有はこれに基づく。

　また、本件土地の固定資産税は一貫して被告側で払い続けてきたし、原告は、昭和35年の暮れから10年間くらい年末に被告に使用貸借のお礼の醬油2升を届けていたし、被告側の人間に対し所有権移転登記手続を求めたこともなく、昭和58年ころから5年間ほど被告側で本件土地上に自動車屋の看板を立ててその使用料を得たときにもこれに抗議しなかった。

　原告は、前記1の事実を否認し（なお、前記のとおり、昭和35年ころ以降の原告の占有については認める）、2については、固定資産税の点は認めるが極めて少額であり、登記手続については平成11年には求めているし、

看板の点については、被告が勝手に立てたものであり、土地の名義が被告のままだったのであえて抗議しなかったものにすぎない、と述べ、また、以下のように主張する。

原告と、義之の代理人ないし使者である鉄男は、昭和26年ころ、原告が有していた、当時西山透が所有していた畑のうち一反を自作農創設特別措置法に基づき売渡しを受けられる地位と、義之の本件土地とを、交換した。あるいは、原告が有していた地位の財産権性が稀薄であったとすれば、そのころ、義之の代理人ないし使者である鉄男は、原告からそのような地位を譲り渡されることの事実上の謝礼として、本件土地を原告に贈与した。この事実に鑑みれば、前記のような、原告が認める原告に不利な事情を考慮してもなお、原告の占有は自主占有なのである。

第三　争点についての判断
　一　争点1について
　証拠（甲六、二三、証人大森悦子）によれば、原告が、そのことに争いのない昭和35年ころに先立ち昭和26年ころ以降、本件土地を占有し、畑として耕作していたことが認められる。
　前記認定に反する証拠（乙二、証人石橋良子）は採用できない。
　二　争点2について
　1　本件土地の固定資産税は一貫して被告側が払い続けてきたこと、原告が平成11年まで被告側の人間に対しその所有権移転登記手続を求めなかったこと、昭和58年ころから5年間ほど被告側で本件土地上に自動車屋の看板を立ててその使用料を得たときにも原告がこれに抗議しなかったことは、いずれも当事者間に争いがない（なお、原告が平成11年に登記手続を求めたことについては3で認定）。
　2　鉄男が昭和35年ころ原告に対し本件土地を無償で野菜畑として貸し渡したとの主張、また、原告が昭和35年の暮れから10年間くらい年末に被告に使用貸借のお礼の醤油2升を届けていたとの主張に沿う証拠（乙二、証人石橋良子）は、これに反する証拠（甲六、二三、証人大森悦子）に照らし、採用できない。
　3　一方、証拠（甲一、二、四、五の1ないし5、六ないし一七、二一、二三、二四、乙一、五、証人大森悦子）によれば、以下の事実を認めること

ができる（適宜、争いのない事実も含めて記載する）。
　証拠（乙二、証人石橋良子）のうち前記認定に反する部分は採用できない。
　（一）　本件土地、本件農地を含む一帯の土地は戦前は西山透の経営する麻畑であったが、戦後、これについて農地解放が行われ、その土地の一部に鎌田小学校が建設された。
　同小学校の建設運動は、三宅青年同志会という地域団体が行ったが、原告はその会長であり、鉄男はその役員であった。
　そして、小学校用地となった土地以外の前記の一帯の土地については、前記同志会の中心メンバーに対して、自作農創設特別措置法に基づく買収対価（畑については土地台帳法による賃貸価格の48倍）におおむね等しい金額である1反315円程度（なお、甲一四に示された本件農地の元番土地の土地台帳法による賃貸価格6.75円の48倍は324円であって前記315円に近い）で払い下げられることが、農地売渡計画を定める市町村農地委員会の委託を受けた補助員らによって事実上決められた。本件の地域付近においては、補助員は、農業を営んでいない者についても事実上そのような割当をする例があり（甲二一）、原告も、農業を営んではいなかったが、鉄男ら農業者と同じく、1反の払下げを受ける地位（もっとも、その地位は補助員の口約束に基づく事実上のものであった可能性も高いが）を与えられた。
　（二）　そのような状況の下で、鉄男の提案により、原告と、義之の代理人ないし使者である鉄男は、昭和26年ころ、原告が有していた前記の地位と、義之の本件土地とを交換した（あるいは、原告が有していた地位の財産権性が稀薄であったとすれば、そのころ、義之の代理人ないし使者である鉄男は、原告からそのような地位を譲り渡されることの事実上の謝礼として、本件土地を原告に贈与した）。
　その結果、鉄男は、後に、隣接する2反の畑の払下げを受けた。うち、本件農地については、昭和31年3月20日付けで払下げを受けたが、このころには払下げの根拠法規は農地法となっていたので、その売渡価格も、1万6137円と高額になった（なお、証人石橋良子は、（二）の点につき、鉄男が前記の払下げを受けるについて原告が世話をしてくれたという認識はある旨証言している）。
　（三）　原告の妻悦子は、昭和28年に原告と結婚して間もないころから、前記のような事情を原告から聞かされ、本件土地は原告の土地であると考え、

その登記については、なにがしかの承諾料を払って早く原告に移転してもらうよう再々夫である原告に求めていたが、原告はそのような要求をすることを嫌うところがあり、結局、平成11年に至るまでそのような要求を被告に対してしなかった。

　原告夫妻は、本件土地の固定資産税についても、本来原告が支払うべきであるとは考えていたが、これが極めて少額であると思われた（乙五によれば平成11年で年間108円）ことから、前記の承諾料で精算すれば足りると考え、これについても積極的な申し出を怠っていた。

　（四）　昭和58年ころから5年間ほど、被告側において、本件土地上に自動車屋の看板を立ててその使用料を得たことがあったが、原告は、これについて自己に断りがなかったことと、耕作にとって邪魔になる場所でもなかったこととから、あえてこれに積極的に抗議しようとは考えなかった。

　（五）　原告は、昭和60年以降、中央電信電気株式会社との間で、本件土地上に2本の電柱を設置するための敷地使用契約を締結し、その後その使用料を得ている（甲四、五の1ないし5）。

　（六）　また、原告は、平成5年ころ、本件土地上の境界木である2本のクヌギの木を切り倒したが、亡鉄男の妻良子は、その際にも、夫人の集まりで悦子と顔を合わせた際、「大森さんのところは木を切ったんだ」と述べて不快の意思を婉曲に示した程度で、原告夫妻に対し本件土地の返還を求めるなどの強い抗議はしなかった。

　4　3に認定した事実に照らせば、1のような事情は、原告が外形的客観的に見て他人の所有権を排斥して本件土地を占有する意思を有していなかったと解される事情として十分であるとはいえない。

第四　結論
　以上によれば、原告の請求は理由がある。

　○○地方裁判所民事第○部

　　　　裁判官　　○　○　○　○

別紙　物件目録〈省略〉

設　問

1　取得時効が問題になる事案において双方当事者が主張立証すべき事項を整理せよ。

2　1を踏まえ、その法理の本判決における具体的な当てはめ、判断の論理の流れについて整理せよ。

参考事項

関係条文　民法162条、186条1項

解答および解説

取得時効が争点になる事案は、訴額の小さなものであっても難しい。当事者は、自分が何を主張したらいいのかわからなくなりやすいし、裁判官の争点整理リードも、判決起案も同様に難しい。

その理由については、まず第一には、取得時効が問題になる事案において双方当事者が主張立証すべき事項、また、これに関わる判例の枠組みがかなり複雑微妙であって難しいことがある。

まず、この点について、正確、平易、簡潔に整理してみよう。本書では何度も言及していることだが、このように、「自分の言葉で正確にかつわかりやすく、また、できれば簡潔に、判例学説や法理を要約する」訓練は、実務家にとっても、研究者にとっても、その能力を伸ばしてゆくためにきわめて重要な事柄なのである。

まず、本件判決が認定している20年の取得時効（民法162条）については、「他人のものを占有」した者の「所有の意思、平穏、公然、」は、すべて民法186条によって推定される（なお、10年の取得時効については「善意」も推定される）。

ところで、民法162条においては、通常の法律上の推定とは異なり、推定の前提事実（他人のものの占有）と推定事実（所有の意思、平穏、公然、善意）が同一の条文の中に規定されている。このような場合の法律上の推定規定（この場合には民法186条1項）については、「暫定真実」を定めたものといわれる。「暫定真実」

という表現は不正確だが、要するに、「推定の前提事実と推定事実が同一の条文の中に規定されている場合の法律上の推定規定」のことであると解してよいと思われる（暫定真実がはたらく場合、先のような条文は、前提事実本文、推定事実の不存在ただし書という形に書き換えることが可能になる。たとえば、162条1項であれば、「20年間他人の物を占有した者は、その所有権を取得する。ただし、その占有が所有の意思をもってするものでなく、または平穏かつ公然にしたものでない場合には、この限りでない」と書き換えられる、ということである）。

また、民法186条2項については、通常の法律上の推定規定である。

以上によれば、20年の取得時効（民法162条）を主張する者（本件では原告）は、占有の開始時期とその20年後の2点における他人の物の占有さえ主張立証すればよいことになる。

そうすると、法律上の推定（暫定真実）により証明責任が転換する結果、相手方（本件では被告）は、占有の継続については、「上記の20年間のいずれかの時点において原告の占有が途切れたこと」を主張立証すべきことになる。

次に、上記のとおり、「所有の意思」についても法律上の推定がはたらく結果、被告において、その反対事実である他主占有権原、他主占有事情を主張立証しなければならない。

そして、他主占有事情（所有者として当然とるべき行動をとらなかったこと、また、とるべきではない行動をとったこと）については、占有者が登記名義人に対して所有権移転登記手続を行うことを求めなかった、固定資産税を負担しなかったといった事情だけから、ただちに、その占有が自主占有ではない（他主占有事情を認めることができる）と即断すべきではない（他主占有事情の判断は微妙であり、上記のような一定の事由の存在をもって機械的にこれを認めるべきではない）といった最高裁判例の枠組み（最一小判昭和58年3月24日民集37巻2号131頁、最二小判平成7年12月15日民集49巻10号3088頁。後者の判例は、現状では、所有権に関する登記については、15事件の「解答および解説」で触れた「外見と実態の乖離」にもやむをえない部分があるとして、これに一定の理解を示したということになろうか）を頭に入れておく必要がある。

なお、上記のふたつの最高裁判例はかなりニュアンスが異なり、実質的にみると、後者が前者を変更している。判例付き六法では前者の記載をオミットしている例があるが、その理由はこのような事情にあるとみてよいだろう。

こうした「実質的判例変更」は、本来は望ましいものではないが、日本の最

高裁においては、最高裁が憲法判断を行うことにきわめて消極的であること（瀬木・裁判所188頁）などから、大法廷における審理もきわめて例外的なものとなっており、そのため、このように、小法廷が実質的な判例変更を行う例がみられるのである（設問1）。

各判例の内容については各種文献を見ていただきたいが、最高裁判例の趣旨をとりあえず正確に理解するためには、最高裁判所調査官執筆にかかる『最高裁判所判例解説民事篇』〔法曹会〕あるいはより簡潔な「判例タイムズ」、「判例時報」等の判例誌コメント（最高裁判例の場合にはこれらも調査官が執筆している）を読むのが適切であろう。判例の読み方と位置付け一般については瀬木・要論［098］を参照されたい。

他主占有事情については、上記のようなファジーな枠組みが設定されているために、個々の事案における事実認定とその評価もまた微妙なものになりやすい。

判決は、上記のような判例の枠組みに従って判断を進め、原告の占有は被告側の人間からの使用貸借に基づくという被告の主張を退け（なお、この点についての客観的な証拠が存在しない本件では被告の主張は全体として弱いといえる）、また、他主占有事情についても、原告の占有が事実上の交換契約に基づくものであったことを認定し、そのことに鑑みれば、被告主張のその他の諸事情によって他主占有を認めることもできないとしている（結局、この点、すなわち、被告の、「原告の占有は他主占有である」との主張とこれに対する原告の積極否認が、本件の中心的な争点であろう）。

なお、交換契約ないし贈与については、それ自体原告の請求原因になりうる事柄だが、ここでは、被告の他主占有事情の主張に対する原告の積極否認として主張立証されていることに注意する必要がある。このことを始めとして、「争点についての判断」二3の認定は、すべて、被告の他主占有事情の主張に対する原告の積極否認の主張に沿ったものである（設問2）。

こうした、判例によって実質的な法が形成されている争点に関わる判決については、当該判例についての正確な知識がないと理解が難しいことがおわかりいただけたであろうか（上記の「他主占有事情」に関する点は、10事件の「解答および解説」で触れた、「判例によって要件事実が補足修正されている場合」の一例でもある）。

なお、判決は、裁判所に顕著な事実である時効の援用の意思表示を「争いのない事実等」の項目に掲げているが、私は、その後、こうした意思表示（ほかによくあるのは相殺の意思表示）については、「争点」の部分に、関連する当事者の主

張とともに記載することに変更した(「民事判決書の現状とその解説」5(2)②)。

和解の可能性

　本件では、被告は本件土地の時価とほとんどへだたりのない金額を支払う和解案を提示したが、原告はこれに応じようとしなかった。やはり、原告本人が和解に拒絶的だったようである。

　15事件と同じく、「不動産に関する親族や隣人間の訴訟は争いの根が深い」というタイプの事件である。「不動産に関する親族や隣人間の訴訟」には、比喩的にいえば、人間の遺伝子中にある遠い縄張り争いの記憶(哺乳類の祖先から引き継いだもの)を刺激し、血を騒がせる何かがあるのかもしれない。

第6　登記手続請求関連 (3)

17　土地建物所有権移転登記手続等請求事件

事案・争点 ➡ 遺留分、価額弁償
　　　　　　（制度の意味）

判　　決

平成〇〇年〇月〇日判決言渡　同日原本領収
裁判所書記官　　〇　〇　〇　〇
平成11年(ワ)第1018号　土地建物所有権移転登記手続等請求事件
口頭弁論終結日　平成〇〇年〇月〇日

判　　決

東京都〇〇区〇〇町〇丁目〇番〇号
　　　原　　　　　　告　　吉　田　加奈子
〇〇県〇〇市〇〇町〇丁目〇番地
　　　原　　　　　　告　　沢　村　奈　美
〇〇県〇〇市〇〇町〇丁目〇番〇号
　　　原　　　　　　告　　片　山　幸　子
　　　原告ら訴訟代理人弁護士　　〇　〇　〇　〇
東京都〇〇区〇〇町〇丁目〇番〇号
(不動産登記簿上の住所)〇〇県〇〇市〇〇区〇番〇号
　　　被　　　　　　告　　君　島　春　夫
　　　同訴訟代理人弁護士　　〇　〇　〇　〇
　　　同　　　　　　　　　　〇　〇　〇　〇

主　　文

一　被告は、原告吉田加奈子及び原告沢村奈美のそれぞれに対し、被告が同原告らに対してそれぞれ民法1041条所定の価格の弁償として1017万116円

を支払わなかったときは、別紙物件目録記載1、2の各不動産の持分10億分の4557万162及び同目録記載3ないし7の各不動産の持分1万分の814につき、平成9年10月29日遺留分減殺を原因とする所有権移転登記手続をせよ。

　二　被告は、原告片山幸子に対し、被告が同原告に対して民法1041条所定の価格の弁償として1017万116円を支払わなかったときは、別紙物件目録記載1、2の各不動産の持分10億分の4557万162及び同目録記載3ないし7の各不動産の持分1万分の814につき、平成9年8月6日遺留分減殺を原因とする所有権移転登記手続をせよ。

　三　被告は、原告らのそれぞれに対し、352万5626円を支払え。

　四　原告らのその余の請求をいずれも棄却する。

　五　訴訟費用は、これを10分し、その1を原告らの、その余を被告の負担とする。

　六　この判決は、第三項に限り、仮に執行することができる。

事実及び理由

第一　請求

　一　被告は、原告吉田加奈子及び原告沢村奈美のそれぞれに対し、別紙物件目録記載1、2の各不動産の持分177兆9803億6500万分の8兆6668億1589万9378及び同目録記載3ないし7の各不動産の持分17億7980万3650分の1億5481万1566につき、平成9年10月29日遺留分減殺を原因とする所有権移転登記手続をせよ。

　二　被告は、原告片山幸子に対し、別紙物件目録記載1、2の各不動産の持分177兆9803億6500万分の8兆6668億1589万9378及び同目録記載3ないし7の各不動産の持分17億7980万3650分の1億5481万1566につき、平成9年8月6日遺留分減殺を原因とする所有権移転登記手続をせよ。

　三　被告は、原告らのそれぞれに対し、445万4530円を支払え。

第二　事案の概要

　一　事案の要旨

　本件は、原告らのそれぞれが、被告に対し、遺留分減殺を理由として、亡君島秀隆（以下「秀隆」という）の遺産である別紙物件目録記載の各不動産（以下、まとめて「本件不動産」と、また、同目録中の符号によって個別的

に特定して「1不動産」などという）の相続開始時の評価額及び256万2365円の預金（以下「本件預金」という）の合計額から秀隆の相続開始時の債務額を控除した残額に相続人、代襲相続人、被代襲者の特別受益の金額を加えた（民法1044条による同903条の準用）金額を基準として算出した金額から原告らの遺留分価格（前記金額の10分の1）を割り出すことによって算出した「相続開始時の積極財産に対する原告らの各遺留分の価格の割合」を本件不動産に乗じて得た割合による持分の移転登記手続と同割合を本件預金額に乗じて得た金額（22万2880円）の支払を、また、遺産である不動産のうち第三者に賃貸されているものについて遺留分減殺によって自己に帰属することとなった所有権の侵害に基づき、その賃貸料に前記割合を乗じて得た金額の、相続開始時から50か月分（平成8年12月24日から平成13年2月23日まで）の合計額（月額8万4633円として50か月で423万1650円）の支払を、それぞれ求めたものである。

二　争いのない事実
1　秀隆は、平成8年12月24日に死亡した。
2　その相続人は、秀隆の子である原告ら及び八代昌子、秀隆死亡前の平成5年3月18日に死亡した秀隆の子君島幸夫（以下、君島姓の関係者は名前だけで特定する）の子らで代襲相続人である長男哲也、次男被告、三男正人であり、原告らの遺留分割合は、各10分の1である。
3　秀隆は、死亡時に、本件不動産と本件預金を有していた。
4　秀隆は、その遺産の全部を被告に相続させる旨の公正証書遺言をし、被告は、本件不動産について自己に所有権移転登記手続をし、また、本件預金を取得した。
5　原告吉田、原告沢村は、平成9年10月29日に、原告片山は同年8月6日に被告に到達した書面で、それぞれ、遺留分減殺の意思表示をした。

三　双方の主張（争点）
1　原告らの主張
（一）　本件不動産の相続開始時の評価額は1億7541万8000円である。これに本件預金額256万2365円を加えた金額1億7798万365円が相続開始時の秀隆の積極財産の金額である。
（二）　相続開始時の秀隆の債務額は1億2241万499円である。
（三）　被代襲者である幸夫の特別受益の金額は8044万1700円（昭和63年

度から平成4年度までの学費等）であり、幸夫死亡（平成5年3月18日）後の哲也、被告、正人の特別受益あるいは秀隆から幸夫の妻奈々子に対する、遺留分権利者に損害を加えることを知ってした贈与の金額は1880万円（平成5年度から平成8年度までの学費等）である。

　これらの特別受益は、前記のとおり、幸夫の子らである前記の三名の学費等として利用された（生計の資本としての贈与）。その内訳は、別紙教育費等一覧表1（原告ら第6準備書面添付の「教育費等一覧表」）及び別紙教育費等一覧表2（原告ら準備書面4の関係部分）のとおりである。

　（四）　（一）の金額から（二）を控除した残額に（三）の金額を加えた金額は1億5481万1566円である。したがって、原告ら各自の遺留分の価格は1548万1156.6円である。

　（五）　よって、原告らは、それぞれ、被告に対し、「相続開始時の積極財産に対する原告らの各遺留分の価格の割合」（原告らの主張によれば、17億7980万3650分の1億5481万1566）を本件不動産に乗じて得た割合（請求の趣旨のとおり）による持分の移転登記手続と同割合を本件預金額に乗じて得た金額（22万2880円）の支払を、また、遺産である不動産のうち第三者に賃貸されているもの（3ないし5不動産）について遺留分減殺によって自己に帰属することとなった所有権の侵害に基づき、その賃貸料に前記割合を乗じて得た金額（8万4633円）の、相続開始時である平成8年12月24日から口頭弁論終結前の日である平成13年2月23日までの50か月分の合計額（423万1650円）の支払を求める。

　2　被告の主張
　被告は、原告らの主張、ことに（三）の主張を争い、幸夫の子らの学費等を負担したのは、秀隆ではなく幸夫、奈々子夫妻であると主張するとともに（この点が本件における主要な争点である）、価格弁償の意思表示（民法1041条1項）を行った（平成12年3月3日の第7回口頭弁論期日）。

第三　判断
　前記争いのない事実を前提とし、前記原告らの主張に沿って判断してゆくこととする。
　なお、原告らは、当初、前記特別受益のうち前記代襲相続開始前の分（平成4年度分までの学費等）について、秀隆が直接幸夫の子らに贈与したと主

張していたところ、後にこれを前記のとおり被代襲者である幸夫に贈与したと変更した。被告は、これについて自白の撤回であるとして異議を述べている。

しかし、特別受益帰属主体に関する原告らの主張は、被告が主張立証責任を負うところの原告らに不利な事実を認める陳述ではなく（原告らが主張立証責任を負う特別受益の主張の内容の変更にすぎないし、被告は、主張の変更の前後を通じ、原告らの前記主張を争っているものである）、被告の主張は、およそ理由がない。

一　本件不動産の相続開始時の評価額は１億7541万8000円である（甲二二）。これに本件預金額256万2365円を加えた金額１億7798万365円が、相続開始時の秀隆の積極財産である。

二　相続開始時の秀隆の債務額は１億2241万499円である（乙六、七）。

三　特別受益の有無について

１　証拠（甲一二ないし一八、甲二三の１ないし３、二四ないし三〇、三一の１、２、三二ないし三四、三六、三七、三八の１ないし23、三九、四〇の１ないし５、四五ないし四八、証人吉田茂行、同君島奈々子、原告片山幸子。ただし、証人君島奈々子については、後記２の採用しない部分を除く）によれば、以下の事実を認めることができる。

（一）　秀隆は、かねてから、有限会社君島レンズ製作所（以下「君島レンズ」という）を経営しており、幸夫は、その取締役であった。

しかし、昭和50年代の後半にはレンズ業界が不況となって業績が悪化し、また、幸夫の健康状態も悪くなっていった。さらに、哲也が医学部に進学することを希望していたところ、レンズ業からの収入ではその費用を支払うことは非常に困難な状況でもあった。

（二）　そこで、幸夫が秀隆を説得した結果、秀隆は、君島レンズの工場を閉鎖してその跡地にマンションを建設することを決意し、昭和61年ころには工場を閉鎖し、昭和63年10月にはその跡地にマンション（以下「本件マンション」という）を建設した（このマンションの敷地と区分所有建物のうち分譲されなかった５戸が、本件不動産である）。

（三）　秀隆は、２不動産を所有していたところ、１不動産については借地であったため、それまでに蓄えていた金銭の一部を費やして昭和62年にこれを買い受け（甲一二、一三）、また、山並銀行から３億6000万円を借り入

れて、本件マンションを建設した。

　（四）　秀隆は、本件マンションの区分所有建物のうち7戸を平成元年10月から平成4年3月までに売却し（甲二四ないし三〇）、残余の5戸のうち6、7不動産を居宅として利用し、3ないし5不動産を賃貸して、相当の賃料収入（平成8年度で1482万650円。甲三一の1、2）を得た。

　そして、前記3億6000万円のうち1億5000万円以上とそれ以外の借入金のすべてを合わせた約2億円については平成3年1月までに一括返済し、残余については、本件マンションの賃貸部分の賃料収入から支払っていた（甲三六、四〇の5）。

　（五）　本件マンションの売却部分の売却代金額は、合計約3億円前後であった。したがって、これから前記(四)の一括返済にかかる約2億円を控除しても秀隆の手元にはなお相当の金額が残った（前記の売却代金額について、その買主が売買時に設定した根抵当権、抵当権の金額等から原告らが推認した〔原告ら第6、第8準備書面〕3億600万円という金額は、おおむね前記担保物件の極度額ないし被担保債権額に近似した金額となっており、合理性を有するものと認められる）。

　また、秀隆は、ほかにも、君島レンズの収益によって相当額の貯金を有していたが、その死亡の時点においては、前記のとおり、その預金はわずか256万2365円となっていた。

　（六）　哲也は、昭和63年4月に健生院大学医学部に入学し、平成6年3月に卒業した。また、正人は、平成2年4月に同大学医学部に入学し、平成8年3月に卒業した。この間に要した同人らの学費は、原告らの主張のとおりであり、哲也について合計3568万50円、正人について2876万1650円である（甲二三の1ないし3）。

　秀隆は、周囲の人間に対して、哲也と正人の医学部の学費はすべて自分が負担し、いずれについても3000万円程度を要したと告げていた。

　また、秀隆は、被告についても、これとほぼ同様の金額を、幸夫の依頼により、同人の平成元年から平成4年までのアメリカのスキー学校への留学等、プロスキーヤーになるための一連の訓練の費用として出してやったと述べていた。

　（七）　幸夫は、君島レンズの取締役をしていたが、その工場が閉鎖されてから後の君島レンズの収益が、レンズの製造を受注してこれを下請けに回し

て得る若干の手数料のみとなったことから、昭和61年ころ以降はその収入はわずかとなり、一方、同人の以前からの持病が悪化して昭和62ないし63年ころから平成5年3月18日に死亡するまでの間については安忠病院に入退院を繰り返す状態であったことから、その治療費は相当の金額にのぼっていた。

この間の幸夫一家の収入は、奈々子が原告吉田の夫茂行の経営する吉田有限会社から得る内職仕事の手数料（平成5、6年度についてみると年間250万円弱。甲三八の1ないし23、三九）が主たるものとなり、生活費にも事欠く状況であった。

ことに、平成5年に幸夫が死亡した後には、奈々子が秀隆に生活費の援助を求めたことから、既に幸夫の子らの学費等に関して多額の出費をしているからそのようなことはできないという秀隆と、奈々子及びその子らとの間にいさかいがあり、原告片山の夫が仲裁に入るなどした。

また、奈々子は、秀隆の死亡時には、その葬儀費用として、吉田茂行から200万円を、知人の沢村から100万円を借りなければならなかった。

なお、奈々子は、哲也と正人の学費の支払いについてはみずからは一切関与しておらず、その支払の具体的な経緯を何ら知らない（同人の証言）。

2　1の事実を総合すると、哲也と正人については原告ら主張のその学費の全部について、被告については前記のプロスキーヤーになるための訓練の費用等のうち前記の二人の学費のうち低いほうである正人の学費に準じる少なくとも2500万円について、秀隆が、幸夫の存命中は幸夫にその使途を限定して交付し（被告についてはこの期間のみ）、幸夫の死亡後（平成5年度分以降の学費）は、哲也と正人に直接与える趣旨で奈々子に事実上交付していたものと推認することができる。

そうすると、原告らの特別受益の主張は、前記の限度で正当である。すなわち、哲也と正人の関係では、秀隆が幸夫に交付した平成4年度分までの学費について被代襲者である幸夫の特別受益を、平成5年度分以降については哲也と正人の特別受益を認めることができ、また、被告の関係では、平成元年から4年までの間に秀隆が幸夫に交付した2500万円について被代襲者である幸夫の特別受益を認めることができる（なお、平成5年以降の被告の特別受益として原告らが主張する各年度120万円の金額については、本件マンションの管理費用として支払われたものであり、また、前記の管理について

は被告はこれを放棄したけれどもその後を奈々子が受け継いで行っているというのであるから〔甲三六、証人吉田茂行〕これをもって幸夫の被告に対する贈与とみることは困難である〔奈々子が得るべき対価が被告に支払われていたということにすぎないものと認められる〕）。

　証人君島奈々子の証言のうち前記1の認定に反する部分は、「哲也と正人の学費はすべて幸夫が支払っていると思うが、自分はその具体的な内容は一切知らない」というものであり、そのうち「哲也と正人の学費はすべて幸夫が支払っている」との部分については、極めて抽象的な陳述に終始しており、また、前記1の認定に供した客観的証拠とも符合せず、到底採用できない。

　また、前記の学費の振込みが幸夫やその妻子の名義でなされている事実（乙一の1ないし5、二の1ないし4）は、原告らの主張と背馳する事実とはいえない（幸夫が、親として、秀隆から得た金銭を自己ないしその妻子の名義で振り込むこと自体は、ごく自然なことである）。

　次に、被告提出の乙九ないし一一、一二の1、2の証拠が示す、幸夫や奈々子に機会的な収入や借入れがあったとの事実（具体的には、平成元年5月に幸夫が土地売買により300万円を取得し〔乙九〕、同年5月に幸夫が一清興業信用組合から354万5824円を何らかの原因で受け取り〔乙一一。同金額の取得原因は不明であり、実際には前記売買に関連するものである可能性も高い〕、平成5年2月に幸夫が株式会社インディカコーポレーションから教育ローンとして200万円を借り入れ〔乙一二の1、2〕、同年5月に奈々子が土地売買により1700万円を取得〔乙一〇〕）については、教育費名目で幸夫の死亡直前に借入れがなされた200万円を含め、生活費、幸夫死亡前後の治療費等の必要費、あるいは借金の返済等に充てられた可能性が極めて高いものであり（証人君島奈々子に対する反対尋問参照）、したがって、これらの事実は前記の推認を妨げるようなものとはいえない。

　また、被告提出の乙一四の1ないし3以下の書証については、いずれも、前記の書証と同じく幸夫ないし奈々子がその子らの学費等を支払ったとの趣旨で提出されているものであるが、原告らが述べるとおり、前記の学費等の負担者が誰であったかが事実上の主要な争点となっている本訴において、人証の証拠調べの後の口頭弁論終結直前の段階になって提出されていること自体相当とはいえず、原告らとしてはこれらについて反駁するための証拠の収集や証人君島奈々子に対する反対尋問の機会を与えられていないもの

であるから、その評価に当たっては前記のような事情を考慮せざるをえないものであるが、その内容からしても、定期預金の払戻しの時期（昭和60ないし61年）からして本件の学費等とは関係がない（乙一四の1ないし3）、借入れの時期（昭和62年）からして本件の学費等とは関係がない（乙二〇の1、一五の1、3）、定期預金を担保とした、手形貸付の書き換えを伴う借入れであることや当初の借入れの時期（昭和63年12月30日）からして、本件の学費（その納期は原則として3月及び9月である。甲二三の1ないし3、三三）等のための借入れとは見難い（乙二〇の2の1、2、二〇の3、一五の2）、昭和62年11月27日のゴルフ会員権の売却であるが、昭和62年10月24日（乙二〇の1）等にされた一清興業信用組合からの借入れの返済等に充てられたものとみられ、その時期からしても本件の学費等の借入れとは見難い（乙一八の1ないし3）、幸夫の手形による借入れを奈々子が代位弁済したことを示すものにすぎない（乙一六の1、2）、平成5年4月5日に支払われた幸夫の死亡保険金（331万8235円）であり、前記1に認定したような奈々子らの家族の当時の状況からして、生活費や借金の返済等に充てられた可能性が極めて高い（乙一九）、平成5年9月10日に解約された財形預金（160万4687円）及び定期預金（163万8655円）（いずれも幸夫名義）であるが、前記1に認定したような奈々子らの家族の当時の状況からして、生活費や借金の返済等に充てられた可能性が極めて高い（乙一七の1、2）、平成7年5月から11月にかけての奈々子の一清興業信用組合からの借入れであるが、前記のとおり奈々子は学費等の支払に関与していない旨証言しており、その金額（合計4450万円）からしても、原告らの主張のとおり宝くじ当選を契機とした不動産購入のための借入れである可能性が高い（乙二〇の4ないし7）、といったように、いずれについても原告らの反論が合理的と考えられるものであって、やはり、前記の推認を妨げるようなものとはおよそいえない。

　四　一の金額から二の金額を控除した残額に三2の特別受益の金額を加えた金額は1億4501万1566円であり、原告ら各自の遺留分の価格は1450万1156円である。

　そうすると、原告らの各遺留分の価格を相続開始時の積極財産の金額で除した数値は、約0.0814、あるいは1万分の814となる（計算及び不動産持分の算出上の便宜のため、これ以下の数値は切り捨てる）。

よって、原告らの請求は、前記数値を本件不動産のそれぞれに乗じて得た割合による持分（1、2不動産につき10億分の4557万162、3ないし7不動産につき1万分の814）の移転登記手続、同数値を本件預金額に乗じて得た金額（20万8576円。円未満切り捨て）の支払、また、遺産である不動産のうち第三者に賃貸されている3ないし5不動産（現在の賃料については、鑑定の結果により、合計で1か月81万5000円と認められる。なお、管理費については加算しない）について遺留分減殺によって自己に帰属することとなった所有権の侵害に基づき、その賃貸料に前記数値を乗じて得た金額（6万6341円）の、相続開始時である平成8年12月24日から口頭弁論終結前の日である平成13年2月23日までの50か月分の合計額（331万7050円）の支払を求める限度で理由がある（なお、価格弁償の点については次に述べる）。

また、被告が平成12年3月3日の第7回口頭弁論期日に価格弁償の意思表示を行った事実は裁判所に顕著であるが、被告がその弁済の提供をしたことを示す証拠はない。

したがって、原告らの移転登記請求については、本件口頭弁論終結時の本件不動産の価格（鑑定の結果に従い、1億2494万円と評価するのが相当である）に前記の数値を乗じて得た1017万116円を被告が支払わなかったことを条件として認容すべきである。

第四　結論

以上によれば、原告の請求は主文の限度で理由がある。

○○地方裁判所民事第○部

　　　裁判官　　○　○　○　○

別紙　物件目録〈省略〉
別紙　教育費等一覧表1、2〈省略〉

設　問

1　本件事案の概要（要するにどのような争いであるのかということ）、争点、裁

判所の判断を、正確にかつわかりやすく要約せよ。
　2　本件における被告代理人の主張立証活動についてはどのような問題があると考えられるか。判決の理由の記述から考えられるところを述べよ。
　3　遺留分制度の趣旨とその利害得失、今後のあるべき姿について、法社会学的観点をもまじえつつ考察せよ。
　4　判決の主文と民法1041条、民事執行法174条との関係について調査せよ。

参考事項
　関係条文　民法1028条以下

解答および解説

　事案は、要するに遺留分減殺に基づくものであり、被告は、原告らのおい、被相続人の孫に当たる。すなわち、祖父が孫の一人に対してその遺産の全部を相続させる遺言をしたという事実関係である。

　本件の中心的、実質的な争点は、被告（を含む先の孫達）の学費負担者は誰かということに尽きる。それが被相続人であるということになれば先の学費負担は特別受益に繰り込むことになるからである（民法1044条による同903条の準用）。

　判決の相当部分はこの争点に関する判断に充てられている。

　具体的には、①秀隆死亡時に、本件マンションの代金額がその一部を構成していたはずの彼の預金がほんのわずかしか残っていなかったこと、②秀隆は、「ほかのふたりの兄弟の学費は自分が負担した。また、被告についても、ほかのふたりの兄弟と同じくらい（3000万円くらい）の金額は出してやった」旨を生前に述べていたこと、③一方、幸夫と奈々子夫妻はその子らが学費を必要とした時期には生活費にも事欠くような状況であったこと、④奈々子は先のふたりの学費の支払については一切関与していないこと（すなわち、それらは秀隆が直接行っていた可能性が高いこと）などの事情から、被告（を含む先の孫達）の学費負担者は秀隆であるとしている（設問1）。

　このように、本件は、関係証拠からみればその事実関係の大筋が明らかといってよい事案であり、双方代理人に一定の能力と良識、また、当事者本人に対する説得力があれば、早期に和解が成立してよい事案である。

　しかし、本件では、審理にも相当の時間がかかり、和解も結局成立しなかった。

そのことについては、おそらく、被告本人（その後ろにはその両親がいる）と被告代理人の問題が大きいといえる。

ことに目立つのは、被告代理人の主張立証活動の問題であり、それは、こうした事案にありがちな重箱の隅をつつくような細かな争い方という範囲を超えている。

まず、「判断」の冒頭で排斥されている「原告らの自白の撤回に対する異議」の主張については、裁判官の説明にもかかわらずなお維持された（代理人が相手方の反論や裁判官の説明を理解しなかった）ので、やむなく判決中で判断を加えることとなったものであり、およそ理由に乏しいと思われる（自白における「不利益事実」の内容に関する証明責任説はもちろん、敗訴可能性説によっても、自白の対象になるような事実とは考えにくい）。

また、口頭弁論終結直前の段階で提出された乙一四号証の１ないし３以下の書証については、理由中の説示（「判断」三２の末尾の部分）からもわかるとおり、人証調べの後に提出されているのみならずおよそ代理人によるスクリーニングが行われているとは考えられないような内容のもの（本人のいうがままにおよそ無意味な書証を提出しているだけ）であり、本来であれば、時機に後れた攻撃防御方法（民事訴訟法157条１項）として切り捨てられてもやむをえないものである（本件では、あえて原告らの反論の期日を設けなくても証明力に乏しい証拠であることは明らかと思われたので、時機に後れた攻撃防御方法として却下することなく、弁論を終結して判決中でそのことを明らかにしている）。

なお、ほかにも、争点整理全般において、被告の主張や反論を正確に理解してこれに対応するにつき、裁判官も、原告らも、多大のエネルギーを消費している。

被告のこうした主張立証活動により本件の審理はかなり遅れた。そして、もしも若手裁判官が担当していたとすれば、その遅れはさらに大きなものとなった可能性が高いであろう（設問２）。

和解についても、原告らはそれ相応の譲歩には応じていたものであり、被告の柔軟性のない対応により不調となったものであることを考えると、上記のような被告の主張立証活動の問題は、より大きいものといえよう。

さて、遺留分減殺に基づく訴訟はかなり数が多い。そして、大半は和解で決着がつくものの、和解成立に至る道筋は曲がりくねった長く狭い道（まるで「ロング・アンド・ワインディング・ロード」というビートルズ後期の曲のように）という事案も、結構存在する。また、本件のように双方が徹底的に争う事案では、主張

立証のあり方にどうかという部分がみられる例もかなり多い。

　これは、高齢の親の面倒をずっとみてきた子が、兄弟姉妹が基本的に了解していた内容の遺言により遺産の全部を取得したところ、一部の兄弟姉妹（その配偶者がごね始める場合が多い）から、予想していなかった遺留分減殺の意思表示が出たとか、被相続人が、関係の深かった子やその子（孫）に相当の価値のある遺産を全部相続させる遺言をしたが、その遺言の内容は他の兄弟姉妹には寝耳に水の内容であり、納得できないものであった（たとえば、関係の深かった子による強い働きかけで遺言が行われた可能性の存在）などの事情があることが多いという事件の背景に原因があるのだろう。

　遺留分制度はどの国の法制度にも存在するというものではない（たとえば、英米法は、基本的には遺言自由主義を採り、このような制度をもたない。『新版注釈民法28〔補訂版〕』〔有斐閣〕436頁以下〔中川淳〕）。

　また、そのあり方についても、時代時代の家族のあり方と密接に関わっているので、本来であれば、そうした部分に敏感に対応した制度の微調整があってもよいはずなのである。

　しかし、家族法、相続法の分野は、そうした形での実務と理論の反応が十分に機敏ではなかった典型的な分野であるように思われる。

　ことに、相続法については、私は、友人の民法学者から、「瀬木先生。相続法は、民法学界でも、『暗黒大陸』っていわれているんですよ」という言葉を聞いたことがあるくらいで、条文の不備のために、基本的な解釈論から定まっていない部分が多い。

　この点については、私の特異な考え方では全くない。立法に携わった川島武宜（たけよし）教授自身が、「相続法については、大急ぎで、憲法の大原則と矛盾しないようにつじつまを合わせる程度の作業しかできませんでした。共同相続を原則としつつこれに関する規定や制度がこんなに不完全なままの国は、はたしてほかにあるのでしょうか。相続法の規定の整備は実務家と学者の最大の急務のひとつです」という趣旨のことを記しているのである（『ある法学者の軌跡』〔有斐閣〕229頁）。

　その結果、遺留分に関する入り組んだ訴訟は争点整理をしているうちにわけがわからなくなってくる傾向が強い（ことに裁判官が能力不足の場合）し、遺産分割の家事審判については、仕方なく、家裁の裁判官たちが独自の実務法を作ってこれに対処してきたが、これについては、民法の財産法の部分との整合性に問題があるという状況になっている。

戦後70年を経過してもこの有様では、日本が法的な面からみて本当の意味で近代国家になっているといえるかはいささか、あるいは相当に疑問、と評価せざるをえないであろう。まあ、これは、制度だけではなく裁判についてもいえることなのだが（瀬木・裁判の全体がそのことを明らかにしていると思う）。

　家族法、相続法については、今後、実務と理論の客観化と合理化、実務と理論のコミュニケーションの促進、また、財産法分野との連続性の確保によりその精度が高められることが、また、早期の全面的見直し・改正作業が、切に期待されていると考える（なお、離婚訴訟に関する28事件の「解答および解説」も参照）。

　私の裁判官としての経験からすると、「高齢の親の面倒をずっとみてきた子が、兄弟姉妹が基本的に了解していた内容の遺言により遺産の全部を取得したところ、一部の兄弟姉妹から、予想していなかった遺留分減殺の意思表示が出た」ような事案では、「これまで親の面倒をみるのにどれだけ苦労してきたかわかっているのか？」という反応が出るのは当然ではないかという気もする。

　「相続開始前の相続放棄ができないことを考えると、事前に遺留分の放棄を認めることは立法論として疑問だともいえる」との指摘もある（内田貴『民法IV〔補訂版〕親族・相続』526頁）が、私は、実務家としての経験から、立法論としては、むしろ、相続人の生活保障や潜在的持分の精算の要請よりも被相続人の処分の自由を重くみて、遺留分の事前放棄については、家裁による許可のあり方を一応の合理的な審査にとどめる、さらに進んで、合理的な理由があれば家裁の許可を得なくとも認める、という方向を考えてもよいのではないかと感じる。ことに、戦後長期間が経過し、その間に平均寿命が著しく延びていることを考えると、相続が生じる際の子らの年齢はおおむね50歳以上であり、今さら遺産で生活保障ということもないのではないかと思う。

　もっとも、以上は子らについてのことであり、配偶者の遺留分については、まさに、生活保障や潜在的持分の精算の要請を重視せざるをえない。ここは配偶者とほかの相続人では事情がかなり異なり、立法論としては、あまり観念的に考えず、両者を分けて規定してもよいのではないだろうか。

　贈与の減殺については原則として１年に限る（1030条）のに、それが相続人の特別受益とされる場合にはいくらでもさかのぼれる（上記の、民法1044条による同903条の準用の結果）のも、双方が本当に細かなものまで主張し始めて際限がなくなることが結構あり、疑問である（「民法903条１項の定める相続人に対する贈与は、同贈与が相続開始よりも相当以前にされたものであって、その後の時の経過に伴う

社会経済事情や相続人など関係人の個人的事情の変化をも考慮するとき、減殺請求を認めることが同相続人に酷であるなどの特段の事情のない限り、同法1030条の定める要件を満たさないものであっても、遺留分減殺の対象となる」とする判例〔最三小判平成10年3月24日民集52巻2号433頁〕の趣旨が一人歩きしている感がある）。特別受益の対象とされるのは、目立った贈与だけで十分であろう。

なお、被相続人の処分の自由を間接的に保障するものとしては推定相続人の廃除の規定（民法892条）もあるが、これは要件がかなり厳しい（設問3）。

最後に、判決の主文と民法1041条との関係については、最三小判平成9年2月25日民集51巻2号448頁が、「減殺請求をした遺留分権利者が遺贈の目的である不動産の持分移転登記手続を求める訴訟において、受遺者が、事実審口頭弁論終結前に、裁判所が定めた価額により民法1041条の規定による価額の弁償をする旨の意思表示をした場合には、裁判所は、同訴訟の事実審口頭弁論終結時を算定の基準時として弁償すべき額を定めた上、受遺者が先の額を支払わなかったことを条件として遺留分権利者の請求を認容するべきである」旨判示している。

このような主文の場合、民事執行法174条3項により、登記請求における被告の意思表示は被告の証明すべき事実のないことにかかることとなる。そして、裁判所書記官は、被告に対し、一定の期間内に価額弁償の履行を証明する文書を提出するよう催告し、履行を証明する文書の提出がない場合には、執行文を付与する。被告は、その時点において、意思表示をしたものとみなされる。

合理的な規律であろう（設問4）。

和解の可能性

「解答および解説」に記したとおりであり、この事実関係であれば、一般的にいえば比較的早期に和解が成立すると思われる。

第7 不法行為一般 (1)

18 損害賠償請求事件

事案・争点 ➡ 暴力行為

判　決

平成○○年○月○日判決言渡　同日原本領収
裁判所書記官　　　　○　○　○　○
平成16年(ワ)第1019号　損害賠償請求事件
口頭弁論終結日　平成○○年○月○日

判　決

東京都○○区○○町○丁目○番○号
　　　原　　　告　　　野　田　正　史
　　　同訴訟代理人弁護士　○　○　○　○
○○県○○市○○区○○町○丁目○番○号
　　　被　　　告　　　宮　川　茂　春
　　　同訴訟代理人弁護士　○　○　○　○
　　　同　　　　　　　　　○　○　○　○

主　文

一　被告は、原告に対し、金80万647円及びこれに対する平成15年12月22日から支払済みまで年5分の割合による金員を支払え。
二　原告のその余の請求を棄却する。
三　訴訟費用は、これを2分し、その1を原告の、その余を被告の、各負担とする。
四　この判決は、原告勝訴部分に限り、仮に執行することができる。

事実及び理由

第一　請求
　被告は、原告に対し、金176万8544円及びこれに対する平成15年12月22日から支払済みまで年5分の割合による金員を支払え。

第二　事案の概要
　一　事案の要旨
　本件は、原告が、被告に対し、平成15年12月22日の午後8時過ぎころ、東京都○○区○○町○丁目○番○号美容室ジーワン前の路上で被告から顔面を手拳で多数回殴打され、頭部、腹部を多数回足蹴にされ、路上を引きずり回されるなどの暴行（以下「本件暴行」という）を受け、全治1か月以上を要する鼻骨骨折、顔面打撲、歯牙破折等の傷害を負わされ、各診療科でその治療を受けるとともに精神科への通院も余儀なくされ、また鼻変形の後遺障害を負ったとして、不法行為に基づき、損害賠償請求を行った事案であり、請求原因事実の詳細は、別紙（原告第2準備書面写し）の請求の原因欄記載のとおりである。

　二　被告の認否及び主張
　1　被告は、原告主張の日時場所で本件暴行のあったこと自体は認めるが、その内容を争い、また、以下のとおり正当防衛ないし過失相殺を主張するほか、原告主張の損害についても争う。
　2　正当防衛ないし過失相殺
　原告は、平成15年10月1日に発生した名倉恵美（以下「恵美」という）との交通事故に関し、その交渉が保険会社にゆだねられているにもかかわらず、恵美及びその家族に対して執拗な電話での要求を行い、本件暴行当日には名倉家に押しかけ、押しとどめようとする恵美の母良子（前記美容室の経営者でもある）の頭の左側を殴り、さらに恵美に襲いかかろうとした。
　被告は、これを防止するためにとっさに原告の顔面を手拳で一回殴打したものであり、これは正当防衛と評価できる。
　また、原告の身体を引きずったのは路上に倒れた原告が車にひかれるのを防ぐためである。その後の暴行は、原告が急に起き上がって反撃してきたため、もみあいになり、やむなく原告を殴打し、更なる反撃を防ぐために、倒れた原告の頭部及び腹部を数回足蹴にしたものである。
　前記のような事情に照らせば、最初の殴打を除いた暴行、あるいは暴行の

全体について、9割（少なくとも5割以上）の過失相殺がなされるべきである。

第三　判断
一　本件暴行とこれによって原告に生じた傷害並びに正当防衛ないし過失相殺について
　1　認定事実
　証拠（甲一ないし七、一二ないし一六、乙一、二、四の1、2、五ないし九、原告、被告。ただし、甲一六、乙六ないし九、原告、被告については後記採用しない部分を除く）によれば、本件の経過について以下の事実が認められる。
　証拠（甲一六、乙六ないし九、原告、被告）のうち前記の認定に反する部分は採用できない。
　（一）　平成15年10月1日、恵美の原動機付自転車が原告の自動二輪車（以下「原告車」という）に追突した。これには恵美の過失が大きかったが、原告の前方を走っていたタクシーが客を拾おうとして急に道路の左側に車体を寄せたために原告が急ブレーキをかけたことも一つの原因であった。
　原告は、警察を呼ばず、恵美に対し、「自分の過失なので修理費をすべて負担する」といった内容の念書を書くように求め、恵美はこれに応じたが、心配になり、父章二に電話したところ、警察を呼ぶように言われ、通報した。
　現場にかけつけた章二は、原告に念書を返すように求めたが原告はこれに応じず、また、足が痛いという原告に対し（原告は事故で足に軽い捻挫をしていたものと認められる）章二が人身事故にしたいなら病院に行ってもらってかまわないと言うのにも応じなかった。そこで、章二は、原告から直接恵美の保険会社に電話してもらい、章二と恵美は、事後の交渉は保険会社が行うものと考えた。
　（二）　原告は、その夜、恵美に電話し、執拗に章二の悪口を言った。
　また、同年10月27日に出た修理の見積金額約55万円（甲3。なお、前記見積もり業者自体は恵美が原告に対して名前を出した業者であると認められる）を保険会社がそのまま認めない（35万円しか認めない）ことがわかると、原告は、同年11月下旬ころから、連日午後11時過ぎくらいに名倉家に電話して、保険会社に原告の要求をのませるようにと執拗に求めるようにな

り、章二が応対しても、娘を出せと食い下がった。そのため、章二は、同年12月の上旬には、この関係について警察にも相談に出かけた。下北沢の美容室に勤務していた恵美は、そのころ、精神的にまいっていたこともあって仕事をやめた。

　同月21日の電話では、原告と章二が激しい言い争いをした。

　なお、原告がこの金額にこだわったことには、原告車が、競技会に参加するためにチューンアップし、完全整備を行っている、通常よりは価値の高い車だったという事情もあった（甲一二、一三）。

　（三）　翌12月22日の午後8時過ぎころ、原告は、恵美と直接話をしようと考え、名倉家を探してその近辺を歩いていたところ、美容室ジーワンの営業を終えた良子が店の階段を下りた部分の路上に立っているのを見付け、名倉さんの家はどこかと尋ねた。良子は、うちですと答えたが、不安を感じたので、恵美についてはいないと告げた。

　やがて、良子は相手が原告であることを認識し、口論になり、原告は興奮して大声を上げていたが、そこに被告が通りかかったので、良子は、被告に対し、警察を呼んでほしいと大きな声で頼んだ。

　被告は二人のそばに来て口論を聴いていたが、以前に良子から原告と恵美の紛争についてある程度聞いていたことから、被告も、口論の内容と良子の相手が原告であることとを理解し、「この間の話か」などと言っていた。

　（四）　そこへ、恵美が、美容室のドアを開けて外へ出てきた。

　すると、原告は、押しとどめようとする良子の頭の左側を右手で強く突きのけて、恵美のほうへ向かおうとした。

　被告は、原告が恵美につかみかかり、暴力をふるうのではないかと考え、とっさに、右手の手拳で原告の顔面を一回強く殴打した。

　すると、原告はそのまま路上に倒れた。

　被告は、前記の道路は車がやっとすれ違えるほどの幅員であり、また時々車が通ることもあって、原告の身体を道路の端のほうへ引きずった。

　しばらくすると、原告が突然起きあがって被告を蹴って反撃を加えたので、被告は、さらに原告を殴り、もみ合いになり、その後、被告は原告を再度路上に倒した。被告は、原告がそれ以上抵抗する気をなくさせようと考え、その頭部や腹部を数回足蹴にした（なお、被告準備書面1の4頁においても、前記の殴打と足蹴りの事実は認められているところである）。

(五)　原告は、本件暴行により、全治1か月程度を要する鼻骨骨折、顔面打撲、歯牙（前歯）破折等の傷害を負わされ、各診療科でその治療を受けた。
　また、原告は、この後、平成15年6月以来中断していた精神神経科への通院を、平成16年1月20日から再開した（なお、以上の各治療についての法的な因果関係については後に判断する）。
　原告の症状は同月29日に固定した。後遺障害の内容はわずかな鼻の変形であった。なお、原告の受けた鼻骨骨折の整復手術は相当の痛みを伴うものであった（(五)につき、甲四ないし七、一四、一五）。
　(六)　被告は本件暴行により罰金20万円に処せられた（甲一、二）。
　なお、被告も、原告の反撃により、腹部に打撲傷を受けた（乙二）。また、被告には暴行傷害等の前科前歴はなかった。
　2　本件暴行についての評価並びに正当防衛及び過失相殺について
　(一)　本件暴行についての評価並びに正当防衛及び過失相殺については、ことに、双方の行為の態様や動機の検討が必要であるので、以下、そのような観点から検討する（なお、過失相殺については、便宜上、損害に関する判断に先行して行うこととする）。
　(二)　前記1に認定したところによれば、原告は、本件暴行直前の状況において相当激昂しており、また、恵美が美容室のドアを開けて外へ出てきたのを見るやいなや、原告を押しとどめようとする良子の頭の左側を右手で強く突きのけて、恵美のほうへ向かおうとしたものである。
　そうすると、そのような状況をすぐそばで見ており、また、以前に原告と恵美の紛争について良子からある程度聞いていた被告が、原告において恵美に対してもつかみかかり、暴力をふるうのではないかと考えるのは自然なことである。そうであるならば、被告が、たとえば原告の身体を両手で押さえてその動きを制止するなどある程度の有形力を行使してその行動を阻止しようとすること自体は、責められるべきではないといえよう（こうした行動であれば、正当防衛を認めることもできるであろう）。
　しかしながら、被告は、とっさに、右手の手拳で原告の顔面を一回強く殴打したものであり、これは、前記のような許される有形力の行使を超えた行為であって、原告に対する不法行為と評価するほかないものであり、また、これを正当防衛と評価することもできない。
　被告が、原告の身体を道路の端のほうへ引きずった行為については、前記

のような理由によるものであるから本件暴行の一部を構成すると評価することはできない。

次に、原告が突然起き上がって被告を蹴るなど反撃を加えたのに対し、被告が、さらに原告を殴り、倒れた原告の頭部や腹部を数回足蹴にした行為についても、原告の反撃の意思をなくさせるためとはいえ、極めて危険な行為である頭部、腹部に対する足蹴りを含んでおり、やはり、不法行為を構成するものと見るべきである。

(三) 原告の行為のうち、本件暴行の場所における以前の行為については、被告との関係ではあくまで背景的な一事情として斟酌されるというにとどまるべきものである。

しかし、そのような事情を被告においてある程度知っていたという状況の下での、原告の(二)冒頭の行為は、本件暴行の決定的な誘因となったものであり、また、既に通常の話合いが難しい状況に至っているのであるから、本来であれば保険会社との交渉あるいは調停等の正当な法的手段によるべきところを、そうせずに、一方的に恵美の家に押しかけ、その母親に暴力をふるった上で恵美のほうに詰め寄ろうとしたという意味で、社会的にみても相当であるとは言い難く、この点は過失相殺の観点からは重視されるべき事情であるといえる。

なお、原告が被告に対して反撃を行ったことについても、その後の被告の暴行を誘発したという意味で過失相殺の一事情として評価することはできるが、これについては、被告の顔面殴打が先行しているものであるから、過大な評価はできない。

(四) 本件暴行の程度を含めた以上のような諸事情を総合考慮すると、本件における過失相殺の割合については、5割と評価することが相当である。

二 損害及びその額について

1 治療費及び交通費10万2294円

証拠(甲四ないし七、八の1ないし31、一四、一五、一七)により、原告主張の全額を認める。

すなわち、本件暴行の後に原告が受けた治療のうち、耳鼻咽喉科、形成外科におけるものと本件暴行との因果関係は明らかである。歯科におけるものも、甲六、一五の内容からみて、前記の因果関係を肯定できる。

また、眼科におけるものも、原告が顔面を殴打され、頭部を足蹴りにされ

ていることを考慮するならば、因果関係を認めるべきである。

　精神科におけるものは、原告が従前にも通院していたこととの関係が問題になるが、原告は、平成15年6月以来中断していた精神神経科への通院を平成16年1月20日から再開しており、本件暴行の程度に鑑みるならば、また、甲七、一四の内容から見ても、少なくとも原告主張の期間についてみれば、本件暴行との関連性が深いものと認められ、法的な因果関係を肯定できる。

　2　物損　3万9000円

　証拠（甲九、一〇、一七）により、原告主張の全額を認める。

　原告主張の眼鏡とウェストポーチの破損は本件暴行によるものと認めることができるし、その金額として原告が主張するところにも一定の合理性を認めることができる。

　3　休業損害10万円

　証拠（甲一一、一六）により10万円を認める。

　原告主張のパチンコによる収入は確実性に乏しいものであるが、本件暴行の結果1か月程度の間は治療と精神的ショックにより通常なら得られる可能性の高い収入を上げられなかったという主張に一応の合理性は認められるから、控え目に算定して、上記の金額を損害として認めることができる。

　4　慰謝料120万円

　本件暴行によって原告の被った精神的損害と後遺障害の慰謝料としては120万円を認めることが相当である。

　5　過失相殺の結果72万647円

　以上合計144万1294円について5割の過失相殺を行うと、結果は72万647円となる。

　6　弁護士費用　8万円

　上記の金額について本件暴行との相当因果関係を認める。

第四　結論

　以上によれば、原告の請求は主文の限度で理由がある。

　〇〇地方裁判所民事第〇部

| | 裁判官 | ○ ○ ○ ○ |

別紙　原告第2準備書面〈省略〉

設　問

判決、ことにその理由中の事実認定の部分をよく読んだ上で、本件につき、問題となりうる事実認定・法的判断上の論点を可能な限り挙げ、それぞれについて自分なりの考察を試みよ（自分が裁判官であれば、どのような部分に留意しながらどのような法的判断を行ってゆくかについてよく考えてみること）。

参考事項

関係条文　民法709条、722条2項

解答および解説

不法行為請求にかかる訴えの内容はさまざまだが、本書では、暴力行為、セクシュアル・ハラスメント、横領ないしは横領に準じる不法行為、詐欺といった典型的な類型を、おおむね、読んでわかりやすい事案からより難しい（判断が難しいということではなく、事案を理解するのが難しいという趣旨）事案へという順序で、並べてみた（なお、判断という側面からみるならば、これらの事案は、いずれも、正確な事実認定と的確な法的判断を行うことが比較的難しいものである）。

さて、本件は、上記のとおり、事案自体としては、本書収録の不法行為事案の中では比較的わかりやすいものである（ただの暴行なのだから、子どもでも理解できる）。

しかし、この事案について正確な事実認定と的確な法的判断を行い、わかりやすい判決書を作成するのは、それほど簡単なことではない。よくあると思われるのが、非常に長くて、自問自答が目立ち、その割には事実の流れや判断の根拠がもうひとつ明確ではない判決書であろう（まあ、それでも、大筋がオーケーであれば、判決としての条件は満たしているのだが）。

この事案は、実は、この種暴力行為類型事案の典型、集大成というくらい、事実面も法律面も細かく争われているケースなのである。

試みに、認定と評価の難しい部分を順に挙げてみよう。

① 一連の原被告の接触の経過、また、そのうちどの部分を被告の不法行為として評価するか。

② 本件暴行に至る経過につきどの程度詳細に事実認定を行うか、また、その事実は、法的判断のどの部分でどのように評価されるべきか。

③ 本件暴行直前の関係者各自の行動と正当防衛の抗弁の可否。

④ 過失相殺に当たってはどのような事情をどのように評価するか、また、適正な過失相殺の割合いかん。

⑤ 損害の各項目、ことに、精神科における治療費と休業損害につきどのように判断するか。

大体こんなところであろうか。あなたの解答と対照してみてほしい。あなたが、学生であるにもかかわらず項目だけでも正確に拾えていたら、将来有望と思っていいだろう。

次にこの事案から学んでもらいたいことは、「物事は、法的紛争は、決して一面的なものではないのですよ」ということ、また、「裁判官は、できる限り公平中立の視点に立つべきであり、事実認定からうかがわれる原告の人間性の問題等についても、『こんな人間はおよそ保護に値しない』といった価値判断を前提として審理判断を行ってはならないこと」である。

被告の暴力の程度はかなり激しいが、原告の行動にも多々問題はある。

損害ひとつとっても、法律家ではない普通の市民が判断を行うとしたら、100からゼロまでさまざまな意見がありうるのではないだろうか。

裁判官は、このような事案では、当事者に近い視点と、当事者から距離を取った視点の双方をそれぞれに保ちながら、それぞれの言い分を踏まえて、適正、適切な判断を行わなければならない。金額自体は小さな事件だが、感情的な軋轢は、当事者以外の一家族（恵美の家族）をも含めてきわめて大きいから、そのような面について配慮しながら審理を行う必要もある。

なお、本件は和解の難しい事案だが、裁判官の感覚では、代理人のレヴェルでいえば、認識の一致とまではゆかないとしてもそれに近いラインにまで到達しえた（つまり、代理人たちとしてはほぼ相互に妥協して金額が決められるところまでいっていた）と思っている。しかし、当事者本人、ことに原告の納得を得ることは非常に困難であり、おそらく、控訴審でも和解はできなかっただろう。

次に、上記で箇条書きにした項目について、順にふれておこう。

①については、手拳による殴打は不法行為、原告の身体を道路の端のほうへ引きずっていったのは車の通行を妨げないようにし、かつ、事故を防ぐためであるから不法行為とはいえない、その後の原告の反撃に応じた行為も不法行為（もっとも、それが、反撃を抑え込むための最低限度の程度にとどまった場合には、私は、不法行為としないことでよいと思う。「頭部や腹部を数回足蹴にした」のはきわめて危険な行為であり、場合によっては相手が死亡する可能性もあることに注意）ということである。

②については、近年の判決だと、面倒だからと端折ってしまいがちなところではないかと思うが、私は、この事案では、当事者、恵美の家族の納得という観点をも考慮し、かなり詳細に認定した。この経過からすると、原告が暴行を受けるに至ったことにつき自業自得という側面がかなりあるのは否定しにくい。

③の「本件暴行直前の関係者各自の行動」は、本件における事実認定のかなめである。

原告の「恵美の母親を右手で強く突きのけて恵美のほうへ向かおうとした行為」から、恵美の母親から事情を聞いていた被告が、「恵美に対する暴力の危険」を感じたか、それは相当な判断といえるか、また、手拳による殴打は正当防衛として相当な程度のものといえるか、ということである。

私は、実際には原告が恵美にただちに暴力をふるった可能性は低いと思うが、被告が「恵美に対する暴力の危険」を感じたのも事実であり、相当な判断といえるとも思う。

手拳による殴打についても、とっさのことであり、「羽交い締めにするなどの程度にとどめるべきであったという判断は後付けでいえることにすぎない」と被告は考えたであろう。しかし、この殴打を正当防衛の範囲内とするのは、日本の刑事裁判ではもちろん、民事裁判でもありにくい。

私は、個人的には、日本の裁判が正当防衛を認める範囲は狭すぎると考えているが、それは私の個人的な考え方にとどまるので、ここでは、判例の一般的傾向に従っている。被告には、原告に対する大きな悪感情があったはずであり、それが、「こんな奴は殴ってでも止めるしかない」という判断につながったのであろう。

④については、②の経過をどの程度重くみるかが難しい。

原告の行動には問題が大きいが、原告と被告が顔を合わせる以前の事柄であることを考えると、「被告との関係ではあくまで背景的な一事情として斟酌される

というにとどまる」といわざるをえない。

　しかし、そのような事情を被告においてある程度知っていたという状況の下での、原告の「恵美が美容室のドアを開けて外へ出てきたのを見るやいなや、原告を押しとどめようとする良子の頭の左側を右手で強く突きのけて、恵美のほうへ向かおうとした行為」は、本件暴行の決定的な誘因となったものであり、また、すでに通常の話合いが難しい状況に至っているのだから、本来であれば保険会社との交渉あるいは調停等の正当な法的手段によるべきところを、そうせずに、一方的に恵美の家に押しかけ、その母親に暴力をふるった上で恵美のほうに詰め寄ろうとしたという意味で、社会的にみても相当であるとはいいがたく、この点は過失相殺の観点からは重視されるべき事情であるといえる。

　この部分の法的評価はこの判決中で一番苦労した部分である。微妙なニュアンスが読み取っていただけたであろうか。

　なお、私は、現時点では、本件は6割5部程度の過失相殺をしてもよかった事案だったと思っている。裁判官時代には、上記の、「裁判官は、できる限り公平中立の視点に立つべきであり、事実認定からうかがわれる原告の人間性の問題等についても、『こんな人間はおよそ保護に値しない』といった価値判断を前提として審理判断を行ってはならない」という要請をあまりにも重くみすぎていたという気がする。そのことについては、日本の裁判官が一般社会から隔絶した閉じられた世界の中で生活や仕事をしていることの結果という側面もあると思う。もう少し一般市民、たとえば他分野の知識人の感覚に寄り添って判断することでよかったと考える（学生の考える過失相殺率も、幅はあるが、6割5部前後のものが最も多い。アメリカにおける民事陪審の判断についても、「裁判官の判断に劣るものではない」とする調査研究結果が多いが、確かに、こうした事案では、裁判官の判断よりも、陪審員たちの判断のほうが、より社会常識に見合った適切なものとなる場合がありえよう）。

　⑤については、学生のレポートは、予想されたとおり、精神科の受診については因果関係を認めるに足りない、パチンコを行って得た収入は逸失利益に該当しない、というものが多かった。まあ、民法の教科書の記述に従えばそうなるであろう。それは理解できる。

　しかし、こうした事案の損害の算定は杓子定規であってはならず、公平でかつ常識にかなったものであることが望ましい。

　本件では、たとえば交通事故に関する22事件のように損害額が徹底的に争わ

れた事案とは異なり、当事者の関心の中心は、責任の有無と過失相殺の割合にある。こうした事案で、たとえば精神科の受診に関する相当因果関係の有無を厳密に審理したり、眼鏡とウェストポーチの評価や価格について細かく考えてみたり、パチプロ的な態様でパチンコを行って得た収入が逸失利益に該当するか否かについて大きな議論を繰り広げてみても、当事者にとってどれほどの意味があるだろうかということである（当事者も、そのような事柄について長期間の審理を行うことや細かな判断をしてもらうことを望んではいない）。

また、このあたりを厳密に判断して損害を否定されると、原告は、自分の人間性が判決で完全に否定されたように感じるであろう。

「過失相殺につては6割5分にすればよかったと思うが、損害算定は、この事案に関する限りこの判決のとおりでよかった」というのが、現在の私の考えである。つまり、損害算定の部分についての感覚は、研究者になっても変わっていない。

最後に、上記の各項目を通じていえることだが、民事訴訟における認定と評価は密接に結び付いているのであって、両者は、截然と区別されながらも有機的につながってもいるのだということをよく理解していただきたい。認定される事実といっても、それは、民事訴訟では、生の事実ではなく、評価的な事実である場合が多いということも、理解していただきたい（「民事判決書の現状とその解説」5(3)③、瀬木・要論［091］の(5)、［092］の(6)以下）。評価に関係のない細かな事実をだらだらと認定してみても、かえって判断のポイントがわかりにくくなるだけのことが多いのである（こうした事案における初心者の起案は、何だかよくわからない長々とした物語になりやすい）。

なお、準備書面を書く場合や判例研究・批評を行う場合にも、上記のことにはよく留意していただきたい。後者については、「判例が何ら重きを置いていない事実や傍論の説示にばかりかまけていてはいけませんよ」ということである（設問）。

なお、判決では触れていないが、原告の体格は被告にはるかに勝っており、原告が被告を殴打するという形で一連の闘争が始まった理由のひとつはここにありうる。要するに、非力な相手に対して最初から強く出たということである。

ただ、この点は私の推測にすぎないし、そうしたことを判決の中に記すと、偏見に基づいた判断だと原告に受け取られるおそれがあるので、あえてふれなかったものである。刑事の判決であればこの点にあえてふれないということはありえ

ないと思うが、民事の判決においては、こうした考慮も一定程度までは許されるのではないかと考える（当事者双方〔代理人〕も、そのことは言外に承知している）。

和解の可能性

「解答および解説」に記したとおりである。

もっとも、暴力行為類型の事案は、一般的にいえば和解が成立する例が多い。事実関係自体はそれほど強く争われないことが多いからである。

第7 不法行為一般（2）

19 損害賠償請求事件

事案・争点 ➡ セクシュアル・ハラスメント

判　決

平成○○年○月○日判決言渡　同日原本領収
裁判所書記官　　　　○　○　○　○
平成17年(ワ)第1020号　損害賠償請求事件
口頭弁論終結日　平成○○年○月○日

判　決

東京都○○区○○町○丁目○番○号
　　　原　　　　　　　告　　峰　山　美　保
　　　同訴訟代理人弁護士　　○　○　○　○
東京都○○区○○町○丁目○番○号
　　　被　　　　　　　告　　星　見　秀　明
東京都○○区○○町○丁目○番○号
　　　被　　　　　　　告　　ファーガソン株式会社
　　　同代表者代表取締役　　星　見　秀　明
　　　被告ら訴訟代理人弁護士　○　○　○　○

主　文

一　被告らは、原告に対し、連帯して、金385万円及びこれに対する平成17年1月1日から支払済みまで年5分の割合による金員を支払え。
二　原告のその余の請求をいずれも棄却する。
三　訴訟費用は、これを10分し、その3を原告の、その余を被告の、各負担とする。
四　この判決は、原告勝訴部分に限り、仮に執行することができる。

事実及び理由

第一　請求

被告らは、原告に対し、連帯して、金550万円及びこれに対する平成17年1月1日から支払済みまで年5分の割合による金員を支払え。

第二　事案の概要

一　事案の要旨

本件は、原告の勤務していた被告ファーガソン株式会社（以下「被告会社」という）の代表者である被告星見秀明（以下「被告星見」という）が、原告に対し、出張中に私的な墓参りに同行させその際に原告の肩に手を置く、ヨーロッパ出張中に原告に下着姿で応対したり原告の前でトイレのドアを閉めずに用を足したりするなどのいわゆるセクシュアル・ハラスメント行為（以下、単に「セクハラ行為」という）を行い、また、ヨーロッパ出張中に前記のような行為に抗議した原告に対しいやがらせを行う、罵倒するなどの感情的な反応をとり、その結果原告は被告会社を退職することを余儀なくされたとして、被告星見に対し民法709条に基づき、被告会社に対し商法261条3項、78条2項、民法44条1項に基づき【後記のとおり、現在であれば会社法350条等に基づく請求となる】、慰謝料500万円と弁護士費用50万円の支払を求めた事案であり、遅延損害金の起算日は不法行為後の日（原告の退職の翌日）である。また、請求原因事実の詳細は別紙訴状写しの請求原因欄記載のとおりである。

二　争いのない事実

1　原告が、平成16年4月19日から同年12月31日まで被告会社に勤務したこと

2　被告星見が被告会社の代表取締役であること

三　争点

被告星見が原告に対しセクハラ行為を行ったか、また、それが商法261条3項、78条2項、民法44条1項に該当するか並びに損害の有無及び金額である。

第三　争点についての判断

一　証拠（甲２ないし９、乙４、５、証人木下、原告、被告星見。ただし、乙４、５、証人木下、被告については、後記採用しない部分を除く）によれば、以下の事実が認められる（なお、証拠の評価等に関しても適宜括弧書きで付記する）。

証拠（乙４、５、証人木下、被告）のうち前記の認定に反する部分は採用できない。

1　原告（平成14年大学卒業）は、平成16年３月９日と４月19日に被告の面接を受け、４月19日（以下、すべて平成16年の出来事であるから、年号の表示を省略する）に、秘書兼受付として採用された。原告は、最初の面接時に、当時受付にいた花本亜希子（以下「花本」という）から、「社長には、入院時に女性社員に身体を拭かせ、出張の時は同じ部屋に泊まるように強いるなど数々のセクハラ行為がある」と聞いたが、その時点では、花本の前記の発言について、彼女のポストがなくなることを危惧しての言葉であろうと考えていた。

2　原告は、研修として４月26日からＡ県機材センターへの出張を命じられたが、研修自体は２、３時間で終わってしまった。

同日夕方、やはりＡ県に出張にきていた被告星見が迎えにきてＢ市の同じホテル（同じ部屋ではない）に泊まってはどうかと勧めたが、原告はＣ市のホテルをチェックインしていたので断った。

翌27日に被告星見に同行して移動する新幹線の車内で、原告は、「彼氏はいるか」と尋ねられ、前記花本の発言を思い出し、「います」と答えた。

同日及び翌28日の昼食時、原告と被告星見は被告会社○○支店付近の食堂で昼食をとったが、食事後他の社員が原告と被告星見を残して店を出るなど原告と被告星見を二人だけにさせようとの雰囲気があり、原告は不審の念を抱いた。

また、４月28日には原告はＤ市の百貨店に被告星見の買い物への同行を命じられ、被告星見は、そこで原告にみやげ物を買い与えた。

3　原告は、５月６日から、被告星見に同行しての、○○支店等への二度目の出張を命じられた。

この間、二人だけの行動をとる日が多く、原告は、５月６日の移動中に被告星見から「彼氏とはうまくいっているのか」とたずねられた折には、被告星見への警戒心から、「彼には法律家の知り合いがいる」と答えておいた。

5月8日は仕事はなく、原告は被告星見の買い物に同行させられた。被告星見は、E市の百貨店で、原告に対し、「君の靴はとがっていて危ないと面接の時から思っていた」と言い、みずから靴を選んで購入し、その場で新しいものに履き替えさせた。原告は、4月28日の経験と併せ考え、被告星見が原告のためにいわれのない買い物をすることに不安と不快を感じた。

5月9日には、原告は、F市の寺院にある星見家の墓参りに同行させられ、墓掃除をさせられた。墓までの道のりが急勾配であったため、被告星見は目が不自由であるとの理由から原告の肩に手をかけてきた。原告は、会社業務とは関係のないと思われる墓参りへの同行という場面における被告星見のこのような行動に強い不快の念を持った（なお、証拠〔乙1、5、被告星見〕によれば被告星見は目が不自由であり右眼は視力がなく左眼の視野も狭いことは認められるが、だからといって、このような私用に原告を同行させ、その機会にことさらにその肩に手を置くという行為が何らの意図もなく行われたとは考えにくい。被告星見の妻は被告星見を介護するという理由で被告会社から給与を得ている〔甲2〕のであるから、このような介護はたとえ必要であるとしても妻が行うべきであることも考え併せるべきであろう）。

また、この出張中に、原告は、被告星見から、給料を年額360万円から400万円にあげてやると告げられた。

4　6月に入ると、原告の席は正式に受付に移された。このころから、被告星見は、原告を「美保ちゃん」とほかの社員を呼ぶときに比べなれなれしく呼ぶようになり、また、受付カウンターを通るたびに原告に話しかけてくるようになった。

原告は、花本から聞いたような被告星見のセクハラ行為の噂を他の社員からも聞いたこと、受付の研修を行うためとして8月のオーストラリア出張を命じられたこと（被告星見も同行する可能性があった）、7月に命じられた国内出張で被告星見の妻に会ったが、同女が原告を敵視しているように感じられたことなどから、ストレスで毛髪が大量に抜けるようになった。

また、4月に原告より少し先に入社していた二人の秘書が7月下旬と8月上旬にあいついで退社し、うち少なくとも一人についてはセクハラ行為が原因ではないかと聞いていたことから、原告のストレスはさらに大きくなった（なお、甲3によれば、前記の二名のうち石川景子の退職については、実際にも、被告星見が同女の肩を抱き、また、これに反発した同女に対しその後

いやがらせやどなりつけるなどの行為を行ったためであったことが認められるところである)。

オーストラリア出張には結局被告星見は参加しなかったが、原告は、この出張の際、被告星見の妻から再び敵意ある言動をとられた。

原告は、9月に精神科に受診し、軽いうつであると診断され、投薬を受けた(甲8)。

5　10月上旬、原告は、同月30日からの被告星見のヨーロッパ出張の同行を命じられた。この出張も、原告が被告星見に同行したそれまでの出張と同様、原告がこれに同行することに特に必要性が見出されるようなものではなく、原告は、大きな不安を抱いた。

同月中旬、原告は、受付カウンターで、被告星見から、「ロンドンは治安が悪いし値段が高いから同じ部屋に泊まらないか」と問われ、「困ります。それはできません」と答えた。

前記の出張は10月30日から11月17日までであったが、最初の4日間には仕事はなく、また、その間は被告星見と原告の二人きりという日程であった。

10月30日のロンドンのホテルへのチェックイン後、原告は、ただちに被告星見の荷物の荷解きを命じられた。原告は、そのような仕事があると事前に説明されていなかったことと被告星見の部屋にとどまることへの不安から、「お部屋に二人きりになるというのはできれば避けたい」旨を告げたところ、「ここに何しに来たと思っている。私の手伝いだろう」とどなられ、下着を含めた被告星見の荷物の荷解きを行わざるをえなかった。11月3日の明石哲郎専務(以下「明石」という)の合流後も被告星見の荷物の荷解きは原告が行い続けた。

10月31日の夕方に原告が被告星見から探し物をするように命じられて部屋に入ると、被告星見はトランクス一枚の姿であり、原告が「服を着て頂けませんか」と告げると、被告星見は「何を言ってるんだ」とどなった。

11月1日にも、同様に呼び出されたところ被告星見がステテコ姿であったため、原告が同様に告げたところ、被告星見はこれを全く無視した。

なお、この日には原告は一人でミュージカルを見に行っているが、これは既にチケットが買ってあったが被告星見が熱を出したために原告一人で出かけたものであり、また、この観劇は元々原告が求めたものではなかった。

6　11月3日の明石との合流後は、原告は、なるべく被告星見と二人だ

けにならないように努めていた。

　しかし、11月3日と5日にも、被告星見は前記と同様の理由で原告を呼び出し、原告が部屋に入ると、トイレに入り、これみよがしにドアを開けたまま用を足すといういやがらせを行った。

　11月8日のパリのホテルでも同様のことがあった（なお、被告星見は、その本人尋問で、以上の、下着姿で原告に応対した行為について否定しておらず、かえってそのようなことに特別問題はないともとれるような趣旨の言葉を述べており、また、トイレのドアを閉めずに用を足した行為についても、絶対になかったとは言えない旨を述べている）。

　同日の夕方、原告らは、取引先の長田をも含めて四人で食事をしたが、被告星見は原告を全く無視し、また、原告が、「明日は何時にお部屋にうかがったらよろしいでしょうか」とたずねたところ、突然、「おまえは来なくていい」と声を荒らげてどなり、一同がしばらく沈黙するといったことがあった。また、ホテルでも、被告星見は、原告に、「とっとと帰ってくれ」と告げた。原告は電話で明石に「もうどうしたらよいのかわからない」と告げたが、相談には応じてもらえなかった。

　7　11月9日の夕方、ロビー集合とのことであったが、原告が一応被告星見の部屋に迎えに行ったところ入れ違いになり、原告は、2分ほど遅れてロビーに着いた。すると、被告星見は、「おまえは何様だと思ってるんだ」とどなりちらし、原告の弁解や謝罪も聞かず、また、このころから原告を無視し続けるようになり、原告に聞こえよがしに「あいつは気が利かない。使えないやつだ」などとも話すようになった。

　11月11日、フランクフルトの空港で、被告星見のスーツケースの中に入っていたポン酢が検査に引っかかった。これは、被告星見の「イタリアはシーフードがうまい。ポン酢がよく合う。イタリアまではスーツケースに入れておけ」との指示に従ったものであったが、被告星見は、自分の指示は忘れたように、「いい加減にしてくれ。重いのなら私のバッグに入れておけ。本当に手のかかるやつだ」と原告を激しく罵倒した（なお、この点については、被告星見、明石の陳述書の記載ないし被告星見の供述は原告のそれとは大きく食い違っているが、明石の証言についてみると、かなりあいまいであり、被告星見が原告の主張するような指示をしていなかったことに同人も必ずしも確信は持っていないような内容、供述態度のものとなっている）。

8　原告は、たび重なる被告星見のセクハラ行為や復讐的ないやがらせに我慢できず、11月12日の朝に被告星見の部屋を訪れ、被告星見と二人で話をしようとしたが被告星見に一方的に罵倒されたため、もはや被告会社にはいられないと思い、「今年いっぱいで被告会社をやめたい」と告げた。被告星見は、最初は「会社に帰って言えばいいじゃない」とも述べていたが、口論の中で、やがて、「耐えられなかったらやめればいいじゃない」、「いやだったら、いつ帰ってもいいよ」などと告げたため、原告は、「社長の許可が下りたので今日帰らせて頂きます」と述べて同日一人で帰国した（甲6）。
　9　原告は、12月いっぱいで被告会社を退職した。
　原告は、前記退職後も、被告会社を短期間で退職したことが再就職のための面接の際の印象を悪くしてなかなか安定した就職先が決まらず、また、働くこと自体に不安や恐怖が募るなどの精神的状態も残存した。
　二　一に認定したところによれば、被告星見の原告に対するセクハラ行為、また、ヨーロッパ出張中に前記のような行為に抗議した原告に対しいやがらせを行う、罵倒するなどの行為があったことは明らかである。被告らはこれについて被告星見の悪意のない行為を原告がことさらに針小棒大に取り上げているかのように主張するけれども、全体としての証拠関係からみて、前記のとおり、その主張に沿う証拠は採用、信用しがたいものというほかない。よって、被告星見の原告に対する不法行為は認められるというべきである。
　また、被告星見の行為が被告代表者としての権限、権力を背景として被告会社の業務の際に、あるいはこれに関連して行われたことに照らすならば、被告会社も、商法261条3項、78条2項、民法44条1項による責任を原告に対して負うものといえる。
　三　慰謝料については、本件における諸事情、ことに、被告星見の行為が社長という地位、その権力を背景として行われた、原告にとってこれを防ぐことが難しい態様のものであったこと、ことにヨーロッパ出張の際の行為は、セクハラといやがらせとを組み合わせた陰湿な内容のものであったこと、原告は被告星見の行為により事実上被告会社を退職することを余儀なくされ、その後も働くこと自体に不安や恐怖が募るなどの前記のような被害を被っていることなどを考慮するならば、原告の被った精神的被害は相当に大きいものというべきであり、これを慰謝するに足りる金額は、350万円と評価することが相当である。

第7　不法行為一般 (2)

　　また、これと相当因果関係のある弁護士費用としてはその1割の35万円を認めるべきである。

　第四　結論
　　以上によれば、原告の請求は主文の限度で理由がある。

　　○○地方裁判所民事第○部

　　　　裁判官　　○　○　○　○

　　別紙　訴状〈省略〉

設　問

　1　判決の事実認定および法的判断についてどのような感想ないし意見を抱いたか（相当と考えるか否かといった一般的な事柄）。
　上記の感想ないし意見について、みずからの性別や生育歴によって影響されている部分があるか、また、そのことは正当か否かについて考察せよ（もちろん、プライヴァシーにふれることを記す必要はない）。
　2　慰謝料算定に当たって、裁判官は、どのような態度で臨むべきか。慰謝料額算定に関するマニュアル的文献の功罪についても考えてみよ。

参考事項

　関係条文　民法709条、商法261条3項、78条2項（会社法350条）、民法44条1項（一般社団法人及び一般財団法人に関する法律78条）

解答および解説

　セクシュアル・ハラスメント（以下、日常用語の「セクハラ」と略す）類型であり、やはり、当事者間の対立は激しく、和解は無理である。
　こうした人間関係の微妙な部分に関わる事案は、離婚訴訟と同じく、事実認定でほぼすべてが決まってしまう。また、個々の事実関係が強く争われることも多

い。そうしたことから、この判決は、事実認定の中でかっこ書きを用いて当該認定事実に関わる証拠評価について言及している部分が何か所かある。

慰謝料額としては350万円を認めているが、これは、この種事案の中では比較的高めのほうではないかと考える（なお、現時点では、この事案ならより大きな金額、たとえば500万ないし1000万円くらいを認めてもよいかと考えている）。

セクハラ行為自体はいやがらせ的な態様だが、社長という地位を利用してのもので悪質であり、また、原告がそれにより事実上退職を余儀なくされた点を重視したものである。こうした事案の慰謝料額の算定には裁判官（判例）によってかなりのばらつきがあるかもしれない。

なお、慰謝料額については、不法行為の各種類型ごとにさまざまな判例分析が行われている。こうした分析やそれに基づいて立てられたメルクマールもひとつの参考にはなるが、それはあくまで参考であって、それぞれの事案の個別性を的確に評価することのほうがずっと重要である。

名誉毀損損害賠償請求の慰謝料額については、政治家の突き上げに応じて最高裁判所事務総局や司法研修所が裁判官たちの研究会で問題の大きいマニュアルを作成させ、これにより認容額が一気に跳ね上がった。謝罪広告の認められる事案も増えた。

何より問題が大きいのは、その後、裁判所が、安易に名誉毀損の成立を認め、被告の真実性・相当性の抗弁については容易なことでは認めなくなってしまったことである。

この一連の動きは、日本の裁判所の劣化、司法荒廃と、それが世界の裁判のあり方や趨勢に逆行していることとを示す顕著な例のひとつである。嘆かわしいというほかない（瀬木・裁判128頁）。

このように、慰謝料算定という事柄ひとつをとってみても、日本の法学の大半がそうであるように、広い視野やパースペクティヴを欠き、演繹的な解釈論だけに終始していては、個々の事柄の深層にひそむ本質は見抜けない。最低限、今後の研究者養成に当たっては、法社会学的な素養、社会・人文科学全般の素養を身につけさせるようにしてゆくことが必要であろう（設問2）。

設問1は、男性と女性とではセクハラのような事実関係に対する考え方、感じ方に差が出やすい（いわゆるジェンダー・バイアス）ことを知っておいていただきたいという趣旨からの設問である。

もっとも、この事案については、常識人であれば男女を問わずおおむね同じよ

うな感想をもつのではないだろうか。

ことに、事実認定中の「なお、被告星見は、その本人尋問で、以上の、下着姿で原告に応対した行為について否定しておらず、かえってそのようなことに特別問題はないともとれるような趣旨の言葉を述べており、また、トイレのドアを閉めずに用を足した行為についても、絶対になかったとは言えない旨を述べている」という部分（「争点についての判断」一6）に注目してほしい。被告は、実際上はセクハラの重要部分を認めたも同然の供述を法廷で行っているのである。

もっとも、セクハラ事案の事実認定では、判断がいささか微妙で迷うような場合も時々ある。全体としてはセクハラを認定してよいのだが、被害者のほうにも、若干、自己に対する加害者の好意を喜んだり受け入れていた時期が存在したりする、ということはある。

こういうことを書くと、形式主義的なフェミニストからは「それこそジェンダー・バイアス」といわれかねないところだが、性と権力がまつわる状況についての認定、判断はときとして非常に難しいことがある（このことを正面から主題とした映画がリリアーナ・カヴァーニ監督の『愛の嵐』。この映画に対する感想は種々分かれると思うが、これが、キム・ギドク監督の『悪い男』となると、「とてもついていけない」という感想の割合がより大きくなるのではないかと思われる。双方ともよくできた映画であり、ことに前者は傑作なので、機会があればトライしてみて下さい）。

もっとも、男性のほうに何らかの権力、優位性がある場合には、先にもふれたとおり、全体としてはセクハラを認めることになるのが通常である。「権力をもつ者、優位に立つ者の性的な働きかけはセクハラとみるという事実上の推定がはたらく」というべきであろう（設問1）。

閉じた組織である裁判所では軽微なセクハラはかなりあった（重大なもの、ひどいものもあった。瀬木・裁判所168頁）し、弁護士事務所や大学でも注意が必要なことはもちろんである。こうした事柄については、ガイドラインや相談窓口が設けられている組織とそうでない組織とでは、事故の発生率が格段に異なる（この点、裁判所を含め行政組織は立ち後れているのではないだろうか）。

それにしても、2001年から2016年までの16年間で表に出た性的不祥事10件という日本の裁判所の状況は、はっきりいって異常である。裁判官300人に1人が性的不祥事を行ったことになるのだ（実際にはもっと多い可能性もある）。西ヨーロッパの小国であれば、この事実だけで裁判官制度抜本的改革の声が上がることは間違いないと私は考える。日本の裁判所の前近代的性格と構成員たちのおちい

っている閉塞的な精神状態を推測させるひとつの根拠事実ではないだろうか。

　形式的な部分について一言触れておくと、判決は、請求原因事実の詳細については訴状の記述を引用している。

　通常の新様式判決では、請求原因事実は「事案の概要」あるいは判決書の全体から読み取れればよいという考え方で書かれているが、それでは訴訟物や請求原因事実がわかりにくくなることがある。そこで、私は、判決書の冒頭で、請求の概要を訴訟物と請求原因が最低限明らかになる程度に簡潔に記載していたが、それだけでは原告の主張のニュアンスが伝わりにくい場合（不法行為事案等に多い）については、先のとおり訴状の「請求の原因」欄の記載を引用することがあった（「民事判決書の現状とその解説」5(2)①）。

　本件でもそのようにしているが、今読むと、「事案の要旨」における請求原因事実の要約の部分で日時だけは特定しておいたほうがよかったかという気はする（いずれにせよ引用された訴状の記述においては細かく特定されており、また、事実認定においてもそうすることとなるのだが、それでも、主張の要約部分におよその時期を記しておいたほうが、主張の全体像が頭に入りやすくなるであろう）。

和解の可能性

　セクハラ類型の事案は一般的に和解が難しい（被告が拒絶する例が多い）。本件も同様であった。

第7 不法行為一般 (3)

20 損害賠償請求事件

事案・争点 ➡ 横領ないしは横領に準じる不法行為
（法律家と市民の間にある認識の「溝」）

判　決

平成○○年○月○日判決言渡　同日原本領収
裁判所書記官　　　○　○　○　○
平成12年（ワ）第1021号　損害賠償請求事件
口頭弁論終結日　平成○○年○月○日

判　決

○○県○○市○○町○丁目○番○号
　　　原　　　　　告　　大　塚　久　男
東京都○○区○○町○丁目○番○号
　　　原　　　　　告　　松　居　志　津
　　　原告ら訴訟代理人弁護士　　○　○　○　○
○○県○○市○○町○丁目○番○号
　　　被　　　　　告　　大　塚　直　人
前記同所
　　　被　　　　　告　　大　塚　加代子
　　　被告ら訴訟代理人弁護士　　○　○　○　○

主　文

一　被告らは、原告らのそれぞれに対し、連帯して、金2133万3916円及びうち金2000万円に対する平成10年2月5日から、うち金133万3916円に対する同年6月15日から、いずれも支払済みまで年5分の割合による金員を支払え。

二　訴訟費用は、被告らの負担とする。
三　この判決は、第一項に限り、仮に執行することができる。

事実及び理由

第一　請求
　主文に同じ。

第二　事案の概要
　一　事案の要旨
　本件は、亡岩崎千代（以下「千代」という）の相続人である原告ら（いずれも相続分は5分の1）が、被告らに対し、被告らが、平成10年1月29日に、実際には千代の承諾を得ていないのに、千代の代理人と称して、千代の保険（保険金等請求権）を担保として保険会社に1億円の借受けの申込みをし、同年2月5日にこれを取得（なお、収入印紙代を差し引かれた金額に千代の口座の残金を加えて1億円を取得）し、また、同年6月8日に、やはり千代の承諾を得ないで別個の千代の保険を解約し、同月15日にその返戻金を取得（なお、返戻金に千代の口座の残金1301円を加えて666万9581円を取得）したとして、不法行為又は不当利得に基づき、前記金額の5分の1の金額に不法行為ないし不当利得の日以降の遅延損害金の支払を求めた（原告らのそれぞれが、被告らに対し、連帯して前記の金員を支払うことを求めた）事案である。

　二　争いのない事実等（2のうち原告らの相続分については、証拠〔甲一ないし八、枝番を含む〕により認定）
　1　原告松居志津（以下「原告志津」という）は千代の妹であり、原告大塚久男は千代、原告志津の弟である。
　2　千代は平成10年12月26日死亡し、原告らはこれを相続した。相続分はいずれも5分の1である。
　被告大塚加代子（以下「被告加代子」という）は千代の姪であり、被告大塚直人（以下「被告直人」という）は、その夫である。
　3　千代は、平成6年1月21日、丸坂火災海上保険株式会社（以下「丸坂海上」という）との間に、一口当たりの保険料50万円、保険期間10年の「健康生活積立傷害保険」372口を締結し（以下、この保険を「保険1」という）、

保険料1億8600万円を納付した。

　　4　千代は、平成8年2月20日、保険1のうち252口を解約した返戻金の大半を利用し、丸坂海上との間に、被告ら、原告志津等を被保険者とし、一口当たりの保険料2098万9500円、保険期間5年の「あんしん積立傷害保険」6口を締結し（以下、この保険を「保険2」という）、保険料1億2593万7000円を納付した。

　　5　3、4の各手続は、被告直人が代表取締役を、被告加代子が取締役を務める株式会社第八開発（以下「第八開発」という）を丸坂海上の代理店として行われた。

　三　争点

　本件（前記原告ら主張の）不法行為（横領）又は不当利得の成否である。

　被告らは、前記1億円については、原告主張のころ千代が被告直人を代理人として丸坂海上から借入れをした上被告直人に贈与したものであると、また、666万9581円については、原告主張のころ千代の意思に基づいて解約され、千代自身が取得したものであると、それぞれ主張する（原告の主張を否認）。

第三　争点についての判断

　一　書証の成立について（なお、その詳細については、後記認定において適宜括弧書きで記載する場合がある）

　　1　甲一二、一三については、印影が千代の印章によるものであることについて明らかには争われていないが、そのことによる真正な成立の推定は、甲一九、二四、原告志津本人尋問の結果等の後記二冒頭記載の証拠によって覆されるものである（千代の署名部分について被告加代子が千代の意思に従って代筆したものであるとする乙一、被告直人本人尋問の結果は、前記の証拠に照らし採用できない）。

　　2　甲一四、一八については、印影が千代の印章によるものであることには争いがなく、そのことによる真正な成立の推定を覆すに足りる的確な証拠はない。

　　3　甲一五の1ないし6については、印影が千代の印章によるものであることについて明らかには争われていないが、そのことによる真正な成立の推定は、甲一六、一七、一九、原告志津本人尋問の結果等の後記二冒頭記載の

証拠によって覆されるものである（千代の署名部分は本人の署名に係るものであるとする乙一、被告直人本人尋問の結果は、前記の証拠に照らし採用できない）。

　二　証拠（甲一の1、九の1ないし6、一〇ないし一四、一五の1ないし6、一六ないし二一、二二の1ないし6、二三、二四、乙一、原告志津、被告直人。なお乙一、被告直人については後記採用しない部分を除く）によれば、以下の事実が認められる（証拠の評価や間接事実からの推認に関しても、適宜括弧書きで記載する）。

　証拠（乙一、被告直人）中前記認定に反する部分は、前記の客観的な証拠に反する部分、あるいは不合理な部分やあいまいな部分が多く、採用できない（その理由の詳細については、わかりやすさの観点から、後記三に記載する）。

　1　千代は、明治44年生まれ（甲一の1）で、相続によって○○市に広大な土地を取得していたところ、夫が老人性痴呆で特別養護老人ホームに入居しなければならない状態となったことなどから、平成4年に、自己が居住している建物が存在していた前記の土地を約3億3000万円程度の金額で売却し、その一部で中古マンションを購入して単身でそこに移った。

　千代は、高齢ではあるが気力は充実しており、長く生きるつもりであったため、前記土地売却後の住居については価格の安い中古マンションとし、残った金銭は定期預金として堅実に運用していた。

　その後、千代は、被告らから勧められ、保険1、2の契約を締結した。なお、原告らは、これらの保険、ことに保険2の詳細な内容については知らなかった。

　被告直人・加代子夫婦は、千代のマンションの近くに住んでおり、千代とは仲がよく、千代の外出時には送り迎えをするなどし、また、千代のマンションの鍵を預かり、千代の郵便受けを開扉するための番号も教えられていた。

　2　平成10年1月、千代は、○○市の高木病院に検査のための短期間の入院をした。この入院中において千代は癌の疑いもあることを医師から告げられていた。

　この入院期間中の同月29日に、被告直人は、千代の代理人という形式をとりつつ、丸坂海上に対して保険2の保険金等請求権を担保とする1億円の借入れの申込みをした（なお、前記借入れについての千代の委任状〔甲一五

の1ないし6〕の千代の署名は、その筆跡が千代の署名〔甲一六、一七〕とは全く異なっており、むしろ、被告加代子の筆跡〔甲一二、一三〕に近く、千代本人の署名であるとは認められない）。

　その結果、同年2月5日に、丸坂海上から南西銀行○○支店の千代の口座（以下「南西口座」という）に、収入印紙代として1億円から1200円を差し引いた金額が振り込まれ、被告直人は、これに前記口座の残金を加えた1億円を払い戻した上、平成銀行○○支店の被告直人の口座に振り込んだ（甲九の1ないし6、一〇、一一）。

　3　前記南西口座は、平成8年9月9日に開設されているところ、その申込書（甲一二）の千代の署名は被告加代子の手によるものであり、また、千代の電話番号として第八開発のそれが記載されていた。そして、同年9月6日と9月17日には千代は○○市の別荘にいた（甲二四）。また、千代が日常使用していた口座は永徳銀行のものであった（以上3の事実は、二の他の認定事実と相まって、南西口座が千代の意思に基づかないで開設されたことを推認させるに足りるものといえる）。

　4　保険1のうち12口については、平成10年6月8日解約され、同月15日に、その返戻金666万8280円が南西口座に振り込まれ、これに前記口座の残金1301円を加えた666万9581円が同日に引き出されているところ、その払戻請求書（甲一三）の千代の署名も被告加代子の手によるものであった。

　5　千代は、同年7月には再度高木病院に入院し、膵臓癌の診断を受け、同年10月には浜中中央病院に入院した。

　同年11月20日に原告志津が病院に付添として宿泊した際、千代は、原告志津に、「丸坂〔丸坂海上の保険〕を解約してもらいたい」、「あちこち探したけど、〔貴重品を入れた貸金庫の〕鍵が見つからないのよね」と告げた。

　また、同月28日に原告志津が宿泊した際にも、千代は、「丸坂の金をおろす。このままだと直人さん（被告直人）にどうかされてしまう」と告げ、翌29日には、「貸金庫を開けて、債権（保険証券）を出して、全部おろしてほしい」と原告志津に依頼した。

　原告志津が「私でできるかしら」と答えると、千代は、「丸坂海上の預金に関する一切のことを松居輝伸（原告志津の夫。以下「輝伸」という）に一任します」というメモ（甲一四）と「平成銀行の貸金庫を開けることを原告志津に一任します」というメモ（甲一八）を作成押印し、必要な印章と、貸

金庫の鍵ではないかと千代が考える鍵を貴重品袋から出して、2枚のメモとともに原告志津に渡した（なお、千代の看護記録〔乙六〕の同月27日の部分には、「〔千代の言動が〕支離滅裂になっていると妹〔原告志津であろう〕が述べている」旨の記載があり、前記2枚のメモの筆跡が乱れていることからしても千代の当時の健康状態が良好ではなかったことは窺われるところであるが、原告志津は千代の意識自体ははっきりしていた旨を本人尋問で供述しており、また、この供述は全体として信用できるものであるから、千代がもうろうとした精神状態に影響されて原告志津に対して前記のような行動をとったとまで考えることは困難である）。

6　原告志津は、翌30日に輝伸とともに平成銀行を訪れたが、やはり鍵が異なるということで貸金庫を開けることができなかった。

そこで、原告志津夫婦は第八開発の事務所に被告らを訪ね、千代のマンションの鍵を借りようとしたが、被告らは鍵はないと返答した（被告直人はこの点について、この時点で既にマンションの鍵は千代に返していた旨を供述するが、被告ら準備書面3の中に「原告志津らの態度に不審を感じて鍵を渡さなかった」旨の記述があることに照らしても、到底採用できない）。

7　平成10年12月26日に千代が死亡した後、遺族らは前記貸金庫を開けてもらったが、原告らは、丸坂海上の保険証券が少なすぎると考えた。

その後の各種の解約手続の際に、被告加代子が丸坂海上のそれについてのみ同行しなかったので、原告らは被告らに対する不審の念を強くし、丸坂海上の○○支店でさらに調査してもらったところ、保険2の存在、前記1億円の貸付手続、南西口座への振込み等の事実が明らかになった。

そこで、原告志津は被告加代子を問い質そうとしたが、被告加代子は電話に出ないので、平成11年6月11日にその妹の林田旬子に電話したところ、「岩崎のおばちゃん（千代）から生前に借りたという話だから別にいいではないか」との応答であった（甲二〇）。

また、被告直人も、同月21日ころに原告志津に電話し、「1億円は千代が一緒に事業をやろうということで貸してくれたお金だ。南西口座は千代が第八開発の事務所に遊びに来ていたときに南西銀行の人が来ていて千代の意思で作った」旨を告げた。

その後、被告直人は、前言をひるがえし、「1億円は千代からもらった」旨を述べるようになったので、原告らは本訴提起に踏み切った。

第7　不法行為一般 (3)

　三　前記二に認定の事実を総合すれば、被告らが共謀して原告ら主張の不法行為を行った事実を推認することができる。

　すなわち、被告らは、前記貸金庫ないし千代のマンションに残されていた印章や印鑑証明カード、保険証券を利用し、前記のような手続によって保険を担保に借入れをし、あるいは保険を解約して、千代に無断で開設していた南西口座に金員を振り込ませて横領し、原告らに対してその主張するような損害を与えたものと考えられるのである（保険1の解約返戻金についても、前記南西口座に振り込まれていることや、払戻請求書の千代の署名が被告加代子によりなされていることから、前記のように推認することができる。なお、乙七の4によれば保険1の解約の日に千代が前記貸金庫を開けている事実は認められるけれども、このことだけから、前記貸金庫の開閉は千代が保険1の証券を出すために行ったものであり、したがって前記解約も千代の意思にかかるものであるとして前記の推認を覆すことは、困難である）。

　前記二の認定に反する被告直人の陳述書（乙一）の記載及び同被告の本人尋問における供述（これらの内容も一部食い違っているが、以下は本人尋問の要約である）は、要旨、「千代が検査のために入院中の平成10年1月20日に、千代から身の回りのものを少し取りに行きたいと言われ、千代を連れて無断で外出した。その際、千代から1億円をあげると言われた。それで借入れの手続によることとし、書類をそろえたが、夕方になってしまったので、後日自分が代理人として借入れを行うこととし、同月27ないし28日ころに千代に委任状を書いてもらった。1億円の振込みについては、千代の永徳銀行の通帳は貸金庫の中に入っており、千代がその口座番号を思い出せなかったので、やむなく、千代の承諾を得て南西口座（なお、その開設の経緯について被告直人が述べるところは前記二に認定されている同被告の原告志津に対する説明と同じである）に振込みを行うことにした」というものであるが、前記のような大金の贈与が被告直人に対してなされるに至った動機や理由についても、これについて前記のようなあわただしい手続によって金銭の準備をしなければならなかった理由についても、借入れという金利負担の上で不利な手続によって贈与のための金銭を用意しなければならなかった理由についても、同被告の説くところは十分に納得できないものであるし、借入金が南西口座に振り込まれていることについての同被告の説明も、千代が永徳銀行の口座を窓口で頻繁に使用していたことを示す甲二三等の証拠に照らし、

採用できない。

　前記借入れの期間が原則として1年である（乙二）ため無断で借り入れを行えば後に千代に発覚してしまうとの被告らの主張についても、当時の千代の年齢（90歳）や健康状態（既に癌の疑いがあった）に照らせば、被告らにおいてできるだけ長くこれが発覚しないような工作をし、あるいは現実にそうなったように千代が長期入院するか死亡することによって事実関係が当面うやむやになってしまう可能性も予測できたことを考えると、前記二の認定を覆すに足りるような事情とはいえない。

第四　結論
　以上によれば、原告らの請求は理由がある。

　○○地方裁判所民事第○部

　　　裁判官　　○　○　○　○

設問

1　本件事案の事実認定、法的判断に当たって裁判官が気を付けなければならないのはどのような部分であろうか、考察せよ（なお、民事の横領類似事案なので、刑法的な意味での横領の該当性について考える必要はない）。

2　判決の事実認定および法的判断についてどのような感想ないし意見を抱いたか（認定判断が詳しすぎる、簡単すぎるなど）。また、みずからがなぜそのような意見を抱くのかの根拠についても考察せよ。

参考事項

　関係条文　民法709条

解答および解説

　横領（ないしは横領に準じる不法行為。本件は、純粋な横領ではなく、「準じる不法行為」のほうだが、以下、便宜上「横領」の用語を用いる）の類型は、不法行為訴訟

の中では、定型的に、主張立証、事実認定が難しい類型に属する。被告の支配領域内で起こる事柄であり、また、発覚を防ぐために各種の偽装工作が行われているのが普通だからである。

　従業員による横領が主張される例が圧倒的に多いが、本件のように、被相続人である故人の親族あるいは知人による横領が主張される例も結構ある。

　本件は、最初は原告本人訴訟であったため、請求原因が特定せず、請求原因と請求の趣旨とのつながりも明らかではなかった（具体的には金額の関係）。「この訴訟は素人ではとても無理ですよ」という裁判官の示唆に応じて3ないし4回目の口頭弁論から代理人が受任出頭した。

　本件の原告らはごく普通の市民だったが、そうした人々でもこのような事案で本人訴訟をあえて試みようとすることがあるのかと少し驚いた記憶がある（なお、原告本人訴訟の現状と問題点については、瀬木・要論第2部第8章「本人訴訟と特別訴訟手続」を参照されたい）。

　本件は、被告らに怪しい部分が多々ある反面、原告らの主張立証は素直であり、大筋は原告勝訴で間違いないと思われる事案である。しかし、証拠評価にはなおデリケートな部分があり、また、①保険1の解約の日に千代が貸金庫を開けている（保険1の解約についての千代の関与承諾の可能性をうかがわせる事実と評価する余地がないではない）、②借入れについては期間が原則として1年であるため無断で行えば千代に発覚する可能性が高い、などの事情も存在するので、きめ細かな事実認定と評価が必要である（その意味では貸金の4事件に似たところがあるといえる）。

　そのため、判決は、「争点についての判断」の一で書証の成立についてまとめて判断を行い、三では、上記①、②の点につき、また、被告直人の陳述書（乙一）や法廷供述を排斥する理由につき、補充的な説示を行っている（設問1）。

　さて、読者の方々は、本件判決の事実認定、法的判断についてどのような印象、感想を抱かれたであろうか。かなり簡潔である（あるいは簡潔すぎる）と感じたか、あるいは、逆に、事案明白なのにここまで詳細な認定判断をしなければならないのかと感じたか。

　前者のような印象は、あるとすれば、むしろ法律家に特有のものである可能性が高い。ことに、刑事裁判的な感覚からすると、「民事は随分証拠が薄くてもよいのですね」という印象になるかもしれない。逆に、一般市民（たとえば原告ら）には、「不法行為は明らかと思われるのに、時間をかけて、ここまで詳細な審理

判断をしなければならないのだろうか」という感想もありうると思う。

　私は、たとえばこうした部分に、法律家と一般市民の間にある考え方、感じ方の相違、認識や感覚の「溝」の存在を強く感じることがある。そして、その場合の「法律家」は「裁判官」に限られるものではない。弁護士や研究者の考え方、感覚についても、ごく普通の市民からみれば、「非常識で杓子定規」とみえる場合が多々あるのではないかと思うのである。

　なお、私は、大学、学界に移ってから、研究者にも一般市民の認識や感覚とのずれが結構あると思うようになった。ただ、制度的な問題や職業意識との結び付きが深い実務家の場合に比べると、当該個人の問題（研究者の場合、インフェリオリティーあるいはスペリオリティー・コンプレックスの極端に強い人がいること、他者から矯正される機会に乏しいことが特徴的）という部分が大きく、また、そのような場合を除けば、根は比較的浅いのかなとも感じるところである。

　「法律的なものの見方、考え方」、その特殊性と根拠（この場合についていえば、たとえば、「ごく普通の常識からすれば被告の不法行為は明白にみえるかもしれないけれども、憶測で裁判を行うことはできないから、綿密な主張立証が要求されるのだ」ということ）については、市民に対する法律家のわかりやすい説明が必要であろう。ことに、弁護士と依頼者の信頼関係を保つためには、そうした説明が重要ではないかと考える（瀬木・要論［005］参照）（設問2）。

和解の可能性

　横領類型の事案も比較的和解が難しい（やはり被告が拒絶する例が多い）。本件も同様だが、本件では、被告代理人が、「もう、この証拠関係では、とても無理だよ。裁判官のいわれるとおりにしたほうがいいと思うよ」ともちかけても、被告本人が、「昨日も夢に千代が現れて、『あのお金はあげたのだ』と言っていたから、和解はできません。もらったんです」と答えていたのが、印象に残っている。

　このように、人間の記憶は、自己に都合のいいように変造されてしまいやすいものなのである。

第7 不法行為一般 (4)

21　損害賠償請求事件

事案・争点 ➡ 詐　欺

判　決

平成○○年○月○日判決言渡　同日原本領収
裁判所書記官　　　　○　○　○　○
平成15年(ワ)第1022号　損害賠償請求事件
口頭弁論終結日　平成○○年○月○日

判　決

○○県○○市○○町○丁目○番地
　　原　　　　　　告　　株式会社龍華塔
　　同代表者代表取締役　　安　村　弘　明
東京都○○区○○町○丁目○番地
　　原　　　　　　告　　株式会社ナノールバンク
　　同代表者代表取締役　　内　田　茂　実
東京都○○市○○町○丁目○番○号
　　原　　　　　　告　　田　村　良　一
○○県○○市○○町○丁目○番○号
　　原　　　　　　告　　工　藤　文　太
　　原告ら訴訟代理人弁護士　○　○　○　○
　　同　　　　　　　　　　　○　○　○　○
東京都○○区○○町○丁目○番○号
　　被　　　　　　告　　安　岡　　　守
　　同訴訟代理人弁護士　　○　○　○　○

主　文

一 被告は、原告株式会社龍華塔に対し、金700万円及びこれに対する平成12年10月6日から、原告株式会社ナノールバンクに対し、金300万円及びこれに対する平成12年10月7日から、原告田村良一に対し、金100万円及びこれに対する平成13年3月15日から、原告工藤文太に対し、金108万円及びこれに対する平成11年10月8日から、いずれも支払済みまで年5分の割合による金員を支払え。
二 訴訟費用は、被告の負担とする。
三 この判決は、仮に執行することができる。

事実及び理由

第一 請求
　主文に同じ。

第二 事案の概要
　一 事案の要旨
　本件は、原告らが、被告に対し、(ア)アメリカの未上場会社 (JD LABS INC。以下「JD」という) の未公開株式購入代金名目で原告龍華塔から金銭を詐取し、(イ)被告が当時自己が代表者を務めていた原告ナノールバンクから金銭を被告の関与する口座に振込送金し、(ウ)アメリカの会社 (キャッスル。以下「キャッスル」という) の第三者割当増資資金名目で原告田村から、(エ)アメリカの会社 (ワンダーデジタル。以下「WD」という) の株式購入代金名目で原告工藤から、それぞれ金銭を詐取したことを理由として、原告ナノールバンクについては取締役の忠実義務違反 (商法254条ノ3【現行会社法355条】) に基づき、その余の原告らについては不法行為に基づき、損害賠償請求を行った事件であり、遅延損害金の起算日は前記任務懈怠の翌日と各不法行為の日である。
　請求原因事実の詳細は、別紙 (訴状請求の原因欄。なお、第2の4の本文6行目の「(」は「。」の誤記と認められるから訂正した) 記載のとおりである。
　二 争いのない事実
前記別紙請求原因1の事実 (各当事者の地位)
原告ら主張の各金員がその主張のころに被告に交付され、あるいは、被告

が原告ナノールバンクの代表者としてこれを出捐した事実
　三　被告の主張
　被告は、前記の各行為について、いずれも真実株式等の購入を行ったものであると主張する。

第三　判断
　一　はじめに
　前記争いのない事実と前記被告の主張とを前提とすると、本件においては、原告らの立証に対し、被告において真実株式等の購入を行ったとの反証に成功するか否かによって訴訟の帰趨が決まるものというべきであり、この反証が十分でなく、あるいは信用性に乏しく、原告らの立証に比較してその証拠価値、証明力において低いものである場合には、原告らの不法行為の立証はあったとみることになる。
　以下、前記の判断枠組みを前提として判断を進める。
　二　JD 関係
　1　被告は、平成12年7月から平成14年9月まで原告ナノールバンクの代表者の地位にあったが、資金の不正使用があり、その点を追及されるに至った。その際の被告の当初の説明（甲一四、一五）と後に被告自身が作成したメモの内容（甲一六）は全く異なっており、JD、キャッスル、WD 等についての言及は甲一六に至って初めて明確に現れるに至っている。
　2　被告は、VICTORY INTERNATIONAL FUND 社（以下「ビクトリー」という）を通じて JD の株式を購入したと主張し、乙四の記載、青木証人及び被告の供述はそれに沿っている。
　しかしながら、被告は、JD の株券や株式割当て・発行に関する書面など JD 発行に係るところの、株式発行購入に関する客観的な書面を原告龍華塔・ナノールバンクに交付していないし、本訴においても提出していない。
　青木証人は、JD 株の日本における引受総額は20億円程度であったと供述するが、そのような大規模な新株発行について前記のような客観的な書面が一切ないということは信じがたいし、また、これについて、所定の届出もなく（青木証言）、私募の方法によって行われた（同）ということについても同様である。
　3　ビクトリー関連の書証も極めてあいまいであり、要証事実との結び付

きが弱い。甲一は、同社名義の口座に JD の株式取得名目の資金が預託されたことを示すにすぎないし、甲九は、ビクトリーから JD「名義」の口座（それが確実に JD の口座であるか否かも不明である）への送金を示すものにすぎない。甲三・四号証についても、各送金の後にそれに関する証明を要請されてから被告が原告龍華塔に持参したものにすぎない。乙一号証も、せいぜい、ビクトリーが JD 社の株式を有していたことを示すものにすぎない。

　もっとも、前記のような書証もビクトリーが信頼性の高い企業であればそれなりの意味をもつものとして評価する余地がないではない。しかし、ビクトリー関連の事柄を証するための証人として申請された青木証人の証言はこの点についても著しくあいまいである。すなわち、同証人は、自分自身のビクトリーにおける地位（甲二三によれば、董事〔director〕として登記されている）について明確な供述ができず、また、その証言の内容は、同社の事務所に職員はおらず、自分はそこを一度しか訪れたことがなく、売上高も知らないし、同社は香港におけるファンド事業の許可も得ておらず（この事実は甲二四からも認められる）、また、現在は会社自体が閉鎖されている（この事実は甲二三からも認められる〔平成14年11月29日に閉鎖〕）というものである。

　これによれば、ビクトリーはいわゆるペイパーカンパニーである可能性が非常に高いというほかなく、また、その役員であった青木が被告との人的関係において密であることも青木証人及び被告の供述から明らかであり、したがって、前記の書証の、被告の主張を立証するものとしての信用性も低いものと評価するほかないのである。

　4　以上によれば、被告の主張に沿う乙四号証、青木証人及び被告の供述も信用できないものというほかない（なお、青木証言は、その内容、供述態度の両面からみて、全体としてみても、およそ信用性の高いものとは言いにくい）。

　そして、前記争いのない事実に以上の認定判断を総合し、また、甲二一、二二、原告工藤・田村の各供述を併せて考えると、被告は、JD 株式購入代金名目で原告龍華塔から金銭を詐取し、また、被告が当時代表者であった原告ナノールバンクから金銭を被告の関与する口座に振込送金したとの原告ら主張事実を認めることができるものというべきである。

　三　キャッスル関係

1　被告は、当初は、ST LUX LIMITED（以下「ST」という）を通じてキャッスルから株式の第三者割当増資を受けた旨の主張をしており、被告作成の預かり証（甲一〇）にもそのとおりの内容が記載されている。

　2　しかしながら、調査嘱託の結果である甲二〇によれば、キャッスルが原告田村、被告、ST のいずれに対しても新株を割り当てた事実がないことが認められる。

　3　この点につき、中本証人及び被告は、ST は、キャッスルの代表者である浦島の株式につき、名義をそのままにしてその上に実質上の権利を取得したものであると供述するに至っているが、これは前記甲一〇と明らかに食い違う内容であり、また、中本証人の証言は、全体として、青木証言同様、その内容、供述態度の両面からみて、およそ信用しがたいものであり、結局、同証人及び被告の供述とも採用できない。同様に、乙六・九号証も採用できない。

　なお、中本証人の証言、乙七号証の内容からみて、ST については、ビクトリー以上に実体のないペイパーカンパニーである可能性が高いというべきである。

　4　そして、前記争いのない事実に以上の認定判断を総合し、また、甲二一・二二号証、原告工藤・田村の各供述を併せて考えると、被告は、キャッスル株式購入代金名目で原告田村から金銭を詐取したとの原告ら主張事実を認めることができるものというべきである。

　四　WD関係

　1　これについては、被告は自己名義で株式を取得していると主張しながら、株券や株式割当て・発行に関する書面などWD発行に係るところの、株式発行購入に関する客観的な書面を原告工藤に交付していないし、本訴においても提出していない。

　2　また、甲一二号証も、その送金先の記載（WD株購入受付口様）が一見して不自然なものであるなど、およそ証明力に乏しいものというほかない。

　3　この点に関する乙四号証の内容、被告の供述も、株式購入の経過や詳細がおよそ明らかではなく、採用できない。

　4　そして、前記争いのない事実に以上の認定判断を総合し、また、甲二一・二二号証、原告工藤・田村の各供述を併せて考えると、被告は、WD株式購入代金名目で原告工藤から金銭を詐取したとの原告ら主張事実を認め

ることができるものというべきである。

第四　結論
　以上によれば、原告らの請求はいずれも理由がある。

○○地方裁判所民事第○部

　　　裁判官　　○　○　○　○

別紙　訴状請求の原因欄〈省略〉

設問

1　本件における当事者の主張立証のあり方について、証明責任や事実上の証明の必要性という観点から考察せよ。

2　9事件、第7セクションの各事件（18ないし21事件）等の判決について、判決の将来のあるべき方向という観点、また、法社会学的な観点から考察せよ。本来、第一審判決（その説示の詳しさや緻密さ）は、どのようなものであるべきなのだろうか。

参考事項
　関係条文　民法709条

解答および解説

　詐欺類型で、争点整理も、原告の主張立証も、それなりの難しさを含んでいる事案である（当初は、双方の主張が前提としている認識の枠組み自体が大きく食い違っているためになかなか争点整理が進まなかった。瀬木・要論［041］参照。本件は、その項目中に掲げられている事例5の事案である）。

　本件のような事案では、裁判官は、まず、主張立証の枠組みについてよく考えてみる必要がある。本件で被告が主張している事実関係（海外の企業への投資）については、被告しかわからない事柄であり、原告らとしてはちょっと立証のしよ

うがない。それに加えて被告が株式等購入の名目で原告らから金銭を受け取っている事実には争いがないのだから、事実上の立証の必要性は被告に移るというべきであり、被告において先の投資の点について適切な反証ができなければ、詐取があったものと考えざるをえないであろう。

　もっとも、そうはいうものの、原告らとしても、みずからの思うところの事実関係を証拠に基づいて具体的に主張すべきことはもちろんである。先の事例5において裁判官が示唆しているのは、そのような主張立証の枠組み、原告らの考えているところのストーリーの提示なのである。

　裁判官が、抽象的な証明責任論に持ち込まず（持ち込めば当事者双方の言い合いが再燃することは確実である）、あくまでも具体的な言葉を用いながら双方代理人を説得していることに留意していただきたい。こういうところで学者的に出ても絶対にうまくはゆかない。私は、研究者裁判官であったからこそ、かえって、そのことが身にしみてわかっていたのである（設問1）。

　「判断」の説示は証拠を見ないとややわかりにくいかもしれないが、上記のような枠組みに従って読んでゆけば理解できるのではないかと考える。証拠関係からみれば、被告の主張が理由のない言い訳にすぎないことはほぼ明らかという事案なのだが、そこをきちんと説明しなければ終わりにできないところが日本の判決の、また、日本の裁判官の大変さであり、能力が問われるところでもあった。

　これに対し、アメリカの州裁判所の第一審裁判官であれば、多くの場合、結論さえ決めれば、理由は口頭で簡単に述べれば足りる。勝訴当事者がそれを書き取って提出し裁判官の認証を得る（瀬木・要論［110］）。

　ただ、私は、現在では、第一審の判決は、結論とその根拠を明確に示し、中心的な争点についてだけ具体的な説示を行えば足りるのではないかと考えている。本書の判決をもう一回り簡単にすれば、そのような判決になるだろう。

　実際には、私自身は、本書収録の判決の大半についても大きな時間はかけておらず、キャリアシステムの裁判官であれば、20年もやっていればこの程度の判決は短い時間で書けてよいのではないかと考えていた。

　しかし、現実には、日本の裁判官は、判決を負担に感じて書きたがらず、和解を強要しがちであり、また、その傾向は、裁判官の能力水準の低下に伴い、いよいよ強くなっている。そのような現状を考えるならば、判決の簡素化により和解の押し付け、強要という事態を減らすほうが、司法全体の健全化には資するのではないかと思うのである。

部分的ではあっても本格的な法曹一元制度の実現に踏み切る場合には、判決の機能やあり方は、抜本的に見直すことが望ましいであろう（以上につき、瀬木・裁判所129頁、瀬木・裁判208頁、232頁。なお、9事件の「解答および解説」も参照）（設問2）。

和解の可能性

　本件ではかなりの程度に和解の話合いも進めたが、結局、被告は、原告らが満足するような金額を提示しなかった。

　なお、原告ら代理人は、別の機会に、「例の事件は、全面勝訴で確定し、損害も回復されました」と、うれしそうに語っていた。

　以上、一般的な不法行為事案においては、被告が不法行為自体を争っている場合には、証拠上はかなり事案明白であっても、被告本人が和解を拒絶するかあるいは和解に消極的な例が多いといえようか。

第8 不法行為（交通事故）(1)

22 交通事故損害賠償請求事件

事案・争点 ➡ 過失相殺、逸失利益

判　　決

平成○○年○月○日判決言渡　同日原本領収
裁判所書記官　　　○　○　○　○
平成11年(ワ)第1023号　交通事故損害賠償請求事件
(口頭弁論終結の日　平成○○年○月○日)

判　　決

○○県○○市○○町○丁目○番○号
　　　原　　　　　告　　桜　井　東　子
　　　同訴訟代理人弁護士　○　○　○　○
○○県○○市○○町○丁目○番○号
　　　被　　　　　告　　平　林　信　平
東京都○○区○○町○丁目○番○号
　　　被　　　　　告　　唐沢製パン株式会社
　　　同代表者代表取締役　千　葉　太　一
　　　被告ら訴訟代理人弁護士　○　○　○　○
　　　同　　　　　　　　　　　○　○　○　○

主　　文

一　被告らは、原告に対し、連帯して、金2513万4663円並びに金5513万4663円に対する平成9年12月13日から平成12年12月12日まで及び金2513万4663円に対する平成12年12月13日から支払済みまで、いずれも年5分の割合による金員を支払え。
二　原告のその余の請求を棄却する。

三　訴訟費用は、これを5分し、その2を原告の、その余を被告らの負担とする。

四　この判決は、原告勝訴部分に限り仮に執行することができる。

事実及び理由

第一　請求

　被告らは、原告に対し、連帯して、金5533万51円並びに金8533万51円に対する平成9年12月13日から平成12年12月12日まで及び金5533万51円に対する平成12年12月13日から支払済みまで、いずれも年5分の割合による金員を支払え。

第二　事案の概要

　一　事案の要旨

　本件は、死亡交通事故に基づく、遺族（内縁の妻）から加害者及び加害車両の保有者に対する損害賠償請求事件である。遅延損害金請求の起算日は、交通事故の日と損害賠償金の一部弁済後の日である。

　二　前提事実（末尾に証拠を示した事実以外は争いのない事実である）

　1　本件交通事故（以下「本件事故」という）は、平成9年12月13日午前1時55分ころ、○○市○○区○○町○丁目○番先道路（以下「本件道路」という）において、被告平林信平（以下「被告平林」という）運転、被告唐沢製パン株式会社（以下「被告会社」という）所有の普通貨物自動車（以下「被告車」という）が亡小山鉄男（以下「小山」という）に衝突するという態様で発生した。

　2　本件事故の結果小山は間もなく死亡した（甲二の2）。

　3　本件事故につき、被告平林は民法709条の、被告会社は自賠法3条の、責任を負う。

　4　原告は、被告らから、総額3106万4050円の支払を受けており、うち3000万円が支払われたのは、平成12年12月12日である。

　三　争点

　1　本件事故の具体的状況並びに被告平林と小山の過失の有無及び割合（被告らも責任自体は認めていることから、便宜上、過失相殺の判断を2に先行して行う）

この点に関する双方の主張の要旨は以下のとおりである。
（一）　原告の主張
別紙（平成14年3月27日付け訴えの変更申立書写し）の関係部分のとおりである。
（二）　被告らの主張
被告車の当時の速度は、時速60キロメートルであった。
小山は、深夜でも車両の往来の多い車道幅員13メートルの幹線道路である本件道路を、交差点の横断歩道からわずか27.1メートルの地点において、極度の酩酊状態で横断し、本件道路中央付近で本件事故にあったものであって、その過失は7割程度と評価すべきである。
2　①本件事故により小山あるいは原告に生じた損害の内容と額並びに②原告による本件損害賠償請求権全体の行使の可否
この点に関する原告の主張は前記別紙の関係部分のとおりである。

第三　争点についての判断
　一　争点1について
　1　認定事実
証拠（甲二の1ないし10、乙一ないし八、九の1ないし10、一一、一六ないし一八、二七、二八の1、2、被告平林。ただし、乙一六及び被告平林については、後記採用しない部分を除く）によれば、本件事故の具体的状況について以下の事実が認められる（なお、前記第二の二の事実も適宜含めて記載する。また、証拠の評価についても適宜括弧書きで記載する）。
証拠（乙一六及び被告平林）のうち前記認定に反する部分は採用できない。
（一）　本件道路は、幅員19.8メートルの、歩車道の区別がなされた道路であり、車道の幅員は13メートルで片側2車線である。車道と歩道の境には低木の植込みが存在する。
車両の往来は深夜でも相当あり、幹線道路と評価してよい道路といえる。
衝突地点の北西方向にある直近交差点（以下「本件交差点」という）付近は街路灯及び信号機によって照らされているが、衝突地点付近は照明がなく、かなり暗くなっている。
（二）　被告平林は、本件交差点の北西方向から南東方向に向かって、指定最高速度の時速40キロメートルを20キロメートル超過した時速60キロメー

トルで被告車を運転し（被告車の当時の速度については、甲二の6〔被告平林の司法警察員に対する供述調書〕には時速70キロメートルとの記載があるが、甲二の7〔同被告の検事に対する供述調書〕では時速60キロメートルとの記載となっており、略式命令〔乙二八の1、二七〕においても同様の認定となっていること、また、空走・制動距離に関して一般的にとられている数値〔乙一七〕と本件における同距離〔甲二の3の別紙図面第二によれば約42.4メートル〕との対比によれば時速としては60キロメートルが導かれることからして、時速60キロメートルであったと認められる。なお、被告車は歩道縁石等に接触して停止したものではない〔甲二の9〕。また、前記図面のab点間の記載はブレーキ痕ではなく、血痕である〔甲二の3の4頁〕)、青信号で本件交差点上に至り、前方の本件事故の衝突地点付近は夜間には暗い場所で見通しがよくないことを日頃の運転の中で認識していながら、本件交差点上で、助手席との間にあるペンや煙草の箱等が置けるボックス上にあった煙草の箱から煙草を抜き取ろうとして気をとられ、前方不注視の状態で、かつ、時速60キロメートルのままで進行し、本件交差点を通過した場所で、左手の前方17.1メートルの地点に小山を発見し、急制動の措置を執ったが間に合わず、被告車左前部を同人に衝突させて転倒させ、同人に頭蓋損傷の傷害を負わせ、間もなく救急車内で死亡するに至らしめた。なお、被告車は、小山に衝突した後左斜め前方に進行して歩道の直近で停止している。

（三）　小山は、当日は夕方から飲酒し、血液1ミリリットル中に2.6ミリグラムのアルコールを含有するという、一般的にいえば運動失調が著名で歩行に困難を来しうるような酩酊状態で本件事故現場にさしかかり、本件交差点の北東方向にして横断歩道の端から約30メートルの場所で、植込みの間を抜けて北側の歩道から南側の歩道へ横断しようとし、歩行を開始して間もなく被告車を発見し、引き返そうとして身体を反転させたところで被告車に衝突された。もっとも、被告平林が小山を認めたときの小山には、特に身体がふらついているといった感じはなかった（甲二の4、8）。

2　判断
（一）　本件事故当時の被告平林と小山の客観的動静については、1に認定したとおりである。
　これに基づいて、被告平林と小山の過失について判断する。
　まず、被告平林については、交差点上で、しかも、前方が暗い場所である

ことを認識していながら、20キロメートルの速度超過の状態のままで、あえて左手にある煙草の箱から煙草を抜き取ろうとして脇見運転をし、そのような過失の結果小山の発見が遅れて直近に至ってこれを発見し、急制動の措置を執ったが間に合わず、自車左前部を同人に衝突させて死亡するに至らしめたものであり、また、被告車が小山に衝突した後左斜め前方に進行して歩道の直近で停止していることからすると、同被告は、小山を左手の前方に発見しながらハンドルを左手方向に切った可能性があり、その過失はかなり大きいものといわざるをえない。

しかし、一方、小山も、酒に酔って、深夜に、車両の交通量の多い幹線道路である本件道路を、横断歩道の付近において、歩車道の間に存在する植込みの間を抜けて、本件交差点が自己の側から見れば赤の状況であえて横断しようとして本件事故に遭遇したものであり、被告車に気付き引き返そうとして身体を反転させたところで衝突されたことや、被告平林が小山を認めたときの小山には特に身体がふらついているといった感じはなかったことなどを考慮しても、その過失は小さいものではない。

（二）　以上検討したところに基づいて本件事故における被告平林と小山の過失割合を考えると、被告平林が7割、小山が3割とするのが相当である。

二　争点2②について

便宜上、争点2のうち②について先に判断する。

証拠（甲二の10、三の1、一八の1ないし3、二四、原告）によれば、原告は小山と内縁関係にあったこと、また、原告は、小山の法定相続人であるその母松尾さやかとの間で、本訴提起に先立って、松尾ないし原告の損害賠償請求権は原告において行使し、松尾は原告から100万円のみの分配を事前に受けることを合意し、平成11年5月16日に原告が松尾に前記金額を支払ったことがそれぞれ認められる。

以上の事実によれば、原告は、本件事故によって原告に生じた三の1、2の損害とともに、慰謝料請求、扶養請求権に基づく逸失利益の請求等をなしうる（通常の遺族と同様の請求をなしうる）と解される。

三　争点2①について

1　遺体処置費　6万4050円

争いのない事実として被告が支払を認めた金額の一部が、この費用の支払である。

2 葬儀費用120万円

　甲三の2によれば、原告が小山の葬儀費用として272万円を支出したことが認められ、うち120万円については本件事故と相当因果関係のある損害と評価される。

3 慰謝料2600万円

　小山は一家の支柱であったものであるから、慰謝料総額として2600万円を認めるのが相当である。

4 逸失利益4573万4112円

　(一)　証拠（甲四ないし一七、一九、二〇〔以上については枝番の書証を含む。これらについては、以下同様に表示〕、二一、二二、二四、二八ないし三一、証人上田正伸、同竹田雄太、原告）によれば、以下のような事実が認められる（なお、証拠の評価についても適宜括弧書きで示す）。乙一三は、この認定を左右するものではない。

　(1)　小山は、マフ企画の名称により、数名で構成されるグループを率いて新聞販売拡張員をしていた。小山は非常に優秀な販売員であり、○○県で三本の指に入るとの評価を周囲の人々から一致して得ていた。

　(2)　販売員の収入は、販売店から支払われる報酬と交通費、また、新聞社から支払われる報酬相当の金員に分類される。

　(3)　販売店から支払われる報酬は、獲得した契約の契約期間によって分類され、小山の死亡した年である平成9年についてみると、これが3か月であれば4000円、6か月であれば6000円、1年であれば8000円と定められていた。

　販売店は、前記の金額から、後の清算のためにとりあえず1契約当たり2000円を控除した金額をリーダーの小山に一括して日払で支払っていた。

　小山は、これらの金員を各販売員にその獲得契約数に応じて支払っていたが、その際、常勤ないしそれに近い態様で働いていた上田（以下、氏名については姓のみで表示する）と久保については前記の2000円を控除した金額を支払い、その他の者（稼働した日数の少ない者やアルバイト的な者）については、これを控除しない金額をそのまま支払っていた（その他の者についての2000円分はとりあえず小山が立替払をしていたことになる）。

　なお、交通費については、販売店は、1契約当たり300円を日払していた。

　小山について、小山個人の契約獲得の数に対応して平成8年12月15日

から平成9年12月6日まで（本件事故前約1年間）の間に販売店から支払われた報酬と交通費の総額は、588万1900円(ア)である（甲四ないし一四、一九、二〇。なお、被告らは、小山の獲得したものとしてこれらの書証に記載されている契約の中には臨時のアルバイトが契約を獲得したものが含まれていると主張するが、そのような事実を示唆する的確な証拠はない）。

(4) 新聞社から支払われる金員は、前記(3)の2000円についての、清算（販売員が新聞社から購入した顧客用景品の清算、引っ越し等により現実には履行されなかった契約分等の清算。なお、後者の契約者不履行分の清算については、販売店において、後に獲得した契約数から不履行分の契約数を控除する形により、販売店段階で行われる例もあった）の後に支払われる清算金と、マフ企画の契約獲得数が一定の数（1か月300件）を超える場合に総契約についてその口数に応じて支払われる金員（1契約当たり1800円）から成る。

後者については、その性格からいえば小山というよりはマフ企画に対して支払われるものではあるが、実際上は、この報奨金についてはチームのリーダーが原則として取得するという慣例があった。もっとも、小山は、古参の販売員である上田に対してだけは、その獲得口数に応じて1契約当たり1000円の金額をここから支払っていた。

また、前者すなわち1契約当たり2000円の控除金の清算後の金員については、小山は、上田と久保については1か月ごとにまとめて支払っていたが、その他の者については、前記のとおり、2000円をまるまる小山が立て替え、新聞社から振り込まれるこれらの者のための清算金だけを小山が取得していた（その差額は小山が一種の経費として負担していたことになる）。

小山の口座に、平成8年12月20日から平成9年12月10日まで（本件事故前約1年間）の間に新聞社から振り込まれた以上の金員の総額は、962万4850円(イ)である（甲一五）。

また、小山が、前記の内容でこの間に上田と久保に支払った金額は、239万3500円、57万3500円であり、その合計は296万7000円(ウ)である（甲一六、一七）。

(5) 結局、小山が自己の労働によって事故前約1年間に取得した金額は、(ア)、(イ)の合計額から(ウ)を引いた1253万9750円(エ)となる。

(6) 経費に相当する金額については、まず、新聞社から購入する景品の代金や新聞社が関わる旅行の積立費用は既に前記(4)の段階で清算されている。

小山個人が自分自身の関係で負担するその他の経費は、販売店から購入する洗剤の代金につき、多くとも、原告主張の年間48万円の約2割増しの58万円（別紙5頁参照。そこで主張されているとおり、小山が販売店から購入していた洗剤は、多いときで1店舗につき1か月80個程度であり、洗剤の代金は1個200円であった〔証人武田〕から、その代金は1店舗当たり1万6000円、5店舗として8万円であり、また、マフ企画関係の洗剤の代金については、小山が優秀な販売員であったところから半分程度は無料とされている例が多かったこと〔証人武田、原告〕からすると、1か月4万円、年間48万円、多くともその2割増しで58万円程度となる）、質屋から購入するビール券の代金につき、多くとも、原告主張の金額のうち大きいほうである年間88万円（別紙6頁参照。缶ビールのビール券を1か月に100枚くらい購入していた〔原告〕とすると1か月約4万5800円、1年間で55万円弱となり〔甲二一によれば、1枚の価格は458円〕、事故前の1年間について、1契約当たり3枚のビール券を全契約について配布したと仮定すると、新聞社から購入できる1契約当たり2枚の外に1枚を質屋から購入することとなり、そうすると、その代金は、小山の獲得契約数1565にビール券の代金〔甲二一によって認められる価格である大瓶の券の670円と缶ビールの券の458円の平均をとると1枚564円〕を乗じて得られる約88万円となる）、交通費につき、年間72万円（小山は自宅から当日の現場〔販売店〕までよくタクシーを利用していた〔証人上田〕ことなどから、やや高めに算定し、1日につき4000円、1か月につき15日の稼働で6万円として計算）という程度であり、その合計額は218万円（オ）である。

　(7)　そのほかに、小山は、チームを率いていた関係上、時にはアルバイト的な人間や不慣れな人間の経費等の面倒をみ、また、他の販売員の昼食代等の雑費をまとめて負担することがあった。小山は、比較的気前がよく面倒見のよいリーダーであったことから、この関係での経費も相当の金額にのぼっていた（なお、1契約当たり2000円の控除金から清算される金銭についてのそれは(4)で既述した）。

　(二)　(一)に認定したところに基づいて小山の事故前約1年間の収入を考えると、これは、(エ)から(オ)を控除した1035万9750円から(7)の経費を控除した金額となるところ、(7)の経費の金額としては1か月平均7万円、年84万円程度と評価することが相当と認められるから、前記の金額からこれ

をさらに控除すると951万9750円となる。

　もっとも、前記(一)冒頭に掲げた証拠によれば、新聞拡張販売員の収入は不安定であり、例年同程度のものが得られるとは限らないことを考慮すると、逸失利益算定の基礎とすべき年収としては、前記金額の9割余に当たる860万円とすることが相当と考えられる。

　なお、甲二六、二七の各1ないし3によれば、小山の平成6ないし8年度の確定申告における収入金額はこれよりもかなり低いことが認められるが、個人事業者の確定申告における収入金額についてこのような事態はままあることであり、それは社会生活上は批判されるべき事柄であるとしても、不法行為における損害額の算定に当たってはこのような事実はあくまで一つの事情として評価されるにとどまり、この事実をもっていわば懲罰的に収入を低く算定することは相当ではない。また、本件における小山の収入は前記のとおり証拠によってかなり正確に算定することが可能であり、そうすると、甲二六、二七の各1ないし3は前記の認定や算定を左右するに足りるまでの証拠価値を有する証拠と評価することはできないというべきである。

　(三)　そこで、前記のとおり小山の年収を860万円とし、生活費控除4割とし、就労可能年数12年に相当するライプニッツ係数を乗じて計算すると、原告の逸失利益は4573万4112円となる（前記の証拠によれば小山は比較的金遣いが荒かったと認められるが、そのような個人的な事由によって生活費控除率を高くすべきではない。また、前記の証拠によれば、新聞拡張販売員の仕事はチームを率いて行う限りかなり高齢まで行いうるものであること、小山の逸失利益算定の基礎となる年収については前記のとおり控えめに算定していること、ライプニッツ方式、年利5パーセントによる中間利息控除は現在の状況では交通事故被害者にとって厳しい算定方式といえること等を考えると、小山の就労可能年数について通常より短く考え、あるいは、ある年齢以上において逸失利益算定の基礎となる年収を更に低くして算定することは、相当とは考えられない）。

　計算式　860万円×0.6×8.8632＝4573万4112円

　5　以上の損害の合計額は、7299万8162円である。

　前記の割合による過失相殺後の金額は5109万8713円となる。

　これに相当因果関係の認められる弁護士費用510万円（約1割相当額）を加えた金額は5619万8713円となり、これから既払金3106万4050円を控除す

ると、残金は、2513万4663円となる。

　また、損害額の一部の支払があった場合の遅延損害金については、その支払の時点で元金が消滅するのであるから、前記既払金のうち金額の大きい3000万円について、この原則に従いその支払までの期間の遅延損害金の支払を求める原告の請求に、法的な問題はないものと認められる。

第四　結論
　以上によれば、原告の請求は、主文の限度で理由がある。

○○地方裁判所民事第○部

　　裁判官　　○　○　○　○

別紙　訴えの変更申立書〈省略〉

設問

　判決の事実認定、法的判断のうち、逸失利益の算定について、自分が裁判官であればどのような部分に留意しながらどのような法的判断を行ってゆくかを考えた上で、本件における事実認定、法的判断のあり方（適切か否か、また、詳しすぎないか否か）について考察せよ。
　また、日本の民事訴訟における証明度の考え方が適切か否かについても考えてみよ。

参考事項

　関係条文　民法709条、722条2項

解答および解説

　交通事故損害賠償請求事案は、不法行為事案一般に解消できない認定判断上の特殊性があるので、別のセクションを設け、2件をピックアップした。いずれも、徹底的に争われた事案である。

本件では、過失相殺と逸失利益が主な争点となっているが、過失相殺については大体常識的な線で判断がつくところであり、裁判官によってそれほど極端な差までは出ないと思われる。

　もっとも、こうした判断は、裁判官の広い意味での価値観に関わるところがあり、また、社会の価値観に影響される部分もある（その時代時代のコモンセンスや「交通倫理」に影響される部分があるから、時代によって変化する部分は大きいかもしれない。裁判は、常に、「時代の子でありながら次の時代をも読む」という難しい役割を社会の中で背負わされているのである〔瀬木・裁判第２章参照〕）。

　全体的にみれば、判断は、徐々に、運転者に厳しい方向へ向かってきたと思われる。たとえば、本件のように運転者に明らかな脇見があったような事案では、過失相殺の割合はより謙抑的に算定してゆくことが考えられるであろう。本件については、私は、現在では、過失相殺は25パーセントが適切と考えている。5パーセント分考え方が変わったわけである。

　しかし、本件の一番の争点は、逸失利益の算定にある。簡単にいえば、被告（実質的には被告が加入していた保険会社）は、小山（被相続人）の確定申告における収入額が小さいことと新聞販売拡張員という小山の職業が比較的収入の不安定、不確実な職種であることとから、逸失利益に関する原告の主張を大いに疑わしいとみているわけである。

　訴え提起前であればこの疑いには一定の根拠があるだろう。しかし、本件では、事実認定にみるとおり、原告は、小山の収入について相当に緻密な立証を行った。普通であれば、ここまでの立証があればまずは裁判官の心証に基づく和解が成立するところなのだが、本件では、上記のような被告側の疑念は大きく、和解は成立に至らなかった。

　よりストレートに表現すれば、被告ら代理人の「疑念」は「思い込み、決め付け」のレヴェルに達しており、裁判官の証拠評価についても、聴く耳をもたなかった。なお、人証調べの時間についても、ほかの代理人が目一杯使ってしまってからやおらボス弁護士が立ち上がって悠々と尋問を始めるなど、ルードな態度も目立っていた。残念ながら、交通事故事案の被告代理人には一定の割合でこうした傾向が目立つ（保険会社の社員についてもいえることだが、自分の仕事のあり方に自覚的、内省的でないと、毎日毎日被害者の訴えを切り捨てているうちに、少しずつ人格の本質的な部分が侵されてゆきかねない）。

　逸失利益に関する事実認定と評価をみていただきたい。かなり詳細に行われて

いることがおわかりになると思う（18事件における比較的簡潔な損害の算定と対比してみていただきたい）。

　基本的には、小山の得る収入がどのようにして算定されるかを詳細に認定した上、支払われた金額から諸経費を控除し、最後に、その収入が不安定であることを考慮して、約1割を減じている。

　確定申告の収入がこれより低いことは考慮せず（損害算定はあくまでも事実認定であり、禁反言的な判断を行うのは不適切である）、生活費控除、就労可能年数についても、通常どおりで計算している。このような点について何かと難癖を付けて減額を行っている判決もみかけるが、逸失利益を年5パーセントという高率で中間利息控除している実務のあり方の問題（瀬木・裁判所124頁）を考えるならば、適切とはいえないと思う。

　日本の裁判では、中心的な争点については、徹底的に争われればここまで踏み込んで主張立証や判断を行わざるをえない。それが、私が裁判官を行っていた時期までの伝統的な形であった。

　もっとも、これからもそれを維持してゆくことができるのか、また、望ましいかについては、①ユーザー（利用者）の意識、②裁判官、弁護士の能力、ことに平均的な部分のそれの推移（7・10事件の「解答および解説」参照）、③比較的少ない事件について精密に判断するかより多くの事件について要点を押さえて判断するかの政策判断、といった諸点を考慮しながら考えてゆかなければならないであろう（瀬木・要論［137］参照）。

　また、日本ではまだそれほど熱心に議論されていないが、民事裁判の証明度について、日本（大陸法系諸国）のように「高度の蓋然性」を要求するのと、アメリカ（英米法系諸国）のように「証拠の優越」とするのと、いずれがより適切か（より真実に近付くか、誤判が少なくなるか）についても、今後、考えてみる必要性はあるだろう。

　証拠の優越という基準によるほうが誤判が少なくなるという主張は従来から行われている（たとえば、ケヴィン・M・クレメント「民事訴訟の証明度における日米比較」大村雅彦＝三木浩一編『アメリカ民事訴訟法の理論』〔商事法務〕139頁）。もっとも、コンピューター分析の専門家である理系の研究者に尋ねてみたところでは、そもそも「証明度」、「誤判」等の意味が厳密に確定できない裁判のような複雑な事象について本当の意味で精度の高い数理的分析を行うことは困難ではないかと思う、ということであった。あるいは、この点は私の理解不足によることなのか

もしれないが。

　私が実際にアメリカの民事訴訟をみた経験によれば、証明度の相違はそれほど感じなかったので、上記のようなとらえ方の相違は、制度の相違に起因している部分もあると思われる（陪審制を制度の根幹としていた英米法では、陪審員に「高度の蓋然性」までを要求すると、陪審員が萎縮してなかなか請求認容の方向を採らないことが考えられるのではないか）。

　しかし、境界的な事案では証明度の相違が結論の相違をもたらしうるし、一般的にも、「高度の蓋然性」を前提とすると、本件のように徹底的に争われた事案では、相当に踏み込んだ主張立証や判断を行わざるをえなくなり、審理のコストが大きくなるという問題もある。

　これまでのところ、実務家、すなわち裁判官、弁護士の議論には、こうした大局的な視点が弱く、裁判に関する自分の個人的な見方、訴訟観をそのままに議論の根拠とするものが多かった。研究者にもまたそうした視点は十分でなく、そのために、このような事柄について方向性のある議論を行うための資料やデータも不足していた。

　制度論や政策論を論じるに当たっては、社会科学的な視点と方法が不可欠であり、日本の法律家は、今後、そうした側面での能力と知識を身につけ、一般社会から寄せられる制度改革への要望に対し、その当否をも含めた的確な検討を行い、主体的に応答できるようにしてゆくことが望まれているといえよう。

　なお、本件についていえば、新民事訴訟法に設けられた損害額の認定に関する規定（248条）の趣旨、その根底にある思想も考慮されるべきであろう（設問）。

和解の可能性
　「解答および解説」に記したとおりである。

第8 不法行為（交通事故）(2)

23　交通事故損害賠償請求事件

事案・争点 ➡ 過失相殺
　　　　　（新しい法的判断）

判　　決

平成○○年○月○日判決言渡　同日原本交付
裁判所書記官　　　○　○　○　○
平成11年(ワ)第1024号　交通事故損害賠償請求事件
口頭弁論終結日　平成○○年○月○日

判　　決

○○県○○市○○町○丁目○番地○号
　　原　　　　　　告　　三　浦　祐　次
前記同所
　　原　　　　　　告　　三　浦　京　子
前記同所
　　原　　　　　　告　　三　浦　雄　大
　　原告ら訴訟代理人弁護士　　○　○　○　○
○○県○○市○○町○丁目○番○号
　　被　　　　　　告　　藤　本　　玄
　　同訴訟代理人弁護士　　　　○　○　○　○

主　　文

一　被告は、原告三浦祐次、同三浦京子に対し、各金一三六四万四〇四五円及びこれらに対する平成九年二月一二日から支払済みまで年五分の割合による金員を支払え。
二　前記原告らのその余の請求及び原告三浦雄大の請求をいずれも棄却す

る。
　三　訴訟費用は、原告三浦祐次、同三浦京子に生じた費用と被告に生じた費用の一〇分の九を合計してその三分の二を同原告らの、その三分の一を被告の各負担とし、原告三浦雄大に生じた費用と被告に生じた費用の一〇分の一を同原告の負担とする。
　四　この判決は、第一項に限り、仮に執行することができる。

事実及び理由

第一　請求
　一　被告は、原告三浦祐次、同三浦京子に対し、各金五五三六万二四八六円及びこれらに対する平成九年二月一二日から支払済みまで年五分の割合による金員を支払え。
　二　被告は、原告三浦雄大に対し、金二二〇万円及びこれに対する平成八年一〇月七日から支払済みまで年五分の割合による金員を支払え。

第二　事案の概要
　一　事案の要旨
　本件は、死亡交通事故につき、遺族らが、不法行為に基づく損害賠償請求をした事件である。遅延損害金については、原告三浦雄大は交通事故の日から請求しているが、その余の原告らは、後記自賠責保険からの支払の一部を事故日から支払の日までの遅延損害金に充当した充当日からの請求を行っている。
　二　前提事実（末尾に証拠の表示がない事実は、争いのない事実である）
　1　本件事故は、平成八年一〇月七日午後一一時二四分ころ、〇〇市〇〇町〇丁目〇番〇号先路上で亡三浦完太（以下「完太」という）運転の原動機付自転車（以下「原告車」という）が、被告が路上に駐車していた自家用貨物自動車（以下「被告車」という）に衝突する形態で発生した。
　2　前記事故の結果、完太は、脳挫傷、頭蓋骨・下顎骨折、右血胸等の傷害を負い、搬送された〇〇市立健生医療センターにおいて、翌一〇月八日の午前一時に死亡した。
　3　原告三浦祐次、同三浦京子は、完太の父母であり、完太の財産を二分の一ずつ相続した（甲三）。

4　原告三浦祐次、同三浦京子は、平成九年二月一二日に自賠責保険金として合計三〇一二万三九二三円の支払を受けた。
三　争点
1　本件事故の具体的状況、被告の責任（民法七〇九条を主張）並びに過失相殺の有無及び程度
前記のうち、被告の責任及び過失相殺に関する双方の主張の要旨は以下のとおりである。
（一）　原告らの主張
被告は、片側一車線で、駐車禁止の規制があり、また、周囲に街灯の灯火がなく、その前後の道路部分と比較しても非常に暗くなっている本件事故現場に、雨が降る直前の天候において、深夜、路側帯から車道に約一メートルもはみ出す形で、荷台に灰色のカバーがかけられ、反射板や尾灯を含めた車両後部が汚れて見にくく、反射板は汚れで十分に反射力がない状態となっており、また、運輸省令で車両総重量七トン以上の貨物自動車に設置が義務付けられている大型後部反射器については設置していない被告車を、尾灯、非常点滅灯を点滅させず、車両の後方に三角反射板も置かない状態で事故現場に放置して本件事故を発生させたものであり、また、被告は、以前に同じ道路の反対側付近にダンプカーを駐車した結果、大事には至らなかったものの同様の衝突事故を発生させた前歴を有しており、その過失は非常に大きいものである。
これに対し、完太は、路側帯の中央付近を原動機付自転車の制限速度である時速三〇キロメートル以内の速度で、前方注視を怠らずに走行していたものであり、何ら過失はない。
（二）　被告の主張
被告の責任は争う。
また、本件事故現場は、市街地の直進路であり、被告車の発見は容易であったにもかかわらず、完太は、前方不注視と時速五〇ないし六〇キロメートルで走行するという速度違反とにより衝突を回避できなかったものであり、その過失は大きい。
2　本件事故により完太ないし原告らに生じた損害の内容及び金額並びにその相続等
前記の点に関する原告らの主張は別紙（訴状の「請求の原因」の三ないし

六）のとおりである。
第三　争点についての判断
　一　被告の責任について
　　1　証拠（甲一、四ないし六、八、一二、一四ないし一七、二九、三〇、三二、三六ないし三八、四一ないし四六、六〇ないし六二、乙三、原告三浦祐次・被告各本人）によれば、以下の事実が認められる。
　　（一）　本件事故現場は、歩車道に区分された片側一車線道路（歩道部分を除いた片側車線は五メートル、うち路側帯部分が一・四メートルのため、車道部分は三・六メートル。甲一二）でアスファルト舗装されており、その付近においては道路は直進している。
　　（二）　本件事故現場は、駐車禁止の規制がある。
　　（三）　本件事故は、前記のとおり午後一一時二四分ころという深夜に発生している。また、当時の天候は曇であった。
　　事故現場は、完太の進行してきた〇〇市〇〇町〇丁目方向から来ると、現場の手前五〇〇メートル付近までは街灯がかなり多いのに、その付近からは街灯が少なくなっており、事故現場についてみると、約一〇〇メートル離れて設置されている街灯のちょうど中間付近に当たっていて、その周囲には街灯の灯火がなく、また、事故現場の左側は公園で、周囲には建物も比較的少なく、市街地とはいえ、ことに深夜には非常に暗く、かつ、完太の進行してきた方向から進行してきた車両の運転者にとっては、従前の状況との対比により障害物を発見しにくくなる状況にあった（具体的には、衝突地点についてみると、照度計を左手の小花野公園方向に向けて測定すると三・七五ルクスである〔公園の奥にある園灯の光を受けるためである〕が、完太が進行してきた〇〇市〇〇町〇丁目方向に向けて測定すると〇・五三ルクスしかなく〔甲三七〕、このことに、人間の目は三ルクス以下になると暗く、見にくく感じる〔甲三〇〕という事実を併せ考えると、完太が進行して来た方向から見た事故現場が非常に暗かったことが具体的に認定できる）。
　　また、事故現場は車両の通行量があまり多くない場所であり、本件事故時にも、完太の側から見た対向車はなく（甲一四、四五）、そのため、障害物の発見は一層困難な状況にあった。
　　（四）　被告は、被告車を、道路左端から約二・四メートルの地点まではみ出して（すなわち、幅一・四メートルというかなり広い路側帯からさらに車

道に約一メートルも車体がはみ出す形で）駐車した。

　被告車は、荷台に灰色のカバーがかけられており、シャシーは黒色で、一、二か月洗車していないため反射板や尾灯を含めた車両後部が汚れて見にくく、反射板は汚れで十分に反射力がない状態となっており、また、運輸省令で車両総重量七トン以上の貨物自動車に設置が義務付けられている大型後部反射器（甲六〇、六一）も設置されていなかった。

　また、被告は、尾灯、非常点滅灯を点滅させず、警告反射板も置かない状態で前記駐車車両を放置した。

　（五）　本件事故現場と同じ道路の反対側付近では、本件事故の八年くらい前にも同種の死亡事故が発生していた（甲四四）。

　また、被告自身、以前に同じ道路の反対側付近にやはりダンプカーを駐車した結果、これは大事には至らなかったものの同様の衝突事故を発生させたことがあった（甲四六）。

　（六）　被告は、事故現場のすぐ近くに住んでいてそこに車庫を有しており、また、現場の状況や交通規制についてもよく知っていた。

　それにもかかわらず、自宅の車庫が狭くて入車をしにくく、また、当日午前零時すぎからアルバイトに行かなければならないと思い込んでいたため、安易に前記の場所に被告車を駐車放置して家に帰り、午前零時すぎにこれを取りに行って本件事故の発生を知った。

　2　前記1の認定によれば、被告は、すぐ近くに自宅の車庫があってそこに駐車することが可能であり、本件事故現場に駐車を行わなければならない合理的な理由は何らないにもかかわらず、また、前記現場が、後方から進行してくる車両の運転者にとっては、一般的にいってもその直前の道路の状況と比較しても非常に暗く、対向車も少なくて、障害物の発見がしにくい場所であることなどそこに駐車することの危険性を熟知し、かつ、自分自身が以前に同じ道路の反対側付近で同様の衝突事故を発生させた経験があるにもかかわらず、片側一車線で駐車禁止規制がある本件事故現場に、深夜、法定の大型後部反射器を設置せず、汚れて反射板の反射力も落ち、かつ、全体としても後部が見にくい状態の被告車を、幅一・四メートルというかなりの広さのある路側帯からさらに一メートルも車道にはみ出させる状態でそのまま駐車放置し、本件事故を発生させたものであるから、その責任は明らかである（なお、被告は、本件事故について、平成一一年二月二三日に、〇〇簡易裁

判所で、業務上過失致死罪により、罰金五〇万円の略式命令を受けている）。
　二　過失相殺の有無及び程度（完太の過失）について
　1　（一）　証拠（甲一二、一四、三六、四二、六二）によれば、現場付近を完太と同じ進行方向に向かって普通乗用自動車を進行させていた武藤司は、平成一〇年五月二八日に、それまでの記憶を総合して、〇〇地方検察庁で、検事に対して、「事故現場の手前七〇〇メートル程度の位置にある交差点（甲六二によると、事故現場の手前三つ目の交差点に当たる）で信号待ちをしているとちょうど信号が青に変わった時くらいに左側を原告車が追い抜いて行った。その運転者は前傾姿勢を取っているような感じで、私は、随分飛ばしているなと感じた。原告車は路側帯の内側を走行していた。その後時速五〇ないし六〇キロメートルで車を走らせたが、原告車に追いつくことはできず、やがて、現場の手前（甲一二によると現場の手前約五〇メートルの地点に当たると認められる）で衝突音を聞いた」旨を供述している事実が認められる。
　（二）　証拠（甲一七、四三）によれば、やはり現場付近を完太と同じ進行方向に向かって普通乗用自動車を進行させていた西野友晴は、平成一〇年六月二日に、それまでの記憶を総合して、〇〇地方検察庁で、検事に対して、「事故現場のかなり手前から原告車と並行して走っていたが、信号待ちで停車後、発進するときは原告車が先行し、途中でこれを追い抜き、信号で再び追いつかれるということを繰り返しており、私の車は時速六〇キロメートルかそれ以上、原告車は時速四〇ないし五〇キロメートルで走っていた。前記の交差点（武藤の言及している交差点）では先頭から三台目くらいの位置に駐車していたところ、左側を原告車が追い抜いて行った。その後、私は、先行車がいたためそれほどスピードを出すことができず、時速五〇ないし六〇キロメートルで走っていたが、原告車には追いつけず、やがて前方に衝突音を聞いた」旨を供述している事実が認められる。
　（三）　乙一によれば、前記のような証拠関係に基づいて、検事が、事故当時の原告車の速度が時速五〇ないし六〇キロメートルであったものと認める旨の捜査報告書を作成している（平成一一年二月五日付け）事実が認められる。
　2　（一）　1（一）ないし（三）の事実を総合すると、事故当時の原告車の速度は、控え目にみても、西野が従前の原告車の速度として述べている時速四〇ないし五〇キロメートル程度はあったものと推認することができる（な

お、前記検察庁での武藤、西野の各供述調書は、原告三浦祐次の被告告訴〔甲六。平成九年一一月一五日〕後、業務上過失致死罪による被告の起訴に至る取り調べの中で検事の面前において作成されたものであり、ことさらに完太に不利な内容のものが作成されることは考えにくいものであることに留意すべきである）。

（二）　この点につき、甲四八号証（五十嵐宏史作成の鑑定書）は前記速度は時速三一・五ないし三四・二キロメートルと推定されるとしているが、同証人の証言によると、前記の鑑定の根拠は、要するに、原動機付自転車を真正面から突起バリアに衝突させた実験におけるハンドル部の変形（座席シート部への近接度）やホイル・ベースの移動量の結果と対比しての推測が主要なものであると認められるところ、原告車が被告車に垂直に衝突したことを示す的確な証拠はなく、前記のとおり原告車が道路の左側付近を走行していたことや、原告車が被告車の右後部制動灯及び泥よけ付近に衝突していること（甲八）からすれば、原告車は、ハンドルを右に切ったが避けきれないまま被告車に斜めに衝突したものと認められること、もっともその具体的な角度は不明であること（なお、乙五によれば、垂直衝突の実験によって得られた結果から本件における原告車の速度を正確に割り出すのは困難であることが認められる）、また、前記証言によれば、同証人は前記の鑑定に当たって本件事故による原告車のホイル・ベースの移動量を写真からの目視のみで割り出していると認められるがその推測の正確性には疑問があることなどからすると、同鑑定の結果は事故当時の原告車の速度に関する前記の認定を左右するに足りるものではないというほかない。なお、後に提出された同人作成の甲六四号証についても、同様のことがいえる。

（三）　また、原告三浦祐次の陳述書（甲五三）及び本人尋問の結果には、原告車は路側帯を走っていたのであり、路側帯には障害物が多いのであるからスピードは出しにくいとの供述があるが、確かに一般論としてはそのようにいうことができるとしても、また、前記武藤の供述からすると武藤や西野が言及する前記交差点から発進する際には原告車が路側帯の内側を走っていた事実は認められるとしても、そのことから直ちにその後も原告車が、（道路の左側に近い部分を走っていた可能性は高いとしても）路側帯の内側を一貫して走行し続けていたというまでの事実を推認することはできないし、また、いずれにせよ、前記のような路側帯の状況についての一般論だけでは、

事故当時の原告車の速度に関する前記の認定を妨げるものではない。

　また、原告三浦祐次の前記陳述書及び本人尋問の結果には、二輪車は初速が出るので、交差点で自動車に追いつき、追い越して次の交差点で追いつかれる態様の走行の場合、その中間地点ではそれほどの速度は出ていないとの供述もあるが、これもまた一般論であり、前記西野や武藤の具体的供述と照らし合わせるとき、やはり、事故当時の原告車の速度に関する前記の認定を妨げるものとはいえない。

　また、甲六二号証（原告三浦祐次作成の報告書）は、武藤や西野が言及する前記交差点から本件現場までの間にある交差点において武藤、西野、完太が停止した可能性をいうが、前記武藤、西野の各供述調書にはそのようなことは何ら記載されておらず、根拠のない立論というほかない。

　なお、甲六三（佐野和正作成の鑑定書ないし意見書）も内容的には以上(三)において触れた点につき同様のことを敷衍して述べるものであり、同様の評価をするほかない。

　3　(一)　甲三一によれば、急制動時の二輪車の空走時間については、四輪車と異なりアクセルからブレーキへの踏み変え時間がないことから通常は四輪車の場合より短く〇・五秒程度と考えられていることが認められる。これによって割り出される時速三〇キロメートル（原動機付自転車の法定制限速度）における空走距離は約四・一七メートルとなる。

　(二)　甲四七の三一ページによれば、原告車の時速三〇キロメートルにおける制動距離は三・五メートルと設計されていることが認められる。

　(三)　甲三八によれば、本件事故現場において同種の車両を用いて行った照射実験の結果によると、原告車が被告車を認識できた地点は、被告車のテールランプやナンバープレートを通常の状態にして被告車の手前二〇・八メートル、それらを黒色ビニールで覆った状態で同じく一四・四メートルであることが認められ、このことに前記のような被告車の本件事故時の汚れの状況を併せ考えると、本件事故時において前記の距離は二〇メートルをいくらか下回る程度であったものと推認される。

　(四)　甲三三ないし三五号証によれば、原告車の前照灯の照射距離は一五メートル程度に設計されていることが認められる。

　(五)　甲一二号証によれば、事故現場には原告車のブレーキ痕は残されていなかったことが認められ、これによれば、原告車が制動の状態に入る前に

本件事故が起こったことが推認される。

　（六）　もっとも、前記の諸点については、証拠（甲四七、四八、五〇、六五ないし六七。なお、甲四八は、前記五十嵐宏史作成の鑑定書。甲四七、五〇、六五は、前記佐野和正作成の鑑定書ないし意見書）が指摘するとおり、暗い場所で障害物を発見する場合の認知の遅れを考慮に入れるべきであり、また、二輪車の空走時間についても前記の認定には異論もありうるところであろう。さらに、前記の制動距離についても、現実にはもう少し長くなることが考えられる。

　しかし、反面、本件事故は、市街地の、相当の幅員のある道路（前記一において認定したとおり、歩道部分を除いた片側車線は五メートル、うち路側帯部分が一・四メートルのため、車道部分は三・六メートル）の直進部分で起こっているのであり、このような場所にはその当否は別として夜間でも違法な駐車車両がありうることは、運転者、ことに道路の左側付近を走行することの多い原動機付自転車（二輪車）の運転者としては予期しておかなければならないことであり、そのこともまた否定できないはずである（この点に関し、もしも、原告らの主張に、本件における注意義務の存否の判断に当たって違法な駐車車両のありうべきことなど全く考慮しないでよいという趣旨が含まれるとするならば、そのような部分は極論であって採ることができない）。

　4　（一）　前記3に認定した事実及び考察の結果を総合すると、原告車が法定制限速度の時速三〇キロメートル以下で走行しており、かつ完太が前方の注視を怠らなかったならば、被告車の手前一七、八メートルの地点においては被告車を発見することができ、そこから一二、三メートル程度の地点（空走距離として長くとも約一秒分に相当する八メートル程度、制動距離として長くとも四、五メートル）で原告車を停止することは少なくとも可能であったと認めることができる。

　（二）　なお、甲四七、五〇、六五（前記佐野和正作成の鑑定書ないし意見書）はいずれも完太の過失を否定する内容となっているが、その根拠は必ずしも明確ではなく、二輪車の運転者からみての暗い場所における障害物の発見のしにくさについての一般論を述べるか、あるいは、二においてこれまでに認定した事実と相違する事実を前提として独自の判断をするものであって、暗い場所で障害物を発見する場合の認知の遅れを考慮に入れるべきであると

か、二輪車の空走時間については必ずしも四輪車のそれより短いとは限らないとの指摘（こうした指摘については既に一定の考慮をしたところである）をする以上の意味を有するものとみることは困難である。

5 以上1ないし4の認定説示に前記一で認定した客観的事実を総合すると、完太は、制限速度を少なくとも一〇キロメートル以上超過する速度で本件事故現場にさしかかり、そのまま速度をゆるめることなく進行したため、被告車の発見が遅れ、右方向に進路を変えて被告車の右側を通り抜けようとしたが間に合わず、被告車の右後部に自車を衝突させたものと推認することができる。

前記のとおり、本件事故の発生ないし損害の拡大についての完太の過失自体はこれを認めることができ、原告ら主張のようにこれを否定することはできない。

6 （一） 次に、過失相殺の割合について考える。

原告らの主張は、完太の過失を争うとともに、過失相殺についても、従来の同種事案（違法駐車車両に対する衝突事故事案）における従来の判例の一般的な考え方について、具体的な事故態様にかかわらず衝突車側の過失を駐車車側の過失より大きなものとしているのではないかとし、この点に特に異議を唱えるものと解される。

そして、この主張は、一定の限度で採るべき余地があるものと思われる。

すなわち、前記のような態様の事故については、自動車の運行によって生じた事故に適用される自賠法三条の適用の相当性についてはとりあえずおくとしても（なお、本件では前記のとおり責任原因としては民法七〇九条が主張されている）、双方の車両が通常の運転中に発生することを想定されている車両同士の衝突事故とは異なる要素を含んでいるものと考えられる。

すなわち、路上の違法駐車車両は、進行している車両の運転者からみれば一種の障害物ということができるところ、このような観点からみると、たとえば本件事故現場を例にとってみても、昼間に路側帯からさほど大きくはみ出さない形で普通乗用自動車が駐車している場合と、本件のように、深夜の障害物の発見しにくい状況において、車両後部が汚れて発見のしにくい大型車両（トラックやダンプカー等）が車道部分に大きくはみ出して駐車している場合とでは、障害物としての危険性は大きく異なるのであり、したがって、こうした態様の事故については、通常の運転中の車両同士の衝突事故に比較

すると、一般論としての原則的な双方の過失割合といったものはより想定しにくい（すなわち、個々の事案によって具体的な過失割合はより大きく変化しうる）と考えられるのである。

　そうすると、こうした事案については、障害物の放置責任という責任の実質を見据えた上で、それぞれの事案ごとに、通常の運転中の車両同士の衝突事故以上に、前提事実が細かく確定され、分析された上で、適正な過失割合が考えられるべきであると思われる。

　すなわち、こうした事案については、通常の運転中の車両同士の衝突事故以上に、事故現場の状況や双方の車両の動静、具体的な過失の態様が細かに検討され、参酌されるべきであるということができる（原告らの主張は、前記のような事案において、駐車禁止の規制のある場所が非常に広範なものとなっている反面これに対応するような公共の駐車スペースが十分に確保されていない日本の状況に影響されて、双方の具体的過失を十分に斟酌することなく不注意な衝突車側の過失が大きいとの認定判断の枠組みが先験的に採られることが多かったのではないかとの指摘をするものと考えられるが、そのような指摘には一定の合理性があるものといえよう）。

　これを具体的に見ると、こうした事故については、現場の状況、ことに見通しのよさや明るさ（昼間か夜間か、夜間の場合の照明の状況等）、道路（車道、路側帯）の幅員、違法駐車車両の大きさ、発見のしやすさ（車両後部は汚れていたか、駐車車両を発見しやすくするための何らかの措置がとられていたか等）、衝突車両の車種、速度、その他事故を取り巻く諸般の状況が注意深く検討されるべきであるといえる。

　（二）　これを本件についてみると、前記一において認定判断したとおり、被告は、すぐ近くに自宅の車庫があってそこに駐車することが可能であり、本件事故現場に駐車を行わなければならない合理的な理由は何らないにもかかわらず、また、前記現場が、後方から進行してくる車両の運転者にとっては、一般的に見てもその直前の道路の状況と比較しても非常に暗く、対向車も少なくて、障害物の発見がしにくい場所であることなどそこに駐車することの危険性を熟知し、かつ、自分自身が以前に同じ道路の反対側付近で同様の衝突事故を発生させた経験があるにもかかわらず、片側一車線で駐車禁止規制がある本件事故現場に、深夜、法定の大型後部反射器を設置せず、汚れて反射板の反射力も落ち、かつ、全体としても後部が見にくい状態の被告車

を、幅一・四メートルというかなりの広さのある路側帯からさらに一メートルも車道にはみ出させる状態でそのまま駐車放置し、本件事故を発生させたものであり、その過失は極めて大きい。

　ことに、（ア）本件事故現場が市街地でありながら非常に暗い場所であったこと、（イ）被告車が、障害物としての危険性のより大きい大型車両であるにもかかわらず、法定の大型後部反射器が設置されず、かつ、後部が汚れるなど発見のしにくい状態に置かれていたこと、（ウ）被告が、以前に同じ道路の反対側付近で同様の衝突事故を発生させた経験があり、したがって、衝突事故の発生を具体的に予見できる立場にあったにもかかわらず、あえて前記のような態様の違法駐車を行ったことは、被告の過失割合を考えるに当たって考慮されるべきであろう。

　そして、前記のような被告の過失と対比すると、完太の前記の速度超過の過失は、この過失が同人の死亡という重大な結果の発生に関係している点を考慮に入れても、相対的にみる限りは小さいものといわなければならないであろう（なお、被告は、完太は明るい場所から暗い場所へ進行してきたのであるからより一層速度を落として前方を注視すべき義務があったと主張するが、被告もまたそのような場所であることを認識しつつあえて違法駐車を行ったという前記認定の事実に鑑みるならば、完太の過失割合を考えるに当たって、前記の点を大きく評価することはできない）。

　そうすると、完太の過失割合については、これを三五パーセントと評価するのが相当である。

　三　完太ないし原告らに生じた損害の内容、金額並びにその相続等について

　1　完太に生じた損害

（一）　治療関係費　一一万二五七三円（甲六九）

（二）　逸失利益　六〇五一万六九一五円（証拠については以下の認定判断中に摘示）

　甲五三、五六、五七によれば、完太は平成八年三月に東南商科大学を卒業して同年四月から株式会社ムトウ引越センターに就職したばかりであり、勤務成績も良好であったことが認められ、このことに乙四によって認められる同社の規模等を併せ考えるならば、同人の逸失利益を考えるに当たっては、同人の死亡時の実収入（これについては具体的な立証がない）を基準にする

のではなく、平成八年賃金センサスによる産業計、企業規模計、大卒男子労働者平均賃金による年収六八〇万九六〇〇円を基準にすることが相当である（なお、被告も、前記会社の従業員数については原告の主張を争っているが、男子労働者の平均賃金によって完太の年収を算定すること自体については特に異論を唱えていない〔被告平成一二年三月二四日付け準備書面〕）。

具体的には、前記年収に、生活費控除五〇パーセント、六七歳までの就労可能年数四五年（甲三により認められる完太の事故時の年齢は二二歳）に対応するライプニッツ係数一七・七七四を乗じて得られる前記の金額が完太の逸失利益となる。

計算式　六八〇九六〇〇×〇・五×一七・七七四（円未満切り捨て。なお、以下三の計算に当たってはすべて同様）

（三）　慰謝料　一八〇〇万円と認めるのが相当である（甲五三、五四、六八、原告三浦祐次、同三浦京子により認められる事情に、一、二に認定の諸事情を併せて勘案）。

（四）　原告車の物損及び移動費　一七万六二六五円（甲七一）

なお、原告車は平成八年七月二九日購入の新車であったから全損の費用としてその購入金額（一五万円）を損害として認めるのが相当である。

2　原告らに生じた損害

（一）　葬儀関係費用　一二〇万円（甲七〇）

甲七〇によれば、原告三浦祐次、同三浦京子は、完太の葬儀関係費用として相当の支出をしたことが認められるが、本件交通事故と相当因果関係のある損害額としては、一般的な基準に従い一二〇万円を認めるのが相当である。

（二）　文書料　一万八五〇〇円（甲六九）

（三）　慰謝料　事案に鑑み、原告三浦祐次、同三浦京子につき各一五〇万円ずつと認めるのが相当である（甲五三、五四、六八、原告三浦祐次、同三浦京子により認められる事情に、一、二に認定の諸事情を併せて勘案）。

原告三浦雄大については、証拠（甲五三、五四、六八、七三、原告三浦祐次、同三浦京子）により認められる諸事情を勘案しても、判例により民法七一一条の類推適用が認められている近親者の範囲には該当しないというほかなく、その慰謝料請求を認めるのは無理である（最三小判昭和四九年一二月一七日民集二八巻一〇号二〇四〇頁参照）。

3　相続、過失相殺、填補、弁護士費用

1、2の損害額の総合計額は、八三〇二万四二五三円である（なお、完太に生じた損害については原告三浦祐次、同三浦京子が二分の一ずつ相続）。
　前記金額に前記三五パーセントの過失相殺を行った金額は五三九六万五七六四円となる。
　これに対する前記自賠責保険金三〇一二万三九二三円の填補については、原告らの主張するところに従い、事故日から保険金受領日までの一二八日間の年五分の遅延損害金九四万六二四九円にまず充当し（民法四九一条一項の趣旨にのっとる）、残りの二九一七万七七六四円について損害金元金に充当することとする。
　そうすると、充当後の前記元金は二四七八万八〇九〇円（原告三浦祐次、同三浦京子について各一二三九万四〇四五円）となる。
　本件事故と相当因果関係のある弁護士費用としては、前記原告ら各自につき、一二五万円ずつを認める。
　4　以上によれば、原告三浦祐次、同三浦京子の各請求は主文の限度で理由があるが、原告三浦雄大の請求は理由がない。

　〇〇地方裁判所民事第〇部

　　　　裁判官　　〇　〇　〇　〇

　別紙　訴状請求の原因の三ないし六〈省略〉

設　問

　1　判決の事実認定、法的判断のうち、過失相殺の部分について、自分が裁判官であればどのような部分に留意しながらどのような法的判断を行ってゆくかを考えた上で、本件における事実認定、法的判断のあり方について考察せよ。
　2　違法駐車車両に対する衝突事故事案について、事案ごとに関連の諸事情を適切に評価した過失相殺が行われるべきであるとし、当該事案については過失相殺の割合を従来の判例よりも低く算定した本件判決の意味ないし位置付けについて、過去の判例や交通事故損害賠償請求事案における一般的な過失相殺率の判断基準との対比において考察せよ。

参考事項

関係条文　民法709条、722条2項
判例誌掲載　判例時報1761号91頁、判例タイムズ1058号220頁

解答および解説

　争点はもっぱら過失相殺の可否とその割合に絞られる。

　本件では、原告らは、どこまで意識的であったかはわからないとしても、新しい法律問題を提起している。

　それは、違法駐車車両に対する衝突事故事案について通常の交通事故損害賠償請求事案における一般的な過失相殺率の考え方（類型ごとに双方の過失を比較的定型的に算定する。各種の詳細な判断基準が発表されてきている。比較的新しいものとして、たとえば、別冊判例タイムズ38号『民事交通訴訟における過失相殺率の認定基準〔全訂5版〕』東京地裁民事交通訴訟研究会編）は当てはまらないのではないかということである（なお付言すれば、私は、一般的な交通事故過失相殺についても、このような過失相殺率の判断基準を機械的に当てはめるのではなく、判断基準自体についてはあくまでひとつの大まかな参考ととらえた上で、当該事案の特質を正確に把握して行うべきであると考える。マニュアル世代の実務家には、こうした点には本当によく注意していただきたい）。

　原告らは、近年のものほど違法駐車車両の責任を重視して過失相殺の割合を低くする傾向はあったものの、現実の過失相殺については6割以上を認めるものが大半であった従来の判例の傾向について、強く異議を唱えていた。

　本件判決は、この点についての原告らの主張を相当程度に容れ、路上の違法駐車車両は進行している車両の運転者からみれば一種の障害物ということができるところ、そのような観点からみると、事故現場の具体的な状況によって違法駐車車両の障害物としての危険性は大きく異なるのであり、したがって、こうした態様の事故については、通常の運転中の車両どうしの衝突事故に比較すると、一般論としての原則的な双方の過失割合といったものがより想定しにくく、障害物の放置責任という責任の実質を見据えた上で、それぞれの事案ごとに、通常の車両衝突事故以上に、事故現場の状況や双方の車両の動静、具体的な過失の態様といった前提事実（具体的には、現場の状況、ことに見通しのよさや明るさ〔昼間か夜間かなど〕、道路〔車道、路側帯〕の幅員、違法駐車車両の大きさ、発見のしやすさ〔車

両後部は汚れていたか、駐車車両を発見しやすくするための何らかの措置がとられていたかなど〕、衝突車両の車種・速度、その他事故を取り巻く諸般の状況）が細かく確定され、分析された上で、適正な過失割合が考えられるべきである（個々の事案によって具体的な過失割合はより大きく変化しうる）との一般論を述べた上で、本件については、上記のような諸事情を総合的に考慮して（「争点についての判断」二6。なお、総合考慮といっても、どんぶり勘定的なやり方ではなく、ポイントを順次押さえながら論理的に行っていることに注意）、過失相殺の割合を35パーセントという比較的小さなものにとどめた（設問1）。

　こうした新しい問題提起については、新たな判断の枠組みが設定されるべきではないかを考えることと、その枠組みの中での適切なメルクマールを立てることとが非常に重要である（最高裁判例においては、しばしば、こうしたメルクマールの内容がその中核部分となっている。もっとも、「諸般の事情の総合考慮」という一種のマジックワードを用いつつ実は一定の方向付けを露骨に行っているにすぎない判例も結構あることには注意。瀬木・裁判178頁）。そして、適切なメルクマールを立てるためには、考えられる場合と事実関係を的確に把握しておかなければならない。その作業に必要なのが、法的常識とそれを踏まえたイマジネーションである。

　本件判決は、違法駐車車両に対する衝突事故事案における過失相殺の考え方につき、アメリカ法的な考え方にインスパイアされた具体的なメルクマールを立てて考えてみたものである。単独事件であったにもかかわらず、言渡し後かなりの時間が経過した後に、興味深い新判例として各紙で詳しく報道分析された（瀬木・要論［100］の(4)）。それらを読むと、本件判例については、メディアは、その判例としての意味をそれなりに正確に把握していることがわかる（ことに、朝日新聞2001年〔平成13年〕3月27日朝刊「検証」欄。残念ながら、実務家、研究者の反応はそれほど鋭敏なものではなかった）。

　なお、新しい法律問題への対応という以上の論点については、前記瀬木・要論［100］の記述全般、ことにその(6)、また、本書における「法律論」のセクションの「解答および解説」も併せて参照されたい。

　判決の書き方については、本件では、過失相殺の割合のみではなくその可否自体についても原告らの主張立証（ふたつの私的鑑定書は証拠としての価値は低いものであるが）にていねいに対応していること、過失相殺に関する事実認定と評価については新判例であるために非常に正確かつ詳細に行っていることをよくみていただきたい。そうした認定評価のあり方については、34事件に近い部分がある。

最後に、過失相殺の割合であるが、本件の事実関係に照らせば、過失相殺の割合をより低くすること（たとえば25パーセント程度）も考えられたと思う。判決、判例としての安定性も考慮して手堅い割合としたものである。控訴はただちに棄却されたし、上記の報道によれば原告らも喜んでいたということだから、この判決（新判例）における過失相殺率としては、手堅く算定しておいてよかったのではないかと考えている。

　なお、日本の裁判所、裁判官が新しい判断を嫌う傾向が強いことのひとつの例として、本件判決について、判例誌のコメンテイター（おそらくは東京地裁交通部ないしそこに所属していた経験のある裁判官である可能性が高いと思う。なお、判例誌のコメンテイターは無記名だが、多くは裁判官である）が、判決の中核部分に傍線すら付さずに、「本判決の判断は従来の裁判例の流れに沿うものである」という、ちょっと信じられないような解説を行った例を挙げておきたい（判例時報の解説。同じ判決についての判例タイムズの解説と比較していただきたい）。

　私の判決を批判したいのであれば、先のような裁判官なら雑誌に判例批評を書くこともできるだろうし、無記名のコメントであっても、私の判決のどこがどのようにおかしいかを論理明快に指摘すればよいのである。そうしないで先のようなコメントを書くのは、要するにちゃんとした批判はできないけれどもその結論には反対したい（その影響力を減殺したい）からなのではないだろうか。

　なお、この判決の後に出版された別冊判例タイムズ16号『民事交通訴訟における過失相殺率の認定基準〔全訂4版。上掲5版の旧版〕』東京地裁民事交通訴訟研究会編258頁には「駐停車車両に対する単車の追突事故」の類型が設けられており、それは、駐車車両にバイクが衝突した場合のバイクの過失割合を基本100としている（なお、5版の381頁も同様）。

　駐車車両側の過失等の修正要素による修正率が比較的高く設定されているので、事例への具体的な当てはめを行えば本件判決の過失相殺率とそれほど違わない結果も導けるのだが、しかし、それにしても、バイクの過失割合100から出発するという発想は、おかしくないだろうか？

　このマニュアルの発想に従うならば、路側帯からはみ出す形で路上に置かれた障害物があってバイク事故が起こった場合（たとえば廃棄された大型冷蔵庫が夜間に道路脇に置かれていた場合）にも、基本的にはバイクの過失が100ということになってしまうが、はたしてそれでよいのだろうか？

　車両の駐車は原則として許されているから放置障害物とは異なるという考え方

を採るのかもしれないが、少なくとも、こうした事故が起こる場合の大半がそうであるような違法駐車車両に対する衝突の場合、ことに夜間事故の場合には、そのような考え方は成り立たないはずである。

　動いている車両どうしの事故の場合であればまあひとつの参考にはなりうるこうした認定基準を、静止している駐車車両に対する衝突事故の場合にまで作ろうとするから、こういうおかしなことになるのではないだろうか？

　例外のないマニュアルを作ろうとするところから無理が生じているのは、司法研修所型要件事実論についてもいえることであり、こうしたところにも、マニュアルと形式論理指向がきわめて強い日本の裁判官の思考様式（要するに官僚、役人の思考様式である）の問題点が如実に現れているように感じられる（設問2）。

和解の可能性

　被告（実質的には被告が加入していた保険会社）は、従来の判例の傾向と異なる過失相殺率を前提とする和解はできないということであった。

| 第9 | 境界確定 (1) |

24　境界確定請求事件

事案・争点 ➡ 境界確定
　　　　　（当事者本人の言い分と代理人の主張立証のあり方）

判　　決

平成○○年○月○日判決言渡　同日原本領収
裁判所書記官　　　○　○　○　○
平成12年(ワ)第1025号　境界確定請求事件
(口頭弁論終結の日　平成○○年○月○日)
判　　決
○○県○○市○○町○丁目○番○号
　　　　原　　　　　告　　曽　根　美奈子
○○県○○市○○町○丁目○番○号
　　　　同　　　　　　　　坂　本　哲　也
○○県○○市○○町○番地
　　　　同　　　　　　　　坂　本　正　也
○○県○○市○○町○丁目○番
　　　　同　　　　　　　　白　川　順　子
　　　　原告ら訴訟代理人弁護士　○　○　○　○
　　　　同　　　　　　　　　　　○　○　○　○
○○県○○市○○町○丁目○番○号
　　　　被　　　　　告　　花　田　礼　子
前記同所
　　　　同　　　　　　　　花　田　広　之
　　　　被告ら訴訟代理人弁護士　○　○　○　○
　　　　同　　　　　　　　　　　○　○　○　○

第9　境界確定 (1)

主　文

一　別紙物件目録記載1の土地と同目録記載3の土地との境界は、別紙図面1のABの各点を結んだ直線であることを確定する。
二　別紙物件目録記載2の土地と同目録記載3の土地との境界は、別紙図面1のBCDの各点を順次直線で結んだ線であることを確定する。
三　訴訟費用は、被告らの負担とする。

事実及び理由

第一　請求
主文に同じ。

第二　事案の概要
一　事案の要旨

1　本件は、別紙物件目録記載1、2の各土地（以下それぞれ「1土地」、「2土地」という。1土地は原告曽根が所有、2土地はその他の原告ら〔以下「原告坂本ら」という〕が持分3分の1ずつ共有）を有する原告らが、同目録記載3の土地（以下「3土地」という）を持分2分の1ずつ共有する被告らに対し、1土地と3土地の境界、2土地と3土地の境界はそれぞれ別紙図面1のABの各点を結んだ直線、BCDの各点を順次直線で結んだ線（以下、前記の境界を併せて「本件境界」といい、ABCDの各点を順次直線で結んだ線を、「原告ら線」という）であるとしてその確定を求めた事案である。

2　原告らの主張する原告ら線の根拠は、A点に境界杭と考えられるコンクリート杭が存在すること、3土地上には被告ら所有の建物が存在するところ、その土台（土留めコンクリート）は、おおむね、原告ら線に沿う形でその北東側に設置されていること、3土地はその北西側に接する〇〇市〇〇町〇丁目324番3土地から分筆された土地であるところ、同土地、また、そのさらに北西側に接する同丁目324番2土地、13土地の3筆の土地と2土地との境界については、原告ら線の延長上に位置する線をもって境界とすることが、原告坂本らと前記3筆の土地の所有者の間でそれぞれ合意されていること等である。

3　被告らが前記各境界（本件境界）として主張する線は、1土地と3土

地の境界として、主位的には、別紙図面2の$A_4Y'B_3$の各点を順次直線で結んだ線、予備的には$A_3Y'X'B_3$の各点を順次直線で結んだ線、2土地と3土地の境界としてB_3D_3の各点を結んだ直線（以下、被告ら主張の線を併せて「被告ら線」という）である。

　被告ら線についての被告らの主張は、その要旨、(ア)昭和30年代の後半ころまでの間、被告ら線（1土地と3土地の境界については主位的主張の線）をその中心線とする幅1メートル程度の小川（ないし水路）が係争地付近に存在しており、その小川の中心線に該当する線が本件境界（1土地と3土地の境界については主位的主張の線）であり、また、(イ)1土地と3土地の境界についての予備的主張の線については、昭和30年代の末ころまでに前記の小川が原告曽根ないしその賃借人らに埋め立てられてしまったため、被告らの先代によって、小川の存在した部分の手前側に、U字溝及びその両側の土留めコンクリートが設置されたところ、そのU字溝ないし土留めコンクリートの南西端の線がそれであり、なお、前記U字溝のうち1土地上の部分は1土地上の建物が取り壊された後に原告らによって破壊されたので、平成12年7月ころに被告らにおいてこれを復元した、というものである。

　二　争いのない事実
　1　前記各土地の所有関係
　2　関係の原被告ら間に境界について争いがあること
　三　争点
　本件境界はどの線であるか。

第三　争点についての判断
　一　証拠（甲四の1ないし4、五ないし九、一〇及び一一の各1、2、一二の1ないし4、一三ないし二二、乙一ないし三、九及び一〇の各1、2、一二、証人芝浦、同曽根）によれば、以下の事実を認めることができる（なお、関連する証拠評価も適宜記載した）。

　この認定に反する証拠は採用できないが、その理由については二においてまとめて述べる。

　1　原告ら線の起点であるA点には、いつごろ誰が設置したものであるかは明らかでないものの、コンクリート杭が埋設されており、その形状と所在の位置からして、何らかの境界を示す目的で設置されたものである可能性

が高い(なお、被告らは、このコンクリート杭は付近の市道土地と県道土地とが交差する点の概略を示す目的で仮に設置されたものであると主張するが、そのようなことを示す客観的かつ的確な証拠は存在しない)。

2　3土地上には被告ら所有の建物が存在するところ、その土台(土留めコンクリート)は、おおむね、原告ら線に沿う形でその北東側に設置されている。

3　3土地はその北西側に接する○○市○○町○丁目324番3土地から分筆された土地であるところ、同土地、また、そのさらに北西側に接する同丁目324番2土地、13土地の3筆の土地と2土地との境界については、原告ら線の延長上に位置する線をもって境界とすることが、前記3筆の土地の所有者と原告坂本らの間でそれぞれ合意されている(甲一三、一六ないし一八)。

4　1土地には、その北東側の公道に接する形で、昭和33年ころ以来、借地人所有の建物が存在したところ、この建物の形状は、少なくとも、昭和30年代の末ころ以降は変化がなく、この建物と前記2の被告ら建物の間には、排水用のU字溝が埋め込まれ、これらの建物間の間隔は、人が一人身体を横にして入れる程度の幅しかなかった(甲一五、二〇、証人芝浦)。

前記建物は平成11年12月6日に当時の借地人根本香織によって取り壊されたが、その跡地には、前記U字溝以外に何らかの目立った工作物は存在しなかった(甲五、九、一〇の1、2)。

5　前記U字溝は、被告ら建物に沿って設置され(甲九、一〇の1、2)、公道からみてさらに奥の方では、前記3で確認された境界のすぐ南西側に位置している。

すなわち、前記3の境界は、前記U字溝の北東端の線を指標として合意されたものである。

6　前記U字溝の存在する部分には、それが設置されるまでの間は、前記4の公道の北西側から北西方向に向かって雨水や生活排水等がいわゆるどぶのような形で流れていたが、昭和30年代の末ころまでには、1、2土地の賃借人ら周辺の住民によってほぼ同一の場所に前記U字溝が設置されたものであった。

7　公図においても、本件境界は、前記3の境界と連続する形で存在するように記載されており、また、本件1、2土地の境界付近で若干北東側にふくらんだ形状となっているという点でも、原告ら線と一致している(乙一、

二)。
　二　被告ら主張ないしこれに沿う証拠について
　1　被告ら線についての被告花田礼子の供述及び陳述書（乙一八、二三ないし二五）の内容は、その要旨、「昭和30年代の後半ころまでの間、幅1メートル程度の小川（ないし水路）が係争地付近に存在していた。その小川は、前記公道のさらに南東方向に存在する水源から、当時は未舗装で狭かった前記公道の下をくぐって（当初は水路部分の上に板を渡す状態で、後には公道の地下部分に管を通す形で）流れてきており、前記の小川は公共のものであったが、小川の北東端までは3土地の一部であった。昭和30年代の末ころまでには前記の小川が原告曽根ないしその賃借人らに埋め立てられてしまったが、これが存在した位置は小川の北東側の杉板の土留めの遺構や被告ら家屋から小川に至る排水管の遺構によって明らかにできる。また、被告らの先代によって、小川の存在した部分の手前側に、Ｕ字溝及びその両側の土留めのコンクリートが設置されたので、前記のＵ字溝ないし土留めコンクリートの南西端を予備的な境界と考えるべきである。なお、前記Ｕ字溝のうち1土地上の部分は1土地上の建物が取り壊された後に原告らによって破壊されたので、平成12年7月ころに被告らにおいてこれを復元した」というものである。
　2　しかし、前記のような小川ないし水路が存在したことについての被告ら提出の証拠を検討するに、まず、前記一の冒頭に掲げた乙九、一〇号証の各1、2（昭和22年7月24日と昭和36年9月28日の本件係争地付近航空写真）については、前記一に認定したとおり、被告ら主張のような小川の存在を認めることができないものである。また、乙一九号証の写真については、被告らのいう小川の写真であるか否かが疑問なものであり、乙二〇・二七号証の写真の対象についても、被告らのいうような杉板の土留めの遺構や被告ら家屋から小川に至る排水管の遺構であるかは疑問である。
　前記の小川の存在についての供述及び陳述書（乙一三の1、一八、二一ないし二五）についてみると、その中で最も詳しいものである前記被告花田礼子の供述及び陳述書は客観的根拠が薄弱であり、あいまいで、首尾一貫しないし、ほかの証拠も同様の問題を含んでおり（なお、その中で、証人根本の証言及び陳述書〔乙一三の1〕は比較的客観性の高いものであるが、これについては、Ｕ字溝ができる以前に存在していた生活排水路の幅がある程度

広かったという点を除けば、前記一の認定と大きく背馳するような内容ではない）、いずれも、前記一の冒頭に掲げた証拠に照らし、採用できない。

　同様に、前記被告の、小川の北東端までは３土地の一部であったとか、小川の存在した部分の北東側にＵ字溝等の工作物を設置したのは被告らの先代であるとか、原告らが１土地上にあった前記の工作物を破壊した部分に被告らにおいてこれを再現したなどの供述も採用の限りでなく、被告らにおいて１土地上に再現したという工作物（甲一一の１、２、二二）は、被告らがほしいままに設置したものにすぎないと認められる。

　また、被告らが本件境界の公道側起点を示すものであると主張する共同水道栓工作物、あるいはこれよりも３土地側に被告らの先代が設置したものであると主張する外灯電柱跡の基礎コンクリート土台（乙一二）についても特にそのように解すべき客観的根拠は存在せず、ほかに、被告ら線をもって本件境界であるとみるべき的確な証拠は存在しない。

　三　そうすると、前記一に認定した事実を総合して、原告ら線が本件境界として合理的であると判断すべきである。

　また、他の線をもって本件境界と考えるべき根拠も本件においては特に存在しない。

第四　結論
　よって、本件境界を主文のとおり定める。

　　○○地方裁判所民事第○部

　　　　　裁判官　　○　○　○　○

　別紙　物件目録

　１　所　在　　○○市○○町○丁目
　　　地　番　　244番
　　　地　目　　宅地
　　　地　積　　644.62平方メートル
　　　　所有者　　原告曽根美奈子

2　所　在　　○○市○○町○丁目
　　地　番　　243番1
　　地　目　　宅地
　　地　積　　1319.00平方メートル
　　　所有者　　原告坂本哲也、同坂本正也、同白川順子各持分3分の1

3　所　在　　○○市○○町○丁目
　　地　番　　324番7
　　地　目　　宅地
　　地　積　　127.86平方メートル
　　　所有者　　被告花田礼子、同花田広之各持分2分の1

第9　境界確定 (1)

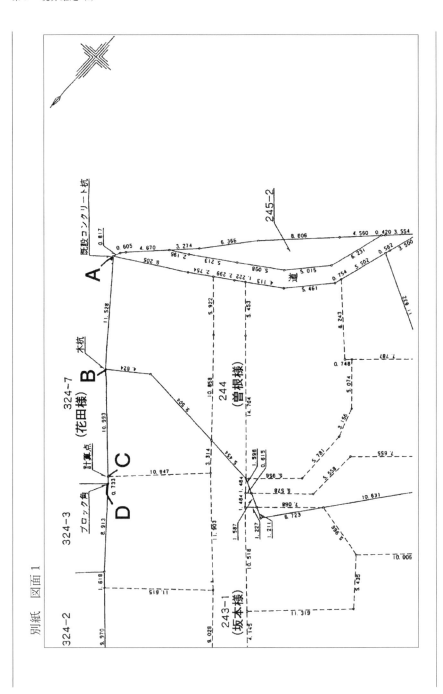

別紙　図面 1

別紙 図面2

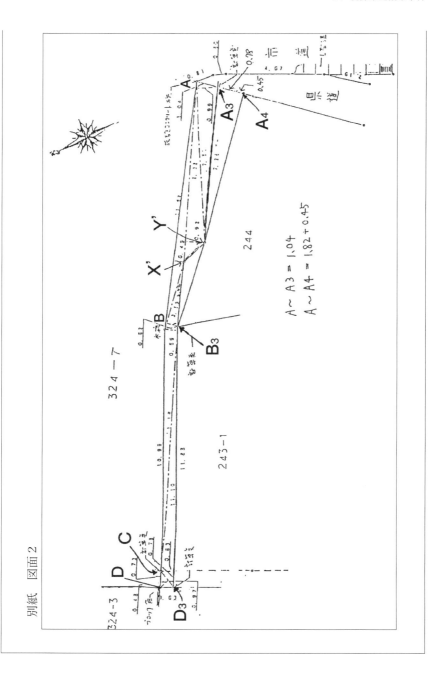

第9 境界確定(1)

設問

1 被告らの主張には、主張自体として脆弱な部分があるか。もしもあるとすれば、被告らは、なぜそのような主張に固執して争うのであろうか。

被告らの代理人となる場合、先のような主張、また、立証趣旨に問題の感じられるような書証の提出について、どのように考えるべきであろうか。

みずからが、弁護士として、被告らから相談や受任の依頼を受けた場合にはどうするか、受任した場合にどのような主張立証活動を行うか、という観点をも含めて考察せよ。

2 境界確定の訴えは形式的形成訴訟であるといわれるが、その意味について説明せよ。

参考事項

関係条文　不動産登記法147条、148条

解答および解説

主として典型的な事案のサンプルという趣旨で、境界確定訴訟(不動産登記法147条、148条では「筆界確定訴訟」と呼ばれている)の判決をふたつ挙げておく(筆界特定制度〔不動産登記法123条以下〕が設けられたことにより少なくなっている訴訟類型だが、少なくともサンプルとして掲げておく価値はあろうと考えた)。

裁判官の「訴状と答弁書(あるいは被告第1準備書面)を見ただけでどんな事案か大体の予想のつくケースは一定程度存在する」といった発言は、反発を招くことが多い。

しかし、本書を読み進めてきた読者には、上記の発言に、やはり一定の(あくまでも、「一定の」と留保していることに注意)根拠はあることを、すでに理解されているのではないかと考える。

もちろん、一般論としていえば、裁判官は、訴訟の初期段階で事件に対して一定の見通しないし暫定的心証を抱いたとしても(このこと自体は必要なことであり、それがなくては適切に争点整理をリードしてゆくことも難しい。瀬木・要論[049]、[050]参照)、その後の争点整理と証拠調べの中で逐次これを検証し、修正してゆくべきものであり、実際にもそうしている。

しかし、結果論としてみれば、そうした検証を経ても当初の見通しがほとんど

ゆるがないタイプの事件も、ある程度は存在するということである（なお付言すれば、そのようなタイプの事案については、和解の余地に乏しく判決以外の選択肢がない場合も多い。たとえば境界確定事案の中のこうした事案を考えてみれば、およそ和解の余地に乏しいことは容易に理解されよう）。

　本件もまた、原告らの主張との対比において被告らの主張をみただけで後者には根拠が乏しいであろうことの想像がつくという事案である（2 事件の「解答および解説」でもそのようなことを書いたが、その点は、この事件のほうがさらに明白であろう）。私の経験では、境界確定訴訟の半ば近くはこのパターンに属していた（本書には挙げなかったが、一方当事者の主張が何をいいたいのかほとんど理解できず、一応それをトレースしてまとめるだけでも多大の労力を要する、といった事案さえあった）。そうした事案における相手方当事者の苦痛は、察するに余りある。

　本件においても、被告らの主張は、要約することすら容易ではなく、また、あえて要約してみるとその脆弱さが際立つという性格のものである（なお、的確に要約できない主張は実質的には主張自体失当に近いものである例が多いことにつき、瀬木・要論［070］の(2)①）。

　本件でいえば、被告らの主張立証の弱さは、被告らのいう「小川（ないし水路）」が存在したことについて客観的な根拠のないこと（被告らの提出した航空写真にも「写っていない」）、被告らの提出した書証には本件係争地の写真であるか否かが疑問な写真（小川の写真であるというのだが「どうみても別の場所のもの」）や何が写っているのかよくわからない写真（被告らの言う「遺構」の写真）までが含まれていることなどに端的に現れている。本件係争地付近の他の住人らが一致して原告ら主張線に連続する線を境界と認めていることや公図の記載からも、被告らの主張におよそ分がないことは明らかである。

　おそらく、平均的な弁護士であれば、一通りの説明を聴き、書証を検討すれば、以上のことは容易にわかるはずである。

　設問1は、以上のような観点からのものである。はっきり受任しないほうがよい事案（瀬木・要論［009］）についていえば、私の考え方はそこに記したとおり明確だが、本件のような事案だと、弁護士であればどう対処すべきなのか、双方の考え方がありうるところであろう。

　あえて私見を述べておくならば、①自分であれば基本的には受任しないだろうこと、②諸般の事情から受任を断ることが難しい場合には、本人に癒着した節度のない主張立証活動とならないよう、代理人としての基本的な意見と主張立証方

第9　境界確定（1）

針を本人に説明し、その点の理解が得られないならば満足のゆくような弁護活動を行ってあげることは難しいと考える旨だけははっきりと告げておくだろうこと、まではいえるように思う。

　被告側の受任の問題なので、原告側の受任の場合（1事件の「解答および解説」および瀬木・要論［009］参照）ほどにシリアスな問題ではないが、実際には、こうした事案における被告代理人の主張立証活動は、本人の求めるがままに、内容に重複と矛盾を含んだ準備書面を何通も提出し、また、訴訟の終盤の段階に至るまで、やはり本人のいうがままに、証拠としての的確性、関連性におよそ乏しい書証や、極端な場合にはほしいままに作成された（より直接的な言葉を用いれば、偽造された）疑いのある書証を提出し続けるといった節度のないものとなりやすい。

　弁護士の立場からするとなかなかきれいにゆかない場合があるというのは理解できるが、それにしても、たまたまそのような事件を受任してしまった弁護士と、そのような事件ばかりを受任している弁護士の訴訟活動では、明らかに異なる（後者については、本当に節操がなく、ここまでやるかと感じさせられることが多い）。本件における被告ら代理人の訴訟活動にも、こうした意味における問題は感じられた（設問1）。

　形式的形成訴訟とは、法律関係の変動を目的とするが、その形成原因が存在しない（実体法に定められていない）形成訴訟であり、境界（筆界）確定の訴え、共有物分割の訴え（民法258条1項）、父を定める訴え（民法773条）がこれに当たるとされる。前2者は、実務上も一定程度みられる訴えである。

　これらの訴訟では、裁判所は、事実認定に基づき合目的的見地からその裁量で結論を出す（たとえば、境界確定の訴えであれば、しかるべき境界線を定める）のであり、したがって、これらの訴訟は本質的には非訟手続（権利の確定ではなくその適切な調整、規整を行う手続）であるといえる（ここに、境界確定の訴えの事実上の前駆手続として行政手続たる筆界特定手続〔不動産登記法第6章〕の設けられる根拠、合理性があろう）。性質上非訟事件であるが形成の訴えとされているところから、これらの訴訟を形式的形成訴訟と呼ぶわけである。

　形式的形成訴訟には訴訟物たる権利関係（形成原因）がなく、処分さるべき権利関係がないから、私的自治の原則を主な根拠とする処分権主義、弁論主義が妥当しない。また、主要事実が存在しないのだから証明責任も観念されない。さらに、裁判所は、請求棄却判決をすることができず、何らかの結論を出さなければ

ならない。

　形式的形成訴訟の代表的なものである境界確定の訴えを例に取ると、原告は、単に隣接する土地の境界を定めることを申し立てれば足り、特定の境界線を提示したとしても（実務では必ず当事者双方が特定の境界線を提示するが）それはひとつの提案としての意味をもつにすぎず、裁判所は、双方の提示した境界線によって画された範囲外に境界線を定めることもでき、また、境界線につき控訴審で不利益変更禁止の原則の適用もないことになる。

　なお、当事者適格については、境界線に密接な利害関係をもつ者としての隣接する土地の所有者に認められるが、土地の一部が時効取得・承継取得されても当事者適格が失われることはない（最三小判昭和58年10月18日民集37巻8号1121頁）。しかし、土地の全部が時効取得され、隣地所有関係が消滅すれば、当事者適格も否定される（最三小判平成7年7月18日最高裁判所裁判集民事176号491頁、NBL596号36頁、別冊NBL45号359頁）。

　もっとも、境界確定の訴えについては、通説判例のいうように公簿上の境界を定める訴えではなく、あるいはそれにとどまらず、所有権の範囲の確認を求める訴えであるとする説も有力であり、この説によれば、裁判所は、双方の提示した境界線によって画された範囲外に境界線を定めることはできず、控訴審でも不利益変更禁止の原則の適用があり、さらに、係争部分の土地の所有権に関する自白や和解も可能であるということになる。

　どう考えるべきかだが、確かに、境界確定の訴えを提起する原告の目的は、公簿上の境界の確定を求めるというよりは所有権の範囲の確認を求める（所有権に関する紛争を解決する）ことにあると思われる（所有権確認の訴えによらない理由は、証明責任の負担がない境界確定の訴えのほうがはるかに立証が容易だからである）が、境界確定の訴えが認められている理由は法が私人の所有権の境界とは趣旨を異にする土地の公簿上の境界を認めていることに由来するから、両訴訟は峻別して考えることにも合理性があること、実務上も、山林等非住居地域の境界線は双方の提示した境界線によって画された範囲外に認められる例もある（山林の境界確定は、裁判官が最もいやがる訴訟類型のひとつ。裁判官にはその感覚がなく、証拠にも乏しいため。筆界特定手続が適切）ことなどを考えると、境界確定の訴えについては、非訟という性質を重視して通説判例のように理解することが適切ではないかと考える（なお、境界確定の訴えに関する諸問題については、むしろ古い文献のほうが詳しい。奥村正策「土地境界確定訴訟の諸問題」鈴木忠一＝三ケ月章監修『実務民事訴訟

講座 4 不動産訴訟・手形金訴訟』〔日本評論社〕179 頁以下等参照〕（設問 2）。

和解の可能性

「解答および解説」に記したとおりである。

なお、一般的にいえば、境界確定事案でも和解が成立する例はある程度存在する。双方の主張にそれなりの根拠があるような場合である。その場合には、境界自体は当事者には左右できないものなので、双方の所有権の範囲を確認する和解を行うことになる（訴訟物以外の法律関係についての和解となる。境界確定の訴え自体については和解条項中に訴えの取下げおよびこれに対する同意、あるいは訴訟手続終了の合意を記載する例もあるが、その記載がなくても同様に訴訟手続は終了したものと考えることになろう）。

| 第9 | 境界確定 (2) |

25 　境界確定請求事件

事案・争点 ➡ 境界確定
　　　　　　（当事者本人の言い分と代理人の主張立証のあり方）

判　　決

平成○○年○月○日判決言渡　同日原本領収
裁判所書記官　　　○　○　○　○
平成8年(ワ)第1026号　境界確定等請求事件（ア事件）
平成10年(ワ)第1126号　土地境界確定請求事件（イ事件）
平成12年(ワ)第1226号　建物収去土地明渡等請求事件（ウ事件）
口頭弁論終結日　平成○○年○月○日

判　　決

○○県○○市○○町○番地
　　　ア事件原告　　　　　　　　株式会社山脇商店
　　　同代表者代表取締役　　　　谷　口　健　太
　　　同訴訟代理人弁護士　　　　○　○　○　○
　　　同　　　　　　　　　　　　○　○　○　○
○○県○○市○○町○番地
　　　アウ事件被告・イ事件原告　宮　本　雄　太
　　　同訴訟代理人弁護士　　　　○　○　○　○
　　　同　　　　　　　　　　　　○　○　○　○
○○県○○市○○町○番○号
　　　ア事件被告　　　　　　　　柴　田　厚　志
　　　同訴訟代理人弁護士　　　　○　○　○　○
○○県○○市○○町○番地
　　　イ事件原告　　　　　　　　宮　本　辰　雄

　　　　　同訴訟代理人弁護士　　　　○　○　○　○
　　　　　同　　　　　　　　　　　　○　○　○　○
　　東京都○○区○○町○丁目○番○号
　　　　　アイ事件被告・ウ事件原告　　国
　　　　　同代表者法務大臣　　　　　　○　○　○　○
　　　　　同指定代理人　　　　　　　　○　○　○　○
　　　　　同　　　　　　　　　　　　○　○　○　○

（当事者の略称）以下、各当事者については、単にその名称で表示する。

　　　　　　　　　　　　主　　　文

　一　別紙物件目録記載一の土地（株式会社山脇商店所有）とその北西側に隣接する無番地の国所有土地（赤道）との境界は、別紙図面の㋐㋑㋒㋓の各点を順次直線で結んだ線であることを確定する。

　二　宮本雄太は、株式会社山脇商店に対し、別紙物件目録記載一の土地上にある別紙図面のⓐⓑの各点を結んだ直線及びⓒⓓの各点を結んだ直線上に設置されたトタン塀様の工作物並びにル・オ・ワ・カの各点を順次結んだ直線上に設置されたフェンス様の工作物を収去して同土地を明け渡せ。

　三　宮本雄太及び柴田厚志は、株式会社山脇商店に対し、連帯して金112万円及びこれに対する平成7年11月19日から支払済みまで年5分の割合による金員を支払え。

　四　別紙物件目録記載二、三の各土地（それぞれ宮本辰雄、宮本雄太所有）とその南東側に隣接する無番地の国所有土地（赤道）との境界は、別紙図面の㋗㋖㋕の各点を順次直線で結んだ線であることを確定する。

　五　宮本雄太は、国に対し、別紙図面の㋐㋑㋒㋓㋔㋕㋖㋗の各点を順次結んだ直線で囲まれた土地（赤道）上にある別紙物件目録記載四の建物並びに別紙図面の㋔㋕の各点を結んだ直線上に設置されたトタン塀様の工作物、同じく㋷㋺の各点を結んだ直線上に設置された同図面において「トタン囲」と表示された工作物及び同図面のⓐ点から北西方向に連なり同図面において「トタン塀」と表示された工作物を収去して前記の国所有土地（赤道）を明け渡せ。

　六　訴訟費用は、各事件を通じてこれを20分し、その16を宮本雄太の、

その3を宮本辰雄の、その1を柴田厚志の、各負担とする。

         事実及び理由

第一　請求
　一　ア事件
　1　主文第一項に同じ（同請求については、株式会社山脇商店は訴えを取り下げたが、国はこれに同意せず、そのためこれについて判断が下されることになった。実体上の問題のほか、訴えの利益の有無が争点となっている）。
　2　主文第二、三項に同じ。
　二　イ事件
　主文第四項に同じ。
　三　ウ事件
　主文第五項に同じ。

第二　事案の概要
　一　事案の要旨
　ア事件は、株式会社山脇商店（以下「山脇商店」という）が、国に対し、別紙物件目録記載一の山脇商店所有の土地（以下「山脇土地」という）とその北西側に隣接する無番地の国所有土地（赤道、以下「本件赤道」という）との境界（以下「境界一」という）の確定を、宮本雄太（以下「宮本」という）に対し、宮本が山脇土地上にトタン塀様の工作物及びフェンス様の工作物を所有して同土地を占有しているとして、所有権に基づき、それらを収去して山脇土地を明け渡すことを、また、宮本と柴田が平成7年11月19日に前記フェンス様の工作物を設置した際に山脇商店所有のＵ字溝を破壊したとして不法行為に基づきその修繕費用相当額である112万円と不法行為の日以降の遅延損害金を連帯して支払うことを、それぞれ求めた事案である。
　イ事件は、宮本及び宮本辰雄（以下「辰雄」という）が、国に対し、辰雄所有の別紙物件目録記載二の土地（以下「辰雄土地」という）及び宮本所有の同目録記載三の土地（以下「宮本土地」という）とその南東側に隣接する前記の本件赤道との境界（以下「境界二」という）の確定を求めた事案である。
　ウ事件は、国が、宮本に対し、宮本が本件赤道の一部である別紙図面の㋐

㋑㋒㋓㋔㋕㋖㋗㋘㋐の各点を順次結んだ直線で囲まれた土地（以下「本件係争地」という）上に別紙物件目録記載四の建物部分（以下「宮本建物」という）、トタン塀様の工作物及び別紙図面において「トタン囲」、「トタン塀」と表示された各工作物を所有して同土地を占有しているとして、所有権に基づき、それらを収去して本件係争地を明け渡すことを求めた事案である。

　二　争いのない事実

　1　山脇商店が山脇土地を、辰雄が辰雄土地を、宮本が宮本土地を、国が本件赤道を、それぞれ所有していること。

　2　宮本が、宮本建物、また、山脇商店及び国から収去を求められている前記の各種工作物を、別紙図面の該当の各位置に所有して、山脇が山脇土地の一部であると主張する土地や本件係争地を占有していること。

　3　山脇土地と本件赤道、辰雄及び宮本土地と本件赤道が、それぞれ接しており、辰雄、宮本と国の間に境界二について争いがあること。

　三　争点

　争点は以下のとおりであるが、2、3、また、4、5については実質的には同一の内容であるので、立証責任の観点からより立証の容易な境界の点についてまず判断する。

　1　境界一についての訴えの利益の有無

　山脇商店はこれに関する訴えを取り下げたが、国はこれに同意せず、本件赤道の両側の境界のうち一方について争いがある以上、他方（反対側）の境界について本件赤道と接する土地の所有者と国との間で見解が一致していても、前記境界については、潜在的な争いがあるといえるから、これについて境界確定の訴えの利益は存在すると主張する。

　2　境界一はどの線であるか。

　山脇商店及び国は、いずれも、別紙図面の㋐㋑㋒㋓の各点を順次直線で結んだ線（以下「A線」という）であると主張する。

　3　山脇商店が前記工作物収去土地明渡を求めている工作物の敷地は山脇土地の一部であるか。

　4　境界二はどの線であるか。

　辰雄及び宮本は、別紙図面の ⓒ ㋗ ㋣ ㋤ ㋪ の各点（㋗ ㋣ ㋤ の各点は、当該場所に存在する立木の南東端の点である）を順次直線で結んだ線（以下「B線」という）であると主張し、国は、同じく㋘㋖㋕の各点を順次直線で結んだ線

（以下「C線」という）であると主張する。

5 本件係争地は本件赤道の一部であるか。

6 5が肯定される場合、宮本は本件係争地を時効取得したか。

この点に関する宮本の主張の要旨は、以下のとおりである。

記

本件係争地は、公共用財産であるが長年の間事実上公の目的に供用されることなく放置され、公共用財産としての形態・機能を全く喪失し、その物の上に他人の平穏かつ公然の占有が継続したが、そのため実際上公の目的が害されることもなく、もはやその物を公共用財産として維持すべき理由がなくなったから、黙示的に公用が廃止されたものとして、時効取得の目的物となる。

そこで、宮本は、これにつき、昭和30年1月1日から20年間、昭和54年11月6日から10年間（〇〇市の後記コンクリート杭設置のころから起算）、昭和55年7月25日から10年間（宮本建物の建築のころから起算）の時効を主張する。

7 宮本及び柴田は、平成7年11月19日に山脇土地上にあったU字溝を破壊し、これによって山脇商店に対し112万円の損害を与えたか。

第三 争点についての判断

一 境界一についての訴えの利益の有無

（ア）里道や水路の両側の境界のうちの一方（ここでは「前者境界」という）について争いがある以上、他方（反対側）の境界（ここでは「後者境界」という）について里道等と接する土地の所有者と国との間でとりあえず見解が一致していても、前者境界について争いがあれば国は後者境界についても原則として境界確定協議に応じない扱いとしていること（乙二〇）、（イ）これは、後者境界について境界確定協議に応じてしまうと、後に訴訟等において前者境界についての国の主張が認められなかった場合、結果として里道等のあるべき幅員を確保することができなくなってしまうためであることに照らすと、後者境界についての国の見解は、たとえ訴訟における主張であっても、前者境界についてのそれが認められることを条件としての仮定的なものであると解されるから、後者境界については潜在的な争いがあるものである、との国の主張は一応合理的なものであるということができる。

そうすると、境界一についての訴えの利益は肯定されるから、これについて実体判断が下されるべきである（前記の訴えを却下すべきではない）ということになる。

二　境界一、二はそれぞれどの線であるか。

1　証拠（甲一、四の1ないし4、九、乙二の1、2、五、六の1ないし3、七の1ないし10、八の1ないし3、一〇、一三、一四、一六の1ないし3、一七、一八の1ないし5、一九の1ないし3、二六ないし二八、丙一二の1ないし5、証人青木友和、山脇商店代表者谷口健太）によれば、後記(一)以下の事実を認めることができる。

前記認定に反する証拠（丙二四、二六、証人小野章次、宮本本人）は、要旨、本件係争地部分はかつて宮本の山林（現在の辰雄・宮本土地）の中を走っていた山道に当たる土地であり、山脇土地の前所有者である坂本一平（以下「坂本」という）が自己の畑（現在の山脇土地）を広げて本件赤道を浸食してしまったためにその代替として一般の通行の用に供されるようになったものであるというものであるが、公図（乙二の1、2）等の客観的証拠と符合しないばかりでなく、その内容自体からしてもおよそ採用し難いものというほかない（このような供述を前提とすれば、本件係争地の南東側にもなお相当の広さをもって辰雄・宮本土地が存在しなければならないこととなり、Ｂ線が境界二であるとする辰雄・宮本の主張自体と大きなそごをきたすこととなる）。

（一）　公図上、本件赤道は、辰雄土地の南端の角付近から本件係争地の北東側に存在する道路（以下「バス通り」という）に接する付近まで、北東方向に向かって一直線に表示されており、その幅員は、約二間と読みとれる。本件赤道の前記のような形状は、本件赤道の位置について、ひいては境界一、二についての国及び山脇商店の主張と符合する（乙二の1、2）。

（二）　山脇土地は、昭和63年に山脇商店が前所有者の坂本から買い受けたものであるところ、Ａ線のすぐ南側には、Ａ線にほぼ接して一列に並ぶ形で、直径約60センチメートル程度の立木が数本存在し、坂本は、山脇商店に対し、これらの立木は、本件赤道との境界線から一尺程度山脇土地側に下がったあたりにその中心が存在すると告げていた（甲九）。

昭和54年に、バス通りに含まれる未登記部分土地の分筆及び登記の業務に携わった〇〇市の職員岡野博則（以下「岡野」という）も、これら立木と

本件赤道との位置関係について同様に認識していた（乙一三）。

　また、本件赤道のかつての利用状況をよく知っている土地の古老達は、これら立木については、山脇土地の北西側に存在していた立木のうち本件赤道と接する位置にあったものだけが開墾の際にも残されたものであり、防風林の目的に供されるとともに、本件赤道との境界木の機能をも果たしていたと述べている（乙六及び八の各1ないし3、二六、証人青木友和）。

　（三）　本件赤道は、バス道路が開設された昭和30年ころまでは、本件係争地の南西方向にある○○町とその北東方向にある○○町を結ぶ唯一の通路であり、付近住民が徒歩あるいは牛車などで通行していた。幅員は二間であり、道は左右で若干の高低差があったが、前記のような形態による道の利用に特に支障はなかった。その南東側は坂本の畑であり、路面よりいくらか高く、北西側は宮本の山林で、路面よりも低かった。

　また、本件赤道は、バス通りの開設以降もなお道として利用されており、道路の物理的な状況は、少なくとも、昭和54年に岡野が前記の業務に携わったころまでは、変化がなかった。

　もっとも、本件赤道がバス通りに接する部分においては、赤道の中央よりやや南側に一本のヒバの木があるところから、その北側を通行してバス通りに出るのが一般的となっていた。

　本件赤道のうち本件係争地付近以外の部分については、現在においても道の状況が維持されている（以上(三)につき、乙六及び八の各1ないし3、一四、二六、証人青木友和）。

　（四）　宮本は、昭和55年ころに本件係争地にまたがる形で宮本建物を建築し（丙一二の1ないし5）、このころから本件係争地を占有してそこに塀やフェンス等の工作物を設置するようになり、また、平成6ないし8年の間に、無許可で、本件係争地及びこれより北西側の土地一帯について残土による埋立を行い、○○市の中止勧告にもかかわらずこれを完了し、本件係争地付近の状況を一変させてしまった（乙一六の1ないし3）。

　また、宮本は、平成7年11月19日の日曜日に、柴田とともに、山脇商店が収去を求めているフェンス様の工作物を設置した際に、山脇商店所有のU字溝を破壊した（甲五の1ないし6、六の1ないし4、七、九、山脇商店代表者谷口健太）。

　しかしながら、宮本は、昭和63年に山脇商店が山脇土地を買い受け、こ

こに社屋を建設した際には、これについて特に異議を述べなかった。

　2　一に認定した事実を総合すると、A線が境界一として、C線が境界二として、それぞれ合理的であると判断すべきである。

　すなわち、前記1（二）の立木の北西端の点を結んだ線及びその延長線であるA線が、公図における本件赤道の形態と照らし合わせても、本件係争地の南西方向に現在も道の状況が維持されている本件赤道の延長部分との連続性からしても、境界一として最も合理的なものであると、また、これから二間分北西方向にこれと平行するC線が境界二として最も合理的なものであると、それぞれ判断されるということである。

　3　なお、辰雄・宮本は、乙一〇号証の別図1（〇〇市が昭和54年にバス通りに含まれる未登記部分土地の分筆と登記の業務を行った際に、昭和29年に宮本から買収していた土地部分〔分筆により別紙物件目録記載五の土地となった。以下「546の3土地」という〕の地積測量図に符合等を記入したもの）におけるD点が宮本土地の南東の角（別紙図面でいえばⒸ点）に当たり、昭和54年にこの部分に〇〇市がコンクリート杭を設置したところ、同コンクリート杭は、昭和29年の買収時点からこの位置に設置されていた木杭と同じ位置に設置されたものであると主張しているので、これについて判断する。

　まず、証拠（乙一三、一七）によれば、546の3土地の測量及び分筆の業務には岡野が携わったところ、岡野は、546の3土地に相当する買収地について実測図が存在せず、その東西方向の幅が不明であったところから、これを実際よりも狭く考えて分筆のための前記測量図を作成させたものであって、前記測量図はおよそ図面としての正確さを満たさないものであり、現に測量図それ自体の示す距離が、これに対応する現地の距離と食い違っている部分があり（前記別図のCD間の距離）、したがって、この図面を現地に当てはめて割り出した546の3土地の南東の角をもって境界二の東端の点とみることはできないのである。

　また、証拠（乙一八の1ないし5）によれば、別紙図面の点に設置されているコンクリート杭は、その杭から見てバス通りの反対側に当たる付近に、これとほぼ同時期に設置されたとみられる二本のコンクリート杭が設置されていること、また、本件赤道、山脇土地及び宮本土地の三者の所有者の間に境界確定協議が行われたことを示す記録が存在しないことからして、前記の

三つの土地の境界を示すために設置されたものではなく、バス通りとその両側の民有地の境界を示すために設置されたいわゆる幅杭であると認められる。

そして、別紙図面の©点にあるコンクリート杭は、昭和29年の買収時点からこの位置に設置されていた木杭と同じ位置に設置されたものであるとの主張に沿う証拠（丙二四、宮本本人）はこれを裏付ける客観的な証拠が何ら存在せず、採用できない。

4 なお、本件係争地とバス通りの接するあたり（別紙図面の㋠点）に一本のヒバの木が存在することについては、その木の存在が本件赤道の利用を必ずしも妨げるものではなかった（前記1（三））ことに照らすと、前記2の判断を左右するような事実とはいえないというべきである。別紙図面の㋛点の北東に存在する一本の松についても同様である（これらの立木の現在の状況については、丙一五の4ないし8。かつての里道という本件赤道の性格からするならば、その範囲内に一本の立木も存在してはならないといった推論は働かせることができないものであり、人や牛車の通行に妨げとならないものであるならば、若干の立木がその敷地内に存在することは、必ずしも不自然なこととはいえないのである）。

ほかに、境界一がA線であり、境界二がC線であるとの前記認定を妨げるに足りる的確な証拠は存在しない。

5 以上3、4のとおり、境界一、二に関する辰雄・宮本の主張は理由がない。

また、他の線をもって前記各境界と考えるべき根拠も本件においては特に存在しない。

三 山脇商店が前記工作物収去土地明渡を求めている工作物の敷地は山脇土地の一部であるか。また、国が前記建物・工作物収去土地明渡を求めている建物及び工作物の敷地は本件赤道の一部であるか。

これについては、事実上前記二と同様である。

すなわち、前記二1の冒頭に掲げた証拠によれば、前記の各争点については山脇商店及び国の主張を肯定することができるというべきである。

四 宮本は、本件係争地を時効取得したか。

これについては、本件赤道の一部である本件係争地につき、長年の間事実上公の目的に供用されることなく放置され、公共用財産としての形態・機能を全く喪失し、その物の上に他人の平穏かつ公然の占有が継続したが、その

ため実際上公の目的が害されることもなく、もはやその物を公共用財産として維持すべき理由がなくなったとする被告の主張に沿う証拠（丙二四、二六、証人小野章次、宮本本人）は、前記二1の冒頭に掲げた証拠に照らし到底採用できるものではない。

　かえって、前記二1に認定したところによれば、昭和55年以降宮本が本件係争地を確たる根拠もなくほしいままに占有するまでの間は、本件係争地は本件赤道の一部として通行の用に供されていたものであって、また、現在においても、本件赤道のうちこれに連続する部分については道の状況が維持されており、したがって、国の本件妨害排除請求が認容されれば、本件係争地は本件赤道の一部としての機能を果たしうると認められるのである。

　五　宮本及び柴田は、平成7年11月19日に山脇土地上にあったU字溝を破壊し、これによって山脇商店に対し112万円の損害を与えたか。

　宮本及び柴田が前記のような不法行為を山脇商店に対して行ったことについては前記二1（四）に認定したとおりである。

　そして、これによって山脇商店に生じた損害については、証拠（甲八、一〇）によれば、112万円を下らないものと認めることができる。

　〇〇地方裁判所民事第〇部

　　　裁判官　　〇　　〇　　〇　　〇

　別紙　物件目録

一　所　　在　〇〇市〇〇区〇〇町
　　地　　番　551番7
　　地　　目　宅地
　　地　　積　661.17平方メートル

二　所　　在　〇〇市〇〇区〇〇町
　　地　　番　546番2
　　地　　目　山林
　　地　　積　4000平方メートル

三 所　　在　〇〇市〇〇区〇〇町
　　地　　番　546番4
　　地　　目　山林
　　地　　積　300平方メートル

四 所　　在　〇〇市〇〇区〇〇町546番地2、546番地4及びその南東
　　　　　　　側に隣接する無番地の国所有土地
　　家屋番号　（未登記）
　　種　　類　倉庫
　　構　　造　軽量鉄骨造平屋建
　　　　　　　そのうち、別紙図面のㅈ㋛㋟㋜の各点を順次直線で結ん
　　　　　　　だ線で囲まれた範囲内の部分

五 所　　在　〇〇市〇〇区〇〇町
　　地　　番　546番3
　　地　　目　山林
　　地　　積　105平方メートル

　別紙　図面……次頁

第9 境界確定 (2)

別紙　図面

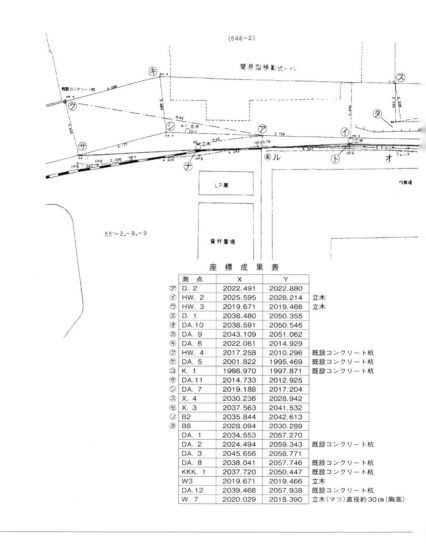

25 境界確定請求事件

三斜求積表

地番符号	底辺	高さ	積
1	14.699	2.506	36.835694
2	14.699	2.011	29.559689
		合計	66.395383
		面積	33.1976915
		地積	33.19㎡
		坪	10.04

座標成果表

測点	X	Y
HP0	2037.731	2050.450
HP1	2033.650	2042.969
HP2	2031.687	2039.370
HP3	2027.449	2033.182
HP4	2024.945	2028.489
HP5	2021.739	2022.988
HP6	2019.092	2019.933
HP7	2016.389	2016.211
HP8	2014.882	2014.343
HP9	2014.219	2013.129

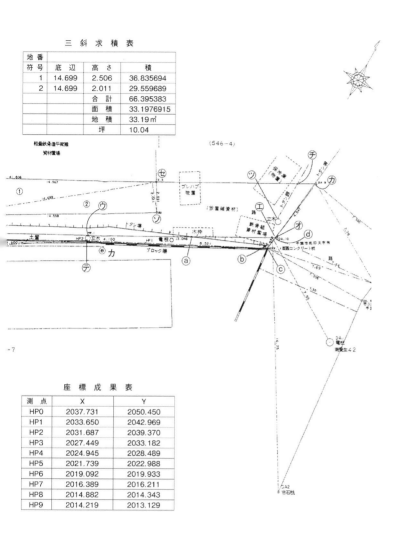

第9　境界確定 (2)

設　問

1、2　24事件に同じ。

参考事項

関係条文　不動産登記法147条、148条

解答および解説

　一段と規模が大きいことを除けば、事案の性格は24事件と同様である。本件において認定された当事者（宮本）の行為は、不動産侵奪に近い感があり、その意味ではより悪質である（要するに、宮本側は、使われなくなっていた里道の一部と里道の向こう側の土地の一部まで不法に占有し、市の中止勧告にもかかわらず付近の状況を一変させてしまったということである）。

　もっとも、敗訴した側の代理人の主張立証活動は、本件のほうがずっと熱が入っており、代理人のレヴェルでは、自己の側の主張の正しさを確信しているように思われた（正直にいって、なぜそんな確信がもてるのか非常に不思議に思うのだが）。

　このように、基本的な事実関係は明確である（宮本側がこだわる主張も、人証調べの結果では、予想どおり、ほとんどこじつけに等しいものが多かった）と思われるのに、一方当事者がさまざまな点でこだわって争い続けるので時間がかかる（本件については、裁判官交替前の争点整理の方向性にもかなり問題があった）という展開は、裁判官としてはあまりよいこととは思えないのだが、なかなか解決の困難な問題である（13事件と似ているが、13事件では、こだわっているのは当事者本人だけという点が異なる）。

　こうした事実関係の事件で弁護士がある程度醒めた目をもって主張立証活動に臨めずに細かく争い続ける（相手側からみると、引き延ばしを図っているようにしかみえない）ことがある理由について考えてみると、ひとつの答えは、「そのように当事者本人と同調してみずからを鼓舞しないとやる気が出ないし、空しいから」ということなのかもしれないと思う。裁判官を長く務めたことのある弁護士は最初から勝敗がみえてしまうので負け筋の場合にはなかなか主張立証活動に身が入らない（これは、そうだろうなと思う）という話、生え抜きの弁護士も長く続けるうちにそうなることがあるという話を、何度か聴いたことがあるからだ。

　もうひとつは、単に、その弁護士の事件の見立てが悪いということ、つまり、

みずからの側の当事者の視点からしか事件をみることができていないということだろう（瀬木・要論［066］の「鳥の視点、虫の視点」のうち前者がとれないということ）。

　ほかにありうる理由としては、高い着手金を取った以上当事者本人に同調せざるをえないということだろうか（本件の場合は、実はこれが大きいのかなという気がしている）。

　判決の中の、わかりにくいと思われる点についていくつかふれておく。

　訴えの利益の点（「争点についての判断」一）は、里道の両側の境界のうち一方についてとりあえず里道所有者である国と隣接地所有者の見解が一致していても、それは暫定的な見解の一致にすぎないから、上記境界についての境界確定の訴えの利益は否定されないという趣旨である。

　「争点についての判断」二、3、4、とりわけ3については、宮本側がこだわった部分だが、主張の意味がよく理解できないものであり、国側に説明を兼ねた反証をしてもらってやっと何とか理解が可能になった（当事者は双方ともわかっていても裁判官はわからないという主張〔瀬木・要論［071］の⑷〕の一例である。こうした場合、相手方当事者は、裁判官に求められたら、なるべく的確でわかりやすい反論反証を行うことが望ましい。「当然なのになぜわからないのか」という反応をする代理人があるが、それは、自分自身があまりにも深くその問題にのめり込んでいるからそう思えるだけのことであり、「相手方の、わかりにくくかつ理由がないと思われるけれども簡単に一蹴することも難しい主張」については、裁判官によくそのことを理解しておいてもらわないと、後から痛い思いをすることになる可能性が高い）。

　この部分は、証拠を実際に見ないと判決を読んでも容易には理解しにくいのではないかと考えるが、これ以上わかりやすく書くことはほとんど不可能であり、少なくとも、当事者らには、説示の意味は十分に理解できるはずである。

　このように、判決書には、説明することの難しい内容が含まれることが多いため、裁判官に一定の文章力、そして論理的な思考力がないと、判決の理解は、当事者以外の読者にとってはきわめて困難となる。判例となる判決は、最低限、正確にその意味をトレースすることができるという条件を満たすものでなければならない。本書収録の判決の多くはそれほどわかりにくいものではないはずだが、書き方によっては、それらの判決のかなりの部分もまた、判決だけを読んだのでは容易に理解できないものとなる可能性は高い。

　公共用財産の時効取得については、最二小判昭和51年12月24日民集30巻11号

1104頁参照。本件ではおよそ問題外の主張である（設問1）。

なお、「事案の要旨」三冒頭の記述は、形式的形成訴訟である境界確定の訴えに証明責任の観念がないことと関連している（24事件の「解答および解説」参照）。

なお、設問2については、24事件の「解答および解説」を参照されたい。

和解の可能性

24事件と同様、およそ和解の余地はない。

第10　共有物分割等（1）

26　共有物分割請求事件

事案・争点 ➡ 全面的価格賠償による共有物分割
　　　　　　（新しい法的判断）

判　　決

平成○○年○月○日判決言渡　同日原本領収
裁判所書記官　　　○　○　○　○
平成16年（ワ）第1027号　共有物分割請求事件
口頭弁論終結日　平成○○年○月○日

判　　決

東京都○○区○○町○丁目○番○号
(不動産登記簿上の住所　東京都○○区○○町○丁目○番○号)
　　　原　　　　告　　佐　野　秀　治
　　　　同訴訟代理人弁護士　　○　○　○　○
東京都○○区○○町○丁目○番○号
　　　被　　　　告　　大　西　隆　彦
　　　　同訴訟代理人弁護士　　○　○　○　○

主　　文

一　別紙物件目録記載の建物を次のとおり分割する。
　　　同目録記載の建物は被告の所有とする。
　　　被告は、原告に対し、金100万円を支払え。
二　訴訟費用は、原告の負担とする。

事実及び理由

第一　請求

別紙物件目録記載の建物について競売を命じ、その売得金から競売手続費用を控除した金額を、原告に2分の1、被告に2分の1の割合で分割する。

第二　事案の概要
　一　事案の要旨
　本件は、原告が、被告に対し、原被告が共有する別紙物件目録記載の建物（以下「本件建物」という）につき、分割協議が整わず、また、現物分割によりその価値が著しく損なわれるとして、本件建物の競売とその売得金の分割を求めた事案である。
　二　争いのない事実
　1　原被告が本件建物の共有者であること
　2　当事者間に分割協議が整わないこと
　3　現物分割により本件建物の価値が著しく損なわれること
　4　本件建物の建設費用総額が3754万8000円であること
　5　原告と、被告の姉である大西涼子（旧姓は飯田。以下単に「涼子」という。ただし、本件における証人としては、「証人大西」と表示する）は夫婦であったが、平成17年12月14日に裁判による離婚が確定したこと。
　6　本件建物のローン債務は被告のみが負っていること
　7　本件建物の敷地（以下「本件土地」という）は被告、涼子、その母である大西幸子（以下「幸子」という）の共有であること
　三　争点
　1　原被告の持分の割合
　（一）　原告の主張
　本件建物の持分割合は所有権保存登記にあるとおり2分の1ずつであり、原被告は前記の登記をするに当たりその点について明示又は黙示に合意したというべきである。
　そうでないとしても、本件建物の建設費用総額3754万8000円のうち、原告は、実父から借り入れて平成12年9月27日ころ63万円、同年11月13日ころ63万円、平成13年1月24日ころ1050万円を支払っており、また、涼子が支出した78万8000円も、被告（前記のとおり涼子の弟）との関係では原告側が行った支出とみるべきである（原告と涼子の婚姻中の支出である以上、そうみるべきである）から、結局、原告が支出した金額は1254万8000

円、被告が支出した金額は2500万円となり、したがって、前記持分割合は、原告37548分の12548、被告37548分の25000となる。

　なお、被告は、涼子がほかに平成12年11月29日に250万円を支出したという。原告はこれを争うが、たとえこれが本件建物の建設費用に充てられているとしても、原告名義の口座に入金されている以上、被告との関係ではやはり原告側が行った支出とみるべきである。

（二）　被告の主張

　原告主張の合意については否認する。

　被告は、前記3754万8000円のうち、原告も認める2500万円以外に、涼子から援助を受けた328万8000円を支出している。すなわち、原告も認める78万8000円は被告側の支出とみるべきであるし、涼子は、平成12年11月10日に独身時代に貯蓄した郵便貯金を解約して216万1818円を得ており、これに手持資金を加えて同月29日に原告名義の口座に入金して工事業者への支払に充てている。

　よって、原告が支出した金額は926万円、被告が支出した金額は2828万8000円であり、持分割合は、原告1000分の227、被告1000分の753となる。

2　被告の全面的価格賠償の主張の当否

（一）　被告の主張

　本件建物の固定資産評価額は954万300円であり、被担保債権残額は2200万円を超えている。また、本件土地は被告、涼子、幸子の共有であり、敷地利用権は使用貸借にすぎない。

　そうすると、競売を考えた場合の原被告にとっての本件建物の価値はゼロである。

　さらに、本件建物には涼子、被告、幸子、原告と涼子の子らが居住しており、原告と涼子は離婚しているから、原告がここに居住する現実的な可能性はなく、そのような利益を金銭に換算することもできない。

　以上によれば、原告持分の価格は、ゼロではないとしても100万円を超えることはない。

　したがって、被告が原告に100万円を交付する内容の全面的価格賠償が認められるべきである。

　なお、原告の後記主張はすべて争う。

　ことに、後記(1)、(2)の主張については、対象物件の処分によって抵当権の

被担保債権が消滅あるいは減少することを前提としているが、本件において
はそのようなことはないし、また、前記主張は、競売による代金分割の場合
と比較して著しく不均衡であることからしても、原告の主張するところの本
件建物の価格を基準にその主張に基づいて計算すると全面的価格賠償の金額
が原告主張の出費の金額を超えてしまうことからしても、著しく不合理とい
うほかない。

　むしろ、本件における利益状況は離婚財産分与の場合に近いのであり、そ
の場合に、不動産の時価から債務額を控除した残額を基に清算金が支払われ、
オーバーローンの場合には精算は行われないことを考慮すれば、被告の主張
こそ正当であるといえる。

　(二)　原告の主張

　全面的価格賠償に当たって基準とする本件建物の価格は、抵当権の被担保
債権を控除しない本件建物の時価と考えるべきである。

　(1)　その理由は、第一に、オーバーローンの物件であっても、債務者が債
権者に当該物件を代物弁済すれば債務が当該物件の時価相当額分だけ減少す
るし、当該物件が競売で売却された場合にも債務が売却価格の分だけ減少す
るからである。よって、債務者からみた物件価格は、その時価相当額とみる
べきなのである。

　(2)　第二に、原告は、被告との関係ではその持分について物上保証人と同
様の立場にあるところ、物上保証の対象物件が競売で売却された場合には、
物上保証人は、民法372条、351条により、物件価格相当額の求償権を行使
できるからである。なお、このことからすると、物上保証人が債務者に物上
保証の対象物件を売却する場合においても債務者との関係での適正価格は同
様に物件価格相当額と考えられるべきであり、その場合の利益状況も本件と
同様である。

　そして、本件建物の時価は、その建設費用について定額法による減価償却
を考慮した3461万9256円と考えるべきである。

第三　争点についての判断

　一　本件建物の原被告の持分割合について

　1　本件建物の原被告の持分割合は所有権保存登記にあるとおり2分の1
ずつであり、原被告は前記の登記をするに当たりその点について明示又は黙

示に合意したというべきであるとの原告の主張については、原告の主張によってもその支出額が本件建物の約3分の1にすぎない状況を前提としてなお前記のような合意があったと認めるに足りるような的確な客観的証拠は存在しないし、証拠（甲一九、原告）のうちこれに沿う部分は証拠（乙一〇、証人大西）に照らしこれを採用することができない（なお、前記のような登記がなされている事実から黙示の合意を推認することも、2に認定したような双方の支出額の差に鑑みると、難しい）。

2　双方の支出額について

(一)　前記建設費用のうち2500万円については被告が支出したことを原告も甲一九で認めている。すなわち、被告が少なくとも2500万円を支出していることは明らかである。

(二)　そして、それ以外の費用の支払については、その原資に関し、客観的な裏付けのある正確な証拠までは存在しないが、中では、証拠（甲一四、証人大西）の、原告が個人として調達できる資金は父親から用立ててもらう1000万円であると原告から聴いており、事実そうであったと思っているとの内容が、原告自身の、父親から出してもらえる概算額という趣旨でそのような金額を告げたことはある、との法廷陳述に裏付けられた、最も信用性の高いものとみることができる。

また、原告は、原告の父が平成12年11月28日にその口座から引き出した274万円のうち250万円が翌日に原告名義の口座に入金されたと陳述している（甲一九）ところ、客観的証拠（甲一三、乙一）もこれに符合しているということができる（なお、証拠〔乙一〇、証人大西〕の「涼子は、平成12年11月10日に独身時代に貯蓄した郵便貯金を解約して216万1818円を得ており、これに手持資金を加えて同月29日に原告名義の口座に入金して工事業者への支払に充てている」との陳述ないし供述のうち「これに手持資金を加えて同月29日に原告名義の口座に入金して工事業者への支払に充てている」との部分については採用できない）。

そして、前記の250万円と、証拠（甲一六ないし一八）によって原告の父が原告のために引き出したと主張する金額（それぞれ、263万円、200万7138円、301万707円）を合計すると1014万7845円と1000万円に極めて近い数字になることも、原告が父に用立ててもらった原告自身の支出費用が1000万円であること（逆に言えばこれを超えるものではないこと）を裏付

けているというべきである。

　(三)　そして、前記争いのない本件建物建設費用総額3754万8000円と以上合計3500万円との差額254万8000円については、当時夫婦であった原告と涼子の共有財産から支出されたものと推認することが公平である。そうすると、その半額に当たる127万4000円については涼子が支出したとみるべきところ、少なくとも、涼子と被告の利害が共通する本件紛争（共有物分割訴訟）の関係ではこの金額は被告が支出したものと評価することが常識的であろう（原告は、逆に、本件紛争〔共有物分割訴訟〕の関係ではこの金額は原告が支出したものと評価すべきであるというが、この主張は採ることができない）。

　(四)　以上によれば、原告の支出額は1127万4000円、被告の支出額は2627万4000円とみるべきであり、したがって、持分割合は、原告30.0パーセント、被告70.0パーセントとなる。

　二　被告の全面的価格賠償の主張の当否について

　1　本件建物の固定資産評価額は954万300円であり、被担保債権残額は2200万円を超えている。また、本件土地は被告、涼子、幸子の共有であり（争いがない）、その固定資産評価額は1563万1570円である（以上につき乙五、六、八）。

　本件建物の敷地利用権は使用貸借にすぎないものと考えられる（原告も特に争っていない）。なお付言すれば、本件の事実関係では法定地上権も成立しないと考えられる（最三小判平成6年12月20日民集48巻8号1470頁参照）。

　そうすると、本件建物を競売した場合に原被告に分割する剰余金が生じるとは考えにくい（むしろ、かなりのローン債務が残存するものと考えられる）。

　2　さらに、本件建物には涼子、被告、幸子、原告と涼子の子らが居住しており、原告と涼子は離婚している（争いがない）し、原被告間にも熾烈な争いがあることは本件紛争からも明らかであるから、原告がここに居住する可能性も現実問題としてはほとんどありえないと考えられる。

　3　以上のような事実関係の下では、本件建物の共有物分割の方法として全面的価格賠償によることは、価格賠償の金額が適性に評価され、被告がその資力を有する場合には、相当な方法であると考えられる。

　4　この点につき、原告は、全面的価格賠償に当たって基準とする本件建

物の価格は、抵当権の被担保債権を控除しない本件建物の時価と考えるべきであると主張し、その根拠として、前記第二の三２（二）の(1)、(2)のとおり述べる。

　しかし、この(1)、(2)の主張については、本件建物の処分によって抵当権の被担保債権が消滅あるいは減少することを前提としているが、全面的価格賠償の場合についてはそのようなことはないし、また、前記主張は、競売による代金分割の場合（前記のとおり原告に分割すべき剰余金も生じない）と比較して著しく不均衡であることからしても、採ることができない（なお、原告の主張する本件建物の価格〔3461万9256円〕を基準にその主張に基づいて計算すると、全面的価格賠償の金額〔1700万円を超える〕が原告主張の出費の金額〔1254万8000円〕を超えてしまうが、このことも、原告の主張自体の問題点を示すものといえよう）。

　むしろ、本件における利益状況は、涼子を被告側の人間と考えるならば、被告主張のとおり、離婚財産分与の場合に近いのであり、その場合には、通常、不動産の時価から債務額を控除した残額が財産分与に当たって考慮されるにとどまり、オーバーローンの場合、ことに本件のように不動産を取得する側が債務をも全面的に負担する場合には、オーバーローンに係る不動産は財産分与に当たって考慮の対象とされないことを考えるべきであろう。

　そうすると、本件における全面的価格賠償の適正な金額は、前記の原告持分割合を前提として本件建物について原告が有するところの潜在的利益を総合的に考慮した金額とするほかないと思われるが、前記のとおり、原告がここに居住する可能性が現実問題としてはほとんどありえないことを考慮するならば、その金額が、被告主張の100万円を超えることはないものと解される。

第四　結論

　以上により、主文のとおり判断する。

　○○地方裁判所民事第○部

　　　　裁判官　　　○　○　○　○

別紙　物件目録〈省略〉

設問

1　共有物分割訴訟において考えられる判決主文につき、場合を分けて一通り考えてみた後、判例文献等によって調査せよ。

2　全面的価格賠償の争点につき、判決が、どのような思考過程を経てその結論にたどり着いたかにつき考察してみよ。

3　本件判決を判例としてとらえた場合の判決要旨を150字以内で正確に記せ。

参考事項

関係条文　民法258条
判例誌掲載　判例タイムズ1214号222頁

解答および解説

　まず、共有物分割訴訟に関する判例の展開を一通り知っておく必要がある。主文を含めての検討として、たとえば、塚原朋一編著『事例と解説民事裁判の主文』〔新日本法規〕202頁以下〔瀬木比呂志ほか〕等を参照されたい。大きく分ければ、現物分割、代償分割、競売の3類型が考えられる。それらの具体的な内容を簡潔に要約することは難しいので、詳しくは先の文献を参照されたい。

　こうした特異な類型の訴えについては、実務家としては（本当をいえば、研究者も）、まず、請求の趣旨、主文がどのようなものになるのかを考えておく必要がある。訴状の起案や審査で最初に問題になる事柄だからである（設問1）。

　事実関係について簡潔に述べておく。

　①原告と、被告の姉涼子とは元夫婦だが、本件建物については、原告と被告が資金を出し合って（基本的に、原告は現金、被告はローンによる）建築し、登記については2分の1ずつの共有とした、②しかし、原告と涼子夫婦の離婚に伴い原告は本件建物を出、現在、本件建物には、涼子、原告と涼子の間の子ら、被告、涼子と被告（上記のとおり姉弟の関係にある）の母幸子が居住している、③本件建物の敷地は被告、涼子、幸子の共有である、④本件建物は明らかにオーバーローンの状況にあり、ローン債務は被告のみが負っている、というものである。

まとめると、原告は、離婚に伴い家を出、その家には現在上記の人々が住んでいるということである。判決や準備書面を読む場合には、まずはこうした「基本的な事実関係」を把握しておくことが必要である。

和解については、原告は、持分移転の見返りとして高額の金員の支払を求めており、到底無理であった（きわめて根の深い争いで、複数回の和解が試みられ、和解が難しくなると双方から新たな主張が出てくることにより、判決までに約2年間を要している）。

最初から当事者（具体的には代理人ら）、裁判官とも判決方向で考えていればずっと速い進行になったと思われるが、訴訟は生き物なので、事案によってはこうした展開もやむをえないのである。

原告の、みずからの出金分に近い金額を支払ってほしいとの和解案は、法律家の感覚からすると無理なものにみえる（被告が応じるわけがないことは明らかである）が、「離婚とともに家を追われた」という感覚を強くもっているだろう原告にとっては、気持ちの上で引くことの難しい金額なのであり、こうした事案の和解は非常に難しい。裁判官としては早期判決でよいと思っていたが、被告は、できれば和解を望んでいた。本件建物が共有物分割によって競売されるようなことになる場合には、被告側の人間がそれを競落できるか否かは不確実だからであろう（原告側の人間が競落し、紛争が続く可能性もないではない）。

本件の争点のうち、「被告の全面的価格賠償の主張の当否」については、法律問題であり、新判断となるため、判例誌に掲載された。

判決要旨は、「オーバーローンの状況にある共有建物を現在そこに居住する被告の単独所有とするとともに、被告が原告に支払うべき全面的価格賠償の金額については、原告が同建物について有する潜在的利益を考慮して100万円（被告主張に沿う金額）とした事例」ということである。こうした判決要旨は判例の生命なので、論理的かつ正確に注意深く特定記載される。その読み取りについても同様に注意深く行う必要がある（設問3）。

なお、共有持分の割合については、民法250条により相等しいものとの法律上の権利推定がはたらくので、本来、相手方がこれと異なる持分割合を主張立証しなければならないところだが、本件では、当事者双方とも「これと異なる持分割合」を主張立証している（どうやら、原告代理人も、民法250条の存在とその意味に気付いていなかったようである。まあ、250条がどれほど実際的根拠のある規定かについては、やや疑問もあるところであるため、判決も、その点についてはふれず、ただ、

被告が「2分の1とは異なる割合の立証に成功した」ことだけを認定している)。

　裁判官にとって、民事訴訟の大変なところであり同時に面白いところでもあるのが、こうしたごく普通の規模の日常的な事案でも、新しい法律問題を含んでいて「判例」になることがままあるという点である。

　判例になる可能性がある判決については、少なくとも、法律論に関する部分の結論と根拠が論理的かつ明快に書かれていなければならない。本件判決については、私は、判例誌に掲載されるとは考えていなかったので、そうした部分についても特別に時間をかけてはいないが、判例としての最低限の要請を満たす説示にはなっているはずである。

　なお、新しい法律問題への対応という以上の論点については、瀬木・要論[100]の記述全般、ことにその(6)、また、本書における「第14　法律論」のセクションの「解答および解説」も併せて参照されたい。

　最後に、上記の法律論の組立ての大筋を簡潔にかつわかりやすくまとめてみよう。裁判官の頭の中では、審理の過程で、こうした思考が何度も繰り返し行われ、検証されて、その精度が高められてゆくわけである。

　「本件では、オーバーローン建物について全面的価格賠償の方法による共有物分割を認めるか否かがまず問題になる。これは特に問題がないだろうね？（自問自答）

　悩ましいのは、その場合の価格賠償金額だね。不動産の所有権を失う側の当事者が当該不動産について有している潜在的な利益を金銭的に総合評価したものであるということになるかな。そうすると、その算定に当たっては、不動産の現在および将来の考えられる利用状況、ことに先の当事者がどのような形でそれに関わりうるのか（原告の潜在的利用権の精算）といった点を中心として、それぞれの場合に応じた適切な算定を行うほかないね。一般論はこれでいいよね？（再び自問自答）

　さて、そこで本件の事実関係に基づいて考えれば、被告主張のとおり、離婚財産分与の場合のそれに近い利益状況とみて算定を行うのが相当でしょうかね？

　また、原告が建物について有する潜在的利益、潜在的利用権については、離婚後原告がそこに居住する（しうる）可能性が現実にはほとんどなかったし、今後もないことを考えれば、大きな金銭評価は難しいだろうね？（また自問自答）

　これで、とりあえずは『証明終わり』かな。

　明日の朝、電車の中で、もう一度ゆっくり考えてみることにしよう」

なお、本件については、控訴なく確定した（設問2）。

和解の可能性

「解答および解説」に記したとおりである。判決を見ないと納得できないという事案であろう。

第10　共有物分割等 (2)

27　共有物分割等請求事件（本訴）、立替金等請求事件（反訴）

　　事案・争点 ➡ 共有物分割、複数の請求相互の論理的関係
　　　　　　　　（判決や法的主張のわかりやすさ）

　＊なお、「設問」以下においては、わかりやすさの観点から、当事者の表示は本訴のそれによって行うこととする。

判　　決

平成○○年○月○日判決言渡　同日原本領収
裁判所書記官　　　　○　○　○　○
平成17年（ワ）第1028号　共有物分割等本訴請求事件
平成17年（ワ）第1103号　立替金等反訴請求事件
口頭弁論終結日　平成○○年○月○日

判　　決

○○県○○市○○町○丁目○番○号
　　　本訴原告・反訴被告　　　　　竹　田　哲　郎
前記同所
　　　本訴原告　　　　　　　　　　竹　田　礼　子
　　　前記2名訴訟代理人弁護士　　　○　○　○　○
　　　同　　　　　　　　　　　　　○　○　○　○
　　　同訴訟復代理人弁護士　　　　○　○　○　○
東京都○○区○○町○丁目○番○号
　　　本訴被告・反訴原告　　　　　竹　田　真　哉
　　　同訴訟代理人弁護士　　　　　○　○　○　○

（当事者の略称）　以下、便宜上、本訴原告（反訴被告）及び本訴原告を単に「原告」と、本訴被告（反訴原告）を単に「被告」と、それぞれ略称する。

主　文

一　原告竹田哲郎の本訴の一次的、二次的請求をいずれも棄却する。
二　原告らの本訴の三次的請求を却下する。
三　原告竹田哲郎は、被告に対し、金10万円及びこれに対する平成17年11月26日から支払済みまで年5分の割合による金員を支払え。
四　被告のその余の反訴請求をいずれも棄却する。
五　訴訟費用は、これを二〇分し、その一九を原告らの、その余を被告の各負担とする。
六　この判決は、第三項、第五項に限り、仮に執行することができる。

事実及び理由

第一　請求
　一　本訴
　　1　一次的請求
　被告は、原告竹田哲郎に対し、別紙共有持分目録(1)記載の被告の各持分について、真正な登記名義の回復を原因とする持分全部移転登記手続をせよ。
　　2　二次的請求
　被告は、原告竹田哲郎に対し、別紙登記目録記載の各登記のうち被告の各持分登記の抹消登記手続をせよ。
　　3　三次的請求
　(一)　別紙物件目録記載1ないし3の不動産を、共有物分割により、原告竹田哲郎の持分200分の120、原告竹田礼子の持分200分の80の割合による共有とする。
　(二)　別紙物件目録記載4及び7の不動産の原被告らの持分合計2800分の200を、共有物分割により、原告竹田哲郎の持分2800分の120、原告竹田礼子の持分2800分の80の割合に変更する。
　(三)　別紙物件目録記載5、6及び8の不動産の原被告らの持分合計7200分の200を、共有物分割により、原告竹田哲郎の持分7200分の120、原告竹田礼子の持分7200分の80の割合に変更する。
　(四)　被告は、原告竹田哲郎に対し、金9万円の支払を受けるのと引き換えに、別紙共有持分目録(1)記載の被告の各持分について、判決確定の日の共

有物分割を原因とする持分全部移転登記手続をせよ。
　二　反訴
　原告竹田哲郎は、被告に対し、金134万9000円及びこれに対する平成17年11月26日から支払済みまで年5分の割合による金員を支払え。

第二　事案の概要
　一　事案の要旨
　1　本件本訴の一次的請求は、原告竹田哲郎（以下「原告哲郎」という）が、被告に対し、別紙物件目録記載1ないし3の各不動産及び4ないし8の不動産の各共有持分（同目録記載4及び7の各不動産につき2800分の200、同目録記載5、6及び8の各不動産につき7200分の200）（以下、以上をまとめて「本件不動産」という）は、平成3年6月11日に、原告哲郎及びその弟である被告の両名の母竹田夏江（以下「夏江」という）が売買により単独で取得し、その形式的な名義としては、別紙共有持分目録(2)記載のとおりの共有持分割合による共有の形に登記されていた（したがって、原告哲郎と被告の各持分登記は無効なものであった）ところ、平成15年10月10日、原告哲郎が夏江からその共有持分（被告名義で登記されている各共有持分を含む）を1550万円で買い受けた（以下、この日に原告哲郎と夏江の間に成立した共有持分の売買を「本件売買」という。なお、原告らは、その際原告哲郎が原告竹田礼子〔以下「原告礼子」という〕にその持分の一部〔別紙共有持分目録(1)に原告礼子持分として記載されている持分〕を贈与し中間省略登記により夏江から原告礼子に直接移転登記がされたという）として、別紙共有持分目録(1)記載の被告の各持分について、真正な登記名義の回復を原因とする持分全部移転登記手続をすることを求めたものである（なお、原告哲郎は、同原告の前記の無効な登記については、夏江が、前記登記がなされた平成3年7月12日から平成4年3月11日ころまでの間に同原告に対してその各持分登記に見合った共有持分を贈与して無効な登記の追認を行ったと主張している）。
　2　本件本訴の二次的請求は、原告哲郎が、被告に対し、同原告の前記の無効な登記については、夏江が、前記登記がなされた平成3年7月12日から平成4年3月11日ころまでの間に同原告に対してその各持分登記に見合った共有持分を贈与（以下「本件贈与」という）して無効な登記の追認を行

ったため同原告は夏江とともに本件不動産の共有者となったとして、妨害排除請求権に基づき、別紙登記目録記載の各登記のうち被告の各持分登記の抹消登記手続をすることを求めたものである。

3　本件本訴の三次的請求は、原告らが、被告に対し、本件不動産は、平成3年6月11日の、原告哲郎と被告の母である夏江、同原告、被告による取得当時別紙共有持分目録(2)記載のとおりの共有持分割合による共有であったところ、平成15年10月10日、原告哲郎が夏江からその共有持分を1550万円で買い受け（すなわち、一次的請求と異なり、「本件売買」の対象は夏江の共有持分として登記されていた部分だけであったとの主張である）、その際原告礼子にその持分の一部を贈与し中間省略登記により夏江から原告礼子に直接移転登記がされた結果、現在の共有持分割合は別紙共有持分目録(1)記載のとおりとなったとし、本件不動産の共有物分割を、その被告共有持分を原告哲郎が9万円（本件不動産の固定資産評価額合計1741万7979円の200分の1である8万7090円に近い金額）で全面的価格賠償により取得する態様によって実現し、また、9万円の支払と引き換えに判決確定日の共有物分割を原因とする持分移転登記手続を行うことを求めたものである。

4　本件反訴は、被告が、原告哲郎に対し、(ア)同原告は、平成7年2月1日に湯島で開催された島川省吾の退職祝いの費用の半額10万円を被告に支払うことをそのころ約束した、(イ)同原告は、同原告と被告の亡父隆之の相続に関連して○○区○○町のテナントビルを売却したことなどによる税務処理等に関し被告が海外からの連絡のために平成2年夏ころから翌年春ころにかけて要した国際電話等の費用のうち60万円を被告に支払うことを平成3年春ころに約束した、(ウ)本件不動産を平成3年6月に購入した際に、被告は、同原告の共有持分取得費用（1億0800万円の200分の1に当たる54万円）を立て替えた、(エ)本件不動産のうち同原告の持分を除く部分は同原告に賃貸されているものであり、また、本件不動産を平成3年6月に購入した際に、被告は自己の共有持分取得費用を支払ってこれを取得している（被告は、原告らと異なり、登記名義だけを有しているわけではなく真実の共有者である）から、被告は、原告哲郎に対し、平成3年11月から平成17年10月までの被告共有持分に対応する賃料（月額13万円の14年分の200分の1である10万9200円）の内金10万9000円の支払を求める、として、以上合計額134万9000円とこれに対する反訴状送達日の翌日からの遅延損害金の

支払を求めた事案である。
　二　争いのない事実
　1　本件不動産について原告ら主張の夏江から原告らに対する持分移転登記が平成16年3月15日に行われていること
　2　原告哲郎と被告が、本件不動産の取得当初からそれぞれ200分の1の共有持分登記を有していたこと
　3　原告哲郎が本件不動産の取得当初の200分の1の共有持分登記を得るに際して費用を負担していないこと
　三　争点
　1　本件売買の有無及び対象（本訴一次的、三次的請求）
　(一)　原告らの主張
　⑴　原告哲郎と夏江の間で、平成5年3月ころ、「夏江は同原告に将来本件不動産を売却すること、代金額は追って定めること、同原告は本件売買成立時に売買代金に充当することを目的として夏江に金員を支払うこと、夏江は同原告に本件不動産を使用貸借すること」が合意された（以下「前提合意」という）。
　⑵　同原告は、前記の約束に基づき、本件売買の日である平成15年10月10日までに、(ア)平成5年4月27日に1000万円、(イ)同年5月31日に14万円、同年7月から平成10年4月まで毎月7万円ずつの合計420万円、(ウ)平成10年5月から平成15年9月まで（ただし、平成11年11月を除く）毎月5万円ずつの合計320万円、以上合計1740万円を支払った。
　⑶　本件売買の日である平成15年10月10日に同原告と夏江の間で売買代金を1550万円とすることを合意し、うち50万円はその際手付金名目で交付し、その余の1500万円については、既に同原告が夏江に支払っていた1740万円のうち1500万円を充当することで合意した。
　⑷　本件売買の対象は、一次的請求については、夏江の共有持分（被告名義で登記されている各共有持分を含む）であり、三次的請求については、夏江の共有持分（夏江の共有持分として登記されていた部分だけ）である。
　(二)　被告の主張
　⑴　原告らの主張はすべて争う。
　原告ら主張の⑵の振込金額のうち1000万円については1か月後に引き出されており、現在その口座の通帳は原告哲郎が管理していることなどに鑑み

れば、資金の出所も不明である。
　その余の振込金額は本件不動産の賃料である。
　(2)　本件売買の無効（抗弁）
　夏江は脳梗塞等で平成13年10月ころから○○区の池上記念病院に入院、平成15年2月には一時危篤の状況となり、平成17年初めころからは老人看護施設に入所、同年7月5日付けで○○家裁から後見開始、成年後見人選任の審判が出されており、本件売買当時事理弁識能力がなかった。
　2　本件贈与の有無（本訴二次的請求）
　3　共有物分割についての原告の全面的価格賠償の主張の当否（本訴三次的請求）
　4　反訴請求について
　(一)　原告哲郎の認否
　原告哲郎が本件不動産の取得当初の200分の1の共有持分を取得するに際して費用を負担していないことは前記のとおり認めるがその余はすべて争う。
　なお、本件不動産を購入する際に登記に原告哲郎と被告の共有持分を入れたのは実際には被告であるが、その際、被告が同原告と被告の共有持分に相当する代金を負担したとは考えられない。
　(二)　同原告の抗弁
　一4の(ア)、(イ)については10年の消滅時効を主張する（平成17年10月13日の本件口頭弁論期日に援用したことは裁判所に顕著）。
　(エ)については1(一)(1)のとおり使用貸借契約を主張する。本件不動産の200分の198の共有持分を有していた夏江は、民法252条により本件不動産全部について使用貸借契約を締結することができる。
　(三)　被告の再抗弁
　(ア)については、原告哲郎は、平成8年2月25日付けの手紙で債務を承認し、時効は中断している。

第三　争点についての判断
　一　争点1（本件売買の有無及び対象〔本訴一次的、三次的請求〕）について
　1　前記の点に関する原告らの主張の(1)、(2)についてまず判断する。
　証拠（甲一一の1、2、二四、乙二の1ないし3、原告哲郎）によれば、

原告哲郎が夏江の口座にその主張するような金額をその主張に係る時期に振り込んだこと自体は認められる（もっとも、そのうち最初の1000万円については振込の直後に引き出されているが、この点については、その払戻しは原被告の姉の政子が行ったものであり甲一七の投資信託に充てられている旨の甲二四の記載は信用できると考えられる）。

　しかしながら、前記の1000万円の趣旨が前提合意にいうような明確な将来の売買の約束を前提としての明確な売買代金の前払の趣旨であったかについては、原告哲郎の法廷供述においてもいささかあいまいであり、むしろ、乙二の１ないし３、六に照らすと、将来にわたって原告哲郎が夏江の面倒をみながら本件不動産に居住してゆくことを担保する趣旨での保証金ないし預託金と解するほうが自然であると考えられる。

　また、月々の７万円ないし５万円の金額の支払については、証拠（甲二四、原告哲郎）のうちこれが売買代金の前払の趣旨であったとする部分は、証拠（乙二の１ないし３、七）に照らし採用できない。かえって、後者の証拠によれば、前記の支払は賃料としての趣旨であったものと認められる。

　２　本件売買契約の成立に関しては、原告らの主張に沿う証拠（甲一〇、一四、一五の１ないし４、二四、原告哲郎）がある。

　しかし、１の認定判断によれば本件売買はその裏付けとなる代金支払の事実を欠くことになり、その点自体からも真実そのような合意が原告哲郎と夏江の間になされたかは疑問である。

　さらに、(ア)甲一〇、一五の４の夏江の筆跡が従前のもの（甲一八、二一）に比較して非常に乱れていること、また、原告哲郎の法廷供述によっても夏江は筆記の際に最初に添え手をしてあげないと腕が持ち上げられない状況であったということ、(イ)夏江は平成15年２月には入院中に一次危篤の状態となり、その後も、被告が見舞いの際に回復度をみるために本人や被告の名前を尋ねても答えられないような状況であり、同年９月に原被告の姉妹である田宮理香子が夏江を病室でビデオ撮影したときもおおむね同様の状況であったこと（乙五ないし七、証人田宮、被告）、(ウ)登記を行った司法書士も夏江に面接してはいないこと（乙六、被告）、(エ)夏江については平成17年７月５日付けで、「認知症により自己の財産の管理処分能力を欠き、事理弁識能力も欠く」との理由で〇〇家裁から後見開始、成年後見人選任の審判が出されていること、に照らすと本件売買の成立は一層疑問であり、原

告らの主張に沿う証拠によってその成立を認めることはできない（なお付言すれば、たとえこれが成立したとしても、夏江の意思能力欠如により無効と言うべきである〔なお、甲二二、二三は前記の意思能力欠如の判断を左右するような証拠とはみがたい〕）。

二　争点2（本件贈与の有無〔本訴二次的請求〕）について

本件贈与の主張については、証拠（甲二四、原告哲郎）のうちこれに関する部分も、「夏江は被告に対しては登記の抹消を求めていた（甲二〇）が私に対しては求めてはいなかった」という趣旨のものにすぎず、およそ本件贈与の事実を認めるに足りない（なお、この主張自体、人証調べの直前になってから訴えの変更に関連してなされ、贈与の詳細に至っては裁判所の事実上の補正の促しに応じて提出されたものである〔平成18年2月10日付け原告ら訴えの変更申立書2〕ことを付言しておく）。

三　共有物分割請求について

以上によれば本件不動産の共有者には夏江が含まれることになるから、原告らの共有物分割請求は、固有必要的共同訴訟の訴訟要件を欠くことが明かである。

四　反訴について

1　反訴請求（第二の一の4）の（ア）の請求原因については、証拠（乙四の1ないし4、六、被告）により認めることができる。

また、乙四の1ないし4に関する被告の陳述（乙六）ないし法廷供述（田宮の退職祝いは平成7年2月に行われ、翌年の2月に原告哲郎と会った際に同じ店に行って前年の分の領収書を平成8年付けでもらい、その月の25日に乙四の1ないし4の手紙を同原告から受け取った）も信用できるものと思われる。証拠（甲二四、原告哲郎）のうちこれに反する部分は採用できない。

したがって、この点に関する被告の消滅時効の中断の再抗弁も理由がある。

2　同（イ）については、これを証する客観的な証拠がなく、被告の法廷供述（その調書1頁）も、その約束をした時期自体に関して被告の主張（準備書面2）と異なっており、甲二四に照らしても、採用することができない。

3　同（ウ）についても、これを証する客観的な証拠がなく、この点に関する被告の陳述、法廷供述も、それ自体あいまいであり、甲二四に照らしても、採用することができない。

4　同（エ）についても、被告が自己の持分登記に対応する金員を負担し

たとの事実を証する客観的な証拠がなく、また、これに反する甲二〇が存在すること、被告作成の甲一二にも前記の負担に関する記述がないことに照らすと、被告の陳述、法廷供述のみによって前記の事実を認めることは困難である（立証責任を果たしたとは認めがたい）。

そうすると、このことを前提とする被告の主張は理由がない。

第四　結論

以上によれば、原告竹田哲郎の本訴の一次的、二次的請求はいずれも理由がなく、原告らの本訴の三次的請求は訴訟要件を欠き、被告の反訴請求は主文に記載した限度で理由がある。

○○地方裁判所民事第○部

　　　裁判官　　○　○　○　○

別紙　物件目録〈省略〉

別紙　共有持分目録(1)

1　別紙物件目録1ないし3記載の不動産につき
　　原告竹田哲郎持分　200分の119
　　原告竹田礼子持分　200分の80
　　被告持分　　　　　200分の1

2　別紙物件目録4及び7記載の不動産につき
　　原告竹田哲郎持分　2800分の119
　　原告竹田礼子持分　2800分の80
　　被告持分　　　　　2800分の1

3　別紙物件目録5、6及び8記載の不動産につき
　　原告竹田哲郎持分　7200分の119
　　原告竹田礼子持分　7200分の80

被告持分　　　　　　7200分の1

　別紙　共有持分目録(2)

1　別紙物件目録1ないし3記載の不動産につき
　　竹田夏江持分　　　　200分の198
　　原告竹田哲郎持分　　200分の1
　　被告持分　　　　　　200分の1

2　別紙物件目録4及び7記載の不動産につき
　　竹田夏江持分　　　　2800分の198
　　原告竹田哲郎持分　　2800分の1
　　被告持分　　　　　　2800分の1

3　別紙物件目録5、6及び8記載の不動産につき
　　竹田夏江持分　　　　7200分の198
　　原告竹田哲郎持分　　7200分の1
　　被告持分　　　　　　7200分の1

　別紙　登記目録〈省略〉

設　問

1　本件本訴事案の概要（要するにどのような争いであるのかということ）、争点、裁判所の判断をわかりやすく要約せよ（ことに、原告らの請求相互の論理的関係に注意すること）。

2　共有物分割訴訟に関連して、固有必要的共同訴訟に関わる訴訟要件につき、本件ではどのような問題があるか考察せよ。

参考事項

　関係条文　民法258条、民事訴訟法40条

解答および解説

　判決をよく読んでほしい。非常にわかりにくいはずである。

　しかし、設問の1に答えた後で、あなた自身がこの判決をよりわかりやすく書けるかを考えてみてほしい。できますか？

　「判決がわかりにくいのはよくない」ということは昔からよくいわれている。それが、「わかりやすく書けることをわかりにくく書いている」という趣旨であれば理解できる。確かに、日本の法律家の文章は、実務家のそれも研究者のそれもわかりやすくするための努力に欠けていることが多い。しかし、「自分にわからないのがけしからん」という意味であれば、それはどうかということになるだろう。

　裁判をめぐる一般的なコメントには、このふたつの問題を区別しないものがきわめて多い。弁護士、研究者の裁判批判にさえ、時にはそういうものがある。

　日本の法律家は、「市民にとってのわかりやすさ、説明」という問題についてまだ感度がきわめて鈍い（債権法改正について、「今の条文でよい。素人にはわからなくても、専門家さえわかっていればいいんだ」というに等しい反対意見が弁護士からかなり出ていたのが、そのことを示す典型的な一例）。そのことはひとつの大きな問題である。

　一般市民の間でも、知識人の間でも、弁護士の評判が予想した以上に悪かった1980年代半ばのアメリカにおいてさえ、依頼者を始めとする市民と弁護士の間の溝を埋めるという観点から「法律家のためのやさしい英語」といったテキストがすでに作られ、ロースクールの初歩的な授業で使われていた。しかし、日本の法学（概念的傾向がかなり強い）の授業においても、要件事実論を始めとする司法研修所の教育（これも同様）においても、そうした側面に関する自覚的な配慮はまだほとんどないように感じられる。

　一方、そのことの反面として、冒頭のような不正確で大ざっぱな批判もまた、大手を振るってまかり通ることになる。こうした状況は、よくない意味できわめて日本的ではないだろうか？（瀬木・要論[069]参照）

　本題に戻る。

　本件は、当初、共有物分割と債務不存在確認請求として始まった。債務不存在確認請求については、双方とも主張があいまいであったため、もしも債権があるというのなら被告のほうから明確にして反訴を提起してはどうですかと告げ、反

訴を提起してもらった（債務の特定があいまいなままの債務不存在では、判決をしても、紛争が解決しないまま残る可能性があることによる）。

なお、反訴提起に伴い、債務不存在確認請求については取り下げられた（債務の履行を求める反訴が提起されると当該債務の不存在確認を求める訴えの確認の利益がなくなることについては、最一小判平成16年3月25日民集58巻3号753頁）。

問題は債務不存在確認請求以外の本訴である。まず、訴状審査の段階で、不動産の一部持分の共有物分割が可能であるかが問題になった（別紙物件目録4以下の不動産は地目が公衆用道路であり、原告らの主張を前提としても、原被告ら合わせて、2800分の200あるいは7200分の200の持分しか有していない）。

固有必要的共同訴訟の原則からすれば、すべての共有者を被告にしなければならないはずだが、このように、宅地の分譲に合わせて道路を被分譲者らで共有しているにすぎず、原被告ら（夏江を含む）の持分合計が変化しない限り何らこれに利害関係も関心ももたない他の道路被分譲者らをも被告にしないと当事者適格を欠くというのは、現実性がない。

そこで、「上記のような事実関係の下で、紛争の対象となっている道路の特定持分についての分割の関係者とならないような他の共有者らの利害に関係しない本件訴訟について他の共有者ら全員を被告とする必要はない」という考え方の下に、本件本訴は、訴えを却下しないで進行することとした。

なお、関係各方面について調査してみたところでも、先のような考え方で訴訟を進めても、形式的競売（民法、商法、その他の法律の規定による換価のための競売。民事執行法195条）や全面的価格賠償に伴う登記の移転（本件において原告らが求めているのは後者である）について特段の問題は生じないようであった。

この点については、固有必要的共同訴訟の原則を前提とするならば、すべての共有者らを被告としなくとも訴訟要件が欠けているものとはみないという趣旨を理由（争点についての判断）の冒頭に記載しておくことも考えられたが、本件の事実認定においては、本件不動産の共有者には夏江が含まれることになり、そのことだけで固有必要的共同訴訟の訴訟要件を欠くことになったので、先の点についてはあえてふれなかった。

もっとも、今判決を読み返すと、やはり注意的にふれておくほうがよかったかなと思う。控訴がなされ、仮に控訴審で夏江の共有についての判断が変わった場合には、先の点が正面から問題となりうるからである。実際には、本件については、控訴なく確定した。

相手方当事者（本件では被告）が何らそのことに気付いていなくても、裁判所は、いわゆる抗弁事項を除く訴訟要件の具備については当然調査をしなければならない（職権調査事項）（設問2）。

さて、原告らは、口頭弁論による争点整理が終了した後の人証調べ期日前に、ふたつの追加的変更の訴えを行ってきた。①真正な登記名義の回復を原因とする被告の持分の移転登記手続請求と、②共有者の保存行為としての妨害排除請求権に基づく被告の持分登記の抹消登記手続請求である（一次的・二次的請求）。

まず、①請求について述べる。

最初からあった全面的価格賠償の方法による共有物分割に基づく移転登記手続請求（三次的請求）は、本件売買の目的物について、夏江の共有持分として登記されていた部分だけとする内容のものであったが、先の①請求は、それとは異なり、本件不動産は元々夏江が一人だけで取得したのであり、原告哲郎と被告の登記は実態にそぐわないものだったが、原告哲郎は、本件売買により、夏江から、夏江の共有持分として登記されていた部分と被告の共有持分として登記されていた部分とを買い受けたという内容のものである（なお、原告哲郎の登記についても実態にそぐわないものだという点については、同原告は、後記②請求の場合と同じく、贈与により所有権を取得することによって登記と所有権が一致したと主張するのであろうと思われる。しかし、この事実は、この請求の関係では、請求原因事実ではなく、事情にすぎない）。

①請求の追加は、おそらく、本件の事実関係が「本件不動産は夏江が一人だけで取得したのであり、原告哲郎と被告の登記は実態にそぐわないものであった」可能性の高いことが審理の過程で徐々に明らかになったために行われたものであろう。その意味では、この訴えの追加的変更はうなずけるものだが、人証調べ期日を控えて突然行われたことについては、明らかにその時期が遅すぎるといえよう。

本来であれば、よく事実関係を調査して、最初からこの訴訟物で訴えを提起することが適切だったと思われる。こちらの訴訟物のほうが事実関係に照らしてより自然であってわかりやすいし、これによれば、訴訟要件に疑義のある共有物分割請求によって裁判所と相手方に手数をかけさせる必要もなかった。本件では、このあたりのところは、原告ら代理人が手持ちの証拠をある程度ていねいに検討すれば適切な判断がついたはずではないかという気がする。

もうひとつの②請求については、やはり「本件不動産は夏江が一人だけで取得

したのであり、原告哲郎と被告の登記は実態にそぐわないものであった」という事実関係を前提とし、同原告はその後自己の持分として登記されている共有持分を夏江から贈与され、本件不動産の共有者となった（これにより無効であった同原告の登記も追認され有効となった）として、共有者の保存行為としての妨害排除請求権に基づき被告の持分登記の抹消を求めるものである。

しかし、②請求は、実質的には①請求と大差なく、争点整理後の段階であえて追加しなければならないような必然性には乏しい。また、原告ら（代理人）は、訴えの変更申立書において、「原告哲郎の無効な登記が夏江に追認された」との主張のみをしており、その根拠となる同原告の共有持分取得原因の主張をしていなかったので、裁判官は、仕方なく、これについて期日間に釈明を求め（民事訴訟法149条1項、4項）、贈与の主張を提出させた。そして、被告には、大急ぎで、以上の請求、主張についての答弁と主張を提出してもらった。

このように、いつまでもその請求、主張が定まらない訴えには手探りの脆弱なものが多いし、代理人の主張立証活動についても弱いことが多い。

なお、争点整理で散々裁判官、相手方に手間をかけさせながらそのことを当然のように考えている代理人が結構存在することも否定できない（アドヴァイスを受け続けながら種々文句を付けることも多い）。

こうしたことは自分ではなかなか認識できないことのようだが、裁判官、相手方の態度等からすぐわかるものである（相手方は反発し、いらだってくることが多いし、裁判官はだんだん疲れてくる）から、若手弁護士は、一度目にはそうかと気付き、二度目はそうしたことがないようにしていただきたいものである。もっとも、そうした点自体については、本件よりも4事件や9事件のほうがより顕著ではあるが。

本件の事実認定についてはそれほどわかりにくいところはないであろう。本件売買に関する主張はおよそ無理だし、たとえこれが認められるとしても、夏江の意思能力欠如により無効であろう。原告哲郎に対する贈与についてもおよそ認めることは難しい。共有物分割請求については、夏江を被告としていないから、固有必要的共同訴訟の訴訟要件を欠く。

要するに、無理のある訴訟を十分に事実関係を確かめないまま提起したために、非常にわかりにくい構成の請求になったが、棄却、却下で終わったということである（設問1）。

反訴についての起案の要点は、争点をなるべく的確かつ簡潔に整理することと、

消滅時効の中断に関する判断を誤らないことである。反訴については、当事者双方とも争ってはいるものの、双方当事者の法廷供述とその言及する関係書証によれば、およその帰趨はみえていて、おそらく、双方代理人とも、人証調べ終了の時点においては、大体の結論は予期していたと思う。

そのように訴訟の帰趨がみえている部分についての判断を誤ると、たとえ本件訴訟全体の中では隅のほうに位置する少額の争いであっても、「納得できない」ということで、控訴を招くことになる。

和解の可能性

本件のような事実関係では、およそ和解は難しい。

なお付言すれば、ごく普通の共有物分割の訴えは大半が和解で終了する（本書に掲げた事案は例外的なものに属する）。

第11　離婚、不貞慰謝料 (1)

28　離婚請求事件

事案・争点　➡「有責配偶者の離婚請求」の抗弁（請求棄却事例）
　　　　　　　（離婚訴訟・制度についての法意識と判例）

判　決

平成○○年○月○日判決言渡　同日原本交付
裁判所書記官　　　○　○　○　○
平成11年（タ）第1029号　離婚請求事件
（口頭弁論終結の日　平成○○年○月○日）

判　決

本籍　○○県○○市○○町○丁目○番
住所　○○県○○市○○町○丁目○番○号
　　　　原　　　告　　　横　山　　学
　　　　同訴訟代理人弁護士　　○　○　○　○
国籍　○○○○
住所　○○県○○市○○町○丁目○番○号
　　　　被　　　告　　　横　山　ヘレナ
　　　　同訴訟代理人弁護士　　○　○　○　○

主　文

一　原告の請求を棄却する。
二　訴訟費用は、原告の負担とする。

事実及び理由

第一　請求
　原告と被告とを離婚する。

第二　事案の概要
　一　事案の要旨
　本件は、原告が、被告に対し、民法七七〇条一項二号及び五号に基づく離婚を求めた事案である。
　二　争点
　（ア）離婚事由及びこれによる婚姻の破綻の有無、（イ）原告の請求が有責配偶者の離婚請求として許されないか否か、である。
　原告は、原告に対する被告の無理解と原告が平成九年に脳梗塞で倒れてから後の悪意の遺棄により原被告間の婚姻は破綻していると主張する。被告は、これを争い、また、たとえ婚姻が破綻しているとしてもそれは専ら原告の度重なる女性関係や被告と娘達の生活費を負担しないなどの行為に起因しているものであるから原告は有責配偶者であり、その離婚請求は許されないと主張する。

第三　争点についての判断
　一　証拠（甲一ないし六、乙一の１ないし３、二ないし九、証人大野司、横山ミッシェル、原被告本人。ただし、甲四、五、乙五及び原被告本人尋問の結果については、後記採用しない部分を除く）及び弁論の全趣旨によれば、原被告の婚姻関係の経緯について、以下のとおり認められる。甲四、五、乙五及び原被告本人尋問の結果中前記認定に反する部分は採用できない。
　１　原告（昭和〇〇年〇月〇日生まれ）と被告（昭和〇〇年〇月〇日生まれ）とは、昭和五一年一一月三日に結婚し、間もなく婚姻の届出をした。
　両者間には、長女ミッシェル（昭和〇〇年〇月〇日生まれ。現在大学二年。以下「ミッシェル」という）と二女ベロニカ（昭和〇〇年〇月〇日生まれ。現在アメリカの大学一年。以下「ベロニカ」という）の二人の子供がある。なお、長女は被告と同居している。
　住居については、結婚後〇〇市内のアパートに居住していたが、昭和五四年にはマンション（同市内の〇〇ハイツ〇号室）を原告名義で購入し、そこへ移った。
　なお、平成一〇年末ころには前記の建物が原告の負債で競売にかけられたため、被告は娘達とともに現住所に移転した。
　２　原被告の生活は、結婚後しばらくは問題がなかったが、昭和五八年こ

ろには、原告は、陽子という女性と不貞関係を結び、外泊するようになり、家庭には一週間に数度、夜遅くにしか帰宅しなくなった。その後も原告は他の女性と関係を持った。

　また、原告は、前記の事情の外に、被告の日本語の能力が十分でなく、以心伝心のコミュニケーションが成り立たないなどの事情もあって、被告の態度が気に入らないとして、娘達が幼いころにささいなことで何度も被告に暴力をふるった。さらに、昭和六三年ころには妊娠した被告に中絶を事実上強いた。

　なお、原告は、ミッシェルが一一歳になる平成元年ころからはほとんど家に帰らず、事実上の別居状態となった。

　3　経済的な側面についてみると、原告は、通訳、翻訳等の仕事をしていたが、昭和五八年ころに通訳業等を営む会社を設立した。そして、このころから、前記のように被告と不仲になったこともあって、住宅ローンや電気代などの支払をするのみでその余の生活費を家に入れなくなり、被告は、やむなく、自宅でフランス語を教えるなどして生活費をかせいだ。

　4　平成三年ころになると、原告の会社の経営は悪化し、翌年には事実上倒産した。原告は、このころには前記住宅ローンや電気代などの支払も滞り始めた。

　また、原告は、平成三年ころ、被告に相談なく前記のマンションを消費者金融に対する担保に入れた。原告がその返済を責任をもってしないため、被告は、平成五年から平成八年まで約三年余りにわたって合計約一〇〇〇万円近くの金員を原告のために返済した。また、被告が原告のために生活費を用立てたことも何度かあった。

　5　原告は、前記の倒産後、顧問という肩書で中央テレフォンという会社に再就職したが、実態は通訳や翻訳の下請社員の地位であった。

　原告は、さらに友人らとともに同様の業種の会社を設立しようとしていたが、平成九年八月にハワイで脳梗塞で倒れた。この時、原告は、その時点で交際していた松原という女性と一緒であった。

　6　原告に手術の必要があるため、原告の友人大野が被告に連絡を取ろうとした。被告が国外に仕事で出ていて不在であったためミッシェルが応対したが、ミッシェルは、原告が仕事でニューヨークに行くと言っていたのに実際には女性とハワイに行っていたことから大きなショックを受け、ハワイの

原告の下へは出かけられないとの返答をした。また、ミッシェルから連絡を受けた被告も原告の下へは行かなかった。

　7　その後、原告は、友人らの、一三〇万円ほどの金銭を集めるなどのはからいによってハワイで手術を受け、やがて帰国し、日本の病院に入った。

　日本の病院においては、松原が原告の世話をしていた。

　被告は原告に面会にゆくことを考えたが、被告と顔を合わせると原告の症状が悪化するとの松原の言葉をミッシェルを通じて聞いていたことや、松原の前で原告に冷たく扱われるのを恐れたことなどから、あえて出かけることはしなかった。もっとも、娘達は数回原告の見舞いに行っている。

　また、被告は、前記の脳梗塞によって原告に支給された百数十万円の保険金自体は原告に渡していないが、時価九〇万円程度の株式を当座の費用として松原に託した。なお、前記の手術費用のうち未払の一二〇〇万円については、妻である被告に請求が来ている状況である。

　なお、以上のような事情から、前記のマンションは、平成一〇年末ころ競売にかけられ、被告と娘達は住居を移転しなければならなかった。

　8　現在、原告は、脳梗塞の後遺症で発語がままならず（調書に記載された同人の供述のほとんどは、原告代理人が確認し、言い直した結果を記載したものである）、歩行等も不自由で、生活保護を受給している。同人には婚姻関係修復の意思は全く見られない。

　一方、被告は原告と離婚することを望んでおらず、原告が希望するならば今後娘達とともに原告の面倒をみてゆきたい旨述べている。

　なお、被告は、市役所からの照会に対して原告の世話をするつもりはないと述べたようであるが、これは、松原の、原告が生活保護を受給することができるようにするためにそう答えてくれ、との言葉に従ったものと認められる。

　二　判断

　1　一に認定の事実によれば、原被告の婚姻関係は、遅くとも原告が脳梗塞で倒れた平成九年八月ころまでには破綻していたものと認められる。被告には原告の意思いかんで婚姻関係の修復も可能ではないかとの気持ちがあるようであるが、原告は全くそれを望んでおらず、現実的にはかなり困難ではないかと考えられる。

　2　次に、前記破綻の原因であるが、これについては、原告に主として責

任があると認められる。確かに、被告にも、日本に長く暮らしながら現在に至るまで日本語の能力もおぼつかなく、したがって周囲の状況に敏感に対応することができないなど原告との婚姻生活の維持の上で問題のあったことが窺われないではないものの、原告の行為は、愛人をつくって家に帰らず、生活費も十分に家に入れず、娘達の前で被告に暴力をふるい、自己の借金を被告に返済させ、結果的にではあるが家族の住居まで失わせるなどわがままの限りを尽くしたものであって、双方の有責性を比較するならば、本件婚姻の破綻につき、被告にも原告のそれと同等かそれに近い責任があるとみることはできない。

また、悪意の遺棄の主張についても、前記の認定によれば、ミッシェルが父の行動にショックを受けて父の下へは行けない旨を大野に告げたこと、ミッシェルから連絡を受けた被告も原告の下へ行かなかったことには、原被告間の従前の経緯を考えるならばその時点ではやむをえない部分があったと認められるし、原告が帰国してからの被告の行動については、前記保険金を原告のために直接使っていないなど若干不明瞭な部分はあるものの、原告の病状を悪化させたり原告に拒絶されることを恐れてみずからは見舞いに行かなかったとの供述は、松原が原告に付き添っていたことを考え併せるならばそれなりに納得できることであり、これをもって悪意の遺棄と評価することは困難である。

3　最後に、本件において、有責配偶者である原告の離婚請求を認めることができるか否かについて検討する。

本件においては、夫婦の明確な別居期間は不明確であるが、原告が昭和五八年以降あまり家庭に帰っておらず、平成元年ころからは事実上の別居状態となっていたことは確かであり、その意味で、原被告の実質的な別居期間は少なくとも一一年間程度には達しているものと認められる。

また、本件口頭弁論終結時である平成○○年○月○日の○日後にはベロニカが成人するため、原被告間には未成年の子はいなくなるし、原被告の娘達は既に大学生で、精神的にも自立しており、未成熟子とはいえない。

しかしながら、前記のとおり、本件婚姻の破綻についての原告の有責性の程度は大きいといわざるをえないし、被告は未だ婚姻関係の破綻に十分に納得がいっていない状況であり、このことに本件に現れた諸般の事情を総合考慮すると、前記の程度の期間の経過が原告の有責性を風化させるに至った

まで考えることは困難である。

　なお、原告は生活保護を受給しており、その継続のためには離婚が要件となるというのであればその点は考慮されるべきであろうが、実質別居状態にある限りこの点に不安はないようであるから、本件離婚請求の当否を考えるに当たってこの事情を大きく評価することはできない。

　4　以上によれば、原告の請求は理由がない。

　もっとも、前記のとおり、原告は現在非常に身体が不自由な状況にあり、また、被告に対する理解にも乏しく、今後原告が被告や娘達との共同生活を望むか否かについては、これを期待することはかなり難しい状況にあるのではないかとも思われる。

　今後このままの状態で、原告と被告や娘達との関係が改善されないまま別居期間が長引くならば、その時点における原被告を取り巻く状況や双方の生活のあり方如何によっては原告の請求が認められる可能性もあるのだから、被告としても事態を冷静に受け止め、娘達ともよく話し合い、代理人弁護士の意見も聞いて、今後原告と自己や娘達との関係をどのようなものにしてゆくのが原被告双方のために、また娘達のために最善であるかをよく考えてゆく態度が必要かと思われることを、最後に特に付言しておきたい。

　○○地方裁判所民事第○部

　　　　裁判官　　○　○　○　○

設　問

　1　「有責配偶者の離婚請求の当否」に関する判例学説の変遷について調査せよ。

　2　1と関連する設問として、

　裁判官は、争点を同じくするふたつの事件につき、本件では請求を棄却し、29事件では認容している。判断の相違の根拠について、またそれが正当であるかについて、各判決が行っている具体的な事実認定に則して分析せよ。

　上記の分析について、みずからの性別や生育歴によって影響されている部分があるか、また、そのことは正当か否かについて考察せよ（もちろん、プライヴァ

シーにふれることを記す必要はない）。

3　瀬木・架橋299頁以下（あるいは、判例タイムズ1087号４頁以下。また、水野紀子教授のホームページにも全文が掲載されている）の水野教授（東北大学、民法）との対談「離婚訴訟、離婚に関する法的規整の現状と問題点」に記された「有責配偶者の離婚請求に関する判例の枠組み（消極的破綻主義）の当否」についての対談者らの見解（この事案にも言及している）、また、瀬木・要論［127］の記述について、みずからの意見を整理してみよ。

また、上記の対談や書物の記述を参考にして、民法770条の解釈論、立法論について考察せよ。

4　判決は婚姻破綻時期の認定を行っているが、こうした事案において判断の前提として婚姻破綻時期が明確にされることにはどのような意味があるか。

5　離婚訴訟の対象ないし訴訟物について調査せよ。

6　判決は、最後に、法的判断を離れた被告やその娘たちへのアドヴァイス的な説示を行っている。このことの当否ないし意味について、訴訟法的な観点をも含めて考察せよ。

参考事項

　関係条文　民法770条１項２号、５号

解答および解説

29事件とともに、現在の離婚訴訟の中で類型的にみて最も判断の難しい争点である「有責配偶者の離婚請求」の抗弁を主要な争点とする事案であり、最大判昭和62年９月２日民集41巻６号1423頁（有責配偶者からの離婚請求であっても、相当長期間の別居〔この事件では36年間〕があり、夫婦間に未成熟子がいない場合には、相手方配偶者が離婚によってきわめて苛酷な状態に置かれるなど離婚請求を認容することが著しく社会正義に反するといえるような特段の事情のない限りは許容される）が設定した枠組みの中での判断ということになる。

有責配偶者の離婚請求の当否に関する判例の変遷については、判例付き六法に主要な判例は掲載されている。最三小判昭和27年２月19日民集６巻２号110頁が有責配偶者の離婚請求は許されない旨を判示し、その後、最一小判昭和30年11月24日民集９巻12号1837頁は、相手方により大きな有責性がある場合にはこれ

が認められるとした。

　その結果、本格的に争われる離婚訴訟では多くの場合この点が問題となり、相互に「相手のほうが自分よりもより悪い」という主張立証を延々と繰り広げるようになった。

　有責配偶者の離婚請求の法理、消極的破綻主義の法理は、当初は追出し離婚を防ぐという意味で妻の保護に資するものだったが、やがて、妻の離婚請求に対し夫がこの法理を持ち出して争う例も多くなり、学説は、欧米の影響をも受けて、破綻主義の方向を純化し、離婚給付を充実させるほうが望ましいのではないか、という方向に傾いてきた。

　そのような状況の中で上記の昭和62年判決が出たが、この判例も結局有責配偶者の離婚請求の法理を完全に捨て去ってはいない。その意味では、中途半端な判決という感は否めない。

　そして、こういう中途半端な判例は、その後の判例の積み重ねによる明確化も難しいことが多い。

　その後の判例としては、別居期間が9年8か月の有責配偶者からの離婚請求を認めた事例（最三小判平成5年11月2日家庭裁判月報46巻9号40頁）、間もなく高校を卒業する未成熟子がいるが、別居期間が13年余に及び、夫が別居後も妻に送金をして子の養育に無関心ではなく、夫の妻に対する離婚に伴う経済的給付も実現が期待できるような場合には、有責配偶者である夫からの離婚請求が認められるとした事例（最三小判平成6年2月8日判例時報1505号59頁、判例タイムズ858号123頁）、別居期間が事実審の口頭弁論終結時までで2年4か月であり（6年7か月という同居期間との対比において相当の長期間に及んでいるとはいえないとする）、7歳の未成熟子がおり、妻が子宮内膜症にり患しているため就職して収入を得ることが困難である事案について、離婚により妻が精神的・経済的に苛酷な状況に置かれるとして有責配偶者である夫からの離婚請求を棄却した事例（最一小判平成16年11月18日判例時報1881号90頁、判例タイムズ1169号165頁）等がある。

　いずれも全体的な事情を総合考慮したものと思われる。下級審判例をも含めると、結局、①別居期間としては、同居期間との対比において相当に長期間のものを要求し、同居期間が長い夫婦では10年程度が一つの目安になる、②別居後の夫の妻に対する経済的給付や妻の育てている子の養育への関心を重視する（ことに未成熟子がいる場合）、③苛酷状況の認定についてはかなり慎重である、といったまとめ方ができようか。

結局のところ別居期間が10年程度になるまで、あるいは、同居期間との対比において相当に長期間と評価されるまでは有責配偶者の離婚請求は認めないし、諸般の事情も考慮するので、未だ消極的破綻主義的な考え方がかなり強い「限定された積極的破綻主義」と評価すべきであろう。

　裁判官の裁量にゆだねる部分が大きく、また、裁量に当たっての考慮要素こそ示されてはいるもののその基準はかなりあいまいであって、家族法関係の判例における欧米の標準的な考え方とは相当にかけ離れた「家族法の後進国ニッポン」の判例という印象が強いことは否定しがたい（設問1）。

　日本の離婚事件の判決は、通常、本件判決のように、物語に近い事実認定を行った上で総合評価して結論を出すという流れを採っている。

　設問に掲げられた対談で水野教授が述べている、「裁判官にすべてをゆだねた上で包括的、物語的な判断をしてもらうという裁判の形のいびつさ」という批判（より具体的にいえば、こうした形の裁判では裁判官の主観や能力、経験、人間知の程度いかんによって結論が左右されるおそれがあることを問題としている）は理解できるが、実際問題として、民法の規定自体が非常に切り口の大きなかつその意味でかなりあいまいなものとなっており、最高裁判例の切り口も同様であるため、裁判の形もこうならざるをえないという部分がある。

　また、離婚訴訟というのは、人間の心の中の情動的な部分にも、文化によって規定された部分にも深く関わっているので、現在の日本という「今ここの舞台」からの拘束を強く受けやすく、色々工夫してみても結局はこうした形に落ち着いていってしまうという側面もあるかと考える。

　しかしながら、地裁では民事訴訟の審理全般の合理化が進んだことから、離婚訴訟を含め人事訴訟についても、審理の風通しはかなりよくなっていた。家裁移管の後のことはわからないが、私がみた限りでは、同様に物語的ではあるがいささか紋切型のフラットな判決が増えているような気がした。

　離婚訴訟の事実認定の要点はふたつある。ひとつは、「動かない客観的な事実」をきちんと押さえてゆくことの重要性である。もうひとつは、一方の言い分をそのまま鵜呑みにしないことである。

　離婚訴訟の判断の誤りは、大体上記の2点を踏み外すことから生じる。必ず存在する動かない、動きにくい事実に注目せず、主観的な評価の言葉や、裁判が本来立ち入るべきでないプライヴェートな内面、内心の出来事（ああ思った、こう感じた）に立ち入っていると、まるで、妻の側、あるいは夫の側から夫婦生活を

描いたテレビドラマのようなかたよったストーリーが認定されることになりかねない。

　また、全体としてどちらが「正しい」のかといった「全か無か」指向の視点、あるいは、「いいほうはどちらか、悪いほうはどちらか」といった「道徳的評価中心の」視点（子どもがアニメや映画を見るときによくやる二項対立の区分け。大人でも、アメリカ人と日本人は、いずれもこの指向が強い。大衆社会の特質）で双方の主張立証をみていると、裁判官がかわいそうだと思うほうが本当のことをいっている反面相手は嘘ばかりついている、という方向へ心証が流れやすい。

　離婚訴訟の証拠評価は、大体、双方の供述が一致する部分と、記録的な証拠（メール、手紙、診断書、通話記録等々）によって動かないものと考えられる事実を、常識的かつ中立的な視点から総合評価し、再構成すれば、手堅く、間違いがないものになる。

　その場合、細かな部分における瑣末な動機付けや合理性の有無にあまりこだわらないことも大切である。後記のとおり人間行動は合理的とは限らないし、こうした人間関係にまつわる記憶は、よほど内省的な人間のそれでない限りかなりの程度に変容しているからだ（瀬木・要論［083］）。

　なお、離婚訴訟や不貞慰謝料請求訴訟においては、みずからの言動に対する罪の意識から逃れるために自分の行動を合理化する傾向が強くみられる当事者の供述は、たとえその性格が一般的にいえばまじめであってもなお不自然になることが多い、という事実を指摘しておきたい。

　また、こうしたきわめて「近い」関係における人間の行動については、個々の場面をとれば合理的な説明がつきにくいことも多々起こる。法律家は、人間がいつも合理的に行動するというドグマにとらわれていることが多いが、心理学、精神分析、生物学、脳神経科学等の勉強をいくらかでもすればわかるとおり、また、スタンダール、フローベール、プルースト等のフランス心理小説系統の作品群（恋愛ないしは男女の愛、人間の性という情動についての憑かれたように精緻な探究）を読んでもわかるとおり、人間は、情動的な部分では「いくらでも非合理的になりうる」存在である。

　文学でなくてもよい。たとえば、漫画家高橋留美子の『めぞん一刻』〔小学館〕も、こうした移ろいゆく心理とこれに伴う人間、それもごく平凡な人々の感情、表情、身体表現の描写において、天才的なものを示している。

　ことに、顔と身体の精緻な表情付けによる感情表現の繊細なニュアンスをよく

見てほしい。人間の感情の動きに対する鋭い洞察力、そして描写力を感じることができるはずである。すぐれたものであれば、漫画でも十分に研究と勉強の素材になる（ただし、ポテトチップスをかじりながら口を半開きにして茫々と読んでいるのではだめです。目を覚まし、耳を澄まさなくては）。

なお、「ラブコメじゃないか」と思った人は、同じ作者による『人魚の傷』〔小学館〕を読んでみるといい。古来からの伝統に違わず、彼女の作品にあっても、喜劇と悲劇とは表裏一体の関係にあることがわかるはずだ（なお、以上については、瀬木『リベラルアーツの学び方』〔ディスカヴァー・トゥエンティワン〕も参照。広い意味におけるリベラルアーツは、法律家のパースペクティヴやヴィジョンを広げ、深めるにも非常に役立つものなので、この本は、若手ないし中堅の法律家や学生諸君には、ぜひ読んでみていただきたい）。

以上のような観点を踏まえて、本件、また29事件の事実認定を検証してみていただきたい。なるほどとうなずくことのできる部分が、いくらかはあるのではいだろうか。

判断という側面から少しコメントしておく。

たとえば、本件で初心者が犯しやすいミスのひとつは、悪意の遺棄の主張を認めてしまうことであろう。そうでないとしても、この部分の認定判断には一定の技術を要する。判決は、悪意の遺棄に関しては「争点についての判断」で要点にちょっとふれているだけである（二2の末尾）が、それでも、全体の流れの中で、「確かに、この事件で悪意の遺棄って無理だよね」と納得できるようには書かれているはずである。それは、事実認定自体が、この点に関する評価を行うことを前提として、その評価のために必要な事実は漏らさないように行われているからだ。しかし、もしも判決全体の構成や書き方、またレトリックがまずいと、この主張の排斥理由には、意外に説得力がなくなってくる。

裁判官、弁護士、研究者とも、ヴェテランの条件は、よく考えた上でさっと書いてぱっと納得させる技術をもっていることにある（書き手の考え方とその根拠を理解させる技術、わずかな枚数に情報量を凝縮させる技術）。

こうした事案における弁護士の主張立証についても、どういう点に重きを置いたらよいか、おわかりであろう。

次に、設問1以外の設問について順に記してゆく。

まず、設問2については、29事件の「解答および解説」でまとめて述べる。

消極的破綻主義の法理（有責配偶者の離婚請求は認めないという法理。上記の最高

裁判例も、先に記したとおり、結局、この枠組みを捨ててはいない）の問題点については、設問3に掲げた文献に記されているとおりである。

実際には破綻の明らかな夫婦関係における離婚について公序的な観点の強い規整を行うことは、双方当事者に「相手のほうがより悪い」という憎しみの応酬となる主張立証をさせることに帰着せざるをえない側面があるのではないか、また、妻の離婚請求に対し夫がこの法理を持ち出して争うという例も多い現状では、この法理が妻の保護に資するとはもはやいえないのではないか、それよりも、破綻主義の方向を純化し、離婚給付を充実させるほうが望ましいのではないか、ということである（以上の大筋は、設問1の解答に関連してすでに記した）。

国民、市民一般の法意識とも関連しており、難しい問題だが、少なくともいえることは、法律家が市民に対して自分たちの価値観を押し付けているといった事態にならないように、注意を怠らないことであろう。

家族法に関する最高裁判例には、この、「裁判官たちが考えるところの家族・婚姻秩序の押し付け、また、そうした意味での公序を重視するあまり当事者や個別事案に対する配慮が十分でなくなる傾向」がかなり強いように感じられる。近年、地裁の裁判以上に家裁の裁判や事務処理が不評なこと（大変はっきりいえば、近年は、弁護士からも、当事者からも、悪評しか聞いたことがない）の原因のひとつにも、裁判官たちの家族法についての観念・価値観の古さや硬直性があるような気がする。

民法770条の解釈論については、あいまいな部分が多い。1項1号から4号は5号の例示であり、また、1項1号から4号については2項で裁量棄却が認められているから、1項1号から4号は相対的離婚原因であり、これに対して1項5号は一般的破綻主義を宣言したものだというのだが、こうして整理してみても、なお、条文の具体的な構造や思想がはっきりしないのである。

水野教授は、「要するに、すべてを相対化して裁判官に任せるという大岡裁き的思想に立つ条文」と評している（瀬木・架橋308頁、判例タイムズ1087号8頁）が、おそらく、そのとおりであろう。

後記の昭和36年判例の趣旨からすれば、少なくとも、当事者は、1項の何号によって離婚を請求するのかを特定しなければならないということになる（ただし、後記のとおり、私見はこれとは異なる）。

立法論としては、前記対談末尾に掲げられている改正案のように、破綻主義を明確にするとともに解釈上のあいまいさを除く方向が望ましいであろう（設問3）。

離婚訴訟や不貞慰謝料請求においてその判断の前提として婚姻破綻時期が明確にされるのは、婚姻破綻以降の有責行為については婚姻破綻との間に因果関係が認められないし、また、判例が、婚姻破綻以降の不貞行為については原則として不法行為を構成しないとしている（30事件の「解答および解説」参照）からである。もっとも、このことの結果、婚姻破綻時期をずらすことによって主観的な判断が行われる危険が生じる。そこで、現在の判例の枠組みを尊重する以上、基本的には別居時点までは夫婦関係は破綻していないとみる裁判官が、現状では多数派であろう（設問4）。

　離婚訴訟の訴訟物については、最三小判昭和36年4月25日民集15巻4号891頁を根拠に、「判例は旧訴訟物理論を採り、民法770条1項各号のそれぞれの事由について離婚請求権が成立すると解している」と説明されることが多い。しかし、この判例の判決要旨の該当部分は、「民法770条1項4号の離婚原因を主張して離婚の訴えを提起したからといって、反対の事情のないかぎり同5号の離婚原因も主張されているものと解することは許されない」とされており、この判例要旨からすれば、この判例が同条の「訴訟物」について明示的な判断をしたものとまで解してよいかはいささか疑問である（『最高裁判所判例解説民事篇昭和36年度』〔法曹会〕135頁以下〔川添利起〕参照）。

　家族法の解釈には、こうした非常に基本的な事項についてのそれからなおあいまいな部分がかなりあるように感じられる。こうしたことも一因となって、実務上も、根拠法条を明示しない訴状が多く、私の経験では、口頭弁論において確認しているのが実情であった。

　旧訴訟物理論を前提とするとしても、形成の訴えの場合には、訴訟物を分断することが適切とは思われない場合が多いと私は考える。770条の場合にも、現在の条文の書きぶりからすれば、訴訟物はひとつであると解することも十分可能なのではないだろうか（設問5）。

　判決の最後に被告（およびその娘たち）へのアドヴァイス的な説示があるが、これは、外国人である被告（みずからの意思で帰化していないのかもしれない）とその娘たちの言い分を踏まえた上で、和解の余地がなかったこの事件について、将来は原告の離婚請求が認容される場合もありうることを理解しておいてもらう必要性があると感じたことから、特に付記しておいたものである。

　あえていえば、「裁判官と当事者の最後のコミュニケーションの機会をとらえてのアドヴァイス」という趣旨の説示である。一般的なものではないし、こうし

た説示を行うことについては異論もあると思うが、判決言渡し時には当事者は法廷にいないことが多いし、たとえいたとしても、口頭でこうしたアドヴァイスを行った場合、その場で理解することは難しいであろう。そうであるとすれば、判決のコミュニケーション機能という観点から、この程度の説示は行ってもよいのではないだろうか（設問6）。

　いずれにせよ、家族法、相続法の研究者の方々には、解釈論、立法論、制度論ともに、より精密な、そして財産法分野とも整合性のある（あるいは異質な部分についてはその合理的な根拠を明らかにした）検討をお願いしたいところである（上記のとおり、この両分野の解釈論には、よくわからないところや首を傾げるところがまだかなりあるように感じられる。もちろん、地裁民事専門でやってきた私の知識不足も認めるけれども……。なお、17事件の「解答および解説」も参照）。

　若くて優秀な法律家で「我（私、あたし）こそは」と思う人は、家族法のエキスパートの道についても考えてみてはどうだろうか。ことに女性の進出は望まれよう。家族法関係では女性の立場を踏まえた立論が大切であり、研究者としても第一人者になれるチャンスが大きいのではないかと考えられるからである。

　最後に、前記の対談は、実務と理論の意識的な相互批評の試みともいえるが、実際には、「比較的先鋭な近代主義者、フェミニストである家族法学者」と「比較的先鋭な近代主義者、プラグマティストである民事訴訟法学者兼裁判官」との対談であり、共通の土俵、枠組みがあるからこそ、緊密な対話が成立しているのである。水野教授と、平均的な裁判官、ことに家裁裁判官との議論であれば、あまりにも基盤が異なりすぎて、およそ対談として成り立たないであろう。

和解の可能性

　被告には全く別れる気がなく、加えて原告には全く資力がない。和解はおよそ無理である。

第11 離婚、不貞慰謝料 (2)

29 離婚請求事件

事案・争点 ➡「有責配偶者の離婚請求」の抗弁（請求認容事例）

判　決

平成○○年○月○日判決言渡　同日原本交付
裁判所書記官　　　○　○　○　○
平成10年（タ）第1030号　離婚請求事件
口頭弁論終結日　平成○○年○月○日

判　決

本籍　○○県○○市○○町○丁目○番
住所　○○県○○町○丁目○番○号
　　　原　　　告　　　中　村　一　博
　　　同訴訟代理人弁護士　　　○　○　○　○
本籍　原告に同じ
住所　○○県○○市○○町○番地
　　　被　　　告　　　中　村　麻　子
　　　同訴訟代理人弁護士　　　○　○　○　○

主　文

一　原告と被告とを離婚する。
二　訴訟費用は、被告の負担とする。

事実及び理由

第一　請求
　主文に同じ

第二　事案の概要
　一　事案の要旨
　本件は、原告が、被告に対し、民法七七〇条一項五号に基づく離婚を求めた事案である。
　二　争点
　（ア）婚姻の破綻の有無及び原因、（イ）原告の請求が有責配偶者の離婚請求として許されないか否か、である。
　原告は、平成二年七月二七日に原告が被告に養育費と住居費を支払うことを合意して公正証書を作成し、別居した時点で、原被告間には事実上離婚の合意が成立し、婚姻は破綻していたと主張する。
　被告は、婚姻の破綻は認めるものの、その原因を作ったのは、不貞行為を行い、暴力をふるうなどした原告であり、また、公正証書作成の際に離婚の合意はしていないし、原告は、この公正証書に定められた金員の支払、その後の婚姻費用分担の審判に基づく金員の支払を怠るなど著しく不誠実であり、さらに、現在の被告の生活状況に鑑みれば、離婚によって被告に過酷な状況が生じるから、有責配偶者の離婚請求である本件請求は許されないと主張する。

第三　争点についての判断
　一　前提事実
　証拠（甲一ないし六、七の1ないし5、八ないし一〇、乙一ないし一一、原被告本人尋問の結果。ただし、いずれについても以下の認定に反する部分を除く。なお、各認定中に摘示した証拠は、特にその部分に関係が深いものである）によれば、以下の事実が認められる。
　1　原告（昭和〇〇年〇月〇日生まれ）と被告（昭和〇〇年〇月〇日生まれ）とは、昭和四九年一二月四日に婚姻の届出をした。両者間には、長女彩（昭和〇〇年〇月〇日生まれ）がある。
　2　原被告の生活は当初は平穏であったが、原告が昭和六〇年の夏に不貞行為を行ったことから亀裂が入り、被告は、そのころから原告と寝室を別にし、夫婦関係はなくなった。この後、原被告間には口論が絶えなかった。また、原告は、このころから被告に対して自己の収入額を隠し、家計にはその一部しか入れないようになった。

3　被告が昭和六三年の夏に原告の財布から特殊なカードを発見し、記載の使用方法に従って電話をしたところ、原告と同じ会社に勤務していた木村文子なる女性からの親しげな口調のメッセージが録音されており、さらに、平成二年七月の後記の原被告の別居の後である同年の末ころに彩が原告方を訪れたところ、原告が女性と同居に近い生活をしていることを窺わせるヘアバンドや食器が置いてあった（乙二）。原告自身も、遅くとも前記別居の一年ほど後からは木村と親密な交際をしていることを認めている（乙三）（以上によると、その時期を明確に確定することはできないものの、昭和六三年ころには、原告が木村と不貞行為を行っていたことが認められる）。

4　前記のような状況から、原被告の仲は更に悪化し、原告が被告に暴力をふるうこともあった。そして、平成二年の六月に口論の結果原告が被告を突きとばしたことから、被告は原告と別居することを決意し、原告もこれを承諾した。

原被告は、同年七月に、被告が彩を養育し、原告は同年九月以降彩の養育費として毎月一〇万円（六月と一二月には三〇万円を加算）を、また、同月以降平成四年三月まで被告の住居費（家賃）として毎月一〇万円を、それぞれ被告に支払う旨の公正証書（甲三）を作成した（なお、原告はこの公正証書作成時に事実上離婚の合意が成立したと主張するが、これを認めるに足りる的確な証拠はなく、被告としては、せいぜい彩の中学卒業時に当たる平成四年三月にさらに離婚について検討する意向であったことが窺われるにすぎない。もっとも、原告自身は、前記公正証書作成の趣旨についてその主張するように誤解していた可能性がないではない）。

5　前記公正証書作成後、原告は、木村の住居の近くに借りたアパートに別居し、被告と彩は、原被告が従前から居住していた公団の賃貸マンションに居住を続けた。

木村は、平成五年四月一七日に原告方に住民票を移しており（乙七）、これに近接した時期以降原告と同棲し、また、平成六年六月には原告との間に一子をもうけている（なお、原告は、本件本人尋問において、平成一一年七月には第二子が生まれる予定である旨述べている）。

なお、被告は、平成二年二月以降藤田健也なる人物の経営する学習塾で働いていたが、平成二、三年ころには、その自動車に同乗して通勤するなどかなり親しい間柄にあり、そのころまで付き合いのあった原告の姉に、自分の

気持ちは藤田に移っている旨を告げており（乙一〇）、藤田の妻が藤田と被告の間を疑って、被告に、後には原告にも、交際をやめ、あるいはやめさせるよう申入れをしたこともあった（このことは、もとより被告と藤田の不貞を疑わせるような事実ではないが、その時点において被告の愛情が原告からは既に離れていたことを示す事実であるとはいえる）。

6　前記公正証書に定められた平成四年三月が経過した後、被告は、〇〇家庭裁判所〇〇支部に婚姻費用分担の審判を申し立て、平成四年九月二一日、同支部は、平成四年九月一日以降月一四万一一五四円の婚姻費用の支払を原告に命じる審判をした（甲四）。

平成五年には、原告が、〇〇家庭裁判所に前記費用の減額を求める申立てをし、同裁判所は、平成八年一〇月三〇日、前記婚姻費用につき、平成六年一月以降の分を月額四万五〇〇〇円に、平成七年四月以降の分を月額八万五〇〇〇円に変更する審判をした（甲五）。

7　原告が別居後現在までに被告に対してした支払は、別居時に生命保険契約の返戻金と被告名義のゴルフ会員権を売却して取得した金員により三三〇万円を支払ったほか、前記公正証書の分については、住居費を定められたとおり、養育費を平成四年一二月までと平成五年三月から八月まで支払った（もっとも、六月と一二月の養育費の加算分は一部支払っていない）が、審判で命じられた婚姻費用については全く支払っていない。なお、被告は、原告が父から相続した財産（持分）について強制競売を申し立て、そこから配当として一六〇万九三四九円を得ている。

結局、本件口頭弁論終結に近い時点である平成一一年五月の時点においてみると、公正証書と審判によって原告が被告に対し支払義務を負う金額は総計一七九八万九二三四円であり、そこから原告が支払った金額と前記配当で被告が得た金額の合計八三〇万九三四九円（なお、別居時に原告が支払った三三〇万円はここには含めていない）を控除すると、九六七万九八八五円が未払となっている状況である（詳細は原告作成の陳述書である甲一〇に添付された計算書〔本判決にも別紙として添付〕のとおり）。

8　原告は、平成五年一月にはそれまで勤務していた株式会社大正スポーツを退職し、その後しばらく同業他社に働いた後、個人で、また、平成六年一〇月以降は原告が設立した有限会社の代表者として、ゴルフ会員権の取引業を営んでいたが、平成九年からは建築関係の自営業についている。前記株

式会社大正スポーツにおける収入は年一〇〇万円以上であったが、その後の収入は、会社経営当時の売上げが年四〇〇ないし六〇〇万円程度、現在の売上げが年三〇〇ないし四〇〇万円程度である（手取額は月三〇万円程度と考えられる）。また、平成四、五年には約六〇〇ないし八〇〇万円の借金があった。

　前記のとおり、現在木村と同棲しており、その間に子がある。
　9　被告は、前記のとおり、原告との別居当時から働いていた。収入は、平成四、五、六年当時でそれぞれ手取り月約一三万円、二一万円、二四万円、現在月約二五万円である。

　別居後平成六年三月までは賃料月額一六万円余の前記賃貸マンションに居住していたが、同月に分譲住宅を買い受けて転居した。前記住宅の価格は約五六〇〇万円、割賦の支払総額は約九八〇〇万円である。買受時の一時金一〇〇〇万円は両親の援助により支払った。

　前記の住宅には老父母と同居している。彩は、平成七年三月に高校を卒業後就職したが、平成一〇年末には退社し、現在はアルバイトで生活している。高校卒業後は被告と別居しており、被告は月三万円の援助をしている。ほかにも住宅ローンの支払が月一一万円、平成クレジット等から借り入れた借金二二四万円の利息の支払が月五万円程度かかり、生活は苦しい。また、別居後、仕事の面では収入を増やすため残業を続け、あるいは非行に走った彩を立ち直らせるためにも相当の苦労をした。

　10　原告は、平成四年に○○地方裁判所に離婚訴訟を提起したが敗訴した（平成六年八月判決言渡し）。その理由としては、原被告の別居期間が短いこと、現時点での離婚は被告に苛酷な状況をもたらすことが説示されている。なお、裁判官は、原告に対する愛情はなくしているが彩の高校卒業までは娘のために離婚したくない、との前記訴訟における被告の供述（乙九、甲六）に基づき、「本件の経過に照らして被告としても信義上特別の状況の変化のない限りこの考えを変更しにくい状況にある」と述べるとともに、原告に対しては、被告に対する未払の婚姻費用の支払を促している。

　11　なお、原告は、平成一〇年に○○家庭裁判所○○出張所に夫婦関係調整の調停の申立てをしたが、同年八月一九日に不調となった。

　12　現在、原告は、再度の離婚訴訟を提起していることからも明らかなように、婚姻の解消を強く希望している。

被告も、前記のとおり、原告に対する愛情はなく、むしろ憎しみの感情が強いという状況にあるが、みずから離婚の原因を作りながら婚姻費用や養育費の支払を怠った原告の行為は許し難いと考えており、自己の現在の苦しい生活状況に照らしても原告の身勝手な請求は許されるべきでないとの考えを強く表明している。

　なお、本件の和解においては、原告は、総額六〇〇万円、うち二〇〇万円を一時金で、残額を二〇年間の分割で支払うという意向を示した（甲八）が、被告は、前記平成一一年五月時点における未払いの婚姻費用及び養育費合計九六七万九八八五円の一括支払でなければ和解には応じられないとの意向で、和解不調となった。

　二　判断

　1　一に認定の事実によれば、原被告の婚姻関係は、遅くとも原被告が別居した平成二年七月には破綻していたものと認められる。

　2　前記破綻の原因については、原告に主として責任があると認められる。昭和六三年ころ以降の木村と原告の不貞が原被告の婚姻破綻の主要な原因であると認められるからである。

　もっとも、被告も、性格的にかたくなな部分があり、これが原告との不和を拡大する一つの原因となったことは否めないし、前記の藤田との交際も、原告の不貞後のものではあるが、もはや被告の気持ちが原告からは遠く離れていたことを示すものである。しかし、前記のような点をもって、本件婚姻の破綻につき、被告にも原告のそれと同等かそれに近い責任があるとみることはもちろんできない。

　3　最後に、本件において、有責配偶者である原告の離婚請求を認めることができるか否かについて検討する。

　（一）　本件においては、夫婦の別居期間は、口頭弁論終結時において九年間余りであり、それ以前の婚姻期間約一五年半と対比しても短いとはいえない。

　（二）　もっとも、本件における原告の有責性は前記のとおり低いとはいえず、別居後の事情についても、審判で定められた婚姻費用を全く支払っていないこと、平成五年九月以降は養育費の支払も怠っていることは、原告の収入の低下を考慮に入れても責められるべき事柄であるといわなければならない（なお、みずからの生活の苦しさといった事情があるとしても、法的に許

容された婚姻費用分担の申立てを原告に対する嫌がらせと解する原告の態度〔乙四〕に問題があることも否定できない)。

(三) しかし、一方、婚姻継続についての被告の意思、原告に対する感情という面からみると、被告がもはや原告との実質的な婚姻関係の回復を望んではいないこと、原告に対する感情としてはほぼ憎悪に尽きる状況となっていることは、前記の認定事実からも窺われるところであり、その意味では、このような婚姻をあえて維持すべき実質的な必要性は高いとはいえないであろう。この点については、被告が既に前記平成二年の別居の時期の前後に藤田と親しい間柄にあり、好意を抱いていたこと、換言すれば被告の原告に対する感情はその時点で既に冷たいものとなっていたこと、また、被告は、前訴訟の時点においても、婚姻関係は既に破綻しているが彩の高校卒業までは離婚したくないと述べていたことも、相応に斟酌されるべきであろう。

(四) 原被告の長女である彩が既に成人し一人で暮らしていること、原告と木村の間に子供が生まれていることも、別居後に形成された生活関係として同様に斟酌されるべき事情であるといえよう。

(五) そうすると、結局、本件において原告の請求を許容することができるか否かは、原告の前記のような債務不履行をどう評価すべきかということにかかってくる。

確かに、前記債務不履行は顕著なものであり、その意味では無視し難い重みをもっている。しかし、一方、別居時に支払った三三〇万円や強制執行の分を含めれば、原告が被告に対して別居の時点以降に一一六〇万九三四九円の金員を支払っていることも事実である。また、前記の不払についても、十分に支払をなしえたにもかかわらずあえて支払をしなかったとまでの状況は認められない。

さらに、これについては、被告が既に原告に対する債務名義を有しており、いつでも可能な限りの強制執行をなしうる状況にあり、事実その一部については既に強制執行で満足を得ていることも考慮すべきである。このような状況は離婚によっても何ら変わるところはないのである。

(六) 以上によると、本件においては、前記の期間の経過により原告の有責行為の社会的意味、評価は変化したものというに妨げはなく、原告の本件請求は許されるものと考える。

また、離婚によって被告が苛酷な状況におかれるとの点についても、確か

にその生活状況やこれまでの生活の苦労については被告に多々同情すべき点があることは認められるけれども、これまでに認定判断してきたところに鑑みれば、もはや、本件請求を認容することによって被告の生活状況に格段の変化がありうるとは考えにくいところであり、前記のいわゆる「苛酷な状態」についてはかなり狭いものとして考えるのが原則であること（最高裁判所判例解説民事篇昭和六二年度五八六頁参照）に照らしても、本件請求が前記の点から許されないとまでいうことはできない。

　本件において被告が離婚によって受ける経済的不利益は、離婚後の財産給付によって解決されるべきものであろう。原告も、これについては、前記の債務の執行についてと同様、法的な義務として甘んじて応じるべきものと考えられる。

第四　結論
　以上によれば、原告の請求は理由があるからこれを認容する。

○○地方裁判所民事第○部

　　　裁判官　　○　○　○　○

　別紙　計算書〈省略〉

設　問

1ないし5　28事件に同じ。
6　2と関連する設問として、
　本件と28事件では、いずれがより判断の微妙な難しい事件であると考えられるか。最高裁判例の枠組みなどを参照しながら、根拠を示して述べよ。

参考事項

　関係条文　民法770条1項5号

解答および解説

　この事件は、裁判官によって判断が分かれうる微妙な事案である（私の感覚では、現在であればともかく、この当時であれば、2、3割の裁判官は棄却したかもしれないと思う。ことに、若手裁判官は迷うであろう）。つまり、原告にはわがまま勝手が目立ち、また、被告の生活状況はさまざまな意味で厳しく、離婚を認めることが被告に酷と感じさせられるような部分がある反面、原告に対する愛情が被告に残っているとも認めがたく、この婚姻の維持にどのような意味があるのかと考えさせられるような部分も大きい、ということである。

　このように判断が微妙な事件の事実認定については、各事実の位置付けや意味合いについてよく考えながらできる限り正確、的確に行うことが必要であり、ことに離婚訴訟についてはそのようにいえる。

　反面、こうした事件の判決においては、認定の段階で評価をまじえてしまうことが起こりやすい。認定事実の位置付け、意味合いを押さえながら認定をしてゆくことと、事実認定の中身それ自体に評価をまじえることとは異なる。このことをよく理解してほしい。

　経験の浅い裁判官、そして、経験があっても能力不足の裁判官は、前者を怠りやすく、後者をついやってしまいやすい。また、準備書面にも、事実と評価が混在しているものがしばしばみられるが、これも、書き分けるか、少なくともいずれに重きを置いているのかを意識しながら書いてゆくことが望ましいであろう。

　もっとも、こうした微妙な事案では、認定事実中の特定の事実についてそれに関わる評価をその場で（事実認定と併せて）行ってしまったほうがわかりやすい場合もある。判決は、そのような評価の説示をいくつかかっこ書きで行っている（私の場合、認定事実中の特定の事実に関わる証拠の評価をその場でかっこ書きで行うことは結構多かったが、評価の説示の一部を事実認定と併せて行うことは珍しかった）。

　28事件の「解答および解説」で言及した最高裁判例の判断基準は、かなり幅の広いものであり、また、判決の説示のどの部分のニュアンスを重視するかによっても、異なってきうるだろう。

　「有責配偶者からの離婚請求であっても、相当長期間の別居があり、夫婦間に未成熟子がいない場合には、相手方配偶者が離婚によってきわめて苛酷な状態に置かれるなど離婚請求を認容することが著しく社会正義に反するといえるような特段の事情のない限りは許容される」との28事件の「解答および解説」冒頭部

分での要約は、最高裁判所判例集、また『最高裁判所判例解説民事篇』〔法曹会〕の「判決要旨」をつづめたものだが、こうした切り口の大きな判例では、上記のような「判例要旨」をぎりぎりまで正確に読み取る（分析する）ことが大切である。

「きわめて苛酷な状態に置かれるなど離婚請求を認容することが著しく社会正義に反するといえるような特段の事情」という部分に顕微鏡を当ててほしい。「きわめて苛酷な」、「著しく社会正義に反する」と重ねて強い言葉で限定する要旨はかなり珍しい（判決は、この点に関する『最高裁判所判例解説民事篇』の記述を、「争点についての判断」二3の最後の部分で引用していることに留意。「ここがかなめだ」ということである）。

上記の点に関し、本件では、原告のいささかだらしのない債務不履行が大きな問題である。しかし、一方、原告に対する被告のあらわな憎しみやかなり以前から被告の愛情が原告から離れていたことをみると、このような婚姻を維持することにどのような積極的な意味があるのかという疑念も免れない（なお、ここで、特定の男性との被告の親密な関係を必要以上に強調するのは、被告にやや酷である。あくまでも、「平成2、3年ころという早い時点ですでに被告の愛情が原告から離れていたことを示す事実」として位置付けるべきであろう）。

ここで針は認容に傾くが、最後の一押しとなるのは、被告がすでに原告に対する債務名義を有しており、強制執行を行いたければいつでもできる状況にあるという事実であろう。「……前記のような状況は離婚によっても何ら変わるところはないのである」

本件の判断の中核、生命となる部分は以上のとおりである。この部分が納得できるように書かれていなければ、いくら長くても説得力はない。むしろ、なるべく贅肉を落として、上記の核となる説示に全体が収斂してゆくように書かれている判決のほうが、説得力があり、破れにくいのである。

和解についても、上記のような心証の核心がきちんと開示されれば、わかる弁護士はそれだけでわかるものである（それに同意するか否かは別として、裁判官の考えていることはわかるという趣旨）。

なお、こうした点は、準備書面の作成でも、また、論文の執筆でも全く同じことなのである。焦点の定まった準備書面や論文は、短くても、十分な説得力がある。

若手裁判官のみならず、若手弁護士・研究者の方々もよく心に留めておいてい

ただきたいところである（さらに詳しい説明としては、瀬木・要論第1部第11章「準備書面の書き方等」、同第16章「判決のあり方とその技術」等を参照）（設問6）。

　最後に、28事件との判断の相違の根拠だが、①被告である妻の心情（原告に対する愛情の有無）、②経済面（28事件では、原告には全く資力がなく、被告の生活の維持という観点から婚姻を維持する理由はない）、③子どもの問題（いずれの事件でも夫婦の子どもは未成熟子ではないが、29事件では、原告と同棲している女性との間に子どもが生まれている）、④29事件の前訴における被告の言動（被告は、前訴で、「原告に対する愛情はなくしているが彩の高校卒業までは娘のために離婚したくない」旨述べているところ、彩は、その後高校を卒業し、被告とは別居している）、といったところが大きな要素といえよう。

　28事件については、認容する裁判官はあまりいないだろう。

　もっとも、水野教授は、28事件の事案について、「裁判所（家裁）はここに至るまで被告とその子らのために何もしていない。この段階に至って裁判所（この時点では家裁ではなく地裁だった）が、『あなたの気持ちはわかる』といってあげるのは、その場面だけ切り離すと説得力があるが、実はその前が悪かったのではないか」と述べている（瀬木・架橋332頁、判例タイムズ1087号17頁。なお、水野教授の発言は、直接的には、日本の家裁のあり方と、主流とされている家族法の考え方〔基本的に裁判官に任せておけばよいとする「信義則派」〕とを批判する趣旨のものである）。

　確かにそのとおりであり、本来は家族と子どものための支援ネットワークの中核であるべき家裁（欧米では、これに相当する裁判所は、おおむねそのような役割を果たしている）は、日本では、そうした意味ではほとんど全く機能していない。近年、家裁のあり方や裁判に対する批判が地裁のそれに対する以上に高まってきている理由のひとつは、この点にあるだろう（設問2）。

　なお、それ以外の設問については、28事件の「解答および解説」を参照されたい。

和解の可能性

　被告が厳しい条件を出しており、とても無理であった（「争点についての判断」一の末尾の部分参照）。

　もっとも、離婚の訴えについては、一般的にいえば和解で終了する事案も多い。

第11　離婚、不貞慰謝料 (3)

30　損害賠償請求事件

事案・争点 ➡ 配偶者の不貞の相手方（第三者）に対する慰謝料請求
　　　　　　　（第三者に対する不貞慰謝料についての法意識と判例）

判　　決

平成○○年○月○日判決言渡　同日原本領収
裁判所書記官　　　　　○　○　○　○
平成13年（ワ）第1031号　損害賠償請求事件
口頭弁論終結日　平成○○年○月○日

判　　決

○○県○○市○○区○○町○丁目○番○号
　　　　原　　　　　告　　　小　松　真　広
　　　　同訴訟代理人弁護士　　○　○　○　○
○○県○○市○○区○○町○番地
　　　　被　　　　　告　　　春　日　陽　一
　　　　同訴訟代理人弁護士　　○　○　○　○

主　　文

一　原告の請求を棄却する。
二　訴訟費用は、原告の負担とする。

事実及び理由

第一　請求

　被告は、原告に対し、金1500万円及びこれに対する平成13年11月15日から支払済みまで年5分の割合による金員を支払え。

第二　事案の概要
　一　事案の要旨
　本件は、原告が、被告に対し、平成13年2月ころ以降被告が原告の妻である小松一美（以下「一美」という）と不貞をはたらき、その結果同年10月23日ころには一美は家を出て原告と別居するに至ったとして、不法行為に基づき、不貞慰謝料として1500万円を支払うことを求めた事案である。
　遅延損害金の起算日は、訴状送達の日の翌日である。
　二　争点
　1　原告主張の不貞の有無
　2　後記のような被告主張の当否
　なお、（一）は抗弁であり、（二）は不法行為の成立を争う法律論であるが、（一）の点については最高裁判例（最三小判平成8年3月26日民集50巻4号993頁）が存在し、弁論の全趣旨からみて双方当事者ともこの判例の掲げる法理を争うものではないと考えられる反面、（二）は争いのある法律論であるから、便宜上（一）の点について先に判断することとする。

記

　（一）　被告が一美と肉体関係を持ったとしても、その当時原告と一美の婚姻関係は既に破綻していたから、被告は不法行為責任を負わない。
　（二）　不貞慰謝料請求の相手方は原則として婚姻当事者に限られ、配偶者の不貞の相手方については、その者が積極的に原告を害する意図の下にあえてその配偶者と肉体関係を持ったり、原告を積極的に害するような行動をとったような特別な事情がない限り、不法行為責任は発生しない。

第三　争点についての判断
　一　争点1について
　1　証拠（甲一の1、2、二ないし四、原告）によれば、被告が、平成13年7月10日に一美とホテルに同宿し、同年9月30日から10月3日まで一美とともに韓国に旅行していること、また、同年2、3月ころ以降原告から一美に携帯電話が通じなくなったり、原告宅に不審な電話がかかるようになり、同年7月ころ以降は一美の帰宅が異常に遅くなり、無断外泊も何度かあったこと、同年10月23日には一美が被告とともにレストランにいるところを原告が発見し、その結果原告と一美に口論等があって一美がその直後に原告方

を出たことがそれぞれ認められる。

証拠（乙七、八、被告、証人一美）中前記認定に反する部分は採用できない。

2　また、証拠（被告）によれば、被告は一美と知り合って間もなく、一美から夫婦関係がうまくいってない旨の事実を聞かされていた事実が認められる。

3　1、2に認定した事実を総合すると、被告は、一美が原告と婚姻していることを知りながら、遅くとも平成13年7月ころ以降一美と肉体関係を持つに至った事実を推認することができる。

二　争点2(一)について

1　証拠（甲六の1ないし6、七、八、一〇の1ないし6、一二、乙一の1ないし7、二の1ないし4、三ないし七、九、一〇、一一の1、2、一三、証人一美、原告、被告。ただし、甲七、八、乙七、九、証人一美、原告、被告については、後記採用しない部分を除く）によれば、原告と一美の婚姻関係について、以下の事実を認めることができる（なお、証拠の評価についても適宜かっこ書きで記すこととする）。

証拠（甲七、八、乙七、九、証人一美、原告、被告）中前記認定に反する部分は採用できない。

(一)　原告と一美は、昭和45年11月29日に結婚し、昭和46年12月には、長女彩香が生まれた。

(二)　原告は、彩香出生の直後から複数の女性との間に不貞をはたらき、それら女性との間の関係について細かくメモし、時にはヌード写真を撮り、後には性交渉の模様をみずからビデオに撮影する等の行為を続けていた。

(三)　一美は、前記のような原告の行為に困惑し、また嫌悪を感じていた。離婚を考え、何度かそうした話をしたこともあったが、子供を抱えて自活する決心がつかなかったこと、また、原告に対して一定の気持ちも有していたこと（なお、甲三〔一美作成のメモ〕は作成時期が定かではないが、一美のこうした矛盾した心情を示す証拠とみるべきであり、これをもって一美が原告の度重なる不貞やマニアックな行為を是認していたとみることはできない）や原告に抗議するような話をしても原告に押し切られて黙らせられることが多かったことなどから、結局離婚には踏み切れないでいた。

なお、一美は、世間知らずの面があり、趣味の付き合いが好きで、また、

原告の望むように家の中をきちんと片付けられないといったところもあったが、家事や育児は普通に行っていた。

　(四)　原告は、昭和56年ころ以降平成3年ころまでの間に、原告と一美の共通の友人であった原中日出男の妻である原中フジ子（以下「原中」という）と関係を持つようになり、その結果平成5年6月30日には原中夫婦は離婚し（乙六）、原告は原中日出男に慰謝料として100万円を支払った。

　そして、原告は、平成7年から11年にかけて原中宅で原中と同居し、自宅にはたまにしか帰らない状態となっていた。

　(五)　平成11年3月に至り、原告は、突然原中方から自宅に帰ってきた。一美は一応これを受け入れたものの、原告が帰宅の直後から自宅のリビングルームで関係のあった女性達との性交渉のビデオに音楽を入れるなどして編集し、また、こうしたビデオやその他のポルノビデオを見ているのを見て、自分たちの婚姻関係は終わったも同然の状態にあり、とても原告と一緒に生活してゆくことはできないと感じていた。なお、娘の彩香は原告の性格は異常であると言い、原告が自宅に帰ってくることに反対していた。

　(六)　原告は、平成8年8月に自己の会社を設立していたが、その登記簿上の本店は原中の住所とされており（乙四、五）、また、原告は、平成11年に自宅へ帰ってから後にも原中方を登記簿上の本店としたままで、そこを事務所として使用し、家庭には15万円しか入れない一方、原中には現在まで月額13万円の金員を支払い続けてきた。彩香は、このことについて、「家庭が二つあるということではないか」と原告を非難していた（こうした事実からすると、原告と原中の関係はこの間も相当長く続いていたものと推認することができる）。

　(七)　平成13年に至り、前記一1に認定したような事実があり、前記認定の、一美が被告とともにレストランにいるところを原告が発見した同年10月23日の翌朝、原告は、一美がドアに手をかけたままの状態で車を発進させて一美を転倒、負傷させ（乙一一の1、2）、また、同月25日には一美の腹部を蹴るなどした。一美は、こうした原告の行動を恐れて家を出、別居し、平成14年3月からはその自宅で仕事を始めた（乙一三）。なお、彩香も、時期は定かでないが、この前後に家を出て暮らし始めた。

　原告は、同年11月に至り、家の鍵を変えて、一美が入れないようにした。

　2　1に認定した事実によれば、原告と一美の婚姻関係は、遅くとも平成

11年中には完全に形骸化し、破綻していたというべきである（本件にあらわれた証拠関係からみる限り、原告と一美の婚姻関係それ自体に即して考えてみてもそのように判断することができる）。

　3　なお付言すれば、2に判断するところと異なり、たとえ前記の婚姻関係の破綻が最終的には被告と一美の不貞関係によって確定したと解するとしても、少なくとも、被告が一美と関係するまでの間に、原告主張の不法行為の保護法益である婚姻共同生活の平和（前記最高裁判例参照）は前記のような原告の行動によってほぼ完全にそこなわれた状態にあったこと、また、本件のような、配偶者の不貞の相手方に対する慰謝料請求については、(ア)配偶者に対する一種の人格的支配を前提とするものであり、配偶者の人格の尊重の観点からすれば認めるべきではない、(イ)夫婦間の貞操義務は当事者間においてのみはたらき、その違反の責任も原則として配偶者のみが負うべきものである、(ウ)このような請求は第三者のプライヴァシーを暴きこれに復讐することを目的とするものである、(エ)比較法的にみても、欧米諸国では一致して消極説が採られている、などの観点から消極的に考えるべきであるとの被告主張のような見解もまた存在するところであり、そして、こうした説の根拠にも一定の合理性が認められないではないことからすると、本件の事実関係の下での被告の行為は、原告の損害賠償請求を正当化するような高度の違法性を有するものではないとみることが相当であろう（この点に関しては、原告と一美の関係それ自体に即して考えてみても、前記のような事実関係を前提とする限り、原告の一美に対する離婚慰謝料請求が認められにくいと考えられることをも考慮すべきであろう）。

第四　結論
　以上によれば、原告の請求は理由がない。

　○○地方裁判所民事第○部

　　　裁判官　　○　○　○　○

設　問

1　第三者（配偶者の不貞の相手）に対する不貞慰謝料請求を認めるべきか、認めるとすればこれに何らかの限定を付すべきかにつき、この問題の背景にある思想ないし法意識をも念頭に置きつつ考察せよ。

なお、第三者に対する不貞慰謝料請求を認めるべきではないとする考え方（消極説）の根拠として判決が掲げる理由は理解できたか。理解しにくい場合には、それがなぜであるかについても考えてみよ。

2　上記不貞慰謝料請求を認める要件を現在の判例や実務よりも限定するとしたらどのような限定を行うことが相当か。根拠を示して述べよ。

3　判決は、婚姻関係先行破綻の抗弁を認めながら、さらに「なお付言すれば」で始まる説示をも行っている（「争点についての判断」二3）。このことの当否と意味について考察せよ。

参考事項

関係条文　民法709条

解答および解説

　第三者に対する不貞慰謝料請求については古くから見解の対立があり、ふたつの最高裁判例によって当面の決着が付けられた（最二小判昭和54年3月30日民集33巻2号303頁、最三小判平成8年3月26日民集50巻4号993頁。積極説を採るが、婚姻破綻以降のそれは原則として認めないということとされた）後にも、本件判決の被告のように原則消極説を主張する当事者がいるなど、法理はもうひとつ安定していない。

　また、実際の事案をみると、これはどうかと首を傾げるような訴えが多いという事情もある。本件は、そのような事例の典型的なものである（上記の判例を含め不貞慰謝料請求全般につき、詳しくは瀬木・要論［128］参照）。

　本件請求を認容する裁判官は、模擬裁判においてもおそらくはまれであろう。しかし、その理由付けをきちんと書くのは意外に難しい（模擬裁判の裁判官がちょっと混乱した判決要旨を告げる様が目に浮かぶようである）。

　第三者（配偶者の不貞の相手）に対する不貞慰謝料請求については、理屈としては消極説に説得力があるだろう。28・29事件で触れた対談から引用すると、以

下のようになる（瀬木・架橋340頁以下、判例タイムズ1087号20頁以下）。

「性というのは非常にデリケートで個人的な領域の事柄であり、したがって、貞操は法的にみればあくまで配偶者どうしの間での約束であって、配偶者が第三者と性交渉を持ったときに、配偶者はともかく、その感情の移った相手の第三者まで責め、プライヴァシーを暴くということは、配偶者を自分の持ち物のように意識していること、その意味で配偶者の人格を尊重していないことの現れということになるのではないか」（水野教授の考え方を私がわかりやすくまとめた部分）

つまり、配偶者の不貞の相手に対する慰謝料請求の根底には、配偶者をモノのように支配しているという考え方があるが、これは近代法の原則にそぐわないということである。

また、次のような点も問題になるだろう。

「原告が配偶者に対する態度を決めていない場合については、不法行為の侵害利益が婚姻共同生活の平和の維持ということであるのに、第三者を訴えることでその利益自体がかえって不安定にならないかということがいえるかもしれませんね。一方、離婚後の請求については、確かに、損害の賠償を求めるというより、むしろ、相手を法廷にさらして復讐したいという気持ちが強く出ている場合も、ないではありません。弁護士としても訴えを起こす前にまず訴訟外でよく交渉してみてもよかったのではないか、そうすれば訴訟外で解決したのにと思われる事案があります」（私の発言）

つまり、不貞慰謝料請求がかえって不法行為の被侵害利益であるはずの「婚姻共同生活の平和の維持」をそこなう結果にならないか、また、不貞慰謝料請求が第三者に対する復讐の手段になっていないか（近代法は、刑事においても民事においても、「法廷は復讐の場所ではない」ことを前提としているはず）、ということである。

そして、次のようにもいえるだろう。

「最高裁はすべての夫婦関係に適用されるルールとしてよりも、道徳的な宣言をする効果にとらわれていて、その判例が現実に果たす機能をきちんと考えていないという点で、消極的破綻主義の判例と重なるものがあるような気がします」（水野教授の発言）

これは死刑に関する近年の判例についてもいえることだが、最高裁は、個別事案の当事者やあるべき法的規整の枠組みよりも、統治と支配の根幹につながる「公序」のほうをみているという傾向が強い。そして、それが、「俗受け」にもつ

ながっている。

　しかし、判例というものは、人々の法意識を離れては存在しえないものである反面、人々の法意識の一歩先を行って法のあるべき方向をも指し示すものでなければならないのではないだろうか。

　また、不貞の立証は、探偵社による調査、パソコンや携帯電話の内容の盗み取りといった、欧米標準では違法収集証拠と評価されることが多いと思われる証拠によらないと確実なものになりにくいという点も問題である。不貞慰謝料請求を許すことによって、司法がそうした証拠の収集を容認していることになるという結果を招く（設問１）。

　なお、不貞慰謝料請求を認める要件をより限定する場合には、たとえば、第三者の行為が原告を害する意図をもって行われた場合に限るといった条件を付け加えることが考えられよう。不貞慰謝料請求事案で本当に原告が気の毒だと感じられるのはまさにそのような場合だからである。

　ただ、実際には、たとえば、原告が不貞行為をやめてくれるように頼んだがそれに従わなかったような場合にはそれだけで「原告を害する意図」を認めるのかといった具体的な当てはめになると、なかなか難しい。「原則としては認めないが、第三者の行為がそれ自体不法行為を構成する場合に準じる場合にのみ認める」といったところが相当であろうか（設問２）。

　婚姻関係先行破綻の抗弁を認めることは自然だが、滅多に認められない抗弁だから、「本件ではこれだけの事実が蓄積しているから破綻ですよ」と評価できるだけの事実をきちんと押さえてゆく必要がある。原告の妻が原告に対する思いをつづったメモ（甲一二）のような証拠に足を取られないことが必要である。

　裁判官は、まずは、自己の存在被拘束性（人の思想、視点、ものの見方は、その人の存在のあり方によって規定、拘束されているということ。社会学者カール・マンハイムの言葉）を意識しつつ、できる限り客観的な視点から、自然科学者のように冷静に証拠を見詰めるべきである。たとえ情にかなった判断を行うとしても、それはその後のことであろう。

　判決は、婚姻関係先行破綻の抗弁を認めながら、さらに「なお付言すれば」で始まる説示において、たとえ原告と妻の婚姻関係が本件の不貞関係によって最終的に破綻したとしても、原告主張の不法行為の保護法益はそれまでにすでにそこなわれていたから被告の行為は実質的な違法性を欠く、との説示を行っている。

　これは、裁判官自身を納得させるための「検証」という性格を含む付加的、予

備的な説示（その意味で傍論）だが、離婚訴訟でも夫のほうが有責性が高いとの認定になり、したがって夫が妻に慰謝料請求を行っても認められない可能性が高いこの事実関係で第三者に対する不貞慰謝料請求を認めるのはおかしい、という直感的な判断を「被告の不法行為は実質的な違法性を欠く」との理由によって根拠付けたものであり、それなりに判決の説得力を高めているはずである（この種の訴えに対する判決が控訴なく確定することは非常に珍しいが、本件は確定した。上記のような予備的な説示を簡潔的確に行っておくことについては、当事者に対する説得という観点からも有益な場合が多い）（設問３）。

和解の可能性

被告が、事案が事案なので応じられないということであった。

もっとも、一般的にいえば、この類型の事案では和解が成立する例が多い。これには、判決で認められる金額が一定限度までで控え目であることも関係している（多くの事案では弁護士にも大体の想像がつく）。

| 第12 | その他の事件類型（1） |

31　詐害行為取消請求事件

事案・争点 ➡ 詐害行為の成立

判　決

平成○○年○月○日判決言渡　同日原本領収
裁判所書記官　　　○　○　○　○
平成16年（ワ）第1032号　詐害行為取消請求事件
口頭弁論終結日　平成○○年○月○日

判　決

東京都○○区○○町○丁目○番○号
　　　原　　　　　告　　第一不動産株式会社
　　　同代表者代表取締役　　村　田　靖　秀
　　　同訴訟代理人弁護士　　○　○　○　○
　　　同　　　　　　　　　　○　○　○　○
東京都○○区○○町○丁目○番○号
　　　被　　　　　告　　酒　井　　　元
同所同番号
　　　被　　　　　告　　酒　井　　　忠
同所同番号
　　　被　　　　　告　　酒　井　安　正
同所同番号
　　　被告酒井忠、同酒井安正法定代理人親権者父
　　　　　　　　　　　　酒　井　　　元
同所同番号
　　　同親権者母　　　　酒　井　春　子
　　　被告ら訴訟代理人弁護士　○　○　○　○

主　文

一　訴外小早川玲子と被告らとの間で平成16年2月25日になされた別紙第1物件目録記載の土地の贈与契約はこれを取り消す。

二　被告らは、訴外小早川玲子に対し、別紙第1物件目録記載の土地について○○地方法務局○○出張所平成16年3月17日受付第○○○○号の所有権移転登記の抹消登記手続をせよ。

三　訴訟費用は、被告らの負担とする。

事実及び理由

第一　請求

主文に同じ。

第二　事案の概要

一　事案の要旨

本件は、原告が、小早川玲子（以下「玲子」という）に対して3億2989万6130円及びうち3億2650万円（残元本）に対する平成16年3月31日から支払済みまで年14パーセントの割合による遅延損害金（以下「本件債権」という）を有しているところ、玲子は、平成16年2月25日に被告らに対して別紙第1物件目録記載の土地（以下「本件土地」という）を贈与し（各持分割合は3分の1。以下「本件贈与」という）、同年3月17日をもってその所有権移転登記手続を行った（以下、これに基づく登記を「本件登記」という）が、玲子は、本件贈与の際、本件債権の担保として抵当権が設定されていた別紙第2物件目録記載1、2の各不動産（以下「代々木土地・建物」という）の時価が本件債権額を大幅に下回っていることを知っており、また、玲子はそれ以外の資産としては本件土地を所有するのみであったから、本件贈与が債権者である原告を害することを知っていたとして、被告らに対し、詐害行為の取消と本件登記の抹消を求めた事案である。

二　争いのない事実

本件贈与及び本件登記がなされたこと

三　争点

1　本件債権の存在

2　本件贈与が債権者を害すること及びこれについての玲子の悪意
　3　前記2についての被告らの善意（抗弁）

第三　争点についての判断
　一　争点1について
　証拠（甲一ないし五の各1、2、六、七の1ないし3、一一。なお、甲一ないし五の各1、2、六、一一の成立については甲一八、二八、証人芦川により認められる）によれば、本件債権の存在が認められる。
　二　争点2について
　1　証拠（甲九の1、2、一〇、一一、一二の1ないし3、一三、一四ないし一七の各1、2、一八、一九の1、2、二〇の1ないし3、二一、二二、二三の1、2、二四ないし二八、乙一、四の1、2、証人上原）によれば、以下の事実を認めることができる。
　証拠（乙九、一〇、被告酒井元）のうち前記認定に反する部分は採用することができない。
　(一)　玲子とその子小早川学（以下「学」という）及び学の妻真子（以下「真子」という）は、玲子の相続税対策のために、原告から融資を受け（本件債権。なお、学が玲子の連帯保証人となった）、代々木土地上の建物を建て替えて、平成6年にオフィスビルである代々木建物を建築した。代々木土地・建物については原告のために抵当権が設定された。
　原告は代々木建物を坪当たり3万円で玲子から一括賃借し、他に転貸していた。
　前記事業のために平成6年11月株式会社小早川オフィスが設立された。その代表取締役は学、取締役は真子、玲子であった（乙一）。
　(二)　しかし、いわゆるバブル経済の崩壊のため、そのころから地価は下落傾向にあり、平成6年7月には原告は玲子らに賃料減額を申し入れたが、玲子らはこれに応じなかった。
　(三)　平成7年7月2日に学が死亡し、その後、学に替わる連帯保証人を誰にするかをめぐって原告（担当者福山和紀）と玲子らとの間に交渉が持たれ、一時は真子が連帯保証人となるとの話になったが、結局、その前提として原告が要求した真子が玲子と養子縁組をするとの条件について玲子がこれを承諾しなかったため、玲子の子で被告酒井元（以下「被告元」という）の

妻である春子（以下「春子」という）が連帯保証人となった。

そして、同年12月11日には、玲子を主債務者、春子を連帯保証人とする債務の確認書（甲一一）が作成された。

被告元、春子は、平成8年に、本件における被告ら代理人である○○弁護士を通じて、原告から、前記の事業と融資についての説明の書面（甲一七の1、2）を受け取った。

（四）　平成10年8月、原告は、玲子に対し、いわゆる賃料の逆鞘現象が生じているので、原告の賃料を減額してほしい旨求めたが、玲子はこれに応じなかった。

（五）　平成14年になると、原告（同年4月以降の主たる担当者は上原通孝）は、春子、また春子を通じて玲子に対して、賃料が減額されなければ平成16年3月31日をもって終了する原告と玲子間の賃貸借契約の更新に応じられない旨を告げ、また、同年11月20日、来社した春子、真子に対して、同年3月現在の融資残高が3億4600万円であるのに対し、地価の下落が続いているため代々木土地・建物の売却見込額は2億6000万円程度と推定される旨を告げた（なお、平成16年4月における鑑定評価額は2億2600万円であった〔甲一〇〕）。

（六）　平成15年6月24日、原告は、春子、真子に対し、前記賃貸借契約の終了を通知し、また、多少でも元本が返済された上でなければ融資金の残金支払の延長はできない旨を告げた。なお、そのころ、春子から原告に対し、連帯保証を外してほしいとの申入れがあった。

（七）　平成15年8月31日、玲子は、その自宅の土地建物（別紙第2物件目録3ないし5）を真子とその子らに贈与し、同年9月4日にはその登記がなされた（甲一二の1ないし3）。

また、同年10月16日、春子は、その自宅土地の持分を被告元に贈与し、同月22日にはその登記がなされた（甲一三）。

本件贈与と登記もその後に行われた（前記争いのない事実）。

また、その後、玲子らの代理人予定者として原告と交渉していた弁護士から、玲子らの代理人とならない旨の連絡が原告に対してあった（原告は、このことを契機として前記一連の贈与の事実を知った）。

（八）　玲子には、以上に認定の不動産以外にめぼしい資産はない。

2　1に認定した各事実を総合すれば、本件贈与が原告を害することは明

らかであり、また、これについての玲子の悪意を推認することができる。
　三　争点3について
　証拠（乙九、一〇、被告元）のうち被告らは本件贈与が原告を害することを知らなかったとの主張に沿う部分は、はなはだあいまいであり、また、前記二1冒頭掲記の証拠にも反しており、到底採用できない。
　かえって、前記二1認定の事実を総合すれば、被告らは本件贈与が原告を害することを知っていたものと推認することができる（なお、被告元本人尋問の結果の中にも、前記二1（七）の春子から被告元への贈与の動機、また、本件贈与が春子ではなく被告らに対して行われた理由について、「春子は前記連帯保証の責任を追及されるおそれがあったからである」旨を明確に述べている部分があり、この供述自体、本件贈与が原告を害することを同被告が知っていた事実を推認させるものといえる）。

第四　結論
　以上によれば、原告の請求は理由がある。

○○地方裁判所民事第○部

　　　　裁判官　　○　○　○　○

別紙　第1物件目録〈省略〉
別紙　第2物件目録〈省略〉

設　問
　詐害行為取消しの訴えの法的性格について調査せよ。

参考事項
　関係条文　民法424条

解答および解説

　その他の事件類型のセクションで取り上げた事案のうち最後のもの（国家賠償、営造物責任）を除く3件については、主として判決の例を示しておくという観点からの選択であるため、設問は簡単なものにとどめている。

　詐害行為取消しの訴え（民法424条）については、判例は形成の訴えとするが、学説においては、取消しについては給付請求を同時にする必要があり取消しは給付の前提にすぎないこと、取消権行使の効果は相対的であって対世効はないこと、取消しについても否認権同様抗弁としても行使できると考えるのが相当であることなどから、形成の訴えではないとする説が有力であり、これによりたい。

　なお、訴訟三類型論は、歴史的なものであるとともに、理論上の便宜のために有効な分類にすぎない（訴訟物論、訴訟要件等について議論する場合に有効といえる）から、三類型の別を先験的なものとして考える必要はなく、ふたつの類型の性質を併せ持つ訴えを考えることも許されると考えられよう。

　たとえば、請求異議の訴え（民事執行法35条）については、形成訴訟説が有力だが、確認訴訟説もある。そして、執行力の有無のみならず債権の存否、範囲についても既判力を認めるべき要請がある（これを認めないと敗訴者からする不当利得返還請求を封じられない）ことからすると、形成の訴えと確認の訴えの性質を併せ持ったものとみるべきであろう（中野貞一郎『民事執行法〔増補新訂六版〕』240頁）（設問）。

　詐害行為取消しについては、詐害行為の該当性、債務者の悪意、受益者の善意がそれぞれ争点になることがあるが、いずれについても、本格的に争われることは比較的まれであり、また、被告が勝訴することもきわめて少ない（そういう意味では保証債務履行請求類型と似たところがある）。私の経験では、受益者の善意が問題になる事案で徹底的に争われた例があった。

　本件については、事実認定、法的判断ともに特に説明の必要はないと思われる。

　なお、詐害行為取消請求事案では、事案明白であるにもかかわらず和解ができないことがあり、一通りの争点整理と人証調べが行われて対席判決に至る事案についてもそのような例が一定程度存在する。本件もそのひとつである。

　詐害行為取消訴訟の主文については、塚原朋一編著『事例と解説民事裁判の主文』〔新日本法規〕195頁以下〔瀧澤泉〕等を参照されたい。

和解の可能性

　詐害行為取消請求事案については、被告本人が最初から和解に拒絶的な場合があり、そのような事案には和解はおよそ難しい。

　そうでない場合には、おおよそリーズナブルな線の和解が比較的早期に成立する例が多い。

第12 その他の事件類型 (2)

32 媒介報酬請求事件

事案・争点 ➡ 停止条件成就妨害、商人の報酬請求権

判　　決

平成○○年○月○日判決言渡　同日原本交付
裁判所書記官　　　○　○　○　○
平成11年（ワ）第1033号　媒介報酬請求事件
口頭弁論終結日　平成○○年○月○日

判　　決

○○県○○市○○町○丁目○番○号
　　　　原　　　　　告　　　鳥山ハウジングこと鳥山典弘
　　　　同訴訟代理人弁護士　○　○　○　○
○○県○○市○○町○番地
　　　　被　　　　　告　　　有限会社八田商店
　　　　同代表者代表取締役　八　田　浩　次
　　　　同訴訟代理人弁護士　○　○　○　○
　　　　同　　　　　　　　　○　○　○　○

主　　文

一　被告は、原告に対し、金四二九万九一二〇円及びこれに対する平成一〇年一〇月二七日から支払済みまで年六分の割合による金員を支払え。
二　原告のその余の請求を棄却する。
三　訴訟費用は、これを四分し、その一を原告の負担とし、その余を被告の負担とする。
四　この判決は、原告勝訴部分に限り、仮に執行することができる。

事実及び理由

第一　請求

　被告は、原告に対し、金五七三万三〇〇〇円及びこれに対する平成一〇年一〇月二七日から支払済みまで年六分の割合による金員を支払え。

第二　事案の概要

　一　事案の要旨

　本件は、宅地建物取引業者であるという原告が、被告に対し、被告から、森下和良（以下「森下」という）所有の別紙物件目録記載の各土地（以下一括して「本件土地」という）の購入に関する媒介の依頼を、法定の報酬限度額（物件価格の三パーセントに六万円を加えた額に消費税を加算した金額）の報酬支払の約定の下に受け、売買契約の成立を停止条件とする報酬請求権を有していたところ、原告の媒介行為が事実上ほぼ終了した段階において、被告が、正当な理由なく、故意に、本件土地は不要になったとして原告に媒介行為を中止するよう求め、一方、他業者に媒介行為を依頼して売買契約を成立させ、もって前記停止条件の成就を妨げたとして、民法一三〇条に基づき、前記の根拠で計算した報酬の支払を求めた事案である。

　なお、原告が報酬算定の基礎とした本件土地の価格である一億八〇〇〇万円は、原告が被告から取得していた購入申込書に記載されていたと原告が主張する金額である。また、遅延損害金の起算日は、催告の日の翌日である。

　二　争いのない事実

　1　被告から原告に本件土地購入の媒介の依頼があったこと

　2　前記媒介行為の中止後に被告が本件土地を購入し、平成一〇年三月五日付けで被告に所有権移転登記手続がされていること

　3　本件土地は、被告購入後他の土地も加えて合筆、地積訂正され、現在は、〇〇市〇〇町〇番地山林二万三〇二〇平方メートルとなっていること（なお、この事実は、本件の争点には直接関わりがない）

　三　争点

　原告の民法一三〇条に基づく報酬請求又は同条及商法五一二条に基づく、契約成立に寄与した割合に応じた相当額の報酬請求の成否（後者については、報酬額の約定が認められない場合の予備的主張である）

争点に関する双方の主張の骨子は以下のとおりである。

（原告の主張）

原告は、平成九年五月中旬に被告の依頼を受け、それ以降本件土地購入のための各種の媒介行為を行い、実質的な契約内容をほぼ確定し、媒介報酬額についても法定の報酬限度額とすることを説明して承諾を得（なお、この点についての約定が認められない場合でも、原告は、前記のとおり、契約成立に寄与した割合に応じた相当額の報酬を請求することができると考える）、同年八月四日には被告から購入申込書を取得した。売買代金についても、この申込書に記載された被告の希望額である一億八〇〇〇万円で成約できる見込みであった。

ところが、同月七日に、被告から、別の土地を購入するので購入申込書を返してほしい旨告げられたため、やむなくこれを返還し、媒介行為を事実上中止した。

その後の平成一〇年七月ころになって、争いのない事実のとおり、前記媒介行為の中止後に被告が本件土地を購入し、平成一〇年三月五日付けで被告に所有権移転登記手続がされていることが判明した。

（被告の主張）

被告が原告に媒介を依頼したのは原告主張の平成九年五月中旬であるが、購入申込書を交付したのは同月下旬である。この購入申込書には日付や物件価格は記入されていなかった。

原告が、売買契約も成立しない平成九年六月半ばころに、被告に対し三〇〇万円を貸してくれなどと要求し、信用できなかったので、被告は、原告に対する媒介の依頼を解消することを告げ、前記購入申込書についても、平成九年七月半ばころに返還を受けたものである。

本件土地の売買契約は、その後の同年七月末ないし八月初めに偶然株式会社本上商事（以下「本上商事」という）の紹介を受け、その後同業者に媒介を依頼した結果平成九年九月五日に成立したものであり、故意に原告を排除して契約を成立させたものではない。

第三　争点についての判断

一　証拠（甲一〔この書証の作成日付と物件価格の各記載については原告本人尋問の結果により成立が認められ、その余の部分の成立については争い

がない〕、甲三、四の1ないし4、五ないし八、九の1ないし6、一〇ないし一三、一四の1、2、一五ないし一七、一八の1ないし10、一九、二〇の1ないし6、二一、乙一、原告本人尋問の結果）によれば、以下の事実を認めることができる（なお、争いのない事実も含めて記載した。また、認定中に記載した証拠は当該認定部分に関係が深いものである）。

　1　被告代表者八田浩次（以下「被告代表者八田」という）は、平成九年五月中旬に、知人の紹介により、宅地建物取引業者である原告事務所を訪問し、車両置き場を探していると告げた。

　2　原告は、同月一八日に、電話で、被告代表者八田に対し、本件土地を紹介し、また、動態図（住宅地図）に面積や価格を書き込んだものをファクシミリで送付した（甲五、六、一一）。

　原告は、前記土地については、同年三月にその所有者である森下を訪問し、登記簿謄本と公図の写し（登記簿謄本については、一筆を除き表題部のみ）の交付を受け（甲九の1ないし6、一〇）、また、同年九月一一日までに売買契約をしないと租税特別措置法三九条の特例（相続により取得した土地を相続税の支払のために一定の期限内に売却した場合には売却した土地の取得費に相続税相当額を加算することができ、その結果、所得税、住民税が大幅に節税できる）の適用が受けられないのでぜひともそれまでに売りたい、価格の希望は一応坪当たり八万円であるが前記の事情があるので交渉には柔軟に応じたい旨告げられていた。

　3　その後、原告は、被告代表者八田を本件土地に数度にわたり案内し、また、同人に対し、本件土地は売主のこれについての知識が乏しい相続土地であることや公図と形状が異なる土地であることなどから境界確認と測量が必要であるが、土地が広いため測量に費用がかかる関係からその実施は売買契約成立後となること、本件土地は市街化調整区域なので建物は原則として建築できないこと、産業廃棄物で埋め立てられている可能性があることなどを説明した。被告代表者八田は、これに対し、産業廃棄物の点は車両置き場にするのだからこだわらないと答えていた。また、原告は、登記費用がどのくらい必要かとの同人の質問に答えるために法務局で調査を行い（甲一三）、その結果を同人に伝えた。

　また、原告は、この間、被告の取引銀行である北西信用金庫の支店長にも公図と動態図を届けるなどした。

4　原告は、同年八月四日に被告代表者八田と現地で会った際に、本件土地を間違いなく購入したいのであれば購入申込書を書いてほしい旨依頼した。被告代表者八田は、原告の交付した書面を持ち帰り、記名捺印し、当日の日付と購入希望価格一億八〇〇〇万円（坪当たり約三万二〇〇〇円）を記載してファクシミリで原告に送付した（甲一）。

また、原告は、手付金をいくら払えばよいかとの被告代表者八田の質問に対し、通常は売買代金の一割であるがさらに安くすることも可能である旨告げた。

5　原告は、その後森下に連絡を取り、被告が購入を希望している旨を伝え、売買代金は一億八〇〇〇万円で何とか検討してほしいと告げた。森下は、お盆休みのうちに検討し、休み明けには回答すると答えた。

原告としては、森下の前記の希望額坪当たり八万円は相場からしても高すぎること、また、森下は前記の節税対策の関係でぜひとも同年九月一一日までに売買契約をしたい意向を持っていたことから、森下は被告の希望額一億八〇〇〇万円を承諾する見込みが高いと考えていた。

6　原告は、同年八月七日、被告代表者八田から、川西の別の土地を買うことにしたから本件土地はいらない旨、被告事務所で告げられた。

その後間もなく、原告は、被告代表者八田に対し、購入申込書を返還した。

7　被告は、同年九月五日に、本上商事の媒介により森下から本件土地に他の一筆（本件土地に隣接する地番〇〇番の土地）を加えた土地を買い受けた。契約内容の主要な部分は、売買代金一億八二三六万円（坪当たり三万円）、手付金一〇〇〇万円、売主は境界を明示し測量を行う、実測の結果公簿面積と相違が生じた場合には坪当たり三万円で精算する、売主は瑕疵担保責任を負わない、というものであった。

8　原告は、平成一〇年七月に前記の事実を知り、被告に対し、同年一〇月一三日付け、同月一六日到達の内容証明郵便で一〇日以内に媒介手数料を支払うよう催告した（甲一四の1、2）。

9　森下は、平成一一年五月二〇日、原告代理人を同行した原告に対し、平成九年のお盆前には原告と交渉していたが、お盆明けからは本上商事が交渉に来るようになった、売買代金については節税をしたいという前記の事情から買主の希望に応じたと述べた。

二　前記一の認定に反する被告代表者八田本人尋問の結果は、要旨「原告

に購入申込書を交付したのは平成九年五月下旬であり、この証明書には日付や物件価格は記入されていなかった。その後の同年六月半ばころに原告からお盆に田舎に帰るのに必要なので三〇〇万円を貸してくれと要求され、原告が信用できなくなったため、媒介依頼を解消することを告げ、前記申込書についても、同年七月半ばころに返還を受けた」というものであるが、原告本人尋問の結果と大きく食い違うばかりでなく、その前段は、購入申込書の交付については認めながらその日付のみならず物件価格についても記載を否認する（これらの部分は空白であったとする）不自然なものであり、その後段は、前掲証拠（甲一七、一八の1ないし10、一九）によって認められる、原告は同年六月六日から七月二二日まで交通事故のため継続して通院していたし、お盆のため帰省したのは同年八月半ばであったとの事実に反するのみならず、媒介業者がお盆の帰省のために依頼者に借金を申し込むといった事実自体が通常考えにくいことであり、甲二〇の1ないし6により認められる当時の原告の預金額からみても首肯し難く、購入申込書の返還時期についても前記甲一、二一等の証拠の記載と明らかに食い違うものであるなど問題点が多い。結局、前記本人尋問の結果は、全体として到底信用できないものというほかない。

　同様に、乙三、六ないし九、証人本上篤彦の証言についても、前記一の認定に反する部分は信用できない。

　三　前記一に認定した事実を総合すると、被告は、原告の媒介によって本件土地の売買契約がおおむね被告の希望する条件で成立することが確実になった平成九年八月七日に、別の土地を買うことになったと告げて原告の媒介行為を中止させ、同月四日に交付した購入申込書も取り戻し、その後本上商事に形式的な媒介を依頼して本件土地を購入したものと認められる。

　そうすると、被告は、原告の媒介行為が事実上ほぼ終了した段階において、正当な理由なく、故意に、本件土地は不要になったとして原告に媒介行為を中止するよう求め、一方、他業者に媒介行為を依頼して売買契約を成立させ、もって停止条件の成就を妨げたものというほかないから、原告は、民法一三〇条に基づき、被告に対して報酬の請求をすることができるというべきである。

　四　次に、原告が被告に請求することのできる報酬額について判断する。
　原告は、これにつき、第一次的に法定の報酬限度額（物件価格の三パーセ

ントに六万円を加えた額に消費税を加算した金額)の報酬支払の約定があったとして、前記購入申込書に記載された金額である一億八〇〇〇万円を基準に計算した五七三万三〇〇〇円の支払を求める。

　確かに、原告本人尋問の結果によれば、原告が被告代表者八田に対し契約成立の場合の一般的な報酬額として物件価格の三パーセントに六万円を加えた額に消費税を加算した金額であるとの説明をした事実は認められるけれども、これについて被告が明確な承諾を与えたか否かは定かではないし、これを証する客観的な証拠も存在しないので、この事実のみから原被告間において報酬額についての約定が確定的に成立したとみることは困難である。

　しかし、原告は前記認定のとおり宅地建物取引業者であるから、商法五一二条により、被告に対し、前記金額を超えない範囲で、実質的に契約成立に寄与した程度等諸般の事情を考慮し相当と認められる金額の報酬の支払を求めることができる。

　そして、前記金額については、(ア)前記認定のとおり、本件土地に前記の隣接する一筆を加えた土地について成立した売買契約の内容の主要な部分は、売買代金一億八二三六万円(坪当たり三万円)、手付金一〇〇〇万円、売主は境界を明示し測量を行う、実測の結果公簿面積と相違が生じた場合には坪当たり三万円で精算する、売主は瑕疵担保責任を負わない、というものであって、坪当たり代金額は被告の希望に沿い、かつ、原告がその程度で森下の承諾も得られる見込みが高いと考えていた金額であり、手付金についても原告が同様に森下の承諾を得られると考えていた範囲内の金額であり、売主は境界を明示し測量を行う、実測の結果公簿面積と相違が生じた場合には坪当たり三万円で精算するとの点も、原告が被告にしていた説明に合致しており、売主は瑕疵担保責任を負わないとの点も、車両置き場にするのだから本件土地が産業廃棄物で埋め立てられていてもこだわらないとの原告に対する被告の言葉を踏まえたものであるなど、前記の一筆の土地が売買の対象に加えられている点を除けば、原告の媒介行為によって事実上定まっていたかそのように定まることが十分に予測されたものであること、(イ)このような内容での売買契約の成立の可能性は前記認定のような森下側の事情から非常に高かったこと、(ウ)売買契約の成立時期が原告の媒介行為の中止の時期から約一か月後と非常に近接していること、(エ)以上のような事情から本上商事の媒介については前記のとおり非常に形式的なものであった可能

性が高く、また、(オ)被告が本上商事に売買代金の二パーセントに当たる金額を支払ったとの証人本上篤彦の証言、被告代表者本人尋問の結果、これに沿うものとして提出されている乙二号証(領収書)についても、領収書の紛失を理由に再発行されたものであること、そこに示された支払日が平成一〇年九月三〇日と売買契約成立後一年以上を経た日であること、同じくそこに示された四一五万円という報酬額(前記一億八二三六万円の二パーセントは約三六五万円であり、これよりかなり大きい)、対象物件の広さとして表示されている二万三六六三平方メートルの具体的な根拠が明らかでないなど種々あいまいな点があり、被告から本上商事に支払われた報酬額が前記の金額であることが確実かにはいささか疑問があること、などの事情を考慮すると、本件土地の売買契約の成立についての本上商事の媒介の介在を過大に評価することは相当ではなく、結局、原告が実質的に契約成立に寄与した程度、売買対象土地には原告の仲介の対象となっていなかった前記の一筆が加えられていること等諸般の事情を勘案して、原告が媒介の対象としていた本件土地の面積(約五六二〇坪)に前記の坪当たり単価三万円を乗じて得られた金額(一億六八六〇万円)を基準に算定した原告主張の報酬限度額(物件価格の三パーセントに六万円を加えた額に消費税を加算した金額。五三七万三九〇〇円となる)の八割である四二九万九一二〇円と認めるのが相当である。

　なお、遅延損害金起算日の根拠としての原告主張の催告については、前記認定のとおりこれが認められる。

第四　結論

　以上によれば、原告の請求は、主文に示した限度で理由がある。

○○地方裁判所民事第○部

　　　裁判官　　○　○　○　○

別紙　物件目録〈省略〉

第12　その他の事件類型 (2)

設　問

後記の関係条文に関する判例文献によって、それぞれの条文がどのような事案においてどのような形で用いられているかを調査せよ。

参考事項

関係条文　民法130条、商法512条

解答および解説

こうした媒介、仲介等の業務については、停止条件成就妨害に基づく報酬請求が行われることが多い。

本件は、その典型的な事例である。なお、原告の立証は手堅い反面、被告の主張立証（反証）はかなりほしいままなものである。

報酬額については、商法512条によって算定したが、被告の供述に信用性が乏しいこと、被告提出の乙二号証（被告が仲介を依頼したという業者に対する報酬支払の領収書）がいささか怪しいものであることなどを考慮すれば、原告の供述によってその主張どおりに認めることも考えられたと思う。もし今判断するのであれば、そうするだろう。

民法130条、商法512条は、いずれも、ある特定の事案、法的関係において主張されることの多い条文である。

具体的には、前者は売買契約の仲介やあっせんを依頼した者が受任者を排除して契約を成立させた場合に、後者は黙示の媒介契約の成立が肯定される場合に、用いられることが多い。

こうした条文については、そうした具体的な事実関係との相関においてその意味を理解しておくことが必要である（基本的な判例としては、前者につき、最一小判昭和39年1月23日民集18巻1号99頁等。後者につき、最三小判昭和43年4月2日民集22巻4号803頁等）（設問）。

和解の可能性

被告がこのような争い方をする事案では和解は難しい。

もっとも、一般的にいえば、この種の媒介、仲介関連事案では、おおよそリーズナブルな線の和解が成立する例も多い。

第12	その他の事件類型（3）

33　学会費請求事件

事案・争点 ➡ 準委任契約の債務不履行

判　　決

平成〇〇年〇月〇日判決言渡　同日原本領収
裁判所書記官　　　　〇　〇　〇　〇
平成16年（ワ）第1034号　学会費請求事件
口頭弁論終結日　平成〇〇年〇月〇日

判　　決

東京都〇〇区〇〇町〇丁目〇番〇号
　　　原　　　　　告　　ワイン研究学会
　　　同代表者会長　　　林　　大　志
　　　同訴訟代理人弁護士　〇　〇　〇　〇
東京都〇〇区〇〇町〇丁目〇番〇号
　　　被　　　　　告　　財団法人中央ワイン協会
　　　同代表者理事　　　桐　原　　仁
　　　同訴訟代理人弁護士　〇　〇　〇　〇
　　　同　　　　　　　　　〇　〇　〇　〇

主　　文

一　原告の請求をいずれも棄却する。
二　訴訟費用は、原告の負担とする。

事実及び理由

第一　請求
　一　主位的請求

被告は、原告に対し、金620万3000円及びこれに対する平成16年2月10日から支払済みまで年5分の割合による金員を支払え。
　二　予備的請求
　被告は、原告に対し、金162万1000円及びこれに対する平成16年2月10日から支払済みまで年5分の割合による金員を支払え。

第二　事案の概要
　一　事案の要旨
　本件は、原告が、被告に対し、昭和60年4月1日から平成14年4月2日まで委託していた学会事務の委託契約（準委任契約。以下「本件契約」という）に関し、「当該年度の会費は前年度に徴収し、当該年度にも未納の場合には退会として処理する」という原告会則の定めに従って原告学会費（以下単に「会費」という）を徴収する旨（以下「A方法」という）が定められていたにもかかわらず、被告はこれを怠り、平成13年度末（平成14年3月31日）までに合計620万3000円の徴収を事実上不能にしたものであって、これは準委任契約の債務不履行に当たるとして、主位的に620万3000円を、また、平成14年3月31日付けをもって準委任関係を解除する（以下「本件解除」という）旨の被告の通知は同月3月18日付けで発せられ、同年4月2日に至ってようやく原告に到達したものであり、このような原告にとって不利な時期（年度末経過直後の時期）における解除は民法651条2項に当たるとして、予備的に162万1000円（前記金額のうち平成14年度分のみの金額）を請求した事案であり、遅延損害金の起算日は本件契約終了の後の日である。
　なお、請求原因事実の詳細は、別紙（原告準備書面6）の「請求の原因」欄記載のとおりである（ただし、計算書の末尾に合計額を書き加えた）。
　二　争いのない事実
　本件契約の締結の事実
　三　被告の主張
　1　主位的請求原因について（否認）
　本件契約について約されていた会費の徴収方法は、原告の会誌（『ワイン会誌』。以下単に「会誌」という）を発行するごとに会誌の発送と同時に請求書を送付して行うというもの（以下「B方法」という）であり、A方法は本訴の過程の中で、それもその最後の時点で初めて明確に主張されるに至ったもの

にすぎない。

　そして、Ｂ方法あるいはこれによる決算は原告の総会でも承認されている。

　なお、会誌が発行されなかった平成８年度とその年度の末日になって会誌が発行されこれに対応する会費が平成11年度分として処理されることとなった平成10年度について会誌と無関係に支払われたわずかな金額の会費を除いては、会費が徴収されないままとなっていたが、これについては、平成11年５月10日の原告理事会で前記平成８年度、10年度分の会費は徴収しないことが原告中田正志理事（以下「中田」という）によって提案され、異議が出なかったため、その旨が被告に伝達され、このことは、同年７月23日の原告の総会、これに伴う理事会でも報告、確認されている。

　また、会誌を送付したにもかかわらず会費未納の場合については、原告（具体的にはその窓口であった中田）の指示により、２、３回の請求をした後に支払われない場合には退会として処理し、それ以上の請求はしなかった。なお、その法的な取立手続についてはたとえ行うとしても原告名義で行うべきものである。

　よって、被告に何ら債務不履行はない。

　また、原告の未納会費の計算は年度末限りで退会する会員についてもすべて会費徴収の対象としているが、そのような場合の会費徴収は考えられないことである。

　２　予備的請求原因について

　（一）　原告の請求は、当該年度の会費は前年度末までに徴収しなければおよそ徴収できなくなる（Ａ方法をより厳格に解する）ことを前提とするものであるところ、そのような前提は前記のとおり成り立たない（否認）。

　（二）　また、解約者にやむをえない事由があるときには民法651条２項の損害賠償義務は生じないところ、現在の原告代表者である林大志（以下「林」という）は平成13年６月ころ以降被告の業務遂行に不正があるなどと主張するようになり、平成14年１月25日には本件契約を打ち切るための理事会の開催を呼びかけ、同年２月４日には被告役員室に会議の最中に無断で侵入し被告を非難するとの行為に出た。

　被告は、委任者たる原告のこうした不信行為の結果本件解除のやむなきに至ったものである（抗弁）。

　なお、本件解除通知は当時原告の会長であった渡部日出男（以下「渡部」

という）に対して平成14年3月18日に郵送され、その翌日ころ渡部に到達している。原告はこれについて同年4月2日に原告に到達したというが、それは、林がこれを見た日にすぎない。

　第三　争点についての判断
　一　本件契約の締結の事実については、当事者間に争いがない。
　二　主位的請求について
　1　主位的請求は、本件契約において会費の徴収に関してはＡ方法による旨が約されていた事実を前提とするので、まず、この点について判断する。
　2　この点については、前記の事実に沿う客観的かつ的確な証拠は存在せず（本件契約書〔甲二の1、2〕にもそのような記載は何ら存在しない）、また、証拠（甲七、二七ないし三一、原告代表者林）のうち前記の事実に沿う部分は、これに反する証拠（乙一の1ないし3、二、三の各1、2、五、六、七の1、2、八の1ないし5、九の1ないし4、一〇ないし一五、証人中田、同三坂、被告代表者）に照らし採用できない。
　かえって、後者の証拠によれば、以下のとおり、本件契約においては当初から会費の徴収に関してはＢ方法による旨が口頭で約されていた事実を始めとするところの、主位的請求原因についての前記の被告主張の事実が認められるところである（なお、原告自身、本件訴訟が相当に進行した段階における被告からの求釈明に対し、「会費徴収方法については原告は一切関与することなく、必要事項は本件契約書6条〔この契約に定めのない事項については双方協議の上これを定める〕による。原告は、会則に則して適切な徴収を求めることはあったが、それ以外の指示は一切行っていない」旨を回答しているが〔平成17年6月21日付け原告準備書面5〕、この内容は、会費徴収方法についてはＡ方法によることが約されていた旨を明確に主張しているものとは到底解しがたい）。
　（一）　原告の会費の徴収方法については、その創立の時以来、会誌の出版が原告の最も重要な事業であり、会員も会費については会誌の対価と考えていると思われる（なお、現在の会誌の頒価は3000円である〔乙一五〕が、これは、正会員〔個人会員〕の1年分の会費と同一の金額である）ところから、年1回の会誌出版の際に郵便振込用紙を同封の上で請求する方法を採ることとなり、被告が前任者である株式会社テクノマックから学会事務につい

ての委託契約を引き継いだ後もこの方法が踏襲された（なお、乙三の２では、後記平成９年10月発行の会誌の編集後記において、林自身が、この方法による会費の納入を求める旨を記載している）。したがって、前払の請求が行われたことはなかった。

　(二)　しかし、平成８年度（平成８年４月から平成９年３月まで）については、原稿が集まらないため会誌は発行しないことになり、その結果、会費については、予算額207万5000円のところ、43万6000円しか集まらなかった。

　この決算は平成９年６月５日の総会で承認された（未納会費が未収金として処理されることはなかった）。そして、その際、原告は、平成９年度には会誌を２回発行することを予定し、予算においても会費収入を通常の２倍計上した（乙八の２）。

　なお、平成９年度に会誌を２回発行する計画は結局実現しなかった。

　また、平成９年10月の会誌発行に伴い徴収した会費については、原告としては当初平成８年度分として請求したが、会員、ことに、正会員（個人）以外の団体会員や酒造メーカー等の賛助会員から会計処理上平成８年度の会費としては支払えないとの苦情がきたので、結局、平成９年度の会費として処理することとされた。

　(三)　次の平成10年度の会誌については、平成11年３月30日に発行された。その会費については、それが支払われる際には既に平成11年度に入っているところから、平成11年度の会費として徴収することと決められた。

　(四)　以上により、結局、会誌が発行されなかった平成８年度とその年度の末日になって会誌が発行されこれに対応する会費が平成11年度分として処理されることとなった平成10年度について会誌と無関係に支払われたわずかな金額の会費を除いては、会費が徴収されないままとなっていた。

　そこで、平成11年５月10日の原告理事会で前記平成８年度、10年度分の未納会費徴収についてどうするかが話し合われたが、会誌が発行されなかったかその年度内に会員に届けられなかったこれらの年度についてさかのぼっての徴収は難しいという結論となった。

　具体的には、中田によってこのことが提案され、これに対して異議が出なかったため、その旨が被告に伝達された。また、このことは、同年７月23日の原告の総会、これに伴う理事会でも報告、確認されている。また、この総会では、平成10年度の会費については、予算額207万9000円のところ、

9万7000円しか集まらなかった旨が決算で報告され、承認された（乙八の3。なお、甲二四の1、2〔甲二三の原告代理人の質問状に対する中田の手紙〕には、前記の認定に反する事柄が記載されている部分があるが、これは、証人中田の証言によれば、後記林らとの紛争の結果自己が責任を追及されることを恐れる状況で書かれたものであることが認められるから、前記の認定を左右するようなものとはいえない）。

　（五）　なお、会誌を送付したにもかかわらず会費未納の場合については、被告は、原告（具体的にはその中心的な窓口であった中田）の指示により、2、3回の請求をした後に支払われない場合には退会として処理し、それ以上の請求はしなかった。

　（六）　本件契約に基づく以上のような会費徴収に関する被告の事務処理について何らかの異議が述べられたのは、平成13年夏ころ以降林が行ったのが初めてのことであった。

　しかしながら、林が平成14年1月25日に本件契約を打ち切ることなどを議題とする理事会の開催を呼びかけた書面（乙四）にも、被告の会費徴収のあり方がＡ方法に反しているなど具体的に被告の会費徴収方法の問題点を指摘する記載は存在しない。

　3　以上によれば、主位的請求はその前提を欠くことが明らかであるから、その余の点について判断するまでもなく、理由がない。

　三　予備的請求について

　1　被告の主張するとおり、原告の請求は、当該年度の会費は前年度末までに徴収しなければおよそ徴収できなくなることを前提とするものであるところ、たとえＡ方法によったとしても必ずしもそのような結果になるとは解されないし、前記のとおり、原告の会費徴収についてはＢ方法によられていたのであるから、年度末を過ぎたからといって会費の徴収が直ちに不可能になるとはおよそ解しがたく、この点において既に原告の請求は理由がない。

　2　なお付言すれば、解約者にやむをえない事由があるときには民法651条2項の損害賠償義務は生じない（『新版注釈民法16』〔有斐閣〕289頁〔明石三郎〕）ところ、現在の原告代表者である林は、前記認定のとおり、平成13年夏ころ以降被告の業務遂行に不正があると主張するようになり、平成14年1月25日には本件契約を打ち切ることなどを議題とする理事会の開催を呼びかけ、さらに、同年2月4日には被告役員室に会議の最中に無断で侵

入し被告を非難する行為に出た（乙一一、被告代表者）ものであり、被告は、委任者たる原告のこうした不信行為の結果本件解除を行ったものと認められるから、その意味でも、原告の請求は理由がない。

　3　なお、本件解除通知は当時原告の会長であった渡部に対して平成14年3月18日に郵送され（甲一）、その翌日ころ渡部に到達している。
　原告はこれについて同年4月2日に原告に到達したというが、それは、林がこれを見た日にすぎない。
　これについて、原告は、被告が渡部の原告会長辞任許可願いを平成12年4月に受領していながら（甲二二）、これを原告に告げなかったことを批判し、また、被告が、この時点では渡部から会長代行とされていた林に本件解除通知を行わずに渡部に対してこれを行ったことを批判するが、被告は前記辞任許可願いの受領について原告の中田に告げている（甲五の1、2、証人三坂、被告代表者）上、そもそも渡部の辞任は原告部内の問題であり、さらに、渡部が林に個人的に会長職の代行を委任できる根拠も特に見当たらない（そのことを示す的確な証拠もない）以上、被告が、その時点において原告の会長であると考えた（実際にもそうであった）渡部に解除通知を発送したことに特段の問題があるとは考えられない。
　4　以上のとおり、予備的請求はおよそ理由のないものといわざるをえない。

第四　結論
　以上によれば、原告の請求はいずれも理由がない。

　○○地方裁判所民事第○部

　　　裁判官　　○　○　○　○

　別紙　原告準備書面6〈省略〉

設　問
　原告が本件の訴えを提起するに至ったきっかけ、また、その主張立証のあり方

にみられる問題点について考察せよ。

参考事項
　関係条文　民法656条、643条、644条、646条1項、651条2項

解答および解説

　本件は、民事紛争に時としてある「主導権争いが外部紛争を招いた」類型の事案である。すなわち、原告の内部で主導権をもつ者ないしはグループが交替することによって、それまでは特別な問題のなかった被告との間にも派生的な紛争が生じるに至った事案である（なお、こうした事態に関連して、12事件のような紛争が起こることもある）。こうした事案は、感情的なものがからむので和解が難しく、本件についても、和解は、もう一歩のところで成立しなかった。

　この事案も、ヴェテラン裁判官であれば、訴状を見た時点で、「えっ」と思うたぐいのものである。たとえば、本件では、「徴収事務を怠っていたからといってそれでただちに未収金全額が損害になるというのはおかしくないか？　しかも、原告が未収を主張している期間が異常に長い。こんなに長い間被告の債務不履行が続いていたのに原告は何もしなかったというのだろうか？」といった疑問が、文章の形でなく、ある種の直感として頭に響いてくる。

　この点はおそらく非常に重要なことで、私がみてきた限りでは、こうした形で具体的な想像力をリアルにはたらかせることができない実務家、研究者は、たとえ各種試験の成績がよかったとしても、一定程度以上伸びにくいことが多い。法解釈、立法論、制度論等を繰り広げるについても、こうした想像力がないと、柔軟で適切な議論を組み立てることは難しい。

　本件における原告の主張は、組み立て上がったものをみれば一応形を成しているが、判決にも書かれているとおり、実際には、裁判官の釈明の促しや被告の反論に答える中で、争点整理の最後の段階でやっとどうにかこうにか成り立ったという傾向が強く、裏付け立証にも乏しい（書証も、数だけはたくさん出ているが、これといったものはあまりない。事案の規模や性格に対比して甲号証が不釣り合いに多いという印象のある事案は、弱いことが結構多いものである。弱いからこそ何でも出したくなることの結果そうなることが多いのだ）。

　判決は、「かえって認定」（「民事判決書の現状とその解説」6(3)(v)でふれた。瀬

木・要論［092］の(4)参照）によって、被告の積極否認にかかる事実（会費徴収方法についていえば「B方法」）を詳細に認定しているが、それは、このような事案では、こうしただめ押し的な認定を行っておかないと敗訴当事者が納得しないからである（もっとも、こうした事案では、理屈では負けたと思ってもなお敗訴当事者は控訴するであろうけれども、理由を詳しく書いておけば、控訴審での和解の可能性は確実に高くなるであろう）。

民法651条2項（相手方に不利な時期にした委任の解除に基づく損害）に基づく予備的請求についてもおよそ無理だが、判決は、ここでも、請求原因事実が認められないとしながら、さらにだめ押し的に請求原因事実が認められても抗弁が成り立つことを説示している。

いくつか細かな点にふれておく。

本件で被告にとってささか不利な証拠があるとすれば、それは、中田が被告代理人の質問状に対する手紙において被告主張の事実を否定するかのような応答を行っていることだが、判決は、「争点についての判断」二2(四)でこの点に触れている。なお、起こっている紛争の相手側の人間に弁護士がじかに質問状を送るという行為自体適切ではないと考えるが、このあたりの感じ方の相違は、職業倫理に関する意識の相違によるものであろうか（なお、弁護士の方々からも、「あまり行われないことであり、また、証拠として使用するとなるとフェアネスの観点からも問題が生じる余地があると思う」との意見があった）。

判決が最後に触れている解除通知の相手方の問題（「争点についての判断」三3）については、裁判官にも、最初は原告が何をいいたいのかよくわからなかった（原告部内の辞任の問題について被告がこれを知りながら原告に告げなかったことを批判している点が、なぜそういうことをいうのかよく理解できなかった）のだが、原告がこだわっているので、この事情が関連する予備的請求についての判断部分で、この点に関する被告の反駁に沿いながら、「なお書」の形でかなり詳しく説示しておいたものである。実際上は、ほとんど言いがかりに等しい主張といえよう（設問）。

判決の書き方という点では、徴収方法に関する双方の主張を「A方法」、「B方法」と定義し、これを鍵になる概念としながら判断を行っていることが工夫した点である（38事件、40事件等と同様、論文や体系書執筆のノウハウを判決にも生かしたものということができる）。

和解の可能性

「解答および解説」に記したとおりである。

なお、一般的にいば、この種の委任、準委任関連事案では、おおよそリーズナブルな線の和解が成立する例も多い。

第12 その他の事件類型 (4)

34 損害賠償請求事件

事案・争点 ➡ 国家賠償（営造物責任）

判　決

平成○○年○月○日判決言渡　同日原本領収
裁判所書記官　　○　○　○　○
平成11年（ワ）第1035号　損害賠償請求事件
口頭弁論終結日　平成○○年○月○日

判　決

○○県○○市○○町○番○号
　　　原　　　　　告　　金　子　正　典
　　　同訴訟代理人弁護士　○　○　○　○
　　　同　　　　　　　　　○　○　○　○
　　　同訴訟復代理人弁護士　○　○　○　○
○○県○○郡西海部町○番地
　　　被　　　　　告　　西　海　部　町
　　　同代表者町長　　　　○　○　○　○
　　　同訴訟代理人弁護士　○　○　○　○

主　文

一　被告は、原告に対し、金377万5721円及びこれに対する平成10年５月３日から支払済みまで年５分の割合による金員を支払え。
二　原告のその余の請求を棄却する。
三　訴訟費用は、これを２分し、その１を原告の負担とし、その余を被告の負担とする。
四　この判決は、原告勝訴部分に限り、仮に執行することができる。

事実及び理由

第一　請求

被告は、原告に対し、金827万6052円及びこれに対する平成10年5月3日から支払済みまで年5分の割合による金員を支払え。

第二　事案の概要

一　事案の要旨

本件は、原告が、被告に対し、原告は、平成10年5月2日の午後4時ころに、○○県西海部町○番地先の、海南電鉄北海南駅から付近の集落に至る町道のうち坂道となっている部分（以下、この部分を「本件町道」という）を、驟雨の中を下り歩行中、本件町道と交差する水路上に設置されている鉄蓋（グレーティング。以下、原告が転倒したグレーティングを「本件グレーティング」という。このグレーティングは本件町道に設置されている2箇所のグレーティングのうち、より下方のものである）上で滑って仰向けに転倒したが、その際左下肢腓骨遠医端骨折、左側関節脱臼の傷害を負った（以下、これを「本件事故」という）ところ、本件事故は、本件グレーティングが急坂の途中にありながら滑り止めの機構がなく、他に手すり等の転倒防止のために必要な設備を設けるなどの措置も講じられておらず、したがって、本件町道の一部を構成する本件グレーティングが歩行者の通行の安全性の確保に欠け、その管理に瑕疵があったために生じたものであるとして、国家賠償法2条1項に基づき、原告が本件事故により被った損害（その詳細は、別紙のとおりである）及びこれに対する本件事故の翌日以降の年5分の遅延損害金の各支払を求めた事案である。

二　争いのない事実

本件町道及びその一部を構成する本件グレーティングが、被告の設置管理する公の営造物であること

三　争点

被告は二の点を除き原告の請求原因事実を争い、過失相殺の抗弁を提出する。

本件の争点は以下のとおりである。

1　本件事故の態様及びそれにより原告が負った傷害
2　被告に本件グレーティングの管理の瑕疵があったか否か

(一) 原告の主張

本件グレーティングは、急坂にその傾斜に沿って設置された縦横の格子状のものであるが、突起等の滑り止めの機構を備えていないため滑りやすく、ことに雨の日には非常に危険であって負傷はしないまでも滑ったり転倒する歩行者が多く、付近住民からも再三安全なものに取り替えるように要請がなされていた。

そして、グレーティングについては、本件事故当時、本件グレーティングのように滑り止めの機構を備えていないもののほかに滑り止めの機構を備えているもの（以下、これを一般に「滑り止めグレーティング」という）も発売され、また一般に普及していたし、これは、自動車のスリップ防止のみならず、歩行者の転倒防止の観点からも有効なものであった。

しかるに、被告は、本件グレーティングを昭和50年前後に設置した後、前記のような住民の要請があり、また、一般のグレーティングのほかに滑り止めグレーティングが普及してきた状況にありながら、本件事故の時点までに本件グレーティングを滑り止めグレーティングと取り替えず、また、他に手すり等の転倒防止のために必要な設備を設けるなどの措置も講じなかったのであり、したがって、本件町道の一部を構成する本件グレーティングは歩行者の通行の安全の確保に欠けるという意味で通常有すべき安全性を欠いた状態とされていたものであり、被告のこれについての管理には瑕疵があったものである。

なお、被告は、本件事故後、本件グレーティングを滑り止めグレーティングに取り替えている。

(二) 被告の主張

本件町道は付近住民や海南温泉の観光客に利用されている生活道路であり、毎日相当数の歩行者が通行しているが、これまでに本件事故のような事故は発生しておらず、これを滑り止めグレーティングに取り替えてほしいとの要請もなされていなかった。

また、本件グレーティングの格子が交差する部分には小さな凹凸があってそれなりの滑り止めの機能を果たしているし、滑り止めグレーティングが歩行者の転倒防止にも有効であるかには疑問がある上、本件事故当時滑り止めグレーティングは未だ普及していなかった。

そして、いずれにせよ、本件事故当時、原告が、左手で傘を差し、右手で

妻の左手を握るという不安定な姿勢であったこと、妻はリュックサックを背負い、原告は肥満気味の体型であったことなどからすると、原告の歩行のあり方ないしその不注意が本件事故を招いたものであるといえる。

　したがって、本件事故当時、本件グレーティングは公の営造物として通常有すべき安全性を備えており、被告のその管理に瑕疵はなかったものである。
　3　過失相殺の適否及びその割合
　被告は、前記のとおり、本件事故当時、原告が、左手で傘を差し、右手で妻の左手を握るという不安定な姿勢であったこと、妻はリュックサックを背負い、原告は肥満気味の体型であったことなどからすると、原告の歩行のあり方ないしその不注意が本件事故を招いたものであって、本件事故の責任ないしその大部分は原告の過失にあるとして、大幅な過失相殺を主張する。
　4　原告に発生した損害及びその評価

第三　争点についての判断
　一　本件事故の態様及びそれにより原告が負った傷害について
　証拠（甲一、四及び七の各1、2、乙一、原告、証人金子由理）によれば、原告が、平成10年5月2日の午後4時ころに、坂道となっている本件町道を、原告が本件町道を歩き始めた後に降り始めた激しい驟雨の中を下り歩行中、本件グレーティングに至り、これに右足をかけたところ滑って仰向けに転倒し、その際、左足は曲げた状態のままであったためにこれに体重がかかって、左足首を骨折（左下肢腓骨遠医端骨折）する傷害（以下「本件傷害」という）を負った事実を認めることができる。

　なお、前記の事故態様に関する原告の供述に特に不自然な部分はなく、甲三の記載中前記認定に反する部分は、事故現場近くの専門医ではない病院（原告が最初に三日間のみ入院した病院）の医師が、原告の訴えを正確に聞かずに作成したものと考えられるので、採用できない。
　二　被告に本件グレーティングの管理の瑕疵があったか否かについて
　1　認定
　証拠（甲一、二の1、2、一九ないし二一、乙一、六、七の1、2、八の1ないし6、九ないし一三の各1、2、一四の1ないし8、一五、原告、証人小島元太。ただし、乙六、証人小島については、後記採用しない部分を除く）によれば、以下の事実を認めることができる（なお、便宜上争いのない

事実も含めて記載する)。

　証拠(乙六、証人小島)のうち前記認定に反する部分は採用することができない。

　(一)　本件グレーティングは、雨水の排水のために、本件町道と交差し、これを横断する形で設けられた排水路上に設置されているものであり、本件町道の一部を構成し、本件町道とともに、被告の設置管理する公の営造物である。

　その縦方向の幅(道路と交差する方向の幅に当たる)は50センチメートルであり、縦方向の格子と格子との間の間隔は、35.5ミリメートルである。本件グレーティングには特別な滑り止めの機構は施されていない(乙一三の1、2)。

　(二)　本件町道は舗装されているが、全体としてかなりの急傾斜になっており、また、その部分によって傾斜の程度が13ないし21度の範囲内で異なる。本件グレーティングのうち、原告が転倒した部分付近の斜度は14.0度であり、本件町道の中では比較的傾斜のゆるい部分に属しているが、それでも、絶対的な斜度としてはかなり高いものといえる(甲一九、乙一五)。

　(三)　本件町道は、海南電鉄北海南駅から付近の集落に至る町道のうち坂道となっている部分に当たり、絶対的な交通量は限られるとしても、前記の駅を利用する観光客や付近住民、その送迎用の自動車が常時利用している道路部分であって、被告の設置している町道の中では比較的交通量の多い部分に属する(少なくとも、山間の道のように歩行者があまり利用しないといった道路ではない)。

　本件グレーティング付近には、本件町道の谷に面する側に通常のガードレールが設けられているが、歩行者用の手すり等の、歩行者の転倒防止のために必要な設備は特に設けられていない。

　(四)　グレーティングには、滑り止めのないタイプと滑り止めのあるタイプが存在するところ、現時点では、グレーティングの主要な製造販売メーカー6社(調査嘱託の対象となった6社)とも双方のタイプを製造販売している。そして、平成3年の時点までにはうち4社が、平成7年の時点までにはうち5社が、滑り止めグレーティングの販売を開始していた。

　各社とも、滑り止めグレーティングの滑り止め機構は、その格子の表面に凹凸や突起を施す方法によっている。

歩行者、車両に対する滑りにくさの効果については、6社のうち4社が双方について効果があると回答し、残りの2社の回答は、「歩行者については測定値がない」（株式会社大政コーポレーション）、「一般的には車両の安全を念頭に置いて製造されているところ、その滑りにくさを歩行者に当てはめる場合は様々な条件が予想され、必ずしも滑りにくいとはいえない」（一正機材株式会社）というものである。

　滑りにくさについての数値化された測定値については、現在販売中のものについて4社があると回答している。具体的には、（ア）歩行者について、縦方向の格子の間隔が細目（間隔12.5あるいは15ミリメートル）の場合23パーセント、普通目（間隔30あるいは35.3ミリメートル）の場合8パーセントの滑り止め効果がある（株式会社オブジェ。格子は縦横のものを区別せず測定し、滑りの測定条件には湿潤の場合と乾燥の場合を含む）、（イ）（以下（イ）、（ウ）は車両についての測定値）縦格子方向において、停止中の車両の起動時について、乾燥状態で15パーセント、湿潤状態で23パーセント（寺島工業株式会社。タイヤが滑り始めるまでの力を比較）、あるいは、乾燥状態で43パーセント、湿潤状態で40パーセント（株式会社オブジェ、株式会社春松製鋼所、マルキスチール株式会社。車両が動き始めるまでの力を比較）の滑り止め効果が、進行中の車両について、乾燥状態で38パーセント、湿潤状態で23パーセントの滑り止め効果がある（株式会社オブジェ、株式会社春松製鋼所、マルキスチール株式会社）、（ウ）横格子方向において、乾燥状態で35パーセント、湿潤状態で40パーセント（寺島工業株式会社。タイヤが滑り始めるまでの力を比較）、あるいは、乾燥状態で86パーセント、湿潤状態で86パーセント（株式会社オブジェ、株式会社春松製鋼所、マルキスチール株式会社。車両が動き始めるまでの力を比較）の滑り止め効果が、進行中の車両について、乾燥状態で76パーセント、湿潤状態で66パーセントの滑り止め効果がある（株式会社オブジェ、株式会社春松製鋼所、マルキスチール株式会社）、というものである。

　なお、前記のような測定値によって、アスファルト舗装と比較した場合の滑りにくさをみると、滑り止めのないグレーティングは縦、横双方の格子の方向においてアスファルト舗装よりも相当滑りやすいが、滑り止めのあるグレーティングは、縦格子方向ではアスファルト舗装より若干滑りやすいものの、横格子方向ではアスファルト舗装よりも滑りにくいという結果となって

いる（以上（四）につき、乙七の1、2、八の1ないし6、九ないし一二の各1、2）。

（五）　被告は、本件事故後、本件町道上にある本件グレーティングを含む二つのグレーティングを滑り止めのあるものに取り替えている（証人小島）。

そして、本件グレーティング及び取り替えられた後のグレーティングと同種のグレーティングについて、原告及び原告代理人が、原告において本件事故当時履いていた運動靴（ゴム底で滑り止めの付いたジョギング用の運動靴で、比較的滑りにくい履き物である）を履き、前記（二）の14.0度の斜度にグレーティングをたてかけて滑りやすさを実験してみた結果によると、本件グレーティングと同種のものについては、乾燥状態では滑りそうになるが危険を感じるほどではなかったのに対し、湿潤状態では今にも滑りそうになる感じであり、取り替えられた後のグレーティングと同種のものについては、乾燥状態では全く滑りそうな感じはなく、湿潤状態でも多少滑りそうにはなるが危険を感じるほどではなかった（甲二〇）。

なお、被告は、最近は、町道にグレーティングを設置する場合には、原則として滑り止めのあるものを用いており、ことに雨水のたまりやすいところや歩行者の多いところはそうしている（証人小島）。

（六）　本件町道のグレーティングについては、従前から、滑りやすいことが近所の人々によって問題とされており、県会議員を通じて、被告に対する口頭での陳情もなされたことがあった。もっとも、本件町道のグレーティングにおいて負傷事故が発生したのは本件が初めてのことであり、従前にはこのような事故はなかった（甲一、一二、二一、原告。なお、乙六及び証人小島の証言には自己の知る限り陳情の事実はなかった旨の部分があるが、同証人の被告建設課長としての任期は平成7年4月1日からであり、また、同人は、こうした事柄についての口頭の陳情は記録には残らない旨も述べていることを考えると、前記の証拠は、（六）の認定を妨げるものとはいえない）。

（七）　原告は、本件事故当時、左手で傘を差し、右手ではリュックサックを背負った妻の左手を握るという不安定な姿勢であり、また、足元を十分に注視しなかったため本件グレーティングに足を乗せる直前までこれを発見することができなかった（甲一、原告）。

2　判断

（一）　1に認定した事実によれば、本件町道は、海南電鉄北海南駅から付

近の集落に至る町道のうち坂道となっている部分に当たり、絶対的な交通量は限られるとしても、前記の駅を利用する観光客や付近住民、その送迎用の自動車が常時利用している道路部分であって、被告の設置している町道の中では比較的交通量の多い部分に属している（少なくとも、山間の道のように歩行者があまり利用しないといった道路ではない）ところ、舗装はされているものの、全体としてかなりの急傾斜になっている上、その部分によって傾斜の程度が13ないし21度の範囲内で異なり、一般的にいっても比較的歩きにくい道路といえ、また、激しい降雨時にはその危険性がいっそう高まるものといえる。そうすると、このような道路に特に滑りやすい構成部分（滑り止めのないグレーティングはそのような部分に該当するといえる）があれば、歩行者がその部分で転倒する危険性が存在することは、一般論として肯定することができるところである。

そして、本件グレーティングのうち、原告が転倒した部分付近の斜度は14.0度であり、本件町道の中では比較的傾斜のゆるい部分に属しているものの、絶対的な斜度としてはなおかなり高いものということができる。

また、原告が履いていた履き物が、ゴム底で滑り止めの付いたジョギング用の運動靴で、比較的滑りにくい履き物であったこと、本件町道のグレーティングについて、原告のように傷害を負うまでには至らないとしても滑ったり転倒したりすることがあって危険であるとの認識を付近の住民が抱いており、この点について被告に口頭の陳情があったことも、前記認定のとおりである。

なお、本件グレーティングの縦方向の幅は前記認定のとおり50センチメートルであるところ、その幅はかなり広いものといえるから、歩行者が通常の歩行中にこれに足を乗せることもまま起こりうる事態であるといえる（むしろ、自然にこれをまたぎ越すことのほうがまれであるとさえいえよう）。

そうすると、本件グレーティングにおいて本件事故のような歩行者の転倒傷害事故が発生する危険性が相当程度に高いことは、被告において予測可能であったといえる。

（二）　次に、グレーティングには、滑り止めのないタイプと滑り止めのあるタイプが存在するところ、滑り止めグレーティングについては、歩行者の場合でも車両の場合でも、また、乾燥状態でも湿潤状態でも、有意の数値の差をもってその滑り止め効果が確認されているものであり（湿潤状態ではそ

の効果は若干弱まる場合が多いが、その場合でもかなりの滑り止め効果のあることが確認されている。また、調査嘱託の対象となった6社の回答中には、前記のとおり、歩行者についての滑りにくさを積極的に肯定するものではない2社の回答があるが、それらも、測定値がないことや、滑り止めグレーティングは一次的には車両の安全を念頭に置いて製造されている例が多いところ、その場合の滑りにくさを歩行者に当てはめる場合は様々な条件が予想されることを理由とするものにすぎないから、前記の判断を左右するものとまではいえない)、一般的に言って、その滑り止め効果は高いものといえる(なお、前記認定の実験の結果によれば、縦格子方向の格子の目が詰まったグレーティングにおいては、その滑り止め効果はいっそう高まることが明らかである)。

このことはまた、原告と原告代理人が行った前記認定の実験の結果においても裏付けられるところである。

このことに、本件事故のあった平成10年の時点においてはグレーティングの主要な製造販売メーカー6社のうち5社が滑り止めグレーティングを販売しており、これが全国的に相当程度普及していたことが推認できること、グレーティングの交換はそれほど困難な作業ではなく、現に、本件事故後に、本件グレーティングを含む本件町道の二つのグレーティングは、同じメーカーの滑り止めのある種類に取り替えられていること、また、被告は、最近は、町道にグレーティングを設置する場合には、原則として滑り止めのあるものを用いており、ことに雨水のたまりやすいところや歩行者の多いところはそうしていることを考え併せると、本件事故の時点までに被告が本件グレーティングを滑り止めグレーティングに交換することは、可能であり、かつ、それほど困難なことではなかったと認めることができる。

(三) 以上のような事情を総合すると、原告が本件道路上を歩行中に起こった本件事故は、本件事故当時、原告に、左手で傘を差し、右手ではリュックサックを背負った妻の左手を握るという不安定な姿勢をとっており、また、足元を十分に注視しなかったため本件グレーティングに足を乗せる直前までこれを発見することができなかったという歩行態様の問題点があることを考慮しても、なお、本件町道の通常の用法により生じたものであって、その予想外の用法により生じたものとはいえず、本件グレーティングは、本件町道の構成部分として通常有すべき安全性を欠いていたものであり、被告にはそ

三　過失相殺の適否及びその割合について

前記二1に認定したとおり、原告は、本件事故当時、左手で傘を差し、右手ではリュックサックを背負った妻の左手を握るという不安定な姿勢であり、また、足元を十分に注視しなかったため本件グレーティングに足を乗せる直前までこれを発見することができなかったものであるところ、このことに、やはり前記二1において認定したとおり、本件町道のグレーティングにおいて負傷事故が発生したのは本件が初めてであって、従前にはこのような事故はなかったことを併せ考慮するならば、前記のような原告の歩行のあり方ないしその不注意が本件事故の発生及び損害の拡大に一定の原因を与えたことは否定できないから、被告の過失相殺の主張は理由があり、また、原告の過失割合は、5割と評価すべきである。

四　原告に発生した損害及びその評価について

1　別紙（一）ないし（六）の損害　234万1442円

証拠（甲一、九の1ないし8、二二）によれば、○○病院の入院治療費（甲九の1により2万2070円と認められる）を除くほか、原告主張のとおりの損害及び金額を認定することができる。

2　休業損害　200万円

証拠（甲一、三、五、八、一三ないし一八、原告）によれば、（ア）本件事故のあった年の前年である平成9年における原告の給与額は660万円であり、また、原告が本件事故により入院していた期間は124日間であるところ、これによって算出した原告の休業損害額は224万2191円となること（660万円÷365×124＝224万2191円）、（イ）原告の平成10年の給与額は656万円と平成9年と大差なかったものの、本件事故による原告の休業の結果として、平生は原告自身がこれを担当している商品の売込みに多大の支障を来したことなどから、原告の経営する会社の平成10年度の経常利益は前年度の778万6904円に比べて大きく落ち込んだ152万1613円となっており、原告の平成11年の給与額は、このことを考慮して483万円に減額されたことがそれぞれ認められる。

前記のような事情を総合考慮すると、本件傷害と因果関係のある原告の休業損害としては、200万円を認めるのが相当である。

3　慰謝料　211万円

入院期間4か月、通院期間5か月（甲三、五、九の5）に見合う金額として、211万円を認めるのが相当である。
　4　後遺障害慰謝料　40万円
　　原告には、骨折した部分が冷えたりうずいたりする、その部分に大きな傷跡が残った（甲一、原告）という後遺障害が残ったことが認められるから、その慰謝料として40万円を認めるのが相当である。
　5　過失相殺等
　　以上の合計額は685万1442円であり、過失相殺後の金額は342万5721円である。これに、本件傷害と相当因果関係のある弁護士費用として相当と認められる35万円を加えると、377万5721円となる。

第四　結論
　　以上によれば、原告の請求は主文に示した限度で理由がある。

　○○地方裁判所民事第○部

　　　裁判官　　○　○　○　○

　別紙　損害の内容〈省略〉

設　問

営造物責任に関する判例学説の考え方を調査し、また、比較的初期（平成5年まで）の重要な最高裁判例を年代順に取り上げて、それらのもっている意味につき考察せよ。

参考事項
　関係条文　国家賠償法2条1項
　判例誌掲載　判例時報1783号127頁、判例タイムズ1089号147頁

解答および解説

　国家賠償法に基づく請求で判決に至る事案には、かなり判断の微妙なものが多い。通常の不法行為の場合と比較すると、判断のメルクマールの立て方がより難しく、デリケートであるといえようか。

　本件のような営造物責任類型では和解ができる場合も結構あるのだが、和解に臨むか否か自体が、たとえば当該地方自治体の今後の行政の方針と関連してくるといった特殊な事情があり、双方代理人が裁判官の心証を相当なものと認めれば和解ができやすくなるといったものでもない。本件も、最後まで和解はできなかったはずである。

　こうした事案では、事実認定には正確さが、法的評価には緻密さとバランス感覚が要求される。関連判例を読む場合にも、浅い読み方ではなく、それぞれの事案における認定された事実の特色と判断のポイントはどのような部分にあるか、また、判断自体が適切なものであるか否か、といった点を掘り下げて的確に読んでゆく必要がある。

　これは、弁護士が準備書面を書く場合や研究者が判例の分析検討を行う場合にも同じようにいえることである（大ざっぱな、あるいは当該法律問題に関する適切なパースペクティヴを欠いた読み方に基づく主張や分析では、説得力に乏しい。なお、37、38事件の「解答および解説」も参照）。

　本件の事実関係は割合きれいであり、請求一部認容の結論にそれほど異論はないのではないかと考える。しかし、こうした事案は、判例をみても、一件一件意外に事実関係が異なっていて、似たような事案というのはあまりないか、あっても、判例ごとに裁判官の考え方や重点の置き所が異なる場合が多いから、やはり、事実認定も、その評価、法的判断も、みずからの心証、考え方を確実に検証しながら慎重細心に進めてゆくことが望ましい。そのような姿勢は、判決文からも読み取っていただけるのではないかと考える。

　各論では、原告の歩行態様が、過失相殺のみならず責任自体の判断要素ともなっている点が注意を引くのではないかと考える。

　この点は私も最初やや首をひねった（後記の学説における客観説が頭にあったため）のだが、道路に関する判例では、原告の走行や歩行の態様に問題が大きい場合にはこれを理由に責任を否定するのが一般的（利用者の利用のあり方が責任の成否に影響する）なので、そのような判断の枠組みに従った。

過失相殺の割合や損害算定については、本件では、手堅く、的確に、常識にかなったものとするという以上のことはない（こうした部分については、裁判官によって考え方が異なり、控訴審でも動くことが多いので、一般的にいえば、判断に当たっては、手堅く常識にかなったものとすることが適切である。もっとも、23事件のように、こうした点についてこそ新たな判断が求められる場合もある）。

　ただし、過失相殺の割合については、研究者あるいは一般市民としての視点からみると変わってくるのではないかと考えられる事案が多い。本件でも、今事実認定を読み返してみると、過失相殺の割合は3割程度で十分だったのではないかという気がしている。

　以下、設問について考える。

　営造物責任の性格に関する学説としては、客観説、主観説ないし義務違反説、折衷説が主張されているが、そのような学説の相違が具体的にどのような解釈上の相違をもたらすのかについては定かでなく、日本の法学にありがちな機能的意味に乏しい議論のひとつの典型となっているように思われる。

　営造物といっても、さまざまな種類があり、その利用法、使用法も異なり、これによって生じる事故の態様も異なる。また、人工公物と自然公物ではその性格に根本的な相違がある。

　こうした広い営造物概念をひとつにくくって演繹的な立論を行うことがそもそも無理なのである。あえていえば、たとえば、「管理者の客観化された安全確保義務違反に起因する、公物にかかわる危険状態」といったまとめ方をすることになろうが（原田尚彦『行政法要論〔全訂第七版補訂二版〕』〔学陽書房〕310頁）、こうした定義も、あくまで一応のものというべきだろう（こうした定義から演繹的に個々の事案の適切な結論が導き出せるかについては疑問がある）。

　判例は、学説が適切な枠組みを提示できていなかったこともあり、場合場合の経験主義的なアプローチによっている。このように、学説は演繹的な枠組みを立て、判例はそれとは関係なく経験主義的なアプローチ（しかし、あまり厳密なものではない）で作られてゆくという形が、日本にはままある。その結果、判例相互の関係があいまいになるし、それらを総合して共通のメルクマールを抽出することも難しくなる。

　こういう事態をみると、事実を厳密に確定し、それに基づく「法」が判例の集積によって作られてゆく英米法の行き方のほうがより社会の実情や変化に即したかつ緊密な「法」の体系が作られるのではないかという感想を私はもつのだが、

いかがであろうか？（なお、39事件の「解答および解説」参照）

実務上重要な比較的初期の最高裁判例は、たとえば以下のようなものであろう。

最一小判昭和45年8月20日民集24巻9号1268頁

国道上への落石による事故につき道路に防護柵または防護覆を設置するなどの必要な措置をとらなかったことから瑕疵を認め、営造物責任の成立には過失を不要としたもの。

客観説に立つ判例と分析されることが多いが、判文は別にそういうことをいってはいない。営造物の瑕疵を営造物である道路それ自体よりも広い意味で認めた点が重要であろう。

最一小判昭和50年6月26日民集29巻6号851頁

県道上に道路管理者の設置した工事標識板、赤色灯、標柱等が倒れ赤色灯が消えたままになっていた場合であっても、それが夜間、他の通行車によって惹起されたもので、道路管理者が事故の前にこれを原状に復し道路の安全を保持することが不可能であったときには、道路の管理に瑕疵がないとしたもの。

営造物の管理者に不可抗力による免責を認めた点が重要であろう。

最三小判昭和50年7月25日民集29巻6号1136頁

国道上に駐車中の故障した大型貨物自動車が約87時間放置されていたことが道路管理の瑕疵に当たるとしたもの。

上記の判例と対になるものといえる。

最三小判昭和53年7月4日民集32巻5号809頁

営造物の通常の用法に即しない行動の結果事故が生じた場合において、その営造物として本来具有すべき安全性に欠けるところがなく、その行動が設置管理者において通常予測することのできないものであるときは、営造物責任は否定されるとしたもの。

営造物の使用法が通常の用法に即しない予測できないものであったときには責任が否定されるとして使用の態様を判断の要素とした。そのこと自体は正当だが、事案は、幼児が道路脇の低すぎる防護柵に乗って遊んでいるうちに転落したというものであることを考えると、「それは通常の用法ではない」として責任を否定したことには疑問を感じる。営造物から生じる危険に基づく責任についての考え方としては、「子どもが遊び場所にしている道路脇の防護柵の高さは子どもが簡単に乗って遊べないような高さでなければならない、本件のような事故は予測可能であった」と判断するのが順当ではないだろうか（瀬木・裁判48頁）。

最一小判昭和56年7月16日判例時報1016号59頁、判例タイムズ452号93頁
　小学校敷地内にあるプールの周囲に設置された金網フェンスが幼児でも容易に乗り越えられる構造であった場合について、幼児がこれを乗り越えてプール内に立ち入ったことが設置管理者の予測を超えた行動であったとはいえないとし、プールの設置管理の瑕疵を肯定したもの。
　上記昭和53年の事例との差はほとんどないように思われるが、こちらは責任を肯定している。いわゆる民集判例とされていないのは、その点を意識したことなのかもしれない。

最大判昭和56年12月16日民集35巻10号1369頁
　大阪国際空港夜間飛行差止訴訟判決。以下に記すように、かなり特異な発想法を採った判例とみるべきものである。
　日本の最高裁判決には、価値関係訴訟、「価値」に深く関わる事件において特に問題の大きい判決が多い。
　大きく、ふたつのレトリックがあるように思われる。ひとつは「韜晦型」であり、もうひとつは、「切り捨て御免型」である。
　「韜晦型」の例として、一票の価値、格差に関する一連の判例と並ぶ目立った例が、この判決であろう。
　差止めを一切認めない理由付けが長々と書かれているが、要約すれば、「『航空行政権』に関わる事柄だから民事差止めは許されない。行政訴訟については、さあね、知らないよ」という、開き直りに近い粗暴な論理が展開されているにすぎないのである。
　明らかに、多数意見の裁判官たちは、「空港騒音の民事差止めは問答無用で一切認めない」という「法」を欲したのであり、「航空行政権に関わる事柄だから」などというのは、国側の主張に乗っかった後付けの苦しい説明にすぎない（付言すれば、行政訴訟については、平成16年の行政事件訴訟法改正によりこれが可能になったとの見解が主張されている〔高橋滋「包括的公権力観の終焉？——判例の展開と改正行訴法の応答」論究ジュリスト3号91頁〕が、これには根強い反対説もある〔原田尚彦『行政法要論〔全訂第7版補訂2版〕』363、377、385頁〕）。
　このように、「韜晦型」のレトリックとは、脆弱な論理を糊塗するためにもっともらしい法律の「コトバ」を幾重にも塗り重ねるものである。
　上記の、一票の価値、格差に関する一連の判例、また、「切り捨て御免型」の判例に関する分析については、瀬木・裁判56頁以下参照。

第12　その他の事件類型（4）

最一小判昭和59年1月26日38巻2号53頁

　大東水害訴訟判決。自然公物である河川管理についての瑕疵の有無の判断基準を示したもの。

　大東水害訴訟最高裁判決の事案は、「溢水型」、つまり、堤防は壊れないが水があふれた事案、また、改修途上の未改修の河川に関する事案であった。にもかかわらず、その後の下級審判例は、「破堤型」、つまり、堤防が決壊した事案、また、改修途上の河川ではない、必要な改修が行われたはずの河川に関する事案についてまで、原告の請求を棄却するようになってしまった。

　その理由については、日本の裁判官たちの事大主義的追随傾向ももちろんあるが、先の最高裁判決の射程距離が、故意にそうされたものかはともかくとして、いささか読み取りにくいものだったこと、また、「ともかく水害訴訟は消極」という傾向が強かった先の最高裁判決直前の時期の裁判官協議会の結果を出席裁判官たちが鵜呑みにしたことも、大きいと思われる（瀬木・裁判所139頁、瀬木・裁判142頁）。

最三小判昭和61年3月25日民集40巻2号472頁

　点字ブロックが日本国有鉄道の駅のホームに敷設されていなかったことについて営造物責任を否定したもの。

　その具体的な位置付けのあいまいな「諸般の事情の総合考慮」によって自己の欲する結論を導き出すという日本の最高裁お得意の判断方法（瀬木・裁判56頁、178頁）によっているが、要するに、点字ブロックはまだ十分に普及していなかったから責任は認めない、ということであろう。具体的な事例に対する当てはめとしては、現在なら当然結論は異なると思われる。

　本件事案にも関係する判例といえる。

最三小判平成5年3月30日民集47巻4号3226頁

　幼児が、中学校の校庭に設置されていたテニスの審判台に昇り、座席部分の背当てを構成している左右の鉄パイプを両手で握ってその後部から降りようとしたために、転倒した審判台の下敷きになって死亡した場合において、当該審判台には本来の用法に従って使用する限り転倒の危険はなく、上記幼児の行為は設置管理者の通常予測しえない異常なものであったとして、営造物責任を否定したもの。

　保護者も同伴していた事案であり、これは否定でもやむをえない事案かと思われる（設問）。

和解の可能性

「解答および解説」に記したとおりである。

第13 契約の解釈 (1)

35 損害賠償等請求事件

事案・争点 ➡ 標準旅行業約款の解釈

判　決

平成○○年○月○日判決言渡　同日原本交付
裁判所書記官　　　○　○　○　○
平成12年（ワ）第1036号　損害賠償等請求事件
口頭弁論終結日　平成○○年○月○日

判　決

○○県○○市○○町○丁目○番地
　　　原　　　　　告　　　有限会社ケイ・エム・トラベリング
　　　同代表者取締役　　　松　井　和　也
　　　同訴訟代理人弁護士　○　○　○　○
東京都○○区○○町○丁目○番○号
　　　被　　　　　告　　　株式会社フラワートラベル
　　　同代表者代表取締役　花　沢　美恵子
　　　同訴訟代理人弁護士　○　○　○　○
　　　同　　　　　　　　　○　○　○　○

主　文

一　被告は、原告に対し、金一万二〇〇〇円を支払え。
二　原告のその余の請求を棄却する。
三　訴訟費用は、これを二分し、その一を原告の負担とし、その余を被告の負担とする。
四　この判決は、原告勝訴の部分に限り、仮に執行することができる。

事実及び理由

第一　請求

　被告は、原告に対し、金三万三六〇〇円を支払え。

第二　事案の概要

　一　事案の要旨

　本件は、旅行業者である原告が、やはり旅行業者である被告を代理して、被告主催の海外旅行の契約の締結のための申込みを顧客から受けたところ、旅行出発日の二日前である平成一一年五月三一日に、顧客（旅行参加者）の一人である瀬田の姓についてその英文スペルを「ＳＥＤＡ」から「ＳＥＴＡ」に訂正する旨の連絡があったため原告が被告にこれを求めたのに対し、被告が、これに応じた上、前記手続は事務処理の関係では旅行者の交替の場合とほぼ同様の手数を要したことを根拠に、これを旅行業約款（運輸省告示の標準旅行業約款に準拠して被告が作成したもの。甲六。以下「本件約款」という）一四条にいう「旅行者の交替」に当たると判断し、かつ、その場合の手数料としては、旅行取消しの場合の手数料（旅行開始日の前前日以降の取消しの場合旅行代金の五〇パーセント以内。本件では三万七五〇〇円以内）に準じることが適切であるとして、これを基準として若干の減額を行った二万八〇〇〇円を請求してきたため、原告はやむをえずこれを立て替え支払ったが、被告の前記解釈は誤りであって、本来は本件約款二六条の「旅行者の責任」の規定（旅行者の故意又は過失により旅行業者が損害を被った場合に旅行者がその損害を賠償しなければならないことを定めた規定）を適用して実費の請求がされるべきであり、かつ、この実費が一万六〇〇〇円を超えることはないとして、被告に対し、前記二万八〇〇〇円との差額一万二〇〇〇円について不当利得に基づきその返還を請求し、また、被告との交渉に要した時間に応じた営業損害二万一六〇〇円（一時間九六〇円として二二・五時間分）について不法行為に基づき（第六回口頭弁論において各訴訟物を整理、同期日の調書参照）損害賠償を請求した事案である。

　二　争いのない事実

　1　原告は、平成一一年四月に、被告を代理して、三村洋助ほか五名から、被告主催の海外旅行（グアム。出発日同年六月二日）の申込みを受けた。

2　三村は、前記旅行参加者の一人である瀬田の氏名（姓の部分）につき、英文スペルを「ＳＥＤＡ」として申込みをしていたが、平成一一年五月三一日にいたり、そのスペルを「ＳＥＴＡ」に訂正する旨を原告に連絡し、原告は被告に対して前記の訂正を求めた。

3　被告は、前記訂正に応じたが、前記手続は本件約款の「旅行者の交替」に該当するとし、その費用として二万八〇〇〇円を原告に請求し、原告は、平成一一年六月一日に、顧客のために、被告に対し、前記金額を立て替えて支払った。

　三　争点

　原告主張の不当利得及び不法行為の成否であり、これを判断する上での前提となる具体的な争点は、本件における英文スペルの訂正手続（以下「本件手続」という）が原告主張のように本件約款二六条「旅行者の責任」に該当し、あるいはこれが類推適用されるのか、それとも、被告主張（第四回口頭弁論調書参照）のようにその一四条「旅行者の交替」に該当し、あるいはこれが類推適用されるのか、また、前記被告の主張が正当である場合に、その手数料について、被告主張のように旅行取消しの場合の手数料に準じて定めるのが相当かである。

第三　争点についての判断

　一　まず、不当利得に基づく返還請求について判断する。

　本件の経過は前記争いのない事実のとおりであり、証拠（甲一四、原告代表者）によれば、原告が被告の要求する金額を顧客に立て替えて支払ったのは、これに応じなければ原告の顧客が旅行に出発できなくなるためであって、本件手続に関する本件約款の適用についての被告の解釈を承認した上でのことではなかったことが認められるから、前記の点に関する原告の解釈が正当であるならば、原告が被告に支払った二万八〇〇〇円のうち本件手続を行うことによって被告が被った現実の損害額を超える部分については、原告は、法律上の原因に基づかないでこれを支払ったものとして、被告に対し、不当利得に基づき、その返還を求めることができるものと解すべきである。

　二　そこで検討するに、本件のような事態に関して本件約款（甲六）のいかなる条項を適用するかについて考えるに当たっては、本件約款がいわゆる附合契約であって顧客としてはその内容について折衝する余地が事実上ない

に等しいものであること、ことに、本件手続が業者と顧客のトラブルに関わるものであることを考えると、予測可能性の観点から、約款の解釈は原則として可能な限りその文理に即して行われるべきであり、その拡張解釈については謙抑的でなければならないということができる。

　そうすると、本件手続のように顧客の英文スペルを訂正するにすぎない手続について本件約款一四条の「旅行者の交替」の規定を適用ないし類推適用することは無理であり、原告主張のとおり、本件約款二六条の「旅行者の責任」の規定の適用あるいは類推適用をもって対処するのが正当であると解される（なお、本件約款二六条が適用される以上、約款に定めのない事項については法令又は一般に確立された慣習によるとする本件約款一条一項は、本件には関係がないというべきであろう）。

　もっとも、この点については、証拠（甲九の1、乙一ないし五、被告代表者）によれば、本件手続は、出発の二日前の申出によって行われたものであって、この時点では既に航空券が発行されていて、航空券の切換え処理が必要であり（本件においては旧航空券の取消しが平成一一年五月三一日に行われ、新航空券の発券が同年六月一日に行われることになり、事務処理の締切日をまたいでしまっていて、航空運賃が航空会社に入金されてしまっているため、航空券のボイド〔取消し〕ではなく、リファンド〔払戻し〕処理が行われた）、また、前記の航空券は顧客に空港でこれを渡すために専門の業者（センディング会社）に預けられているため、被告は、英文スペルの訂正に伴う宿泊予約者名簿等の変更に加え、センディング会社から旧航空券の返還を受け、これと引き換えに発券会社（航空券の発券業務を行う会社で、航空会社とは別の業者が行う）から新航空券の発券を受けた上でこれを再びセンディング会社に引き渡す業務を行わなければならなかった（もっとも、前記の航空券は未だ成田ではなくセンディング会社の東京の事務所にあったため、前記引渡しの手続については、被告の社員が都内のセンディング会社と発券会社の各事務所〔それぞれ渋谷と御茶ノ水にある〕を往復することによって行うことができた）こと、このような処理が必要になるのは海外旅行における人物の同一性確認がパスポート記載の氏名との同一性確認によってのみ行われるためであることが認められ、被告は、このことを根拠に、すなわち、事務処理の関係では本件手続には旅行者の交替の場合とほぼ同様の手数を要したことを根拠に、本件手続に前記一四条の「旅行者の交替」の規定が

適用ないし類推適用されるべきである（また、旅行者の交替の手数料については、やはり事務処理手続上ほぼ同様の手数を要することから、旅行取消しの場合の手数料に準じることが相当である）と主張しているものである。

しかし、航空券の処理等に関して事実上旅行者の交替の場合と同様の手間を要したという、実際上の、しかも、その点の説明を事前に何ら受けていない顧客にはうかがい知ることの困難な理由をもって、ただちに、本件手続に「旅行者の交替」の規定が適用ないし類推適用されると解釈することができるものではない。

ことに、本件約款については、旅行者の故意又は過失により旅行業者が損害を被った場合に旅行者がその損害を賠償しなければならないことを定めた前記二六条の「旅行者の責任」の規定が別に設けられており（不法行為ないし債務不履行責任の趣旨を確認的に規定するとともに、その請求を事実上容易にするための規定とみることができる）、前記のような手続によって被告が損害を被ったとすればこの条項によってその損害の塡補を求めることができるのであるから、本件手続に前記一四条を適用ないし類推適用する必要はさらに乏しいといわなければならない。

被告としては現実に被った損害が賠償されれば被害の回復としては十分なはずであり、それ以上に、被告主張のように、本件について、前記一四条を適用し、かつ、旅行者の交替の手数料については、事務処理手続上ほぼ同様の手数を要することから旅行取消しの場合の手数料に準じることが相当であるとして、旅行取消しの場合に関して約款に定められたいわば損害賠償額の予定に類する条項により、現実に被った損害がそれより小さい場合にも、「旅行代金の五〇パーセント以内」といった定め方による金銭を顧客から徴収する権利を被告に認める合理性は見出し難いからである。

また、証拠（甲九の２、甲一三の１ないし５）により認められるところの、(ア)裁判所の調査嘱託に答えた他の旅行業者は、本件のような場合について、原則としては、被った損害の実費ないしそれ以下の金額（一万円以下の金額）しか顧客から徴収していない事実、また、(イ)被告のような解釈を採るのであれば顧客に交付する旅行条件書にその旨を明示しておくことが望まれるとの見解を社団法人全国旅行協会が示している事実は、以上のような約款解釈の合理性を裏付ける一つの事情と評価できるものと考えられる（なお、前記の証拠によれば、本件約款に関する社団法人全国旅行協会、あるいは他

の旅行業者らの解釈自体は被告の解釈に近いものが多いことが認められるが、これは、本件の判断に関しては一つの参考の域を出るものではなく、この事実が前記の判断を左右するものではない)。

　三　そこで、次に、本件手続を行うことによって被告が被った現実の損害額について判断するに、この点については、前記のとおり本来本件においては前記二六条により被告において本件手続に要した実費を証明してこれを原告に請求すべきであったと考えられること、被告が支出した実費の額を被告以外の者が立証するのは困難であることから、被告において反証としてこれを具体的に明らかにすることが必要であると考えられるところ、被告は、本件手続の実際について前記二のような立証はしているものの、前記リファンド処理（規定上は航空会社は一万五〇〇〇円の手数料を請求できることとされている。甲九の2）についての請求や支払に関する客観的書証は、口頭弁論終結がそのために約二か月遅らせられたにもかかわらず（第六回口頭弁論調書参照）結局提出せず、このことに、被告代表者の当初の陳述書（乙一）には、「本件においては航空券のボイド処理が行われたところ、ボイド処理については航空会社は手数料を取らない」旨の記載があること（ボイド処理が無料であることは、甲九の2によっても認められる）及びこの点に関する被告の立証に反駁する原告代理人の陳述書（甲一六）の記載を併せて考えると、被告は、本件においては、実際には発券会社を通じて航空会社にリファンド処理の手数料を支払っていない可能性が相当高いことが窺われるのである。

　そうすると、被告が本件手続に関して現実に支出した可能性がある手数料として証拠（乙一ないし五、被告代表者）上認められるのは、センディング会社に対する航空券差替えの手数料四〇〇円、発券会社に対する新たな発券の手数料（被告はこれを明らかにしないが、前記センディング会社に対する手数料と大差のないものと推認される）及び前記の航空券差替えのために被告社員が移動した交通費と労働の対価相当額となる。

　このことに、前記二に認定したとおり本件のような事態について他の旅行業者が顧客から徴収している金額が原則としては一万円以下であることを併せ考慮すると、前記損害額が原告主張の一万六〇〇〇円を超えることはないものと認められる。

　四　そうすると、原告が被告に支払った二万八〇〇〇円と前記の金額との

差額である一万二〇〇〇円について、原告は、法律上の原因なくして支払ったもの（かつ、原告が立替払を行った顧客にも請求することができないもの）として、被告に対し、不当利得に基づく返還を求めることができるというべきである。

　五　次に、原告の、被告との交渉に要した時間に応じた営業損害二万一六〇〇円（一時間九六〇円として二二・五時間分）についての不法行為に基づく損害賠償請求について判断する。

　本件紛争は、前記のように、本件約款の適用に関する解釈の争いをめぐって発生したものであるから、被告の解釈がおよそそれを採る余地のない不合理極まりないものであった場合（ほとんど言いがかりに等しいものであった場合）には被告の行為を不法行為と評価する余地もないではないけれども、そうでない限りは、被告がその解釈に基づいてとった行動について原告に対する不法行為と評価することは困難であるといわなければならない。

　しかし、前記四までの認定ないし判断によるも、本件における被告の解釈がおよそそれを採る余地のない不合理極まりないものであったとまでみることは難しい。

　そうすると、原告の前記請求は理由がない。

第四　結論
　以上によれば、原告の請求は、主文に示した限度で理由がある。

〇〇地方裁判所民事第〇部
　　裁判官　　〇　〇　〇　〇

設　問

1　本件の法的争点とこれに関する裁判所の判断を正確にかつわかりやすく要約し、また、その当否について考察せよ。

2　不当利得の要件事実、証明責任について、本件事案に関するコメントをまじえながら述べよ。

参考事項
　　関係条文　　民法703条
　　判例誌掲載　判例タイムズ1057号196頁

解答および解説

　このセクションには、事件名による事件類型にかかわらず、契約の解釈が主要な争点となっている事案を選択した。
　契約の解釈が争点になる事案は、一般的にいえば和解で終わる例が多い。
　もっとも、一方あるいは双方が契約解釈（そのエッセンスは法律の解釈論にかなり近い）の基本的な感覚をもっていない当事者の場合には、明々白々の事案であっても判決するしかない場合もある。また、同種紛争に関するパイロットケースの性格が強い事案では、法律論を争点とする事案と同様、和解は難しい。
　本件は、簡裁からの移送事件（民事訴訟法18条）で、請求額はたった3万3600円だが、契約解釈論としては微妙なところのある部類に属しており、また、36事件と同様に、特定の業界内の紛争に関するパイロットケースであるため、双方当事者ともに最初から判決を求めていた。
　そのような事情から、判決方向で、かなりの時間をかけて争点整理を行った。
　裁判官がこうした事件で厳に慎まなければならないのが、少額事件だからといって審理判断をおろそかにすることである。人証調べは要点に絞ってよいが、それを含め、契約解釈に関係のある立証については精密に評価する必要がある。
　契約の解釈に関する争点についての判断を要約解説しておく。
　判決は、契約（約款）の解釈という実質的争点については原告の解釈を相当であるとし、その根拠として、①本件の契約がいわゆる附合契約であり、かつ、業者と顧客のトラブルに関わるものであることを考えると、予測可能性の観点から、その解釈は原則として可能な限りその文理に即して行われるべきであること、②海外旅行における人物の同一性確認がパスポート記載の氏名との同一性確認によってのみ行われるために、出発日の切迫した本件においてこれを行うために被告が実質的に「旅行者の交替」の場合と同様の手数をかけなければならなかったことが事実としても、そのような、実際上の、しかも、その点の説明を事前に何ら受けていない顧客にはうかがい知ることの困難な理由を根拠として被告のいうような解釈を採ることは無理であり、③ことに、先の契約には、「旅行者の

責任」の規定が別に設けられていて、被告が損害を被ったとすればこの規定によってその塡補を求めることができるのだから、本件の手続に、実際に起こった事実とはその文言がかけ離れた「旅行者の交替」の規定を適用する必要はさらに乏しいこと、を挙げている。

「旅行者の交替」の場合と同様の手数がかかるからその規定を適用するという実質論が理解できないわけではないが、文理解釈からしても、手続的な正義の観点からしても（被告のいうような実質論は原告や顧客にとってはうかがい知ることのできない事情であり、それを根拠として契約の解釈を行うことは、原告や顧客の予測、期待をそこなう）、被告の解釈は無理であろう（設問1）。

なお、判決は、不当利得に関する立証について、公平の観点から、被告に事実上の証明の必要性を負わせるに近い判断枠組みを用いて判断を行っている。

不当利得の証明責任についてはこれを主張する側がすべての要件を主張立証しなければならないとするのが一般的な考え方である（その根拠については12事件の「解答および解説」参照）が、このような事案をみると、その証明責任をすべて原告に負わせるという多数説が、証拠との距離、立証の容易性等からする公平の要請にはそぐわない場合があることがわかる（設問2）。

本件は、判決をみる限り「明白な事案」という印象があるかもしれないが、簡裁から移送された段階では争点自体が明らかでなく、混沌としていた。また、旅行業者の多くは被告に近い（自己に都合のよい）解釈を採っており、争点整理（と書証の証拠調べ）が終えられるまでは勝敗も必ずしも明らかではなかった。それが一見明白な事案であるようにみえるのは、あなたがすでに判決を読んでしまっているからにすぎないのである。

なお、本件については、控訴なく確定した。

和解の可能性

「解答および解説」に記したとおりである。

| 第13 | 契約の解釈 (2) |

36 売買代金等請求事件(第一事件)、違約金請求事件(第二事件)

事案・争点 ➡ 契約の解釈（違約金・精算金、履行引受・債務引受）

判　　決

平成○○年○月○日判決言渡　同日原本交付
裁判所書記官　　　○　○　○　○
平成11年（ワ）第1037号　売買代金等請求事件（以下「第一事件」という）
平成12年（ワ）第326号　違約金請求事件（以下「第二事件」という）
口頭弁論終結日　平成○○年○月○日

判　　決

○○県○○市○○町○丁目○番○号
　　第一・第二事件原告　　　　株式会社ＢＣＥ
　　同代表者代表取締役　　　　春　山　　　健
　　同訴訟代理人弁護士　　　　○　○　○　○
　　同　　　　　　　　　　　　○　○　○　○
○○県○○市○○町○丁目○番○号
　　第一事件被告　　　　　　　株式会社成和第一ガス
　　同代表者代表取締役　　　　田　村　　　仁
○○県○○市○○町○丁目○番○号
　　第二事件被告　　　　　　　キクマサ商事有限会社
　　同代表者代表取締役　　　　菊　正　一　真
　　同両名訴訟代理人弁護士　　○　○　○　○

（当事者の略称）以下、各事件を通じ、原告を単に原告と、被告らをいずれも単に被告と、事件名を省略して表示する。

主　文

一　被告キクマサ商事有限会社は、原告に対し、金一一〇万三一五〇円及びこれに対する平成一二年六月二三日から支払済みまで年六分の割合による金員を支払え。

二　原告の被告株式会社成和第一ガスに対する請求を棄却する。

三　訴訟費用は、原告に生じた費用の二分の一と被告キクマサ商事有限会社に生じた費用を同被告の負担とし、原告に生じたその余の費用と被告株式会社成和第一ガスに生じた費用を原告の負担とする。

四　この判決は、原告勝訴部分に限り、仮に執行することができる。

事実及び理由

第一　請求

一　被告株式会社成和第一ガスに対する請求

被告株式会社成和第一ガスは、原告に対し、金一一〇万三一五〇円及びこれに対する平成一一年一二月二日から支払済みまで年六分の割合による金員を支払え。

二　被告キクマサ商事有限会社に対する請求

主文第一項に同じ。

第二　事案の概要

一　事案の要旨

本件は、ＬＰガスの販売業者である原告が、被告キクマサ商事有限会社（以下「被告キクマサ」という。）に対し、被告キクマサとの間で平成二年一一月一〇日にＬＰガス供給契約（以下「本件ガス契約」という。）を締結する際にこれとともに締結した契約（以下、別紙一のこの契約を、その趣旨は別として、「本件契約」という。同契約の趣旨については争いがあり、原告は、本件ガス契約が被告キクマサないしその賃借人らの都合で解約された場合の違約金を定めたものであると主張する）に基づき違約金の支払を求め、また、被告株式会社成和第一ガス（以下「被告成和」という。）に対し、平成一一年一〇月二八日に被告成和が被告キクマサに対して被告キクマサの本件契約に基づく債務を併存的に引き受ける旨を約し、かつ、第三者のためにす

る契約と解される前記併存的債務引受契約について原告が第一事件の訴状において受益の意思表示をしたと主張して、これに基づき同額の違約金の支払を求めたものであり、遅延損害金の起算日は、いずれも、訴状送達の日の翌日である。

　二　争いのない事実等
　1　原告及び被告成和はＬＰガスの販売業者である。
　2　被告キクマサは、○○市○○町○丁目○番○号所在の集合住宅（以下「本件住宅」という）の所有者である。
　3　平成二年一一月一〇日に、原告と被告キクマサは、期間を供給開始後一〇年とする本件ガス契約を締結し、本件住宅の賃借人ら（以下「本件賃借人ら」という）は、本件住宅が完成した平成三年二月二〇日ころ以後、原告からＬＰガスの供給を受け、また、原告が本件住宅に設置したガス供給及び消費のための設備を利用した。
　前記設備のうち容易に取り外しのきくボンベ、マイコンメーター、調整器以外の設備（以下「本件設備」という）は、本件住宅に附合した（法的見解であるが、当事者及び裁判所の見解が一致しているので、便宜上ここに記載した）。
　4　本件ガス契約の締結とともに、原告と被告キクマサの間に本件契約が締結された。
　5　平成一一年一〇月一四日ころ、被告成和は、本件賃借人らを代理して、本件ガス契約を解約した。
　6　平成一一年一〇月二八日、被告成和は、被告キクマサとの間で、被告キクマサの本件契約に基づく債務ないしその履行を引き受ける旨を約した（以下、別紙二のこの契約を、その趣旨は別として、「本件引受契約」という。同契約の趣旨については争いがある）。
　7　原告は、平成一二年二月二一日の本件口頭弁論期日において、被告成和に対し、本件引受契約について受益の意思表示をした（裁判所に顕著な事実）。

　三　争点
　1　争点についての双方の主張
　(一)　原告
　本件契約は、ガス供給開始後一〇年以内に本件賃借人らが本件ガス契

約を解約したときには、被告キクマサが、原告に対し、本件設備相当額一一〇万三一五〇円の違約金を支払う旨を約したもの（被告キクマサに対し同期間は本件賃借人らに本件ガス契約を解約させず、あるいは本件賃借人らにそのような働きかけをしない義務を負担させるとともに、被告キクマサの同義務の不履行について違約金を定めたもの）である。

また、本件引受契約は、被告成和が被告キクマサに対して、被告キクマサの本件契約に基づく債務を併存的に引き受ける旨を約したものである。

（二）　被告ら

本件契約は原告の主張するような違約金契約ではなく、本件ガス契約解約に伴う本件設備設置費用の精算支払についての契約と解すべきであり、かつ、同契約に定められた一〇年の期間は前記設備の償却期間であると解すべきである。そうすると、被告キクマサが原告に支払うべき精算金は、本件設備使用開始日である平成三年二月二〇日から本件ガス契約の解約された日である平成一一年一〇月一四日までに前記一〇年のうち八年と二三六日が経過したことを考慮して定額の償却方法により計算した一四万九三〇四円と解すべきである。

また、本件引受契約はいわゆる履行の引受にすぎず、併存的債務引受ではないから、被告成和は、この契約に基づき原告に対して直接債務を負担するものではない。

2　争点

（一）　本件契約についての原告の主張の成否（被告らは、精算契約であることを主張し、一部を否認）

（二）　本件引受契約についての原告の主張の成否（被告成和は、履行の引受にすぎないことを主張し、否認）

第三　争点についての判断

一　争点（一）について

1　まず、前提問題として、本件設備に類する設備についての基本的な法律関係をみておく。

証拠（甲八、九、乙一ないし五）によると、この点につき、以下のような事実が認められる。

（一）　ＬＰガス業界においては、従前は、前記のような設備については原

則として業者が無償で設置する慣行があったが、その結果として配管コストがガス料金に転嫁され、また、消費者が業者を変更しようとする場合には設備の所有権の帰属等をめぐって紛争が生じやすく、消費者の業者選択の自由に対する障害（競争制限）が生じていた。

（二）　このような事態を踏まえて、液化石油ガスの保安の確保及び取引の適正化に関する法律が平成九年四月に改正施行された。これに伴い、同法施行規則や関連通達において、設備の所有関係や解約時の買取ないし精算関係、ガス価格の算定方法等を契約書等において明確にすることが定められた。

2　前記1の事実に、本件設備が前記のとおり住宅に附合する性格のものであり、したがって当事者間に何らの契約が締結されない場合には、業者としては、解約の場合には民法二四八条に従って償金を請求するほかないことを考え併せると、少なくとも現時点においては、原告主張のような内容の契約を業者が消費者との間で締結することは適切ではなく、もしこれが締結されれば場合によってはこれを被告ら主張のような内容の精算契約であるとして限定的に解釈しなければならない場合もありうると考えられる。

3　しかし、本件契約は本件口頭弁論終結時から約一〇年前の平成二年一一月に締結されたものであり、証拠（甲一一、証人大宮昭）によれば、その当時は、前記のような法律関係、法律問題はＬＰガス業界においても未だ明確に意識されておらず、原告においては、本件設備に類する設備を業者の負担で消費者ないしこれに対する住宅賃貸人（以下「消費者ら」という）の住宅に設置する場合には、消費者らが業者を変更する事態に備えて本件契約と同様の契約を消費者らとの間に締結していたこと、この時点においては、ガス料金についても現在のように設備利用料部分を明確にして徴収されるということがなく、事実上は前記のような設備設置費用のガス料金への転嫁が行われていた場合が多かったとしても、そのことないしそのことの問題点を業者において明確に意識してはいなかったことが、それぞれ認められる。証人竹中宏忠の証言中前記認定に反する部分はにわかに採用できない。

4　そうすると、本件契約（甲一）については、その文言を素直に読めばそのように理解されるとおり、また、甲二（原告と本件設備工事施行会社との間の工事契約書）において前記工事費用の本来の支払者が被告キクマサと定められていることからも窺われるとおり、本件賃借人らが本件ガス契約を一〇年以内に解約した場合についての違約金の支払について定めたも

の（損害賠償額の予定）と解すべきであると考えられる。つまり、本件契約は、原告主張のとおり、ガス供給開始後一〇年以内に本件賃借人らが本件ガス契約を解約したときには、被告キクマサが、原告に対し、本件設備相当額一一〇万三一五〇円の違約金を支払う旨を約したもの（被告キクマサに対し同期間は本件賃借人らに本件ガス契約を解約させず、あるいは本件賃借人らにそのような働きかけをしない義務を負担させるとともに、被告キクマサの同義務の不履行について本件設備相当額の違約金を定めたもの）であると解すべきであるということになる。

5　なお、このような契約が社会的にみて妥当なものであるか否かということになれば、前記説示のとおり問題を含んだものであるということになるであろうが、平成二年当時に締結された本件契約の内容を被告ら主張のような精算契約と解しなければならないような社会的、法的事実関係が平成二年当時においても存在していたとみることは、前記のとおり困難なのであるから、本件契約の解釈問題としては前記のように解するしかないであろう。

付言すれば、前記3のような事実関係、また、前記2のとおり本件契約に類する契約が締結されていなくともガス供給契約解約の場合には消費者には少なくとも償金返還債務が発生することを考えると、本件契約が公序良俗違反であるとか錯誤により無効であるとかいうことも困難ではないかと考えられる。

　二　争点（二）について

1　併存的債務引受と履行引受の区別については、履行引受において債権者に直接権利を取得させる意思が同時に存在している場合が、言い換えれば履行引受に第三者のためにする契約が加わったものが、併存的債務引受であると解され、また同意思の存在の認定については、契約の表現に留意するとともに、同認定を合理的とするだけの明確な事情が存在しなければならないと解される。

2　本件についてこれをみるに、証拠（甲四、乙六、証人竹中宏忠）によれば本件引受契約（甲四）の文言については、原告から流れてきた書面を元にして被告成和において起案したものであるが、その際、「但し、支払いに関しては、その債務が法的に見て具体的妥当性および根拠を持ったものか否かを弊社にて検討の上、判断いたします」との文言が付加されたこと、前記文言が付加されたのは、ガス供給契約解約に伴い消費者らが業者に対して負

担することとなる債務には様々なものがあり、たとえば本件契約に基づく債務のように被告成和においてはその内容を直ちには認めることができないものも存在することから、ガス供給契約解約に伴い消費者らが業者に対して負担することとなる債務の内容が確定した後に被告成和において先のような点の検討を経た上で引受の可否を考えることとし、その趣旨を契約書上においても明確にしておくためであったことが、それぞれ認められる。

3　そうすると、本件引受契約は、その文言の素直な解釈としても被告成和が原告に対して直接に債務を負担する意思が明示されたものとは考えにくい。

また、ガス供給業者の変更に伴い新業者がこのような契約を消費者らと交わす目的については、原告主張のように消費者らに経済的負担のみならず出廷の負担も負わせないためである場合もありうることであり、たとえば甲一〇のような書面が消費者らに交付されている場合には、このような契約の趣旨について原告主張のように解しうることが多いであろうと思われる。

しかし、被告成和が前記のような書面を被告キクマサを含む消費者らに交付し、あるいはそれと同様の説明を行ったことを証するに足りる証拠はなく、かえって甲四には前記のようなただし書があること、したがって、他の業者はともかく被告成和においては消費者らに出廷の負担を負わせることによって自己に生じる不利益よりも消費者らが旧業者に対して負う債務のすべてを直接に旧業者に対して負担することによって自己に生じる不利益のほうをより重視していたことが窺われることに鑑みると、本件引受契約について原告主張のように解することを合理的とするだけの明確な事情が本件において存在していたと認めるのは困難であるというほかない。

4　以上のとおり、本件引受契約については、併存的債務引受とみることはできず、単なる履行の引受であると解される。

第四　結論

以上によれば、原告の被告キクマサに対する請求は理由があり、被告成和に対する請求は理由がない。

○○地方裁判所民事第○部

第13 契約の解釈 (2)

　　　　裁判官　　○　○　○　○

　別紙一　念書

　末尾所在地に設置した貴会社が所有するガス配管設備を下記により借用します。
　　　　　　　　　　　　記
　1　使用開始後満10年を経過しないうちに次のことが生じたときは貴社の請求するガス配管設備料￥1,103,150を直ちに現金にてお払いします。
　(1)　貴社以外よりプロパンガスの供給を受けることとなったとき。
　(2)　都市ガスに切り替えること及びその他の事由により貴社のガスを使用しなくなったとき。
　2　平成2年11月10日締結したプロパンガス供給契約書・液化石油ガス法第14条に基づく書面で私が守るべき条項を遵守履行いたします。
　3　ガス配管設置所在地
　○○市○○町○丁目○番○号建物内

　　後日の為この念書を差入れます。

平成2年11月10日
株式会社BCE御中

住所　○○県○○市○○町○丁目○番○号
　キクマサ商事有限会社
氏名　代表取締役　菊正　一真

　別紙二　債務引受書

　株式会社成和第一ガスは、債務者キクマサ商事有限会社の株式会社BCEに対する下記債務を引き受ける旨合意をいたしました。
　　　　　　　　　　　　記
　平成2年11月10日付締結の供給契約書・液化石油ガス法第14条に基づく

書面に於いて、解約に伴いガス配管設備料が発生する場合、その債務。
　但し、支払いに関しては、その債務が法的に見て具体的妥当性および根拠を持ったものか否かを弊社にて検討の上、判断いたします。

　　平成11年10月28日
　　債　務　者　　○○県○○市○○町○丁目○番○号
　キクマサ商事有限会社
　　代表取締役　菊正　一真

　　債務引受人　　○○県○○市○○町○丁目○番○号
　株式会社成和第一ガス
　　中央支店　支店長　　○○○○

設　問

本件の法的争点とこれに関する裁判所の判断を正確にかつわかりやすく要約し、また、その当否について分析せよ。

参考事項

関係条文　民法420条、474条、537条

解答および解説

　本件の結論は、35事件よりは微妙である（もっとも、判断の結果を書き記す作業自体については、どちらがより難しいともいえない）。
　争点整理も同様に難しく、双方の具体的な主張については、ほとんど裁判官が示唆し、リードしながら、まとめてもらった記憶がある（当事者のいわんとすることの要旨を的確に整理した上で再度的確にまとめなおしてもらうということである）。
　判決は、本件契約について判断するに当たり、まず、本件紛争の背景にある歴史的な事実関係について認定している。本件においては、これが契約解釈の基盤になるからである。
　本件契約解釈の難しいところは、設備の所有関係や解約時の買取ないし精算関

係について法的な規整が行われた現状においては「精算に関する条項」と解すべき条項につき、過去のある時点においても同じように解することが適切か（そのことを根拠付ける事情があるか）、という判断の微妙な問題が問われていることにある。

文理解釈からすれば違約金条項とみるべき条項なのだから、それを「精算に関する条項」と読むためには、それなりの説得的な根拠が必要であろう。判決は、契約締結当時の背景事情等を考慮し、これを違約金条項と解している。

これに対し、本件引受契約のほうは、その文言からみて単なる履行の引受であると解することに問題はないと思われる。もっとも、甲一〇号証（ガス供給契約の変更に伴い、新業者が、消費者に対し、消費者が旧業者に対して負担する可能性のある債務についてはみずからが引き受けることを約した書面）のような書面が存在する場合にはまた話が別だが（設問）。

なお、その後、LPガス供給契約に伴うこうした条項は、設備の利用期間が長くなるにつれて支払金額が小さくなる停止条件付買取条項ないし利益調整条項（業者の主張）として規定されるようになった。

そして、そうした契約についても、その無効が主張されて争われ、判例は、契約の効力を認めるもの、認めないものに分かれている。

十数年の経過の中で、類似の契約をめぐる紛争の争点が、社会の意識の変化に伴って変遷し続けてきている興味深いケースということができよう。

和解の可能性

35事件と同様である。

| 第14 | 法律論（1） |

37 動産引渡請求事件

事案・争点 ➡ 民事再生手続におけるリース契約の位置付け
　　　　　　（判例研究・批評の意味）

判　　決

平成〇〇年〇月〇日判決言渡　同日原本領収
裁判所書記官　　　〇　〇　〇　〇
平成14年（ワ）第1038号　動産引渡請求事件
口頭弁論終結日　平成〇〇年〇月〇日

判　　決

東京都〇〇区〇〇町〇丁目〇番〇号
　　　原　　　　　　告　　株式会社ミネクス
　　　同代表者代表取締役　　藤　田　久　光
　　　同訴訟代理人弁護士　　〇　〇　〇　〇
　　　同　　　　　　　　　　〇　〇　〇　〇
大阪府〇〇市〇〇町〇丁目〇番〇号
　　　被　　　　　　告　　東理建設株式会社
　　　同代表者代表取締役　　東　理　正　次
　　　同訴訟代理人弁護士　　〇　〇　〇　〇
　　　同　　　　　　　　　　〇　〇　〇　〇

主　　文

一　被告は、原告に対し、別紙物件目録記載の各物件を引き渡せ。
二　訴訟費用は、被告の負担とする。
三　この判決は、仮に執行することができる。

事実及び理由

第一　請求
主文に同じ。

第二　事案の概要
一　事案の要旨
　本件は、リース会社である原告が、被告に対し、被告との間で平成13年6月29日に締結したいわゆるフルペイアウト方式によるファイナンス・リース契約（以下「本件リース契約」という）のリース物件である別紙物件目録記載の各物件（以下、これらを合わせて「本件物件」という）につき、本件リース契約には借主の信用状態が著しく悪化したときには貸主は催告を要しないでリース物件の返還を請求することができる旨の特約（以下「本件特約」という）があるところ、被告は平成14年6月21日に民事再生手続の開始決定を受けその後のリース料の支払を怠ったため本件特約により本件物件の占有権原を失ったとして、所有権に基づき、その返還を請求した事案である。
　被告は、民事再生手続においてはリース会社によるリース期間満了前のリース物件の返還請求権は別除権として扱われるから、原告の取戻権（所有権に基づく取戻権）の主張は認められないと主張してこれを争う。

二　争いのない事実
　なお、下記争いのない事実には請求原因事実が含まれる（本件においては請求原因事実は当事者間に争いがない）。
　1　原告は、本件リース契約の目的物（リース物件）とするため、平成13年6月29日までに、株式会社青多商会から本件物件を代金合計131万8065円（税込。内訳は、別紙物件目録記載1の物件が83万4120円、同目録記載2の物件が48万3945円）で買い入れた。
　2　原告は、平成13年6月29日、被告との間で、次の約定により、いわゆるフルペイアウト方式によるファイナンス・リース契約に該当するところの本件リース契約を締結し、同日までに、同契約に基づき、本件物件を被告に引き渡した。被告は、以後、これを占有している。
　リース物件　　本件物件

リース期間	84か月
リース料	総額156万1140円
支払方法	平成13年8月10日限り3万7170円、同年9月から平成20年6月まで毎月10日限り1万8585円を支払う。
特約	借主の信用状態が著しく悪化したときは、貸主は、借主に対し、催告を要しないで、リース料総額から支払済みのリース料を控除した残リース料総額の即時弁済と本件物件の返還を請求することができる（本件特約を含む特約）。

3　被告は、平成14年6月21日に○○地方裁判所において民事再生手続の開始決定を受け、また、同年8月10日以降に支払うべきリース料の支払を怠った。

4　原告は、本訴提起前に、被告に対し、本件特約に基づいて本件物件の返還を請求した。

三　争点及びこれについての当事者の主張

民事再生手続において、フルペイアウト方式によるファイナンス・リース契約につき、リース会社がリース期間満了前にするリース物件の返還請求は、担保権（別除権）の行使によるべきであり、所有権（取戻権）に基づく返還請求はできないとの被告の主張（抗弁）の当否

1　被告の主張

フルペイアウト方式によるファイナンス・リース契約において、リース物件の引渡しを受けたユーザーにつき会社更生手続の開始決定があったときは、同リース契約の実質はユーザーに対して金融上の便宜を付与するものであるから、未払のリース料債権はその全額が更生債権となる。この趣旨からすると、会社更生手続においては、リース会社は、リース期間満了前にリース物件の取戻権を主張することはできず、更生担保権者として処遇されるものと解すべきであり、かつ、そのように解するのが一般的な考え方である。

そうであれば、同様の再建型倒産処理手続である民事再生手続においても、ユーザーである再生債務者がフルペイアウト方式によるファイナンス・リース契約のリース物件の引渡しを受けていた場合、リース会社は、未払のリース料債権全額の再生債権を有し、その再生債権を被担保債権とする担保権者として処遇されるものと解される。そして、民事再生手続においては、担保権は別除権とされるから、リース会社がリース期間満了前にするリース物件

の返還請求は、取戻権ではなく別除権の行使によるべきである。

　本件リース契約も前記のとおりフルペイアウト方式によるファイナンス・リース契約であるから、本件物件の返還請求は別除権の行使によるべきであり、取戻権の行使として所有権に基づきこれを求める原告の主張は失当である。

　2　原告の主張

　リース会社は、リース物件を所有してユーザーにその利用権を付与しているものであり、いかなる意味においてもリース料債権を被担保債権とする担保権を有しているものではない。リース物件の引渡しを受けたユーザーにつき民事再生手続の開始決定があったとしても、ユーザーが占有権原を喪失すれば、リース会社は、当然に、自己の所有権に基づきリース物件の返還を請求することができる。

　本件においては、被告は既に本件特約により占有権原を喪失しているのであるから、原告は、取戻権の行使として、所有権に基づき本件物件の返還を請求することができる。

第三　争点についての判断

　一　民事再生手続におけるリース会社の地位

　　1　問題の所在

　本件における双方当事者の主張の基本的な相違点は、原告の被告に対する本件物件の返還請求の法的構成として、取戻権（所有権）によることができると考える（原告の主張）か、別除権（担保権）によるべきであって取戻権（所有権）によることはできないと考える（被告の主張）かという点にあるが、この争点は、フルペイアウト方式によるファイナンス・リース契約においてリース物件の引渡しを受けたユーザーにつき民事再生手続の開始決定があった場合、リース会社が同手続においていかなる権利者として処遇されるべきかに関わる（所有権者か担保権者か、すなわち、フルペイアウト方式によるファイナンス・リース契約につき、いわゆる所有権的構成をとるか担保的構成をとるかという問題である）ので、まず、この点について検討する。

　なお、民事再生手続においては、担保権は別除権とされ（民事再生法53条）、原則として（すなわち、後記の担保権消滅の許可の場合等を除き）民事再生手続に服することはないため、前記のいずれの法的構成を採ったとし

ても、その法的構成が適切なものとして肯定される限りは、リース物件の返還請求は認められるということになる（この点、担保的構成による場合には返還請求が認められない会社更生手続の場合とは異なる）。

　したがって、本件において双方当事者がいずれの法的構成による請求が適切なものであるかを争っていることの実質的な意味は、この点が、リース契約に担保権消滅の許可の制度（同法148条以下）の適用があるか、あるいは、中止命令（同法31条）の類推適用が可能かなどといった、前記の法的構成いかんによって結論の異なりうる問題の前提をなすことにあるものと推測される。

　2　リース会社が有する権利の性格（所有権か担保権か）

　フルペイアウト方式によるファイナンス・リース契約は、リース期間満了時にリース物件に残存価値はないものとみて、リース業者がリース物件の取得費その他の投下資本の全額を回収できるようにリース料が算定されているものであって、その実質はユーザーに対して金融上の便宜を付与するものであるから、同方式によるファイナンス・リース契約においては、リース料債務は契約の成立と同時にその全額について発生し、リース料の支払が毎月一定額によることと約定されていても、それはユーザーに対して期限の利益を与えるものにすぎず、各月のリース料の支払とは対価関係に立つものではないと解される（最二小判平成7年4月14日民集49巻4号1063頁）。

　前記のような性格に鑑みれば、フルペイアウト方式によるファイナンス・リース契約において、リースという形態が実質的にリース料債権を担保するための機能を果たしていることは否めない事実であり、リース会社は、契約締結時にユーザーに対して与信した総リース料債権相当額について、ユーザーの信用状態が悪化したときにはリース期間満了前にリース物件の返還を請求することができるとの約定によって、これを担保されているものと解することが可能である。

　このことは、本件で問題とされている民事再生手続においても当てはまるものであり、リース会社は、リース料債権を被担保債権とする担保権（別除権）を有するものとして処遇されると解する（いわゆる担保的構成）のが相当である。

　3　担保権の目的（リース物件の所有権か利用権か）

　もっとも、フルペイアウト方式によるファイナンス・リース契約を前記の

ように解する場合、リース会社が有する担保権の目的をどのようにとらえるかについては見解の対立がある。

これを大別すると、一つは、リース期間中はリース物件の実質的所有権がユーザーに移転し、リース会社は、いわば隠れたる所有権留保として、担保目的でリース物件の所有権を留保していると解する（担保権の目的はリース物件の所有権であると解する）立場であり、他方は、リース会社は、ユーザーのリース物件上の利用権に対して質権又は譲渡担保権を設定していると解する（担保権の目的はリース物件の利用権であると解する）立場である（なお、この議論は、単なる講学上の問題にとどまらず、たとえば前記担保権消滅の許可の制度における目的物件の評価の方法などの実質的な問題に影響する）。

そこで検討するに、リース会社が隠れたる所有権留保としてリース物件の所有権自体に担保権を有していると解するためには、少なくともリース期間中はユーザーに対してリース物件の所有権が移転しているとみることが不可欠であるが、そのように考えることは、リース物件の所有権は終始リース会社にあることが前提とされリース期間満了後もユーザーへの移転が予定されていないというファイナンス・リース契約の本質的部分と相容れないという点に根本的な問題を含んでいる。

これに対し、リース会社はユーザーの有するリース物件の利用権に対して質権又は譲渡担保権を設定していると解する後者の考え方は、この場合の担保権の実行について担保目的物である利用権を消滅させる（同権利はリース会社に移転すると混同により消滅する）ことであると解するとの点においていささか技巧的にすぎることは否定できないものの、フルペイアウト方式によるファイナンス・リース契約の法的性格に照らしてより問題の少ない考え方であるということはできるものと解される。

4　リース会社がリース物件に対して有する権利

以上によれば、フルペイアウト方式によるファイナンス・リース契約について、リース物件の引渡しを受けたユーザーにつき民事再生手続の開始決定があった場合、未払のリース料債権は全額が再生債権となり、リース会社は、ユーザーの有するリース物件上の利用権について、前記再生債権を被担保債権とする担保権を有するものと解するべきである。そして、リース物件の利用権（占有権原）喪失の手続が未だ行われていない段階では、リース会社が

リース物件に対して有する所有権はその行使が制約されており、リース会社は担保権者（別除権者）として処遇されることとなる。

本件リース契約がフルペイアウト方式によるファイナンス・リース契約であることについては当事者間に争いがないから、原告は、本件物件について被告が有していた利用権について担保権を有していたものといえる。

なお、以上に対し、原告は、ファイナンス・リース契約当事者には担保権を設定する意思などないから、リース会社を担保権者と解することは解釈の限界を超えるものであって許されず、リース会社は完全な所有権者であると解すべきである旨主張する。

しかしながら、ファイナンス・リース契約については、その金融取引としての性格から、賃貸借契約とは異なる効果が判例上認められてきているところであり（たとえば、リース会社は、ユーザーの債務不履行を理由として物件の返還を受けたときでも、リース期間全部についてのリース料債権を失うものではないとされる〔最三小判昭和57年10月19日民集36巻10号2130頁〕。また、ユーザーによるリース物件の使用が不可能になったとしても、これがリース会社の責めに帰すべき事由によるものでないときは、ユーザーにおいて月々のリース料の支払を免れるものではないとされる〔最一小判平成5年11月25日裁判集民事170号553頁、金融法務事情1395号49頁〕）。そうすると、倒産処理手続の場面においてのみ、にわかにその賃貸借契約としての側面を強調してリース会社が完全な所有権者であると解することは、法解釈としてバランスを欠き、妥当ではないと考えられるところである。

二　リース期間満了前のリース物件返還請求権の性格

1　前記のとおり、リース会社が有する担保権は、ユーザーの有するリース物件の利用権を目的とするものであり、前記担保権の実行（別除権の行使）は担保目的物である利用権をユーザーからリース会社に移転させることによって行うものと考えることが相当である。前記の利用権はリース会社に移転すると混同により消滅するから、これにより、リース会社には何ら制限のないリース物件の所有権が帰属することになる。担保目的物をリース物件の利用権ととらえる以上、この時点で担保権の実行は完了するとみるべきである。

したがって、その後のリース物件の返還請求自体は、担保権実行後のリース会社の完全な所有権に基づくものと考えるべきであるから、その根拠は取

戻権（所有権に基づく取戻権）に求められることとなる。

　2　次に、前記の担保権の実行の方法について考える。

　まず、リース会社がユーザーの信用状態の悪化を理由にリース期間満了前のリース物件の引渡しを求める前提としてリース契約を解除する場合には、その解除権の行使をもってその実行と評価することができる。これとは異なり、本件のように、特約により、解除を前提としないでリース物件の返還を請求することができる（これによってユーザーの利用権は喪失する）こととされている場合には、前記特約の行使をもってその実行と評価することができる。

　3　これを本件についてみると、前記第二の一のとおり、原告は本件特約の該当事由として被告が民事再生手続の開始決定を受けたことを主張しているため、民事再生手続との関係での本件特約の有効性が問題となる。

　この点、最高裁判例（最三小判昭和57年3月30日民集36巻3号484頁）は、会社更生手続との関係で、所有権留保売買において買主たる株式会社に更生手続開始の申立ての原因たる事実が生じたことを売買契約解除の事由とする旨の特約は、会社更生制度の趣旨と調和し難いものであって無効である旨判示するところである。しかしながら、会社更生手続においては、担保権者は手続に全面的に服することとされ、担保権の実行が禁止されているのに対し、民事再生手続においては、前記のとおり担保権は別除権として再生手続によらずに行使できることとされている（民事再生法53条）から、前記の論点について前記の判例の場合と同様に解することはできない。すなわち、担保権の行使に係る本件特約について、民事再生手続が開始されたことのみをもってただちにその効力を制限する理由はないものというべきである（なお付言すれば、前記のとおり、担保権消滅の許可や中止命令の制度との関係においてはこの特約の効力が制限されることはありうるといえよう）。

　　三　結論

　以上のとおり、フルペイアウト方式によるファイナンス・リース契約については、リース会社は、リース料債権を被担保債権とする担保権（別除権）を有するものの、その担保権の目的はリース物件の所有権ではなくその利用権であると解される。そうすると、前記のような形で担保権を実行することによってリース会社は利用権の制限のない完全な所有権を回復することとなるから、原告は、本訴において、取戻権の行使として、所有権に基づき本件

物件の返還を求めることができることとなる。

　すなわち、本件において本訴提起前に本件特約に基づく権利の行使があったことは当事者間に争いがないから、その行使の時点において担保権の実行は完了し、被告の本件物件の利用権は原告に移転して混同により消滅し、現時点においては原告は本件物件の完全な所有権を有し、これに基づき本件物件の返還を求めることができることとなるのである（このような理解は、前記の当事者の主張のいずれとも異なる部分を含むものであるが、フルペイアウト方式のファイナンス・リース契約に関して本件事案の結論を導き出すために必要な法律問題のそれぞれについて前記のような判断を順次加えてきた結果としての論理的帰結にほかならない）。

　したがって、被告の主張は、民事再生手続においてリース会社が未払のリース料債権を被担保債権とする担保権者として処遇されるべきものと解する点については相当であるけれども、リース会社がリース期間満了前にするリース物件の返還請求については別除権の行使によらなければならないと解する点については採ることができない。すなわち、被告の主張（抗弁）は、全体としてみると失当であると解さざるをえないこととなる。

　以上によれば、原告の請求は理由があるからこれを認容し、主文のとおり判決する。

　　○○地方裁判所民事第○部

　　　　裁判長裁判官　　○　○　○　○
　　　　裁判官　　　　　○　○　○　○
　　　　裁判官　　　　　○　○　○　○

　　別紙　物件目録〈省略〉

設　問
　1　本件判決を判例としてとらえた場合の判決要旨を200字以内で正確に記せ。
　2　本件判決は多数の錯綜した法律問題に触れている。「判例タイムズ」誌のコメント（後記）を参考にしてそれらを整理し、また、上記の法律問題に関する

自己の見解についても最後に簡潔にまとめよ。
 3 本件判決の判例研究・批評について調査し、分析、評価せよ。

参考事項

　関係条文　民事再生法52条、53条
　判例誌掲載　判例タイムズ1141号279頁、金融法務事情1705号50頁

解答および解説

　このセクション（第14）には、事件名による事件類型にかかわらず、法律論が主要な争点となっている事案を選択した（なお、このセクションに含まれる事件以外でその傾向が強い事件は、23事件、26事件、34事件くらいである）。したがって、内容的にみるとやや難しい判決も含まれている。

　なお、本書は原則として単独事件から事案を選択しているが、このセクションについては、比較的短い合議事件判決をも選択の対象に加えた。

　本件の「解答および解説」に移る。

　まず、判決要旨は次のようなものになると思われる。

　「フルペイアウト方式によるファイナンス・リース契約につき、民事再生手続においてリース会社はリース物件の利用権上に担保権（別除権）を有するものと解されるが、この担保権の実行（別除権の行使）は本訴提起前にすでに完了しているとして、リース会社の再生債務者に対する所有権（取戻権）に基づくリース物件の返還請求を認容した事例」（設問1）

　フルペイアウト方式によるファイナンス・リース契約の民事再生手続における取扱いについて、①リース会社が有する権利は何か（所有権か担保権〔別除権〕か）、②担保権とする場合の担保の目的は何か（リース物件の所有権か利用権か）、③担保権の実行方法いかん、そして、④以上の論点の本件への当てはめの結果いかん、という多数の法的争点を含むが、「事実関係には全く争いがなく、頭から尻尾まで純粋法律問題」というきわめて珍しい事案である。

　本件においては、被告は、担保権（別除権、民事再生法53条）の行使としてであればリース物件の返還に任意に応じたものと思われる。当事者双方が「法律論、法律構成の争い」に固執した理由は、大阪地決平成13年7月19日判例時報1762号148頁が上記①の点について担保権と解することを前提とした判断を行ったこ

とから、東京地裁の判断を求めたいということのようであった。

　上記の法律構成の相違には、実質的にみても大きな意味がある。法律構成いかんにより、担保権の実行手続の中止命令（民事再生法31条）や担保権消滅の許可の請求（同法148条以下）といった担保権を対象とする民事再生法の諸規定がファイナンス・リース契約にも適用されるか否かという法律問題についての判断が異なりうるからである（もっとも、本件の当事者がそうした点を十分に意識していたか否かについては、準備書面の記述からは必ずしも定かではなかった）。

　さて、当事者双方の主張は必ずしも上記①ないし④のような法律問題に的確に沿ってはいなかったため、判決前の合議は、双方準備書面の具体的な表現を離れて、上記のような法的争点をひとつずつ正確に確定し、それぞれについて検討分析するというやり方で進めた。

　本件のような高度な法律問題を含む事件では、当事者の法的主張をそのままに読んでいても正確な争点にたどり着けないことがままある。そうした場合には、いくら準備書面を読み返してもだめで、「自分で考える」、「討論する」という方法を採るしかない。その際、合議事件で、優秀な左陪席（あるいは右陪席）がいれば裁判長は大いに心強い、ということである（逆に、「優秀な陪席がいない」と全部自分でやらなければならず、本当に大変。その意味で、東京地裁の左陪席、また、東京高裁の両陪席〔いずれも主任裁判官〕の質がある時期からそろわなくなったことには問題が大きい。合議事件の質の低下に直結する事柄だからである）。

　もっとも、弁護士は、裁判所にそのような役割を期待することは難しい状況に徐々になりつつある（上記のとおりで、今では、「裁判長も両陪席もだめ」という合議体が東京地裁にも存在するといわれ、おそらくそれは正しいと私も思う。それがどのくらいの割合かは、弁護士登録・業務をしていない私にはわからないが）ことを考え、今後は、みずからの法律論をみがいてゆかなければならないであろう。法曹一元制度の部分的・全面的実現の前提としても、弁護士がさらに法律論を磨くこと、さらに緊密で整った法律論を展開できるようになることが必要である（瀬木・本質第五章のⅡ２末尾に近い部分。ここは本当に心していただきたいところである）。

　本件では、上記のような争点について順次検討を行った結果、リース会社が有する権利はリース物件の利用権を目的とする担保権である（上記①、②）が、本訴提起前に原告が本件特約に基づく権利を行使した（具体的には、本件特約に基づいて本件物件の返還を請求した）ことにより、上記担保権の実行は完了し（③）、その結果原告はリース物件の完全な所有権を回復しているから、原告は、本訴に

おいて、所有権に基づき本件物件の返還を求めることができる（つまり、法的主張の基本的構成は被告主張にのっとったが、結論としては原告の請求認容）（④）ということになった。

なお、担保権行使の部分については、「被告が民事再生手続の開始決定を受けたことが『借主の信用状態が著しく悪化したときには貸主は催告を要しないでリース物件の返還を請求することができる』との本件特約に該当する」という原告の主張が肯定されなければならない（言葉を換えれば、民事再生手続との関係で本件特約が有効とされなければならない）が、判決は、会社更生手続の場合とは異なり、民事再生手続との関係では本件特約は有効であると判断している（「争点についての判断」二3）。

もっとも、本件特約のようないわゆる再生解除特約の有効性については、その後、最三小判平成20年12月16日民集62巻10号2561頁が、本判決を含むいくつかの下級審判例とは異なり、これを否定した（なお、学説は、肯定、否定の両説に分かれていた）。

最高裁判例が否定説を採った理由は、このような特約による解除を認めると、本来担保としての意義を有するにとどまるリース物件を、一債権者と債務者との間の事前の合意によって民事再生手続開始前に債務者の責任財産から逸出させ、民事再生手続の中で債務者の事業等におけるリース物件の必要性に応じた対応をする機会を失わせることを認めることとなり、民事再生手続の趣旨、目的に反することが明らかだからというものである。

再生解除特約の有効性（この部分がこの最高裁判例の要旨である）のみならず、本件事件の各争点にも関係する重要な判例である（もっとも、それらの議論は傍論であり、明確な結論が示されているわけでもない。上記「債務者の事業等におけるリース物件の必要性に応じた対応」についても同様である。ただし、中止命令の規定の適用または類推適用については、肯定的に考えているのではないかと思われる）。

さて、ここで、再生解除特約の有効性に関する最高裁判例について論じた部分の前の、本件の法律問題を整理した部分に戻り、そこをもう一度読み返してみていただきたい。あなたは、本件判決の、わかりやすい表現を用いての要約がこのようなものになることを、すんなりと理解、整理できただろうか？

あなたが学生で、それがすっきりと理解、整理できたなら、あなたは、おそらく、正確な法律論を展開できる法律家（研究者を含む）になれる素質がある。

あなたが司法修習生でありながら何度読み返してもそれがすっきりと理解、整

理できないようであれば、あなたは、大いに勉強する必要がある。もしも若手弁護士ならば、もっともっと勉強する必要がある。

　こうしたことこそ法律家の能力のリトマス試験紙なのであって、それに比較すれば、出来合いの文章題や要件事実整理の課題について高い点数が取れるか否かといったことの重要性はより低いのである。いささか手前味噌になるが、だから、本書で設けているような設問に基づく学習は、たとえいくらかしんどくても、あなたの法的能力向上に資することは間違いないんですよ、ということをお伝えしておきたい。この種の能力こそ法律家にとって最も重要なもののひとつであり、かつ、それは、概念的な学習だけではなかなか身につけられないものであることを、私は、これまでの長い経験（ことに、後輩指導の経験）から身にしみて知っている。

　そのような意味では、文章が長い割には意図しているところがわかりにくく、しかも結局は教室説例で、たまたまそれが問題にしている論点（その論点自体は、昔の司法試験と大差ないばかりか、よりギルド的、タコツボ的性格を強めている傾向がある）を発見できるかどうかで点数が決まる部分が大きいという新司法試験の民事訴訟法の問題には、いささか疑問を感じる。

　なお、これは、私だけの意見ではない。私の演習に参加している学生たち（ことに、その中の、初回か2回目の受験で合格した比較的優秀な部分）の多くもそう言っていたし、学界の長老の複数からも、同じような意見をお聞きしている（詳しくは、瀬木・要論［160］参照）。

　あれなら、旧司法試験の問題をいくらか具体化するほうが、学生たちの考える力を適切かつ公平に判定するという意味ではまだしもベターなのではないだろうか？　研究者と実務家が合同で問題を作るのはよいが、かえってそれが裏目に出ているような気もする。また、こうした事態は、結局、問題を作成する側の「パースペクティヴ」や広い意味での「考える力」の問題でもあるように感じられる。

　本当をいえば、新司法試験の問題には、たとえば、内容のある小論文をも含め、それにも相当の点数を配分するといった方法のほうが、より考える力のある受験生を選択できるのではないかという気がする。しかし、これも、日本で実施するとなると、問題作成からしてうまくゆくかどうか、疑問はある。やはり、学界・法曹界全体、知識人全体の「考える力」を伸ばしてゆくほかない、ということなのかもしれない。

　本件判決でやや気になっていたのは、当事者双方が「他に特に主張立証はない

と思います」という段階で裁判所も一応の法的調査を行い、判断可能であろうとして終結してからよくよく議論してみたところ、担保権的構成の当否という双方当事者がもっぱらそこで争っていた論点のほかに、「担保権的構成を採った場合のその実行方法いかん、また、本件特約の有効性いかん」という当事者がそれほど強く意識していなかった（あるいはほとんど意識していなかった）論点がクローズアップされてきてしまった点である（こうした事態は、私の場合にはほかにはほとんどなかった）。

本件ではそこをあえて指摘してみても当事者からさらに的確な法律論が出てきたとは思えない（たとえば、本件被告は、本件特約の有効性についてはさほど問題にしていなかった）ので仕方がなかったかと考えるが、もしも双方当事者がいずれの論点についてもそれなりの主張をしている状況で、争点整理においては上記のような点はそれほど重要でないという裁判所、当事者の共通認識の下に担保権的構成の当否についてのみ議論していたのであれば、手続保障の観点から、口頭弁論を再開して（民事訴訟法153条）、上記のような点についてさらに主張を尽くしてもらうことになったと思う。

なお、この「解答および解説」については、瀬木・要論第1部第11章「準備書面の書き方等」、同第14章「法的調査と立論、法的判断」を併せて参照されたい（設問2）。

最後に、判例研究・批評の意味について考えてみるという観点から、本件判例の研究、評釈、解説（言葉は何でもよいのだが）を概観しておきたい。

判例の分析は、その機能から考えるならば判例の「批評」だが、それをさらにちょっとだけ「メタ批評」（批評の批評）してみようということである。

まず、リース実務家による①金融法務事情1706号6頁〔沼尾均〕は、本件判例の説示に沿いながら全般的な分析を加えている。批評というよりは解説に近い論述だが、必要な論点については一通り触れられている。リース実務家からみると本件判例は妥当な判決という見方になるらしいこともわかる。

研究も行っている弁護士（なお、田原弁護士はその後最高裁判事に就任した）による②金融法務事情1709号4頁〔田原睦夫＝印藤弘二〕は短いものだが、本件判例が「争点についての判断」一1と二3で触れている中止命令（民事再生法31条）と担保権消滅請求（同148条以下）の各規定の（類推）適用の可否が今後の議論の焦点であろうとして、今後の議論のポイントは示唆している。

以下は研究者によるもので、まず、③ジュリスト1290号135頁〔藤澤治奈〕は、

上記各評釈と同じく、本件判例は、リース会社の有する権利の性格について担保権的構成を採るのみならず、担保の目的やその理由付けを明らかにした（基本的な枠組みとしては担保権的構成が正当と考えられることを、具体的な根拠を示しながら明らかにした）点に意義があるとしつつも、担保権の実行方法については本件判例の考え方には疑問がある（実行終了時期が早過ぎ、中止命令、担保権消滅請求の制度を適用する余地がなくなる）としている。しかし、それでは具体的にどのような実行方法によるべきかについては、あまり明確にされてはいない。

　この評釈は、本件特約の有効性自体は認めるのであり、その点については本件判例と変わりがない。その上で、担保権の実行方法を工夫することにより中止命令、担保権消滅請求についてはこれを類推する余地を大きくしたいという考え方のようである。そうであるならば、どのようにすればそれが可能なのかについては、簡潔にであってもよいから明確に論じておくことが望ましいであろう。

　この点、一般論としての検討は確かに行われているけれども、考え方の筋道が今ひとつはっきりしないのである。「当事者の主張していない実行方法によるべきであり、それが採られていないから本件では担保権は未だ実行されていないと判断すべきだった」というのが本評釈の考え方なのであれば（推測するにそういう見解ではないかと思われるのだが）、その点に関して大筋の考え方だけでも示しておかないと、肝心なところで説得力に乏しいのではないだろうか。

　最後に、④別冊法律時報私法判例リマークス30号125頁〔髙田賢治〕は、本件特約自体の効力を民事再生手続においても否定すべきであるとし、たとえ肯定説を採るとしても、中止命令、担保権消滅請求との関係ではその効力を制限すべきだとする。

　それはよいのだが、この評釈が、本件判例につき、「本件特約の効力肯定説を採った場合に中止命令、担保権消滅請求との関係ではその効力を制限すべきか否かについてはっきりと判断していないので判例としての価値がない（あるいは乏しい）」としているのには首を傾げる。

　ほかの評釈は、一致して、本件判例につき、「本件事案の解決のために（主文を導くために）必要な議論ではない（なお、本件当事者も何らそのような主張は行っていない）が今後の重要な論点であるために、傍論で、『中止命令、担保権消滅請求との関係では本件特約の効力が制限される余地がある』としているのであろう」と解している。

　もしも、この評釈の趣旨が、「判例は、たとえ傍論においてであっても、今後

の論点(あるいは評者の重要と考える論点)についてきちんとした見解を開陳すべきであり、そうでなければ判例としての価値がない」といっているのだとしたら(この評釈を素直に読めばそう読める)、それは、判例の読み方としておよそ正統的とはいえないであろう。

これは研究者よりもむしろ実務家に多いのだが、「研究者としての基礎訓練を経ていないと、研究者としての議論やその成長に支障が出やすい」といった内容のことを、(自分が本格的な研究をしているわけでもないのに)訳知り顔で語るような人が時々いる。

おそらくは、研究者から聞いたこと、あるいはどこかで読んだことを受け売りで語っているのだろうと思うのだが、私は、まさに、そのような「研究者としての基礎訓練」の不足を、近年の研究者(私よりは若い世代の人々)の判例研究・批評について感じることが多いのである。

判例は、論文とは異なり、当該事案の解決に必要な限りの判断を示しながら前進するものである。それを踏まえた上で、当該判例の的確な位置付けと「次の一手」についての的確な示唆を提示するのが判例「批評」の役割であろう。

そして、後者の「的確な示唆」の部分について本件に則していえば、本件特約の効力を否定するというならその根拠を説得力のある議論で示せばよいし、本件特約の効力を基本的には肯定するが中止命令、担保権消滅請求との関係では制限したいというなら、あるいは、中止命令、担保権消滅請求の制度の適用の余地を広げるために担保の実行方法について本件判例とは異なった考え方を採るべきだというなら、その点について、簡潔にであってもよいから、明確に、かつ、説得力をもって、書くべきであろう。

そこまで踏み込んで初めて、判例「批評」、あるいは、判例「研究」の名に値するものになるといえるのではないだろうか。

以下は、これらの評釈のことをいうわけではなく、一般論であり、現在の研究者の判例研究・批評一般、ことにその中の疑問を感じる部分についてのコメントである。

自説によって判例を切り刻みそれに基づく感想を述べるだけであれば、書物や芸術に関するインターネットの書き込みとそれほど大きな差がないのではないかと思うのである。そして、たとえばアマゾン等のウェブサイトへの書き込み(カスタマーレヴュー)の中にも、人文・社会・自然科学の学術書(いわゆる専門書に限らない)、DVDやブルーレイ、あるいは音楽、ことにクラシックのCD等につ

いては、かなりハイレヴェルで参考になるものは存在する（もっとも、反面、自分が理解できないからくさしているもの〔芸術と書物に多い〕や、人格攻撃・中傷に終始しているもの〔書物に多い〕も存在する〔これは、カスタマーレビュー等のガイドラインの問題でもある。あってなきがごとしのガイドラインの例も多い〕が、まあ、そういうものは読まなければいいのである。なお、ある作家〔確か村上春樹だったと思う〕は、こうした書き込みを「肥溜め」と呼び、「せっかくいい気分でいるときに覗いて不快な思いをすることはない」と書いていた。そのとおりであろう）。

　かつての私を含め、通常の民事裁判官にとって、倒産、再生、リースといった本件判例の法律問題は、感覚が乏しく、手の内に入ったものではない。本件判決の結論、理由付けも、合議体でかなりの議論をしてやっと何とかたどり着いたものである。

　そうした裁判官の（それなりの）苦労の産物に的確な位置付けを与えるとともにその一歩先を読み、確実に議論を前進させてゆくことが、研究者の、また、判例研究の役割なのではないだろうか。判例研究を行う人々は、その法律分野の「プロフェッショナル」のはずなのだから。

　おそらく、水準に達する実務家であれば、本件判例とその判例誌のコメント、そしてそのコメントで言及されている文献（山本和彦「倒産手続におけるリース契約の処遇」〔金融法務事情1680号8頁以下〕等）を読むならば、担保権的構成自体は大筋妥当ではないかと考えつつ、「次の問題は、担保権の実行方法一般、本件特約の有効性いかん、特約を有効と解する場合の中止命令、担保権消滅請求との関係あたりだが、そこは難しくてよくわからないな。自分が次の事件を扱うとしたらどう主張、あるいは判断しようかな」と考えることだろう。研究者の場合でも、それはおそらく同じであろう。

　そのような疑問に対して説得力のある指針を与えてこそ（それは、上記山本論文等関係論文の議論を踏まえつつその一歩先に出ることを意味する）、「判例研究」（私は「判例批評」が言葉としてはより適切なように感じるが）という立派な名前に値する実質をもつといえるのではないだろうか。

　何となく疑問や自説を述べ、「面白かった（つまらなかった）」とか、「あのシーンが問題だよね」、「編集に難があるよね」といった印象を開陳する程度であれば、本当は芸術批評（ここでは映画批評を例にした）としては成り立っていない。

　ところが日本ではそれでも「批評、批評家」ということで通るので、若者は、「批評など男子（女子）一生の仕事にあらず」と考えてしまい、その結果、批評、

批評家の一般的レヴェルが低いのである。

　これまでの私の経験では、法律家の多くは、「批評家」等の専門家の肩書きに対して無邪気な信頼感を抱いている場合がかなり多いように思われる（権威主義、事大主義的態度）が、日本の職業的「批評家」の平均レヴェルよりも芸術や思想がより深く、広くわかっているアマチュア、一般鑑賞者、そして実作者はいくらでもいる。

　法律家には、「批評」の厳しさに対する認識の乏しさと権威主義的感覚（「一流」といわれる雑誌に掲載されていればそれだけで「批評」として通るはず）があるのではないだろうか。

　私は、学界の一員になった者として、本当に、「看板倒れになっていないで、判例研究・批評もっとがんばってくださいな」と言いたいのである。

　そうでないと、実務家は、最高裁判所調査官による最高裁判所判例解説〔法曹会〕、判例誌のコメント（なお、判例誌のコメントは、最高裁判例については調査官が書いているし、下級審判例については担当の裁判体構成員が書いている場合がかなりある。難しい判例の場合には、担当の裁判体構成員、あるいは同種の事案に詳しい裁判官が書くことがベターであるといわれている）、そして実務家による2頁見開きの判例解説（これは、水準にムラがあり、また、独創的なものはあまりないものの、少なくとも「当該判例の位置付け、中心論点とその論点に関する従来の判例学説の傾向を一通り解説する」という機能は比較的正確に果たしている）以外は読まなくなってしまいますよ、すでにその傾向は相当に進んでいるのですよ、ということも、併せて記しておきたいと思う。

　ことに、訴訟において研究者の判例研究・批評が引用されたり書証として提出される例が、かつては一定程度あったのに、近年はほとんどなくなっていたことは指摘しておきたい。要するに、「判例研究・批評は研究者の間でしか読まれないものになりつつあるのではないか」ということだ。

　最後に、以上の点に関連して、研究者のあるべき判例研究・批評のスタイルについて、ことに若手の方々のために、私の考えるところを記しておきたい。

　まず、「当該判例の位置付け、中心論点とその論点に関する従来の判例学説の傾向を一通り解説する」という部分は的確に押さえてから、あるいは、押さえながら、自己の見解を述べられてはどうだろうか。ことに、最初に、「判旨に賛成（反対）」という言い放しの言葉で始めるスタイルは、「一部の当事者と同じく判決の結論だけしかみていない。これではとても的確な批評は望めまい」という先

入観を(実務家)読者に抱かせやすいので、考え直したほうがよくはないかと思う(実力もあり評価も定まった長老や大家なら別であろうが)。

　また、実質的な面についても、当該判例の、結論以外の要素、ことに事実認定を踏まえた理由付けの水準と重み、そして、判例学説の流れの中での位置付けは、的確に評価すべきであろう。実務家の場合、少なくとも判事クラスの文章であれば、そこはまず的確に押さえられている。その部分が弱いと、少なくとも実務家読者は、やはり、文章全体を本気で読んでみようとしないと思う(専門家読者は、やはり、そういう点はよく見ているものだ)。

　ひとつのたとえとして、ある文芸批評家が三島由紀夫の批評を評して述べた言葉を引いておきたい。

　「批評家は、ほめる場合もけなす場合も、ともかくフィギュアスケートの男性ダンサーと同じで、女性ダンサーである対象(作品)をぱあっと持ち上げながら滑走して、対象に観客の視線が集まるようにしてやるものだ。三島さんの批評は一級だが、対象よりも自分のほうが目立ってしまっているね」

　批評にも色々あって、批評家の問題意識に沿った連続批評や単著であれば、批評家が最初から前に出ていても一向にかまわないだろう。しかし、単独の作品批評や短評では、読者の期待しているものは、おそらく、それとは異なる。

　私は、近年研究者の判例研究・批評を実務家が読まなくなっているひとつの原因は、それが、ともかく自説を語ることに急で、ことに若い書き手の場合にはそれだけで精一杯で、対象、素材である判例自体については結論以外の要素(事実認定とそれに基づく判断の枠組み)をあまりみていないところにあるのではないかと思うのだが、いかがであろうか?(なお、38事件の「解答および解説」も参照)

　もちろん、三島の批評レヴェルのところまでがんばれるなら(三島は戯曲と批評のほうが小説より水準が高いという説もある)、黒タイツの男性ダンサーのほうが最初から目立ってしまってもよいのだが、それには、相当の「訓練」と「自負」と「覚悟」とが必要とされるところであろう(設問3)。

　なお、本セクションの「解答および解説」については、瀬木・要論第1部第14章「法的調査と立論、法的判断」を併せて参照されたい。

和解の可能性

　法律論が主要な争点となる事案では、双方に歩み寄りの余地があり、双方が裁判官の考え方を受け入れなければ、和解はできない。

本件は、「解答および解説」にも記したとおり、まさに法的判断を求めて提訴された事案であり、およそ和解の余地はない。

第14　法律論（2）

38　損害賠償請求事件（合議事件）

事案・争点 ➡ 年金契約上の説明義務
　　　　　　（判例研究・批評の意味）

判　　決

平成〇〇年〇月〇日判決言渡　同日原本領収
裁判所書記官　　〇　〇　〇　〇
平成16年（ワ）第1039号　損害賠償請求事件
口頭弁論終結日　平成〇〇年〇月〇日

判　　決

〇〇県〇〇市〇〇町〇丁目〇番〇号
　　　　原　　　　　告　　加　藤　　　晶
　　　　同訴訟代理人弁護士　〇　〇　〇　〇
東京都〇〇区〇〇町〇丁目〇番〇号
　　　　被　　　　　告　　〇〇酒類販売組合中央会
　　　　同代表者代表理事　　山　本　敬　介
　　　　同訴訟代理人弁護士　〇　〇　〇　〇
　　　　同　　　　　　　　　〇　〇　〇　〇

主　　文

一　被告は、原告に対し、金1034万9170円及びこれに対する平成16年11月26日から支払済みまで年5分の割合による金員を支払え。
二　原告のその余の請求をいずれも棄却する。
三　訴訟費用は、これを2分し、その1を原告の、その余を被告の、各負担とする。
四　この判決は、原告勝訴部分に限り、仮に執行することができる。

事実及び理由

第一　請求
　一　一次的請求
　被告は、原告に対し、金2388万4022円及びこれに対する平成16年11月26日から支払済みまで年5分の割合による金員を支払え。
　二　二次的請求
　被告は、原告に対し、金1864万8395円及びこれに対する平成16年11月26日から支払済みまで年5分の割合による金員を支払え。
　三　三次的請求
　被告は、原告に対し、金1695万4395円及びこれに対する平成16年11月26日から支払済みまで年5分の割合による金員を支払え。

第二　事案の概要
　一　事案の要旨
　本件は、原告が、被告の設けていた年金共済制度である○○年金制度（以下「本件制度」といい、これによる年金については「本件年金」ともいう）に関し、（ア）原告の夫であった亡加藤次晴（以下「次晴」という）と被告との間で締結された後記「第1契約」につき、①第一次的に、後記の「具体的説明義務」違反に基づき、債務不履行あるいは不法行為を主張して、後記Aの損害賠償を求め（なお、後記のとおり、少なくとも後記Bの損害は認められるべきであるとも主張）、②第二次的に、後記の「一般的・抽象的説明義務」違反に基づき、債務不履行あるいは不法行為を主張して、後記Bの損害賠償を求め、③第三次的に、後記の「信義則上の掛金元本返還請求権」に基づき、後記Dの金員の支払を求め、（イ）原告と被告との間で締結された後記「第2契約」につき、④第一次的に、後記の「一般的・抽象的説明義務」違反に基づき、債務不履行あるいは不法行為を主張して、後記Cの損害賠償を求め、⑤第二次的に、後記の「信義則上の掛金元本返還請求権」に基づき、後記Eの金員の支払を求めた事案であり、遅延損害金の起算日は、前記各債務の支払期の後である訴状送達の日の翌日である。
　なお、請求の趣旨第一項は後記A（第1契約の具体的説明義務違反に基づく損害）とC（第2契約の一般的・抽象的説明義務違反に基づく損害）の合

計額の、同第二項は、後記B（第1契約の一般的・抽象的説明義務違反に基づく損害〔なお、原告は、第1契約の具体的説明義務違反に基づく損害についても、予備的にこの金額を主張〕）とC（第2契約の一般的・抽象的説明義務違反に基づく損害）の合計額の、同第三項は後記D（第1契約についての信義則上の掛金元本返還請求権を根拠とする金額）とE（第2契約についての信義則上の掛金元本返還請求権を根拠とする金額）の合計額の支払を求めるものである。

　二　争いのない事実（ただし、注記を記した部分を除く）

　1　次晴は昭和61年6月本件制度に加入し（以下「第1契約」という）、平成9年3月までに掛金支払義務を履行し、同年5月10日に年金受給権を取得し、同年6月25日から月額18万7870円の年金の支給を受けていたが、平成13年11月23日に死亡した。

　原告は、遺産分割協議の結果、平成14年11月3日に前記年金受給権を相続し、次晴死亡後の平成13年12月11日に被告から第1契約上の受給方法として月額18万7870円を年金として受け取るか1204万円を一時金として受け取るかの選択を行うよう指示されていたのに対し、平成14年11月29日に前者の方法を選択する旨書面で届け出（以下「本件1選択」という）、その後平成15年12月までに年金として合計169万830円の支給を受けた（なお、被告は、前記の選択を「指示」したことはなく、単に選択が可能なことを「案内」したにすぎないというが、甲六によれば、いずれにせよ被告においていずれかの方法を選択するよう促した〔その意味で指示した〕ことに変わりはないものと認められる）。

　2　原告は昭和61年6月本件制度に加入し（以下「第2契約」という）、平成11年11月までに掛金支払義務を履行し、平成12年1月7日に年金受給権を取得するとともに第2契約上の受給方法として年金による方法を選択し（以下「本件2選択」という）、同年2月25日から月額12万8250円の年金の支給を受け、その後平成15年12月までに年金として合計589万9500円の支給を受けた。

　3　被告は、平成15年12月5日、本件年金財政の悪化を理由に年金事業の一時停止を総会で決定して年金支給を停止し、平成16年5月20日、本件制度廃止を総会で決定した。

　三　争点

第14　法律論（2）

1　原告の請求の根拠

（一）「具体的説明義務」違反

(1)　原告の主張

　被告は、本件制度を設計、運営、加入募集してきた者として、本件1選択に先立って、本件制度が破綻するなどして原告に対する年金支給が困難になる具体的な可能性が生じた場合には、破綻の可能性、これにより原告が被る年金不支給、支給金の元本割れ等の不利益について説明した上で前記選択を行わせるべき契約上の、あるいは不法行為法上の信義則に基づく、説明義務を負っていた。

　しかし、被告は、（ア）本件制度に関する平成12年度の決算状況をもってすればこれが破綻する可能性を具体的に予見でき、また、遅くとも平成13年7月ころまでには前記平成12年度の決算状況を認識しえたのに、あるいは、（イ）本件制度に関する平成13年度の決算状況をもってすればこれが破綻する可能性を具体的に予見でき、また、遅くとも平成14年7月ころまでには前記平成13年度の決算状況を認識しえたのに、その後、平成14年11月29日の本件1選択時までの間、原告に対して前記の説明義務の履行を怠った。

(2)　被告の主張

　本件制度の改廃はすべて被告の総会決議で決定されるのであり、被告の代表者、理事、職員は勝手にその予測を説明することはできない。

　被告においては、毎年12月に行われる総会決議で、本件制度の前年度の年金決算報告を承認するとともに翌年度の年金事業計画について決定しているところ、平成13年12月、平成14年12月の総会では配当率の引下げや新規貸付廃止を決議したものの、本件制度自体は継続することとしているのであって、前記の各時点で被告が本件制度の破綻の可能性を具体的に予見できる状況にはなかった。

（二）「一般的・抽象的説明義務」違反

(1)　原告の主張

　被告は、本件制度を設計、運営、加入募集してきた者として、本件制度への加入あるいは年金の受給方法の選択に先立って、本件制度の一般的な破綻の可能性、これにより次晴や原告が被る年金不支給、支給金の元本割れ等の不利益について説明した上で前記の点についての決定、選択を行わせるべき契約上の、あるいは不法行為法上の信義則に基づく、説明義務を負っていた。

しかし、被告は、第1契約時である次晴の本件制度加入当時から原告の本件1選択時までの間、また、第2契約時である原告の本件制度加入当時から原告の本件2選択時までの間、次晴や原告に対して前記の説明義務の履行を怠った。

(2) 被告の主張

いかなる制度であれ破綻や消滅の可能性があることは当然であり、これについてまで説明する一般的義務があるとする原告の主張は失当である。

(三)「信義則上の掛金元本返還請求権」

(1) 原告の主張

年金契約は個人の老後の生活資金である年金の支払に関わるものであるから、契約締結時に支給金の元本割れ等の不利益について説明が行われ加入者がこれを了解した旨の特段の合意がない限り、信義則上元本の支払（積み立ててきた掛金の元本額と年金として受領した金額との差額、すなわち掛金元本のうち未返還の金額の返還）が保証された契約というべきであり、したがって、制度を設計、運営する者である被告は、本件制度の廃止時における前記未返還金額相当額を原告に対して支払う義務がある。

(2) 被告の主張

争う。

2 請求額の根拠

(一) A

第1契約の本件1選択における一時金の金額1204万円と原告が前記選択後平成15年12月までに年金として受領した金額合計169万830円の差額1034万9170円に弁護士費用103万4000円を加えた1138万3170円（提示された一時金の金額と年金として受領した金額の差額）

(二) B

第1契約に関して次晴が積み立ててきた掛金の元本額1597万125円から次晴と原告が平成15年12月までに年金として受領した金額合計1038万582円を控除した558万9543円（積み立ててきた掛金の元本額と年金として受領した金額との差額）に弁護士費用55万8000円を加えた614万7543円

(三) C

第2契約に関して原告が積み立ててきた掛金の元本額1526万6220円から原告が平成15年12月までに年金として受領した金額合計390万1368円を控除

した1136万4852円（積み立ててきた掛金の元本額と年金として受領した金額との差額）に弁護士費用113万6000円を加えた1250万852円

　　（四）　D

　第1契約に関して次晴が積み立ててきた掛金の元本額1597万125円から次晴と原告が平成15年12月までに年金として受領した金額合計1038万582円を控除した558万9543円（積み立ててきた掛金の元本額と年金として受領した金額との差額）

　　（五）　E

　第2契約に関して原告が積み立ててきた掛金の元本額1526万6220円から原告が平成15年12月までに年金として受領した金額合計390万1368円を控除した1136万4852円（積み立ててきた掛金の元本額と年金として受領した金額との差額）

第三　争点についての判断
　一　前記の争いのない事実を前提として、以下、本件制度の概要、原告の請求の法的根拠の当否、その具体的な事実関係への当てはめの順序で判断を加えることとする。
　二　被告は、酒税の保全及び酒類業組合等に関する法律3条によって認められた酒類業組合であり、本件制度は、同法42条8号、被告定款4条9号を根拠に昭和58年4月1日に創設された私的年金制度であって、私的年金として各種の公的年金制度を補完する性格を有する。
　私的年金制度であるから関係法規はなく、被告の定款、年金共済規程（以下「本件規程」という）、同施行細則に基づき運営されている。また、組合員の福利厚生の一環として設けられた制度であって、営利を目的とするものではない。
　本件制度の改廃については、本件規程45条により、総会の決議を経て行われることになっている。
　掛金の運用については有価証券への投資により、これを、当初は信託銀行、生保会社、その後は投資顧問会社に委託してきた（以上二の認定については、乙六、一六及び弁論の全趣旨による）。
　三　原告の請求の法的根拠について
　説示のわかりやすさの観点から、この項で、まず、原告の請求の法的根拠

の当否についてまとめて判断する。

1 本件制度は以上のような私的年金制度であるから、一般的な破綻の可能性自体は否定できないものである（そもそも、公的年金制度であっても、そのような危険性自体は含んでいる）。また、原告が関連の判例を援用する投資信託取引のように営利を目的とし、手数料を徴収するような制度ではないことはもちろんである。

2 したがって、これを運営する被告につき、原告のいうところの一般的・抽象的説明義務、すなわち、本件制度を設計、運営、加入募集してきた者として、本件制度への加入あるいは年金の受給方法の選択に先立って、本件制度の一般的な破綻の可能性、これにより原告らが被る年金不支給、支給金の元本割れ等の不利益について説明した上で前記の点についての決定、選択を行わせるべき契約上の、あるいは不法行為法上の信義則に基づく、説明義務を被告に負わせることは、その合理的な根拠を欠き、困難であるといわざるをえない。

3 さらに、本件各契約のような私的年金契約について、一般的に、原告のいうところの信義則上の掛金元本返還請求権、すなわち、契約締結時に支給金の元本割れ等の不利益について説明が行われ加入者がこれを了解した旨の特段の合意がない限り、信義則上元本の支払（積み立ててきた掛金の元本額と年金として受領した金額との差額、すなわち掛金元本のうち未返還の金額の返還）が保証された契約とみるべき特段の根拠があるとみることも、同様に、困難であるといわざるをえない（なお、後記四1の(九)の末尾の段落に認定の事実のみから被告について前記のような信義則上の掛金元本返還請求権を肯定することも困難である）。

以上のとおり、原告のいうところの、一般的・抽象的説明義務、信義則上の掛金元本返還請求権の主張はいずれも採ることができない。

4 しかしながら、原告のいうところの、被告の具体的説明義務、すなわち、本件制度を設計、運営、加入募集してきた者として、本件1選択に先立って、本件制度が破綻するなどして原告に対する年金支給が困難になる具体的な可能性が生じており、かつ、被告がこれを予見し又は予見することができた場合には、破綻の可能性、これにより原告が被る年金不支給、支給金の元本割れ等の不利益について説明した上で前記選択を行わせるべき契約上の説明義務についていえば、前記のような可能性（制度破綻の可能性）が生じ

ており、かつ、被告がこれを予見し又は予見することができた時点において加入者に対し年金支給の方法を選択させるに際しては、前記のような可能性それ自体について説明し、あるいは少なくともその可能性を加入者に認識させるに足りるような本件年金財政に関する重要な情報を示すとともに前記情報に関する適切な説明を行った上で選択を行わせるべき、年金契約であるところの第1契約上の付随的義務が被告にあると考えるべきであり、被告がこれを怠った場合には、被告は、原告に対し債務不履行責任を負うものと解される。

本件1選択のような重要な選択に関して制度破綻の可能性が既に生じているにもかかわらず加入者がこれを認識しないまま選択を行うならば極めて重大な不利益を被る可能性がある一方、被告にとっては、前記のような可能性の説明や本件年金財政に関する重要な情報を示しての説明を行うことは困難なことではなく、加入者の老後の生活設計に密接に関わる契約である年金契約上の付随的義務としてのこのような義務を制度設営者である被告に課することによって被告に過大な負担を負わせることにはならないと考えられるからである。

四　そこで、以下、原告が本件1選択を行うことを指示された平成13年12月11日から原告がこれを行った平成14年11月29日までの間において本件制度に前記のような破綻の可能性が生じており、かつ、被告がこれを予見し又は予見することができたか、また、原告がそうした事実についての説明を受けたかについて判断する。

1　証拠（甲八、一三ないし一五、一七の1、一八、乙一ないし五、一二ないし一四、証人高槻、原告）及び弁論の全趣旨によれば、以下のような事実が認められる（なお、前記争いのない事実も適宜併せて記載する）。

（一）　被告は、平成5年5月20日、制度配当率を6.5パーセントから4パーセントに、平成7年9月22日、さらに2.5パーセントに引き下げた。

（二）　平成11年12月9日に行われた被告総会では本件年金財政の平成10年度末決算における責任準備金額約486億4000万円に対してその不足額が約66億7000万円であることが報告され（なお、貸借対照表の借方合計金額は約419億7000万円）、この不足の解消を第一義とする安定的で効率的な資産配分の策定が要請された（乙二）。

なお、本件年金財政は毎年4月から翌年3月までを単位としており、その

決算報告が被告に上げられるのは例年7月ころであった。

　(三)　平成12年12月7日に行われた被告総会では本件年金財政の平成11年度末決算における責任準備金額約488億6000万円に対してその不足額が約86億1000万円であること、時価ベースでも約33億円であることが報告され（なお、貸借対照表の借方合計金額は約402億5000万円）、これに対し、「右のような状況では勇気ある撤退をする時期にきているのではないか」との旨の質問が行われ、事務局長から、要旨、「財政の健全度を示す指数として責任準備金を満たすのは最低条件。その意味で勇気ある撤退も制度運営の一つの選択肢だ。解散は一つの選択肢だが、やれることをすべてやって、より健全性を高めていきたい」（乙一二）との回答が行われた。

　そして、本件年金財政等のより具体的な状況についてみると、平成11年度には収益率は順調で（13.48パーセント）、制度配当率を大幅に上回り、責任準備金不足も大幅に改善できたが、平成12年度の収益率は上半期でマイナス約14パーセントであり、また、制度加入者よりも脱退者のほうが過多となっていて悩ましい問題であることが報告されている（乙三）。

　(四)　被告は、平成13年5月24日、脱退一時金の配当率（年金中途解約利率）を大幅に引き下げた。これは、平成12年度の財政状況（同年度末の決算）の悪化を予測し、平成13年5月の総会の承認を得て前記配当率の引下げを前倒しで行ったものであった（乙一三）。

　(五)　平成13年12月6日に行われた被告総会では本件年金財政の平成12年度末決算における責任準備金額約468億円に対してその不足額が約87億4000万円であること、時価ベースでは約92億円と急増したこと、元本割れという最悪の状況までには立ち至っていないものの元本余価が約31億円まで減少していること（なお、貸借対照表の借方合計金額は約383億3000万円）、また、平成12年度の収益率は結局マイナス約11パーセント、平成13年度上期のそれもマイナス約10パーセントと厳しい状況が続いていることがそれぞれ報告され、年金数理人からは、要旨、「あらゆる年金制度が制度見直しに着手しており、本件年金も岐路に立たされているが、被告は事務局を中心に制度運営には十分な体制が整っており、財政面からの制度内容の見直しの検討も始めている。今後も年金制度を取り巻く環境は厳しいが、加入者と事務局、受託機関が一体となって制度運営を行う必要がある」旨の挨拶があった。

しかし、事務局ないし年金数理人に対しては、「3月の決算を12月の総会で報告しているが、もっと早くできないのか。また、破綻となった場合、補填する資金もない。誰が責任をとるのか」、「2.5パーセントの制度配当率は高すぎる。元本割れを引き起こす前に早急に見直すべきではないか」、「今まで被告は失策しても誰も責任をとらず、組合員の信頼を失っている。年金は組合員の大事な資金を預かっている制度であるから、委員会だけではなく、理事会でもしっかり議論をして頂きたい」などの旨の厳しい意見が述べられた（乙四、五）。

　（六）　本件年金財政は平成13年度の決算においては約44億円（証人高槻〔調書9頁〕）の元本割れの状況となり、前記二の投資顧問会社を統括する総幹事信託銀行である昭和信託銀行は本件制度廃止を提案した。しかし、被告は、組織の信用が失墜するとして反対し、平成14年12月にはカナダの投資会社の社債を運用資金総額の約8割に当たる約144億円で購入し、これにより年間約10億円の利回りを期待していたが、この投資会社の再投資先であった英国の会社が破綻したため、前記投資金を回収できなくなった（甲一七の1）。

　（七）　被告は、平成14年12月5日、新規貸付制度を廃止した。

　（八）　被告は、平成15年12月5日、本件年金財政の悪化を理由に本件年金事業の一時停止を総会で決定して年金支給を停止し、平成16年5月20日、本件制度廃止を総会で決定した。

　（九）　原告は、本件1選択を行うことを指示された平成13年12月11日から原告がこれを行った平成14年11月29日までの間において以上のような事柄については何も説明を受けておらず、本件年金制度に関する審議事項を含めた被告総会の審議事項の要旨や本件年金財政の決算書、損益計算書が記載された「○○通信」（被告発行の機関誌。乙一ないし四）も、原告らが店舗を閉めた平成9年以降は受け取っていなかった。

　また、次晴の死亡後の平成13年11月に原告が相続後の年金の受給権について問い合わせた際、平成14年11月29日に原告がその子の加藤学に被告本部事務所において選択届出書を提出させた際にも、前記のような説明は何も受けなかった。

　なお、原告が平成12年から平成14年の各初めころに受け取っていた年金基金残高の通知書（甲一三ないし一五）の裏面には、本件制度について、「有

利でお手軽・掛損なし」との文言を含む制度加入勧誘の文言が記載されていた。

　(一〇)　本件年金に関する被告の情報開示の主要な方法は前記〇〇通信であり、そのほかに、年金に関する重要な情報については被告において個々の契約者に対して文書を送付していたが、そのような文書として本件１選択時以前に原告らに送付されたものとして本件において提出されているのは、前記(四)の脱退一時金の配当率の引下げについて連絡した文書(乙一三)のみであり、この文書には、平成12年度の全国の年金制度の平均運用利回りは約マイナス９パーセント程度となり、本件年金の運用の予想利回りはマイナス二桁を超える見込みである旨は記載されているものの、そうした一連の説明は、「年金資産の運用は長期的な視野に立って行っているため、単年度で見れば上下動のある運用成績となりますが、長期的には制度配当率を上回るような運用を行っておりますのでご安心下さい」との言葉で締めくくられていた。

　なお、前記二のとおり本件制度の改廃について定めた本件規程は、被告の各単位組合に備え付けられていたが、原告は、そのことを知らなかったし、本件規程を見たこともなかった(乙七、原告〔調書12頁〕)。

　２　前記の認定によれば、被告は、遅くとも、本件年金財政の平成12年度末決算が被告に到達した平成13年７月の時点において本件年金財政の元本割れ状況や本件制度自体の破綻、あるいはこれに準じる程度の深刻な危機的状況の起こりうることを予見できたものと認められ、ことに、前記１(五)認定のような事柄が総会でも報告確認された平成13年12月６日以降にはその予見は一層容易になったものというべきである。

　３　この点につき、証拠(乙八、証人高槻)には、平成７年ないし平成13年当時の本件年金の収益率は全国の年金基金の平均とほぼ同様である旨の部分があり、乙九によればこの事実それ自体は認められるところであるが、そのころの本件年金財政の具体的な状況ないし推移については前記１に詳しく認定したとおりであって、先の事実だけで以上の認定判断が左右されるものではない。

　また、証拠(乙一二、証人高槻)には、責任準備金の設定には明確な基準があるわけではなく、制度配当率の変更等によっても変動するものであるから、この数値のみをもって制度の破綻を予測することはできないとの部分が

あるが、責任準備金が年金の将来の給付をまかなうために計算基準日において留保しておかなければならない性格の準備金であることは証人高槻の陳述書（乙一二）にも記載されており、前記1（三）認定のとおり、被告の事務局長も、「財政の健全度を示す指数として責任準備金を満たすのは最低条件」と被告総会において述べているところであるし、前記の認定判断は、責任準備金の数値のみをもって制度の破綻を予測すべきであったというような観点からしたものでもない。

　4　そうすると、原告が本件1選択を行うことを指示された平成13年12月11日から原告がこれを行った平成14年11月29日までの間において、被告には、本件制度について前記のような破綻ないしこれに準じる状況が起こりうる可能性が生じていることそれ自体を説明し、あるいは少なくともその可能性を加入者に認識させるに足るところの、本件年金財政に関する重要な情報を示してこれに関する適切な説明を行った上で加入者である原告に本件1選択を行わせるべき年金契約上の付随的義務があったものと解される。

　5　しかしながら、前記のとおり、被告はこれを怠ったものである（なお付言すれば、被告による前記1の連絡文書の送付をもって被告が前記のような義務を履行したとはおよそいい難い）から、被告は、前記債務不履行により原告に与えた損害を賠償する義務があるというべきである（なお、原告は被告の不法行為をも主張しているが、前記二認定のとおり、本件制度はいわゆる金融商品の販売事業のように営利を目的とした制度でも、その本質的な部分に投機的なリスクを含んだ制度でもないから、前記のような具体的説明義務違反について被告に不法行為責任を認めることは困難である）。

　なお、被告は、本件制度の改廃はすべて被告の総会決議で決定されるのであり、被告の代表者、理事、職員は勝手にその予測を説明することはできないとも主張するが、被告が前記の説明義務を負うと認定された以降の時点においては被告は適宜の方法で加入者に対してこれを行う法的義務を負うのであり、被告主張のような理由によってこれを免れることはできない。

　五　原告の被った損害について

　これについては、第1契約の本件1選択における一時金の金額1204万円と原告がこの選択後平成15年12月までに年金として受領した金額合計169万830円の差額1034万9170円を認めるべきである。

　なお、原告主張の弁護士費用103万4000円については、被告の前記債務不

履行と相当因果関係のある損害と認めることは困難である。

　第四　結論
　以上によれば、原告の請求は、第1契約に関するものは主文の限度で理由があり、第2契約に関するものはいずれも理由がない。

　　○○地方裁判所民事第○部

　　　　裁判長裁判官　　○　○　○　○
　　　　裁判官　　　　　○　○　○　○
　　　　裁判官　　　　　○　○　○　○

設　問

　1　年金契約上の説明義務を一定の限度で肯定した本件判決の考え方について、本件判決とは異なる考え方を採った控訴審判決（東京高判平成18年10月25日判例時報1962号72頁、判例タイムズ1257号152頁）との対比において、調査し、分析、評価せよ。

　2　上記の控訴審判決および本件判決の判例研究・批評について調査し、分析、評価せよ。

参考事項

　関係条文　民法415条
　判例誌掲載　判例タイムズ1207号109頁、金融・商事判例1242号2頁

解答および解説

　本件では、まず、判決の構成と記述のあり方に留意してほしい。本件は、法律論中心の合議事件につき、いかにわかりやすく、的確簡潔に起案を行うことができるかを実験してみるという趣旨で、私（裁判長）が、合議に基づき、主任裁判官として最初の起案を行い、その後、右・左陪席の順にこれを検討してもらい、最後に両名が気付いた点につき私が修正と補充を行って完成したものである（な

お、40事件の起案についても同様の方法によっている）。

　本件判決の「事案の要旨」の部分を、通常の書き方で書いてゆく（「本件１次的請求は……、２次的請求は……」といった形で、請求の趣旨を基準として書いてゆく）と、いわゆる新様式判決でも、きわめてわかりにくくなりやすい（なお、原告の準備書面の記述もきわめてわかりにくかった）。

　そこで、「事案の要旨」においては、まず、各「契約」を基準として請求の概要を記載し、そこでは、具体的な注意義務と損害額については、後の部分でまとめたものを引用して示す形式とした。その上で、最後に、各「請求の趣旨」につき、損害額との結び付きによってその内容を明らかにしておいた。

　「争点についての判断」では、その一において全体の構成を示し、二で本件制度の概要について事実認定を行い、三で原告の請求の法的根拠の当否についてまずはまとめて判断を行ってしまい（ここでも、わかりやすさの観点から、およそ認めにくい主張について先に排斥した後に、それとの対比において、年金契約のような営利を目的としない契約についてもなお契約上の附随義務としての説明義務〔契約上明文によって定められた義務ではない説明義務〕を認めることの可能な条件を確定している）、四でこの法理の本件への具体的な当てはめの認定判断を行い、五で損害額について判断した。

　四における事実認定と判断、関連する被告主張・証拠の排斥についてもかなりきめ細かく行っているが、法律論に関する新判断においては、そのような目配りは欠かせない。

　上記の法的判断の具体的な内容等については、「参考事項」の「判例タイムズ」誌のコメントを参照されたい。

　本件判決の記述方法につき、正確にかつわかりやすくするためにどのような工夫が行われているかを御理解いただけたであろうか。このような方法は、レジュメ、小論文等の作成に当たっても応用することができるはずであり、私自身、判決書作成の技術を、専門書、論文、さらには瀬木・裁判所、瀬木・裁判等の一般書執筆にも生かしている。

　裁判官の仕事は、このように、本来は、一般的な知的訓練としても、視野を広げるためにも、非常に有益なものなのだが、そのように裁判官の仕事を行っている人はきわめて少ない、というのが実情である。

　本件判決の心臓部に当たる判断について一言コメントしておくと、まず、年金契約につき契約上の附随義務としての説明義務を認めうる範囲はかなり狭いだろ

うという前提がある（営利を目的とする通常の契約の場合とは利害状況が異なる）。

　本件で「具体的説明義務」違反を肯定したことについては、制度加入者の大半は被告の機関誌である「○○通信」によって判決が認定したような事実関係を知らされていたが、原告は、たまたま店舗を閉めたためにこれを受け取っていなかったという事情が大きい。これにより、被告の財政状況の悪化という情報を与えられていない原告のような制度加入者が生じていたわけである（法的紛争、ことに本件のような法的新判断は、しばしば、こうしたエアポケットのような事実関係から生じる）。

　もっとも、こうした新たな法的論点については、考え方の相違も大きいわけで、本件についても、控訴審判決は、設問1に記したとおり、本件判決が認めたような説明義務（具体的説明義務）についても否定する結論を採っている（なお、下級審の裁判官が特定の法的論点に関して新しい判断をすることがどのような場合に適切であるかについての私見は、瀬木・要論［100］の(6)に記しておいたので、参照されたい）。

　上記のような事実関係を考慮すれば、原告を救済することが「ささやかな正義」の要請にかなうであろう。

　また、この判決は、「大きな正義」の要請にもかなうものだったと思う。従来、説明義務の認められる契約類型は上記のとおり被告がそれによって経済的利益を得られるものに限られていた。たとえば、金融機関が投資信託のような金融商品を販売する際に顧客に不利益事項を説明する場合等である。

　しかし、本件のような私的年金制度は、被告が組合員の福利厚生の一環として行うものであり、被告がそれによって経済的な利得を得るわけではない。

　こうした契約類型について説明義務が認められるか否かは定かでなかったが、地裁判決は、これを正面から認めて原告の救済を図ったのである（なお、「ささやかな正義」と「大きな正義」については、瀬木・裁判所6頁に記している。前者は、裁判所が個別事案の本質を見詰めてそれにふさわしい解決を図ることであり、後者は、裁判所が、行政や立法等の権力や大企業等の社会的な強者から国民、市民を守り、基本的人権の擁護と充実、人々の自由の実現に努めることを中心に、より大きな視点から社会的正義を実現してゆくことである）。

　これに対し、控訴審判決は、要旨以下のような理由で原告の請求を認めなかった。

　「本件年金制度のような制度は統一的、画一的な取扱いが要請されるから、契約者の問い合わせに個別に答えたり、説明を行うことは、本件年金共済規定違反

になる。

　また、本件年金制度が第一審のいうような危機的状況にあったとは認めがたい。

　もっとも、組合員でなくなった原告に対しても『〇〇通信』と同程度の内容は送付される（知らされる）ことが望ましかった。

　しかし、原告は、従前『〇〇通信』の送付を受けていたのだから、みずから送付を求めて入手することは可能だったし、年金財政等に疑問があればみずから問い合わせて確認することも容易にできた（にもかかわらずこれをしなかったのだから、原告のほうに問題がある）」

　結論、考え方の相違はおくとしても、以上のような控訴審判決のロジック、レトリックは、明らかにずさんであり、破綻している。その意味で、この控訴審判決は、私の判決が上級審で破られた事案の中でも、最も疑問が大きいもののひとつであった。

　これらの判決についての判例研究のひとつ（①とする。本澤巳代子教授〔筑波大学、民事・社会法学〕、判例時報1990号179頁）は、要旨以下のように述べている。

　「第一審判決のほうが、劣位当事者に対する説明義務、情報提供義務を認めようとする従来の学説および判例の傾向に沿ったものといえる。原告がみずから積極的に財政状況を調べるべきであったとする控訴審判決は、一般人の感覚からほど遠いものである。また、控訴審判決は、契約者の問い合わせに個別に答えたり、説明を行うことは、年金共済規定違反になるといいつつ、原告は、年金財政等に疑問があればみずから問い合わせて確認することも容易にできたというが、それでは、原告は、一体どうすればよかったというのであろうか？」

　この判例研究の分析どおり、控訴審判決のロジック、レトリックは、首を傾げざるをえないものではないかと思う。「本件年金制度が第一審のいうような危機的状況にあったとは認めがたい」というのなら、そのことを説得力のある事実認定と判断で示せば、棄却という結論は導けるのである。しかし、そこは微妙なので、上記のようなロジック、レトリックを持ち出してまで無理やり棄却しているという印象は否定しにくい。

　しかし、原告の請求を認めても実質的には誰も傷付かないこの事案で、なぜ、先のような強引で無理のあるロジック、レトリックを用いてまで請求を棄却しなければならないのか、私にはよく理解できない。

　ここまでは瀬木・裁判所50頁に記したことだが、実は、控訴審判決のほかの判例研究もまた、首を傾げたくなるものである。

まず、②ジュリスト1383号193頁〔星野豊〕は、控訴審判決の論理には①が指摘しているような無理があるとしながら、一方で、「原告は『○○通信』その他により本件年金制度に関する情報を入手することが可能であったし、本件年金制度の基本的構造や原告の有する選択肢も説明されていたとの認定を前提とすれば、原告は年金と一時金の優劣を理解していたといわざるをえず、したがって、説明義務違反を肯定することはできない」との結論に達している。

しかし、①も指摘しているとおり、控訴審判決の事実認定自体からしても、「原告は『○○通信』その他により本件年金制度に関する情報を入手することが可能であった」と判断することは、困難なのではないか。

要するに、この研究は、「判決の事実認定」と「それに基づく法的判断」の区別がきちんとできておらず、「事実認定に基づく法的判断」について、「事実認定」としている疑いがある（もっとも、確かに、関係部分の控訴審判決の表現自体が、故意にこの区別をあいまいにしている傾向はある。しかし、判決文を熟読すれば、「原告は『○○通信』その他により本件年金制度に関する情報を入手することが可能であった」というのが、認定された事実そのものというよりは、それに基づく裁判所の「法的評価」であることは読み取れる。①の判例研究もそのような理解に立っていると思われる）。

また、「原告は『○○通信』その他により本件年金制度に関する情報を入手することが可能であった」というのが控訴審判決の事実認定（評価的事実の認定）であるというなら、判例研究は、当然その当否についても問題とすべきであろう。事実認定の当否には立ち入らないというのは、最高裁判決の場合に初めていえるはずのことであるし、まともな判例研究は、最高裁判決のそれでも、必要に応じ、下級審判例の事実認定の問題についても言及している。

また、「原告は年金と一時金の優劣を理解していた」というのは評者の評価ということになるのだろうけれども、この評価は適切なものなのか、①の論じるところと対比してみると、説得力がないと思う。

この判例研究は、第一審判決、控訴審判決の双方をよく読んだ上で行われているのか、いささか疑問を禁じえないのである。また、文章全体をみても、論旨が迷走気味であり、内容はおくとして、その論旨の運び自体から、慣れていない運転手のタクシーに乗ったときのような不安を感じさせられる。ここでも、大変残念なことだが、37事件の「解答および解説」で触れたと同様に、「研究者としての基礎力」の不足を感じざるをえないのである。

第14　法律論 (2)

　なお、この判例研究に、「東京大学商法研究会」という看板が付いていることについては、ストレートな感想は差し控えるが、ちょっとしたブラックジョークの感がある。

　次に、③判例タイムズ1252号42頁〔光岡弘志〕は、チャートまで示して長々と頁を使った上で、最後に、「画一的、統一的処理の要請は、説明義務によって保護されるべき利益と対立する利益としてきわめて重要なものと考えられる」とし、あっさり控訴審判決を肯定、支持している。

　しかし、一体なぜ、そんなことが、「説明義務ないし情報提供義務によって保護されるべき利益」に比較して「きわめて重要」だといえるのだろうか？　その理由として述べられているところは、要するに、他の加入者との公平、あるいは、「加入者全員による意思決定や加入者全員との関係における責任追及」が適切ということのようだが、絵に描いた餅そのものであり、控訴審判決の破綻気味の論理を追認して個別的救済を求めている原告を切り捨てるための理屈にすぎないのではないかという気がする。裁判というものは何よりも個別的救済を求めるための手段なのではないだろうか？

　この判例研究は、長々とした官僚の作文だが肝心の真の争点に関する記述はフラットな切り捨てで簡単にすませるという日本の（よくない）民事判決の書きぶりに大変よく似ていると考えるのは、私だけであろうか？

　まあ、判事補が地裁の研究会の結果に基づいて書いたものに本気で腹を立てるのも大人気ないので、この程度にしておく（なお、上記の長々とした記述の中には、それなりに意味のある部分も存在しないではない）が、私は、「こういう裁判官の裁判はあんまり受けたくないな」という「きわめて私的な感想」を抱いたので、そのことだけ付言しておく。

　さて、結局、この事件は、上告が棄却され、原告の請求棄却で確定してしまったということのようである（②の末尾の記述）。

　もしもこの記述が正しいとすれば、原告代理人は、上告受理の申立て（民事訴訟法318条）はしなかったのであろうか。もしもそうであるとすればのことだが、これまた、私にはちょっと理解しにくい訴訟活動であるといわざるをえない。

　本件の争点は純粋法律問題と思われ、上告受理の申立てが可能なはずだと思われるのだが、そうではないのだろうか？　ここでも、先の「事実認定と法的判断の境界があいまいに書かれた判決」という問題が関係している可能性はあるものの、もし私なら、上告受理申立てと上告を併せて行い、上告受理申立てのほうに

精魂を傾ける（瀬木・要論［126］参照）。

　以上のような状況（その中にあって①の判例研究が救いではあるが）は、裁判官としては、故植木等の有名な歌ではないが「まことに、遺憾に、存じ上げる」ほかないところであり、こうしたことの積み重なりも、私が2000年代の半ばころに研究者に転身することを決意したひとつの理由となっている（なお、関連して、9事件の「解答および解説」も参照）。

　司法と学界の水準が以上のような状況にあるこの国で、また、先進諸国（といわれる諸国）にはほかに例のない（もっとも、韓国は、日本にならった制度をもっていたが、これも最近法曹一元制度の採用に踏み切った）硬直した、上意下達傾向の支配的な官僚裁判官制度の下で、良識的裁判官を最後まで続けるのは、はっきりいって、私の力に余る事柄であった。

　いささか個人的な感懐の強く出た文章になったことは御容赦いただきたいが、瀬木・裁判所、瀬木・裁判同様、基本的な論理の筋はきちんと通しているつもりである（設問1・2）。

和解の可能性

　被告におよそ和解の意向がなかった。

第14 法律論 (3)

39 損害賠償請求事件

事案・争点 ➡ 不告知投薬の違法性

判　決

平成○○年○月○日判決言渡　同日原本交付
裁判所書記官　　　○　○　○　○
平成10年 (ワ) 第1040号　損害賠償請求事件
口頭弁論終結日　平成○○年○月○日

判　決

○○県○○市○○区○○町○丁目○番○号
　　原　　　　　告　　前　谷　美　保
　　同訴訟代理人弁護士　　○　○　○　○
○○県○○市○○区○○町○丁目○番○号
　　被　　　　　告　　小　野　武　憲
　　同訴訟代理人弁護士　　○　○　○　○
　　同訴訟復代理人弁護士　○　○　○　○
○○県○○市○○区○○町○番○号
　　被　　　　　告　　○　　○　　市
　　同代表者市長　　　　○　○　○　○
　　同訴訟代理人弁護士　　○　○　○　○
　　同指定代理人　　　　○　○　○　○
　　同　　　　　　　　　○　○　○　○

主　文

一　原告の請求をいずれも棄却する。
二　訴訟費用は、原告の負担とする

事実及び理由

第一　請求
　一　被告小野武憲は、原告に対し、金一〇〇〇万円及びこれに対する平成一〇年一〇月二一日から支払済みまで年五分の割合による金員を支払え。
　二　被告〇〇市は、原告に対し、金五〇〇万円及びこれに対する平成一〇年一〇月二一日から支払済みまで年五分の割合による金員を支払え。

第二　事案の概要
　一　事案の要旨
　本件は、原告が、(ア)被告小野に対し、同被告が、昭和五八年一二月一四日に、同被告経営の小野クリニックにおいて、原告を診察することなく、原告の叔母宇田川秀子の話を聞いただけで、原告を統合失調症妄想型と診断し、水薬を処方したことが、医師法二〇条に違反する行為であり、原告の人格権を侵害したとして、民法七〇九条に基づく損害賠償（慰謝料）請求を、また、被告〇〇市に対し、(イ)〇〇市保健所の嘱託医である被告小野が、平成三年四月二五日に、原告の夫前谷仁の相談を受けただけで、原告を診察することなく統合失調症妄想型と診断し、同日付けの相談の記録（甲五の「精神衛生日誌」である。以下「精神衛生日誌」という）に原告が統合失調症妄想型である旨と治療を要する旨を記載したこと、(ウ)〇〇市保健所長がこの記載を削除するなどの措置を講じずに放置したこと、(エ)〇〇市保健所の精神保健相談員村上真人が平成三年四月二二日、同年七月三日の二回にわたって〇〇中央警察署防犯課警察官白井真紀から原告が異常な行動をする精神障害者である旨の通報を受けながらこれを精神保健法（現在は「精神保健及び精神障害者福祉に関する法律」となっている。以下引用する条文は、すべて平成三年当時の「精神保健法」のそれである）二四条の通報として扱わなかったことを理由として、国家賠償法一条一項に基づく損害賠償（慰謝料）請求を、それぞれ行った事案である。

　二　争いのない事実
　いずれも、原告と被告〇〇市との間において争いがない事実である。
　1　被告小野は、平成三年四月二五日当時、精神保健法一八条所定の精神保健指定医（以下「指定医」という）であり、また、〇〇市保健所の嘱託医

（地方公務員法三条三項三号にいう特別職の地方公務員）であった。

　２　被告小野は、１の嘱託医の資格において、平成三年四月二五日に、同保健所で、原告を診察することなく、原告の夫前谷仁の相談を受けただけで、原告を統合失調症と診断し、同日付けの精神衛生日誌に原告が統合失調症である旨と治療を要する旨を記載した。

　３　原告は、平成三年七月二九日から同年九月二〇日まで精神科の病院である医療法人進藤病院に入院した（以下「本件入院」という）。

　三　争点

　前記一「事案の要旨」の（ア）ないし（エ）の点が争点である。以下、それぞれの点についての原告の主張と被告らの主張を項目ごとに分けて記載する。

　１　「事案の要旨」の（ア）の点について

（原告の主張）

　被告小野は、昭和五八年一二月一四日に、同被告経営の小野クリニック（〇〇市〇〇区所在）において、原告を診察することなく、原告の叔母宇田川秀子の話を聞いただけで、原告を統合失調症と診断し、水薬を処方した。

　前記の診察なき診断と告知なき投薬は、医師法二〇条に違反する行為であるのみならず、原告の家族、親族らに原告を精神病者として処遇させる結果を招いた。

　また、後に、やはり指定医であり、〇〇市保健所の嘱託医である進藤一医師は、被告小野の前記診断に基づき、精神保健法三三条一項（医療保護入院についての規定）により原告を入院（本件入院）させたが、この入院はその要件を欠く違法なものであった。被告小野の前記の一連の行為とこの違法な入院措置の間には法的な因果関係が存在する。

　以上のとおり、被告小野の行為は、原告の人格権を侵害したものである。

（被告小野の主張）

　原告の主張事実は否認する。

　なお、たとえ被告小野が原告主張のような行為を行ったとしても、診察なき診断自体は医師法二〇条の禁止する行為ではないし、告知なき投薬についても、精神科の医療においては、病識がなく治療を受けたがらない患者の症状を緩和し、また、自発的に医師の治療を受けさせるためのやむをえない手段として、多くの医師が、家族等の訴えを十分に聞き、副作用等の説明もした上で行っていることであり（被告小野の場合も同様である）、違法性を欠

く。
　また、原告は、水薬を処方されたとしてもこれを服用しなかったのであり、原告の身体に何ら被害は発生していない。
　さらに、被告小野の前記の行為と本件入院との間には何らの因果関係もない。
　2　「事案の要旨」の(イ)、(ウ)の点について
（原告の主張）
　〇〇市保健所の嘱託医である被告小野（なお、〇〇市に対する請求の関係では被告小野は違法行為を行った公務員として特定されているにすぎず、その行為について原告が同被告に対し国家賠償請求を求めているわけではない）は、平成三年四月二五日に、原告を診察することなく、前谷仁の相談を受けただけで、原告を統合失調症と診断し、同日付けの精神衛生日誌に原告が統合失調症である旨と治療を要する旨を断定的に記載し、また、後に、進藤医師は、同記載に基づき精神保健法三三条一項により原告を入院（本件入院）させたが、同入院はその要件を欠く違法なものであった。被告小野の前記の行為とこの違法な入院措置の間には法的な因果関係が存在する。
　また、〇〇市保健所長は、精神衛生日誌の内容を検討し確認する義務があるから、同事務を適正に行い、被告小野の行った前記のような記載を削除するなどの措置を行うべきであったのにこれを怠り、前記のような違法な結果を発生せしめたものである。
（被告〇〇市の主張）
　原告の主張にかかる被告小野の行為は、精神保健法四二条所定の「精神保健に関する相談」の一環として行われたものであり、同相談においては担当医師に患者本人との面接義務はないし、同相談の際の担当医師の診断も、医師法における診断とはその性格を異にし、また、相談の結果の記載も、たとえ担当医師が行った場合でも医師法における診療録（医師法二四条）とはその性格を異にする。したがって、前記被告小野の行為に何ら違法な点はない。
　また、進藤医師は独自の診断の結果として本件入院措置を採ったものであり、被告小野の行為と本件入院の間に因果関係はない。
　さらに、本件入院措置にも何ら違法な点はない。
　以上のとおりであるから、〇〇市保健所長の不作為義務違反についての原告の主張も理由がない。

3 「事案の要旨」の(エ)の点について
（原告の主張）
　○○市保健所の精神保健相談員である村上真人は、平成三年四月二二日、同年七月三日の二回にわたって○○中央警察署防犯課警察官白井真紀から原告が異常かつ危険な行動をする精神障害者であって精神保健法二四条にいう自傷他害のおそれがある旨の通報を受けながら、これを同条の通報として扱わず、その結果、原告が同法二七条一項所定の、都道府県知事が指定した指定医の診察を受け、正常であるとの診断を受ける機会を奪い、やはり、前記2と同様の違法な結果を発生せしめた。
（被告○○市の主張）
　村上は、白井から、患者に自傷他害のおそれがあることを要件とする精神保健法二四条の通報を受けていない。
　また、たとえ原告が同法二七条一項所定の診察を受けていたとしても、原告が正常であると診断された可能性はない。
　さらに、本件入院措置にも何ら違法な点はない。

第三　争点についての判断
　一　争点1について
　1　証拠（甲五、七、八、乙ロ一、証人村上、原告本人、被告小野本人）によれば、被告小野は、昭和四一年に○○大学を卒業し、○○大学精神科等で臨床経験を積んだ精神科医で、昭和五八年の時点においても十分な精神科治療の経験を持っていたこと、同被告は、昭和五八年一二月一四日ころ、同被告経営の小野クリニック（○○市○○区所在）において、原告の叔母宇田川秀子の訴えを聞き、原告が統合失調症であると診断し、その要請に基づき水薬を処方することを考えたが、原告の叔母である宇田川の訴えだけでこれを行うことは不適当であると考えたことから、さらに、同女に指示して原告の夫前谷仁を呼んだ上で、同人に水薬を渡した事実が認められる。
　2　証拠（乙ロ一、被告小野）によれば、被告小野は、前記の事実関係自体は記憶していないが、昭和五八年当時においても、患者の家族等の訴えを十分に聞いた上、患者に病識がないなどの理由で、患者が来院して治療を受けるとともに医師の指示に素直に従うことが期待できず、かつ、家族等が困った状況に置かれている場合に限り、信用のおける家族（保護者）に副作用

等について十分に説明するとともに、症状がよくなったら必ず患者を連れてくるように指示した上で、告知なき投薬（非告知投薬）を行っていたと述べており、同供述は信用することができるので、原告の場合にも、同被告は、このような要件の充足を前提として原告に水薬を処方したものと認めることができる。

　なお、原告は、その本人尋問の結果において、夫から通院を勧められるなどのことがあれば喜んでこれに応じたと述べているが、同供述は、もしも原告が診察を受ければ精神的に正常であることが判明したはずであるとの認識を前提としてのものと認められるのであって、この供述によって、原告が、昭和五八年当時において、治療目的の通院に素直に応じたと認めることは困難である。

　3　また、原告の状態についてみると、証拠（甲五ないし七、九、乙イ四、五、七、八の各1、2、九ないし一二）によれば、原告は、昭和五二年ころから自宅に盗聴器や隠しカメラが取り付けられ、自分の行動が監視されていると確信し、また、昭和五六年ころには、自分を監視しているのはいわゆるグリコ・森永事件の犯人達と同一のグループで夫もその一味であると考え、再三にわたって○○中央警察署等の警察官に盗聴器や隠しカメラを取り除いてくれるよう要請するようになり、このような原告の行動は本件入院まで一貫して継続していたことを認めることができる。

　そして、前掲各証拠の記載に、前記のような原告の懸念に相応の根拠があることを証するに足りる客観的な証拠が本件において何ら提出されていないことを併せて考えると、原告は、遅くとも昭和五六年以降本件入院までの間、顕著な被害妄想を伴う統合失調症に罹患していたものと認めることができる。

　4　また、原告が被告小野に処方された水薬を服用したことを認めるに足りる的確な証拠はなく、かえって、証拠（甲八、乙イ一二、一九、原告本人）によれば、前谷仁は結局原告に同水薬を服用させることができなかったことが認められる。

　5　以上を前提として、被告小野の前記の診断及び投薬について判断する。
　（一）　まず、医師法二〇条は医師がみずから診察をしないで治療をし、あるいは診断書や処方箋を交付することを禁止しているのであって、患者の家族が病識のない患者を受診させることができないために、やむなく家族だけで精神科医を訪れて助言を求めることの多い精神病医療の実態に鑑みるなら

ば、精神科医が、患者の家族等の相談に乗ってその訴えを聞き、その内容から判断した予想される病名を相談者らに対して告知することまでをも禁止しているものではないと解されるから、被告小野の前記の診断（原告の叔母や夫に対する予想される病名の告知）については、同法に違反する行為とはいえない。

もっとも、医師法二〇条の立法趣旨に鑑みると精神科の領域においても患者本人を診察しないで行う診断はできる限り避けることが望ましいこと、また、後記のとおり精神病の治療についてもできる限りいわゆるインフォームド・コンセントが貫かれるべきであることを考えるならば、被告小野の前記のような診断（病名の告知）が誤ったものであり、かつ、これを断定的に述べた結果として原告が何らかの具体的な不利益を被ったとの事実が立証される場合には、これが原告に対する不法行為を構成する余地がないとはいえないであろう。しかし、本件においては、そのような事実は何ら立証されておらず、かえって、前記3のとおり、被告小野の診断は正しいものであったことが認められるのである。

そうすると、被告小野の前記のような診断が違法であったとみることはできない。

（二）　次に、被告小野が、原告を診察せずに前記のような診断を行い、かつ、これに基づき、原告に告知することなく水薬を処方したこと（診察なき治療及び非告知投薬）について判断する。

これは、形式的にみれば、医師法二〇条に違反する行為（診察なき治療）であり、かつ、インフォームド・コンセントの原則に違反する行為（患者に対して治療の内容について説明しその同意を得るべき医師の義務に違反する行為）であるようにみえる。

しかし、証拠（乙ロ一ないし五、七、被告小野）によると、（ア）非告知投薬は日本における精神病の治療においては非常に広い範囲で行われており（平成七年度の全国調査の結果でも、精神科医の四分の三が、やむをえない場合にはこれを行う旨述べている）、また、その中には本件のように患者本人を診察しないで行われるケースも相当含まれていること、（イ）ことに、病識のない精神病患者が治療を拒んでいる場合には、患者を通院させることができるようになるまでの間の一時的な措置として、患者に気付かれることなく服用させることの可能な水薬が処方される例がままあること、（ウ）前

記のような場合にも、その処方は、家族等の訴えを十分に聞き、かつ、保護者的立場にあって信用のおける家族に副作用等について十分説明した上で慎重に行われていること、(エ)病識のない精神病患者に適切な治療を受けさせるための法的、制度的なシステムが十分に整っていない日本の現状においては、このような患者を抱えた家族には民間の精神科医以外に頼る場所がなく、このような患者に対して診察や告知をしないで行う投薬を一切拒否することは患者とその家族にとって酷な結果を招くこと(残された手段は強制的な入院治療しかないが、これは事実上困難な場合が多く、また、医師と患者の関係を破壊するのでその後の治療に悪影響を及ぼす場合が多いこと)を認めることができる。

　もっとも、一方では、証拠(甲一四ないし一七、乙ロ七、八)によると、(ア)近年、ことに国連社会経済理事会の人権委員会作業班による「精神病を有する人の保護及びメンタル・ヘルス・サービス改革のための諸原則」に関する草案が平成二年に発表され、翌年に同委員会において採択されて以来、精神科の治療においてもインフォームド・コンセントの原則を貫くべきであるとの考え方が国際的に強まっていること、(イ)日本においても、厚生省の委嘱による研究班が平成八年に発表した中間意見において、非告知投薬はインフォームド・コンセントの原則からは問題があり、患者本人のアンケート結果では医師や家族の場合に比べると肯定的な回答がかなり少ないことからしても、できるだけ避けるべきであるとの考え方が示されていること、(ウ)向精神薬は、副作用を含め強力な薬物であり、医学的管理が難しい状況での投薬は危険であることもまた認めることができる。

　以上によると、非告知投薬、ことに患者本人の診察を経ないそれは、できる限り避けることが望ましいといえるが、病識のない精神病患者に適切な治療を受けさせるための法的、制度的なシステムが十分に整っていない日本の現状を前提とする限りは、(ア)病識のない精神病患者が治療を拒んでいる場合に、(イ)患者を通院させることができるようになるまでの間の一時的な措置として、(ウ)相当の臨床経験のある精神科医が家族等の訴えを十分に聞いて慎重に判断し、(エ)保護者的立場にあって信用のおける家族に副作用等について十分説明した上で行われる場合に限っては、特段の事情のない限り、医師法二〇条の禁止する行為の範囲には含まれず、不法行為上の違法性を欠くものと解することが相当であると思われる。

もっとも、医師の指示に従って行われた非告知投薬の結果患者に重大な障害（たとえば薬物の副作用による後遺症等）が発生したり、非告知投薬の結果患者に何らかの問題行動等が発生し家族が当該医師の助けを求めたのに医師が適切な措置を執ることを怠ったような場合については、前記特段の事情があると判断される余地がありうると思われるので、非告知投薬、ことに患者本人の診察を経ないそれについては、精神科医は、十分に慎重であるべきといえよう。

　（三）　これを本件についてみると、前記1、2に認定したとおり、被告小野が原告に対して行った診察なき非告知投薬は（二）の要件を満たしたものであるといえるから、不法行為上の違法性を欠くものと評価することができる。

　なお付言すれば、前記4に認定したとおり、原告は被告小野に処方された水薬を服用しなかったものであるから、これによる身体被害が原告に発生する余地も全くなかったものである。

　また、被告小野の前記のような一連の行為が後記の進藤医師による本件入院措置に何らかの影響を与えたことを認めるに足りる的確な証拠もない。

　二　争点2について

　1　被告小野が、○○市保健所の嘱託医として、平成三年四月二五日に、同保健所で、原告を診察することなく、前谷仁の相談を受けただけで、原告を統合失調症と診断し、同日付けの精神衛生日誌に原告が統合失調症妄想型である旨と治療を要する旨を記載したことについては、原告と被告○○市の間に争いがない。

　2　しかし、証拠（乙イ三、一七、一八、証人重田）によれば、被告小野の前記の行為は、精神保健法四二条所定の「精神保健に関する相談」の一環として行われたものであること、前記相談の担当職員は医師の資格のある者に限られないこと、嘱託医等の医師が担当職員となる場合であっても、前記相談の際の担当医師の診断の性格は医師法における診断とはその性格を異にし、診断に当たって患者本人と面接する義務はないこと、相談の結果の記載も、たとえ医師が行う場合であっても医師法における診療録（医師法二四条）の記載とはその性格を異にすることが認められる。

　したがって、被告小野の前記の行為は、いかなる意味でも医師法に違反するものではない。

また、被告小野の行った前記の記載に誤りのなかったことについては、前記一3に認定したとおりである。
　そうすると、被告小野の前記の行為をもって国家賠償法一条一項にいう違法な行為であると評価することはできない。
　3　さらに、被告小野の行った前記の記載と進藤医師の行った本件入院の措置に法的な因果関係があること（被告小野の前記記載がなかったならば進藤医師は本件入院の措置を執らなかったであろうこと）については、これに沿う甲八、九号証の記載は、これに反する証拠（乙イ四、五、七及び八の各1、2、九ないし一二）に照らし採用することができない。
　かえって、後者の証拠によれば、進藤医師は平成三年七月二九日に二時間近くにわたって原告を問診し、その状態を観察し、その夫や親族にも質問した上で、独自の判断の結果として本件入院の措置を執ったものであり、被告小野の行った前記の記載は進藤医師の総合的判断の際に一つの付随的な資料として参考にされたにすぎないこと、本件入院の措置に何ら違法な点はなかったこと、同入院中に原告が○○県知事に対して行った退院請求も引き続き現在の入院形態での入院が必要と認められるとの理由で退けられていることが認められるのである。
　4　以上によれば、○○市保健所長に、原告の主張するように精神衛生日誌の内容を検討、確認し不適切な記載があればこれを削除すべき義務があるか否かにかかわらず（たとえ一般論としてはこれを肯定することができる場合がありうるとしても）、本件において同所長に前記の不作為義務違反があったと解することもできない。
　三　争点3について
　1　証拠（甲五、七、乙イ一八、一九、証人重田、同村上）によれば、○○市保健所の精神保健相談の担当職員である村上は、平成三年四月二二日、同年七月三日の二回にわたって○○中央警察署防犯課の警察官である白井から電話で連絡を受け、その結果を精神衛生日誌に記載した事実が認められる。
　2　しかし、前記連絡の内容が、原告が異常かつ危険な行動をする精神障害者であり、精神保健法二四条にいう自傷他害のおそれがある者である旨のものであったとの点については、これに沿う甲八、九号証の記載、原告本人尋問の結果は、1に掲げた証拠に照らし採用することができない。
　かえって、1に掲げた証拠によれば、前記電話連絡は、平成三年四月二二

日のものが、原告が前記のような被害妄想で○○中央警察署に何度か相談に来ており、近所との関係が悪くなりつつあるようなので夫を呼んで話を聞く予定である、自分としては原告を精神科に受診させたいとの意向を持っているとの内容であり、同年七月三日のものが、原告に精神科受診を勧めた、原告はその後国立○○病院で精神が正常である旨の診断書の発行を要求して断られ、保健所に行くように言われた旨を報告に来たが、保健所に来所等している事実はあるかとの内容であって、いずれも、原告が自殺、自傷や刑罰法規に触れる犯罪を行うおそれがあるといった精神保健法二四条にいう自傷他害のおそれを窺わせる内容ではなかったことが認められる。

　また、証拠（乙イ一、二、一六）及び1に掲げた証拠によれば、精神保健法二四条の通報は要式行為ではないが、実務上は、その重要性に鑑み、所定の用紙を用いての書面による通報と書面による通報受書の作成がそれぞれ行われており、たとえ電話等による口頭の通報があった場合であっても併せてこのような書面が作成される慣例であること、しかし、前記の二回の連絡についてはそのような書面が作成されていないことが認められる。

　3　以上によれば、村上が、白井から、精神保健法二四条の通報の要件を満たす通報ないし連絡を受けたことを前提とする原告の主張は理由がない。

　なお付言すれば、前記一3及び二3に認定した事実に鑑みるならば、たとえ原告が同法二七条一項所定の診察を受けていたとしても本件入院を免れえた可能性は乏しかったのではないかと考えられる。また、本件入院の措置に何ら違法な点がなかったことは、前記二3に認定したとおりである。

第四　結論

　以上によれば、原告の請求はいずれも理由がない。

　○○地方裁判所民事第○部

　　　裁判官　　○　○　○　○

設問

1　本件判決のうち医師に対する不法行為に基づく損害賠償請求に関する部分

を判例としてとらえた場合の判決要旨を120字以内で正確に記せ。

2　精神科医療における不告知投薬が違法にならないためのメルクマールを設定した本件判決の意味ないし位置付けについて考察せよ。

3　医師の説明義務に関する重要な最高裁判例を年代順に取り上げて、それらのもっている意味につき考察せよ。

参考事項

　関係条文　民法709条、医師法20条
　判例誌掲載　判例時報1741号113頁、判例タイムズ1034号177頁

解答および解説

　本件判決のうち国家賠償法に基づく請求に関する部分については特に問題はないであろう。ただし、これについても、争点の把握と論理的な判断の順序、方法にはそれなりの熟練を要する。

　医師に対する不法行為請求の部分の判決要旨は次のようなものになると思われる。

　「精神科医師が患者の家族等の依頼によって行った患者の診察を経ないでする診断および患者に告知を行わないでする投薬が医師法20条に違反せず、患者に対する不法行為（人格権の侵害）を構成しないとされた事例」（設問1）

　医師に対する不法行為請求に関しても、結論は感覚的にはある程度予想がつくであろうけれども、その争点の確定と法的判断はかなり難しい。

　まず、「診断」の点については、本件で被告医師が行った行為につき、医師法20条との関連においてその意味合いを明らかにする必要がある。漫然と診断一般の問題に解消してはならない。判決は、簡潔な一般論を立て、患者の家族等からの相談に応える形で行われる病名の告知は原則として同条に触れるものではないとした。

　本件における最大の法的論点は、精神科医療における不告知投薬、ことに患者本人を診察しないで家族等の訴えに基づいて行われるそれの当否、そして、これが違法とならないためのメルクマールということであろう。

　こうした新しい法律問題、法的論点については、まずは、それを上記のように正確かつ簡潔に、そしてわかりやすく整理してみることが必要である。問いを確

定しなければ答えは出せない。よい疑問、よい問題設定が解答に至るための必要条件であることは、法学の場合であっても、自然科学の場合と同じことなのである。

こうした法律問題については、判例では、適切なメルクマールを立てることが非常に重要である（最高裁判例においては、しばしば、こうしたメルクマールの内容がその中核部分となっている。もっとも、「諸般の事情の総合考慮」という一種のマジックワードを用いつつ実は一定の方向付けを露骨に行っている判例もあることには注意。瀬木・裁判178頁）。

そして、適切なメルクマールを立てるためには、考えられる場合と事実関係を的確に把握しておかなければならない。その作業に必要なのが、法的常識、そして、それを踏まえたパースペクティヴとイマジネーションである。

私見では、日本の下級審判例は、こうしたメルクマールの立て方において、「考えられる場合と事実関係を的確に把握する」という前提がいささか弱い傾向があるように思う。

私は、そうした観点から、私道の通行権に関するメルクマールの抽出についてアメリカのリステイトメント（判例法理を条文の形にまとめ、説明を付したもの。アメリカ法律協会〔American Law Institute〕編集）を参考にした分析を行い、その論文が私道の通行権に関して同じ年の末に出た最高裁判例（最一小判平成9年12月18日民集51巻10号4241頁）の判例誌コメント末尾で明示的に引用された（つまり、審議において直接的に参考にされた可能性が高いということである）経験、また、違法駐車車両に対する衝突類型の交通事故損害賠償請求事案における過失相殺の考え方につき、アメリカ法的な考え方にインスパイアされた具体的なメルクマールを立て、興味深い新判例として新聞で詳しく報道分析された経験をもっている（瀬木・要論［098］の(2)、［100］の(4)各参照。後者は本書23事件である）。

そして、私は、これらの経験から、日本の民事裁判、ことに下級審判例について、比較的抽象的な法理の宣明を行うだけではなく、法的判断のためのメルクマールの確定、その基盤となる事実関係の確定（ことに、当該事案の特色となる事実関係の確定）についてもより鋭敏繊細な感覚をもって行うことが要請されているのではないかと感じているのだが、いかがであろうか？　同様のことは、弁護士の主張立証活動についてもいえるのではないかと考える。

本件も、23事件よりは小型の判例ではあるが、同様の思考方法によったものである。「精神科医療における不告知投薬、ことに患者本人を診察しないで家族

等の訴えに基づいて行われるそれの当否、そして、これが違法とならないためのメルクマール」について判断した本件判決の中核部分（「争点についての判断」一5）について、判決を読んだ上で、また、医師の説明義務一般との対比において、自分なりのメルクマールを立ててみていただきたい。広い視野に立ったかなり高度な法的思考能力を要求される作業であることが、おわかりになるはずである。

簡潔にまとめれば、「不告知投薬は望ましくはないが、病識のない精神病患者に適切な治療を受けさせるための制度的なシステムが十分に整っていない日本の現状では、一定程度容認せざるをえない。しかし、その要件については厳密に考えるべきである」ということになる（設問2）。

医師の説明義務に関する重要な最高裁判例は、たとえば以下のようなものであろう（34事件の「解答および解説」で触れた営造物責任に関する判例群よりも一回り以上時代が遅れて重要な判例が出てきていることに留意。社会の動きや関心に応じて判例が作られることがわかる）。

最一小判昭和56年6月19日判例時報1011号54頁、判例タイムズ447号78頁

医師は、重大な手術（頭蓋骨陥没骨折の傷害を受けた患者の開頭手術）の内容およびこれに伴う危険性を説明する義務を負うが、そのほかに、患者の現症状とその原因、手術による改善の程度、手術をしない場合の具体的予後内容、危険性について不確定要素がある場合にはその基礎となる症状把握の程度、その要素が発現した場合の準備状況等についてまで説明する義務を負うものではないとしたもの。

初期の判例で、緊急性の高い手術につき、説明義務の範囲をかなり狭く解している。

最二小判昭和61年5月30日判例時報1196号107頁、判例タイムズ606号37頁

昭和45年11月に出生した未熟児の網膜症について光凝固法は臨床医学の実践における医療水準としては未熟児網膜症の有効な治療方法として確立されていなかったとして眼科医師の説明義務を否定したもの。両親が眼底検査の要求をした事案についての検査結果の説明義務であり、第二審は説明義務を肯定していた。

結論の当否はともかく、医療水準を根拠に説明義務を限定している点が重要であろう。

なお、説明義務に関する判例ではないが、最二小判平成7年6月9日民集49巻6号1499頁は、昭和49年12月に出生した未熟児が未熟児網膜症に罹患した場

合につき当時の医療水準を前提としても注意義務違反を肯定すべきであるとしている。

最三小判平成7年4月25日民集49巻4号1163頁

がんの疑いがあると診断した医師が患者やその夫にその旨を説明しなかったことが説明義務違反に当たらないとしたもの（時点は昭和58年）。

これも説明義務についてきわめて消極的。この時代でこの程度の判断だったのかといささか驚かされる。バランスを欠いて医師寄りの判例という感が強い。

最三小判平成12年2月29日民集54巻2号582頁

宗教上の信念から輸血を拒否するとの固い意思を有している患者に対し、医師がほかに救命手段がない事態に至った場合には輸血するとの方針を採っていることを説明しないで手術を施行し輸血をした場合について、説明義務違反を肯定したもの。

実際上、初めて正面から説明義務を肯定した最高裁判例。

最三小判平成13年11月27日民集55巻6号1154頁

乳がんの手術に当たり、当時医療水準として確立していた術式を採用した医師が、医療水準として未確立であった乳房温存療法を実施している医療機関も少なくなく、相当数の実施例があり、その患者が乳房温存療法の適応可能性がありかつこれに強い関心のあることを知っていたなどの事実関係の下では、その医師には、患者に乳房温存療法の適応可能性のあることおよび乳房温存療法を実施している医療機関の名称や所在をその知る範囲で説明すべき義務があるとしたもの。

説明義務の範囲を大幅に広げ、常識にもかなったものとした判例として重要であろう。

最三小判平成14年9月24日判例時報1803号28頁、判例タイムズ1106号87頁

患者が末期がんに罹患し余命が限られていると診断したが、患者本人にはその旨を告知すべきでないと判断した医師らが、患者の家族に対して病状等を告知しなかったことは、容易に連絡を取ることができ、かつ、告知に適した患者の家族がいたなどの事情の下では説明義務違反に当たるとしたもの（時点は平成2年）。

上記平成7年4月25日の判例を実質的に変更したものと解してよいであろう。

最一小判平成17年9月8日判例時報1912号16頁、判例タイムズ1192号249頁

帝王切開術による分娩を強く希望していた夫婦に経腟分娩を勧めた医師の説明につき、同夫婦に対して経腟分娩の場合の危険性を理解した上で経腟分娩を受け入れるか否かについて判断する機会を与えるべき義務を尽くしたものとはいえな

いとしたもの。

　複数の選択肢がある場合については双方の長短を具体的に説明すべきであるとした点が重要であろう。

　最二小判平成18年10月27日判例時報1951号59頁、判例タイムズ1225号220頁
　未破裂脳動脈瘤の存在が確認された患者がコイル塞栓術（そくせん）を受けたところ、術中にコイルが瘤外に逸脱するなどして脳梗塞が生じ死亡した場合について、担当医師の説明義務違反を肯定すべきであるとしたもの。

　位置付けについては前の判例と同様（設問3）。

和解の可能性

　およそ和解の余地のある事案ではない。

第14 法律論（4）

40　損害賠償請求事件（合議事件）

事案・争点 ➡ 弁護士の受任と不法行為

判　決

平成〇〇年〇月〇日判決言渡　同日原本領収
裁判所書記官　　　　〇　〇　〇　〇
平成18年（ワ）第1041号　損害賠償請求事件
口頭弁論終結日　平成〇〇年〇月〇日

判　決

東京都〇〇区〇〇町〇丁目〇番〇号
　　　原　　　　　告　　株式会社日草出版
　　　同代表者代表取締役　　岡　田　栄　作
　　　同訴訟代理人弁護士　　〇　〇　〇　〇
東京都〇〇区〇〇町〇番地　原口法律事務所
　　　被　　　　　告　　原　口　卓　巳

主　文

一　原告の請求を棄却する。
二　訴訟費用は、原告の負担とする。

事実及び理由

第一　請求

　被告は、原告に対し、金280万円及びこれに対する平成18年3月16日から支払済みまで年5パーセントの割合による金員を支払え。

第二　事案の概要

40 損害賠償請求事件（合議事件）

一　事案の要旨

　本件は、原告（会社）が、弁護士である被告に対し、米山剛（以下「米山」という）が被告を訴訟代理人として提起したところの、原告の平成16年8月2日開催の株主総会（以下「1総会」という）決議等の取消しの訴え（東京地裁平成16年（ワ）第10001号。以下「1事件」という）、同じく原告の平成16年12月17日開催の株主総会（以下「2総会」という）決議等の取消しの訴え（東京地裁平成17年（ワ）第3001号。以下「2事件」という）につき、被告が行った後記株主総会決議取消事由に関する主張（二の3、4）は、受け入れられる見込みの全くないものであり、被告は、米山の前記各訴え提起に全く事実的、法律的根拠がなく、そのことを弁護士として容易に知り又は知りえたにもかかわらずあえて前記受任を行い各訴えの提起に携わったものであるから、被告のこの行為（訴訟代理人としての）は原告に対する不法行為を構成するとし、原告が前記各事件について支払った弁護士費用（1事件関係100万円〔着手金50万円、控訴審着手金20万円、報酬金30万円〕、2事件関係80万円〔着手金50万円、報酬金30万円〕）及び慰謝料100万円の合計280万円とこれに対する不法行為後の日（本件訴状送達日の翌日）から支払済みまで年5分の割合による遅延損害金の支払を求めた事案である。

二　前提事実（末尾に証拠を記載した事実以外は、当事者間に争いがない）

　1　1総会は岡田栄作（以下「岡田」という）が招集し、2総会は岡田、松山玄（以下「松山」という）が招集した。

　2　岡田、松山は平成15年6月17日に開催された原告の株主総会（以下「3総会」という）において取締役に選任されたものであるところ、平成16年7月29日に東京地裁において前記選任決議を取り消す旨の判決（以下「本件判決」という。甲3の判決である）が言い渡されていたが、この判決は1・2各事件の判決確定時点においても未だ確定していなかった。

　3　1事件において米山（ないしはその代理人であった当事件の被告〔以下同じ〕）が主張した決議取消事由は、①会社法上、株主総会は代表取締役が取締役会の決議に基づいて招集するとされているところ、3総会決議（これにより、岡田、松山ほかが取締役に選任され、さらに、同日開催の取締役会において岡田、松山が代表取締役に選任された）は本件判決により取り消されており、そうすると、1総会を招集した岡田にはこれを招集する権限がなく、また、②川島君江（以下「川島」という）は1総会当時原告の株式

1万6000株を有する株主であり、川島はその議決権行使を米山に委任していたにもかかわらず、原告は1総会において川島を原告の株主として取り扱わず、議決権行使も認めなかったが、もしもこれが認められていれば1総会における決議は可決されなかった、というものであった。

4 2事件（1事件における米山の請求を棄却した第一審判決が確定する前に提起された）において米山（被告）が主張した決議取消事由は、本件判決が確定すれば1事件において1総会決議（これにより、岡田、松山ほかが取締役に選任され、さらに、同日開催の取締役会において岡田、松山が代表取締役に選任された）も取り消されるから、2総会を招集した岡田、松山はこれを招集する権限がなくなる、というものであった（甲10）。

5 1事件の米山（被告）の請求はいずれも棄却され、控訴も棄却されて、第一審判決が確定した。

6 2事件の米山（被告）の請求はいずれも棄却され、この判決は確定した。

　三　争点

1　1・2事件の訴え提起に被告が弁護士として携わったことが原告に対する不法行為を構成するか。

（一）　原告の主張

本件判決が確定していなかった以上、3総会決議により取締役に選任され、さらに、同日開催の取締役会において代表取締役に選任された岡田は原告の代表取締役として1総会を招集する権限があったし、たとえ本件判決が確定したとしても、旧商法258条1項（取締役欠員の場合の処置）が定めるところによれば、やはり岡田には前記の権限があった。

また、1総会当時川島は原告の株主ではなかったし、たとえそうであるとしても株主名簿の名義書換えをしていないから、原告が川島の議決権行使を認めなかったことは正当である。

さらに、1総会決議が有効である以上、これにより取締役に選任され、さらに、同日開催の取締役会において代表取締役に選任された岡田、松山は原告の代表取締役として2総会を招集する権限があった。

米山（被告）は、1・2事件において前記二の3、4記載の主張を行っていたが、以上のとおり、前記の主張、ひいては、米山の1・2事件訴え提起に全く事実的、法律的根拠がなく、被告は、そのことを弁護士として容易に

知り又は知りえた（なお、被告は１事件の控訴審において控訴理由書すら提出しなかったものである）にもかかわらずあえて前記受任を行い各訴えの提起に携わったものであるから、被告のこの行為（訴訟代理人としての）は原告に対する不法行為を構成する。

　（二）　被告の主張

　米山（被告）は、本件判決の確定を期待して１・２事件の訴えを提起したものである。なお、１事件において控訴理由書を提出しなかったのは控訴審の口頭弁論期日までに本件判決が確定しなかったためである。この点については、１事件の第一審判決にも、「本件判決が確定していないから３総会決議は本件口頭弁論終結時において有効である」との、換言すれば、これが確定すれば３総会決議は無効であるから岡田の１総会招集も無効であるとの趣旨の判示があることからも支持される考え方である。

　また、旧商法258条１項が定める取締役欠員の場合の処置については、その条文を文字どおりに読めば、同条項は任期の満了又は辞任によって退任した取締役のみに適用され、選任決議が取り消されることによって取締役の欠員が生じた場合には適用されないと解することも可能である。なぜなら、選任決議が取り消されたことによって取締役でなくなった者は会社との関係で信頼関係が得られなかった者であるから、このような者については、取り消された決議の前に取締役であったとしてもこれにその権利義務を継続させる（職務続行の権限を認める）のは不適当だからである。

　川島の議決権行使に関する米山（被告）の主張も事実的、法律的根拠を欠くものではない。

　２　損害の発生及びその金額

第三　争点についての判断

　一　１事件の米山（被告）の請求がいずれも棄却され、控訴も棄却されて、第一審判決が確定したこと、２事件の米山（被告）の請求もいずれも棄却され、同判決が確定したことは当事者間に争いがない。

　二　訴えの提起が不法行為となる場合について最高裁判例（昭和63年１月26日判決民集42巻１号１頁）は、提訴者が当該訴訟において主張した権利又は法律関係が事実的、法律的根拠を欠くものである上、同人がそのことを知りながら又は通常人であれば容易にそのことを知りえたのにあえて訴え

を提起したなど、裁判制度の趣旨目的に照らして著しく相当性を欠く場合に限り、相手方に対する違法な行為となる旨を判示しており、その根拠として、法治国家における裁判を受ける権利の重要性に鑑み、訴え提起が不法行為となるか否かの判断に当たっては裁判制度の利用を不当に制限する結果とならないよう慎重な配慮が必要とされることを挙げている。

　前記の法理は、原告のみならず訴訟代理人弁護士にも基本的には当てはまると考えられる。

　すなわち、依頼者が当該訴訟において主張しようとしている権利又は法律関係が事実的、法律的根拠を欠くものであり、かつ、弁護士がそのことを知りながら又は容易にそのことを知りえたのにあえて受任して訴えを提起したなど、裁判制度、弁護士制度の趣旨目的に照らして著しく相当性を欠く場合に限り、相手方に対する違法な行為となるということができる。

　なお、弁護士の不法行為の成立については、依頼者（提訴者）の不法行為の成立とは別個にその成立の有無を考えるべきであろう。

　具体的には、弁護士については、事実的根拠の点では原告本人と異なり原告本人の主張する事柄の正当性を第三者として検証することになるのであるから、この点については原告本人の場合と異なった配慮が必要とされると考えられる。

　三　被告が、岡田には１総会を、岡田、松山には２総会を招集する権限がないと考えて１・２事件の訴えの提起に携わったことの当否について

　１　まず、１・２事件の訴えの提起時、また、１事件に関する控訴提起時には本件判決が確定していなかった（換言すれば、確定する可能性もあった）ことは当事者間に争いがない（なお、本件判決が確定する可能性があることは現時点においても変わりがない）から、この争点に関する法的問題は、結局、本件で問題となっている事実関係に旧商法258条１項（なお付言すれば、会社法では346条１項に当たる）は適用がないという被告の主張につき、全く法律的根拠を欠く不当なものであったか否かという問題に帰着する（もしもこれが肯定されるならば、たとえ本件判決が確定したとしても被告の主張は容れられる余地が全くなく、したがって被告の行為は違法であったと解される余地がありうるであろう。逆に、もしもこれが否定されるならば、被告の行為が違法であったと解される余地はないということになる。なお付言すれば、この点は、１事件の第一審における審理の時点において、被

告が、旧商法258条1項の解釈について本件訴えで主張しているような法的主張を明確に意識していなかった〔原告はこのことを準備書面2で指摘している〕としても、そのことによって左右されるものではない。法的主張については、当事者がその全容を明確に意識していなかったとしても〔事実、そのような事態は民事訴訟一般においてまれではない〕、結果的にみて、問題とされている訴えがそれなりに理由のある法的な見解によって支持されるものでありうることが現在の時点で判明しさえすれば、そのような主張に基づく訴えは違法なものであったとはいえないことになるからである)。

2 旧商法258条1項の適用について

(一) 旧商法258条1項については、取締役が任期の満了又は辞任によって退任した場合に適用されるものであり、解任の場合については、会社の取締役に対する信頼関係が破れるのが普通であるから取締役に権利義務を継続させることは不適当である、との考え方が通常採られており(『新版注釈会社法6』85頁〔浜田道代〕等)、この考え方は正当であると解される。

(二) そうであるとすれば、取締役の選任決議が取り消された場合においても解任の場合と同様に考えて同項の適用がないとする考え方も、成り立つ余地がないとはいえないと考えられる。その選任決議が取り消されたような取締役は、たとえ従前は取締役であったとしても、現時点で会社との信頼関係がそこなわれているのであるから、これに取締役の権利義務を継続させることは不適当であるとの考え方も成り立ちうると思われるからである。

(三) もっとも、本件においては、原告、米山、被告を含めた裁判上の和解(平成14年12月27日成立。甲1)において、米山が、原告に対し、岡田が原告の取締役に選任された平成13年9月27日の株主総会における岡田の選任決議が有効である旨を確認していることが問題となりうる。

なぜならば、このような事情を考慮すると、一般論としては取締役の選任決議が取り消された場合においては解任の場合と同様に考えて同項の適用がないとする考え方を採る場合であっても、当該決議の直前の取締役選任決議の効力は争わないと約している者がそのような主張を行うことは不適切であるとの考え方が採用されることがありうると思われるからである(むしろそのような考え方が法的には相当かと思われる。付言すれば、1事件の控訴審判決〔甲7〕も、その説示からみると、そのような考え方を採ったものではないかと考えられるところである)。

(四)　しかしながら、(三)の考え方につき、法的にみてそれとは異なる考え方がおよそありえないというほど一義的に正当かつ明白なものであり、したがって、被告が、論理的に推し進めれば(三)の考え方とは異なる考え方に帰着することとなるような法的見解を採って受任と訴えの提起に踏み切ったことがおよそ不当であって裁判制度の趣旨目的に照らして著しく相当性を欠く、とまで考えることはおよそ困難である。

　(五)　そうすると、被告が、本件で問題となっている事実関係に旧商法258条1項は適用がないという主張に帰着することとなる前記第二の二の3、4のような法的見解に則って1・2事件を受任し訴えを提起したことにつき、全く法律的根拠を欠き、弁護士としては通常ではおよそ考えられないような著しく不当な行為であったということはできない。

　3　川島の議決権行使に関する被告の主張について

　以上2によればその余の点について判断するまでもなく原告の請求は理由がない（1事件についてもその請求の根拠となる被告の主張の少なくとも一つが不法行為とならない以上、その訴え提起が不法行為となる余地はない）が、念のため川島の議決権行使に関する被告の主張の関係についても付言すれば、1事件の第一審判決（甲6）によればこの点については結局証拠評価の問題として判断が下されていることが認められ、また、被告が、そうした関係で、弁護士として、何らかの積極的な違法行為を行ったことを証するに足りるような証拠も存在しない。

　したがって、前記の主張を被告が行ったことも、弁護士として著しく不当であるとまではいいがたい。

第四　結論

　以上によれば、原告の請求は理由がない。

　〇〇地方裁判所民事第〇部

　　　　裁判長裁判官　　〇　〇　〇　〇
　　　　裁判官　　　　　〇　〇　〇　〇
　　　　裁判官　　　　　〇　〇　〇　〇

設　問

判決の示している法律問題と結論を正確に要約し、これについて検討せよ。

参考事項

関係条文　民法709条、会社法制定前の商法258条１項（会社法346条１項）
判例誌掲載　判例タイムズ1221号289頁

解答および解説

　不当訴訟に関する応用問題と商法の解釈問題を含む法的争点中心の事案であり、事実関係もかなり複雑である（なお、不当訴訟については、関連して１事件の「解答および解説」も参照）。

　本件についても、結論については直感的にわかるところがある（「これで訴え提起に関わる弁護士の行為が不法行為になる、というのはちょっと無理ではないか」という感覚自体は、司法修習生でもまずは一致するところであろう）が、当事者の主張を正確に把握すること、争点についての判断を的確に組み立ててゆくことは、かなり難しい。

　そこで、本件についても、38事件と同様の実験的な観点をも考慮し、私（裁判長）が最初の起案を行った。

　本件で難しいのは、争点に関する当事者の主張、ことに原告の主張を正確に把握することである。この種事件では、代理人がよほど優秀な（むしろ例外的な）場合を除き、残念ながら、当事者の準備書面をそのままに要約しても主張の形を成さないことが多い。

　当事者の主張をその趣旨に従って忖度し、裁判官において組み立て、まとめてゆく姿勢で起案に臨まないと、「読める判決」、「判例として通用する判決」にはならないのである（もちろん、当事者の最終準備書面等を適当にコピーアンドペーストして加工した「コピペ判決」〔瀬木・裁判所208頁。近年増えているといわれる〕ではだめ）。「争点１」に関する双方の主張が正確、的確にまとめられることが、この判決をそのようなものとするための必要十分条件である。

　39事件の「解答および解説」でも記したとおり、まず問いが確定しなければ適切な答えも出せない。反面、争点さえ正確に確定できれば、事実認定と法的判断については、確定された当事者の主張に沿いながら、ひとつひとつのステップ

を正確に踏んでゆけばよい。

　判決は、「争点についての判断」の二において訴えの提起（弁護士の受任）が不法行為となる場合についての一般論を立てた上で（ここは、本件事案では要点さえ押さえれば足りる）、三において、まず、この争点に関する法的問題を凝縮して示し、次に、会社法制定前の商法258条1項（会社法では346条1項。役員等に欠員を生じた場合の措置）の適用関係（本件で問題となっている事実関係に同条の適用はないとする法的見解がきわめて不当なものであるといえるか否か）について判断している。

　本件のような判例は、読む側にとっても、まずはその内容を正確に把握することが、それを理解するための必須の前提となる。こうした訓練は、法律家（実務家、研究者とも）にとって、たとえば法的概念の丸暗記などよりもはるかに重要な事柄なのである。

　法律問題を含めた本件の一般的な解説については、「判例タイムズ」誌のコメントに詳しいが、要点をなるべく正確にわかりやすく述べてみる。

　まず、訴えの提起が不法行為となる場合の最高裁判決の法理の弁護士への当てはめについては、「不法行為成立の有無が当事者（依頼者）本人とは別個に考えられるべきであり、具体的には、弁護士については、事実的根拠の点では原告本人と異なり原告本人の主張する事柄の正当性を第三者として検証することになるから、この点については原告本人の場合と異なった配慮が必要とされる」とした。

　この点については、本件の中心的な争点である次の弁護士の法律解釈の相当性の点とは直接関係がないが、おおむね異論のないところであろう。

　次に、「本件で問題となっている事実関係に旧商法258条1項（会社法では346条1項）は適用がない、という被告の主張が全く法律的根拠を欠く不当なものであったか否か」という本件の中心的な争点（本件で訴え提起が問題であったとされているふたつの訴え〔以下まとめて「A訴訟」という〕において、本件被告である代理人がその招集を問題としたところのふたつの株主総会の招集者である取締役「B」の選任決議〔この選任決議が行われた平成15年の株主総会を以下「C総会」という〕を取り消す判決がそのまま確定すれば問題になる余地がないが、これが確定しない場合には問題となる事柄）については、以下のように述べた。

　①旧商法258条1項については、取締役が任期の満了または辞任によって退任した場合に適用されるものであり、解任の場合については、会社の取締役に対する信頼関係が破れるのが普通だから、適用されない。

②そうであるとすれば、取締役の選任決議が取り消された場合においても解任の場合と同様に考えて同項の適用がないとする考え方も、成り立ちうる。

③もっとも、本件においては、本件の原告、被告、A訴訟の原告（すなわち、A訴訟において本件被告に訴え提起を依頼した者）を含めた裁判上の和解において、A訴訟の原告が、本件原告に対し、C総会におけるBの取締役選任決議の直前のBの取締役選任決議である、平成13年の株主総会におけるBの取締役選任決議が有効である旨を確認していることが、問題となりうる。

④なぜならば、このような事情を考慮すると、一般論としては取締役の選任決議が取り消された場合においては解任の場合と同様に考えて同項の適用がないとする考え方を採る場合であっても、当該決議の直前の取締役選任決議の効力は争わないと約している者がそのような主張を行うことは不適切である、と考えることが相当と思われるからである。

⑤しかし、これとは異なる見解を採って受任とA訴訟の提起に踏み切った本件被告の行為が不当であって裁判制度の趣旨目的に照らして著しく相当性を欠く、とまで考えることは困難である（容れられる可能性がおよそないことが一見明白な法的主張に基づく訴えの提起であればともかく、本件で問題とされているような、根拠が必ずしも十分でないという程度の法的主張に基づく訴えの提起〔確かに、いささか根拠薄弱な訴えの提起であったかもしれないという気はするが〕に関しては、弁護士についても、不法行為とは評価できない）。

さて、あなたは、本件判決の示している法律問題と結論を正確に（かつ、できればわかりやすく）要約することができただろうか。判決を読んで何となくわかったつもりでも、その正確な要約は非常に難しいことがおわかりになったはずである（法律論に関するセクションが本書の終わりのほうに配置されている理由についても、各事件の設問を解いてくる過程でおわかりになったことと思う）（設問）。

実は、実務家に限らず、研究者でも、こうした能力の十分でない人は結構存在する。たとえば、授業、あるいは定期試験の問題作成や解説といった日常的な業務にも、（というか、むしろそのような日常業務にこそ）そうした点の問題は現れやすいといわれる。学生が「わかる」ことを必死で求める法科大学院の学生アンケートにも、そのような問題の指摘のあることが結構多いともいわれる。

こうした点についても、今後、弁護士や研究教育者の能力の底上げが期待されているといえよう（同じ程度の能力レベルの人間の間で比較するならば、現状では、司法官僚としての訓練を積んだ裁判官のほうが、弁護士や研究教育者よりは、この種の

事柄には慣れているといわざるをえない)。

和解の可能性
　およそ和解の余地のある事案ではない。

| 第14 | 法律論（5） |

41 建物明渡等請求事件（本訴）、反訴請求事件

事案・争点 ➡ 訴訟上の和解と既判力の拡張、物件明細書の性格

＊反訴の請求については、本件のように請求が特定されないこともある。なお、以下、わかりやすさの観点から、当事者の表示は本訴のそれによって行うこととする。

判　決

平成○○年○月○日判決言渡　同日原本交付
裁判所書記官　　　○　○　○　○
平成11年（ワ）第1042号　建物明渡等本訴請求事件
平成11年（ワ）第1358号　建物明渡等請求に対する反訴請求事件
口頭弁論終結日　平成○○年○月○日

判　決

○○県○○市○○町○丁目○番地
　　本訴原告（反訴被告）　　　株式会社タカジマ
　　同代表者代表取締役　　　　高　島　吾　作
　　同訴訟代理人弁護士　　　　○　○　○　○
　　同　　　　　　　　　　　　○　○　○　○
○○県○○市○○町○丁目○番○号
　　本訴被告（反訴原告）　　　三　上　麻　子
　　同訴訟代理人弁護士　　　　○　○　○　○

（当事者の略称）以下、本訴原告（反訴被告）を「原告」と、本訴被告（反訴原告）を「被告」と略称する。

主　文

　一　被告は、原告に対し、原告から金三〇二四万五〇〇〇円及び平成三年九月一日から前記の金員のうち二九三四万五〇〇〇円の支払済みまで一日につき金一万円の割合による金員の支払を受けるのと引き換えに、別紙物件目録記載の建物を明け渡せ。
　二　原告のその余の請求を棄却する。
　三　原告は、被告に対し、被告から別紙物件目録記載の建物の明渡しを受けるのと引き換えに、金三〇二四万五〇〇〇円及び平成三年九月一日から前記の金員のうち二九三四万五〇〇〇円の支払済みまで一日につき金一万円の割合による金員を支払え。
　四　訴訟費用は、各自の負担とする。

事実及び理由
第一　請求
　一　原告
　1　被告は、原告に対し、別紙物件目録記載の建物（以下「本件建物部分」という）を明け渡せ。
　2　被告は、原告に対し、平成一〇年一二月一日から本件建物の明渡済みまで一か月金一九万五〇〇〇円の割合による金員を支払え。
　二　被告
　主文第三項に同じ。

第二　事案の概要
　一　事案の要旨
　本訴は、原告が、被告に対し、原告が競落した建物の一階部分（本件建物部分）の明渡しと原告の競落後の日から明渡済みまでの賃料相当損害金の支払を求めた事案であり、反訴は、被告が、原告に対し、原告は被告と有限会社永居（以下「永居」という）との間に成立した訴訟上の和解（以下「本件和解」という）の既判力が及ぶ承継人として永居が負っていた給付義務を承継したとして、前記建物部分の明渡しと引き換えに、前記和解調書に定められているという和解金、遅延損害金の各支払と敷金の返還を求めた事案である。

二　争いのない事実
1　原告は、○○地方裁判所平成七年（ケ）第一一〇号不動産競売事件（以下「本件競売」という）において、平成○○年○月○日、本件建物部分を含む一棟の建物（別紙物件目録参照。以下「本件建物」という）をその敷地とともに競落し、代金を納付してその所有権を取得した。
2　被告は、本件建物部分を占有している。
三　争点
1　原告は、被告と永居との間に成立した本件和解の既判力が及ぶ承継人として、被告から本件建物部分の明渡しを受けるのと引き換えに、本件和解調書に定められているという永居の和解金、遅延損害金の各支払と敷金の返還を被告に対してなすべき義務を負うか。
（原告の主張）
原告は、物件明細書に記載されていない前記義務を承継しない。
2　原告主張の信義則違反、権利濫用の主張の成否
（原告の主張）
被告が、競売手続において積極的に主張せず、その内容を明らかにしていなかった本件和解上の義務の履行を競落人である原告に対して請求することは、信義に反し、権利濫用である。

第三　争点についての判断
一　争点1について
1　前提事実
証拠（甲一、二、五ないし一〇、乙一ないし四、証人石田正彦の証言、被告本人尋問の結果）によれば、以下の事実を認めることができる（争いのない事実も適宜含めて記載した。なお、各認定事実の後に記載した証拠は当該認定事実に関係が深いものである）。
（一）　被告は、昭和六一年三月三一日に、当時本件建物の所有者であった中原憲作から本件建物部分を賃借した（甲六、七）。
被告は、現在も、本件建物部分を占有している（争いのない事実）。
（二）　永居は、昭和六二年一〇月二八日に、前記中原から本件建物をその敷地とともに買い受け、被告に対し、賃貸借終了に基づく建物明渡請求訴訟（○○地方裁判所平成元年（ワ）第三〇二八号）を提起した。

前記訴訟は、平成三年五月一七日に裁判上の和解（本件和解）をもって終了した。
　本件和解調書においては、(ア)永居と被告間の賃貸借が平成元年三月三一日に終了したことが確認され、また、(イ)被告は、永居に対して、平成三年八月末日限り本件建物部分を明け渡すこと、(ウ)永居は、被告に対して、二九三四万五〇〇〇円の支払義務のあることを認め、前記和解金のうち四九三万円を平成三年五月末日限り、二四四一万五〇〇〇円を平成三年八月末日限り本件建物部分の明渡しと引換えに、それぞれ支払うこと、(エ)永居が前記和解金の支払を遅滞したときは、平成三年九月一日から支払済みまで一日につき一万円の割合による遅延損害金を支払うこと、(オ)永居は、被告に対し、本件建物部分の明渡しと引き換えに敷金九〇万円を返還すること、がそれぞれ定められている（以上(二)につき、乙一ないし三）。
　(三)　永居は、平成三年六月一五日、株式会社雅川（以下「雅川」という）に対し、本件建物をその敷地とともに売り渡した（乙一、二）。
　(四)　本件競売の原因となった抵当権は、永居が、雅川を債務者として、昭和六二年一〇月二八日に設定し、同日その旨の登記がされたものである（甲一、二、乙一、二）。
　(五)　原告は、本件競売において、平成一〇年一一月二五日、本件建物をその敷地とともに競落し、代金を納付してその所有権を取得した（争いのない事実）。
　(六)　執行官は、本件競売のための現況調査の際、本件建物の占有とその権原について被告の子である三上修に問いただし、その結果を現況調査報告書に記載した。前記報告書には、本件和解において、平成三年八月末日までに被告が永居に本件建物部分を明け渡し、永居は被告に和解金を支払うことが定められたが、永居が和解金を支払わないので被告が本件建物部分の占有を継続していることが記載されており、原告はこれを閲覧していた（甲八、証人石田、被告本人）。
　本件競売の物件明細書には、前記事実関係についての記載はない（甲五）。
　(七)　原告代表者は、遅くとも本件競売の売却許可決定が確定する以前の段階で、被告方を訪れ、被告に対し、原告が本件建物をその敷地とともに競落した場合には従来どおりの賃料で本件建物部分を賃借してほしい旨申し入れた。被告は、これに対し、本件和解の内容を、本件建物部分の明渡しと引

換えに永居が被告に支払うべき金額をも含めて述べ、賃借はできない旨応答した（乙四、被告本人。なお、この被告本人尋問の結果に反する証人石田の証言は採用できない）。

　2　判断

　（一）　1の事実によれば、原告は、本件和解の既判力が及ぶ承継人（民事訴訟法二六七条、一一五条一項三号）として、本件和解調書上の永居の前記1（二）の（ウ）ないし（オ）の義務を承継したものというべきである。

　けだし、裁判上の和解には、それが無効なものでない限り確定判決と同様の既判力があり、和解成立後の特定承継人は判決の場合の口頭弁論終結後の承継人と同様に和解調書上の義務を承継すべきものだからである。

　もっとも、和解調書上の義務については、訴訟物と全く関係のない事項についての義務が定められる場合もあり、そのような場合には、同和解の存在を知らなかった承継人に対してそのような義務を承継させることは承継人の地位を不当に危うくするものとして許されない場合があると思われる。

　しかし、本件における永居の前記（ウ）、（エ）の義務は永居の請求の訴訟物（賃貸借終了に基づく建物明渡請求権）と密接に関連した引換給付の義務であり、前記（オ）の義務についても、訴訟物の内容をなす権利が帰属していた地位（賃貸人としての地位）に付属していた義務であるから、いずれも、和解成立後の承継人に引き継がせることに問題のないものであると考えられるのである。

　（二）　原告は、本件競売の物件明細書に本件和解についての記載がないことを理由に自己が既判力の及ぶ承継人であることを争うが、裁判上の和解による負担は、もしそれが明らかであれば物件明細書の備考欄等に記載されることが望ましい事項であるとはいえても、民事執行法六二条の文言からして、必ずしも物件明細書の必要的記載事項とはいえないし、また、いずれにせよ、物件明細書は買受希望者の参考に供するためのものでしかなく、その記載には公信力がなく、物件明細書の記載と真実の権利関係との間にそごがある場合には何人もこれを主張しうるのである（『注釈民事執行法3』三四六頁〔大橋寛明〕）から、本件和解について物件明細書に記載されていないから原告はその成立後の承継人とはいえないとの原告の主張は理由がない（なお付言すれば、被告は、本件において、当初、選択的に留置権をも主張していた〔後に撤回した〕ものであるが、本件和解における被告の永居に対する債権

の発生が本件競売の基礎となった抵当権の設定登記に後れるものであることを考慮すると、この留置権については、民法二九五条二項の類推によりこれが否定される余地があろう。しかし、裁判上の和解成立後の承継人の主張については、口頭弁論終結後の承継人の主張があった場合と同様、前記和解が抵当権登記の後に成立したことの一事をもってこれを競落人に主張できないと解することは困難であると思われる)。

(三) なお付言すれば、本件においては、前記1(六)のとおり本件和解の大要は現況調査報告書にも記載されていて原告はこれを閲覧しており、また、原告代表者自身、本件建物部分の明渡しと引き換えに永居において支払うべきものとされている和解金額をも含めた本件和解の内容を、売却許可決定の確定前に被告から聞いていたものであって、原告は、被告の主張の基礎となる事実関係を知悉していたものである。

二 争点2について

前記一において認定しまた判断したところに照らせば、被告が、原告において前記の義務を履行するのと引換えに本件建物部分を明け渡す旨を主張して本件建物部分を占有していること、また、本件建物部分の明渡しと引換えに原告が前記義務を履行することを求めていることは、いずれも正当というべきである。

被告が本件競売において本件和解の内容について前記現況調査報告書に記載された以上に積極的に主張しなかったことのみをもって、被告が本件和解上の義務の履行を競落人である原告に対して請求することが信義に反し、権利濫用であるとはいえないし、本件全証拠によるも、その他、被告の引換給付の主張が信義に反し、権利濫用であることを基礎づけるに足りる的確な事情を認定することはできない。

第四 結論

以上によれば、原告の本訴請求は、主文の限度で理由があり、被告の反訴請求は理由がある(原告は、被告から本件建物部分の明渡しを受けるのと引き換えに、被告に対し、前記二九三四万五〇〇〇円の和解金、その支払済みの日〔この日に本件建物明渡しの引換給付がされることになる〕まで一日一万円の割合による遅延損害金を支払い、また、九〇万円の敷金を返還すべき義務を負うことになる)。

なお、訴訟費用については、事案に鑑み、各自の負担とし、また、原告が求めた仮執行宣言については、相当でないからこれを付さないこととする。

　　○○地方裁判所民事第○部

　　　裁判官　　○　○　○　○

　別紙　物件目録〈省略〉
　別紙　図面〈省略〉

設　問

前記「事案・争点」記載の法律問題について、判決の内容に即して法的調査を行え。

参考事項

　関係条文　民事訴訟法267条、115条、民事執行法62条

解答および解説

　本件は、手続法（訴訟法）の解釈が中心的な論点となっている。

　私の経験では、手続法については、一般の弁護士も、実体法研究者も、かなり弱い傾向がある。

　「手続法を知っている」よりももっと限られるのが、「手続法的な感覚をもっている」ことで、これをもっているのは、もしかしたら、裁判官、弁護士、研究者のいずれについてもそのごく一部かもしれない（その割合には差があると思うが）という気がしている。

　個々の条文を知っているだけではなく、手続法の基本的な体系、枠組みやその思想を踏まえてのバランスのよい解釈が求められるのである。

　本件については、当事者は双方とも何が問題になる事案なのかがあまりよくわかっておらず、結局、法的な争点が「訴訟上の和解と既判力の拡張、物件明細書の性格」という論点になることについては、ほぼすべてが裁判官のリードによっ

て明らかにされたものである。最終的な主張を整理した判決の表面からはそのことはわからないと思うが、当事者の準備書面においては、実にさまざまな、そして、時にはかなり場当たり的な議論が展開されていた（判決がかっこ書で留置権等について言及している〔「争点についての判断」一2（二）〕のはその名残である。なお、法的調査と立論の技術については、瀬木・要論第1部第14章を参照されたい）。

　まず、訴訟上の和解の既判力の拡張（民事訴訟法267条、115条）については、判決の場合でも、「承継の対象」につき、どの範囲まで認めるかおよびその根拠につき難しい問題がある（『注釈民事訴訟法4』〔有斐閣〕401頁以下〔伊藤眞〕）が、既判力の規定が訴訟上の和解に準用される場合には、訴訟上の和解の対象は訴訟物に限定されず、当該訴訟の目的と全く関係のない事柄にも及びうるために、困難な解釈問題が生じ、また、これについてはほとんど論じられてもいない。

　判決は、この点については、訴訟上の和解において訴訟物と全く関係のない事項についての義務が定められる場合に和解の存在を知らなかった承継人に対してこれを承継させることは承継人の地位を不当に危うくするものとして許されない場合がある、との一般論を立てた上で、本件における永居の義務についてはその性格上承継させることに問題がないものとしている（なお、本件の原告は、現況調査報告書〔民事執行法57条〕に記載されておりまた被告からもその存在を知らされていた本件和解の内容をよく承知しながら本件建物部分を買い受けているのであり〔「争点についての判断」一2（三）〕、このことに照らせば、先の結論には一層問題がないというべきであろう）。

　次に、物件明細書（民事執行法62条）の記載事項、物件明細書の性格については、判決に記載されているところが通常の解釈だが、しばしば誤解されているので注意を要する（本件原告のように、物件明細書に記載されていない事項は競落人に対抗できないと考えて不動産を競落する者が時に存在する。もっとも、本件和解のような重要な事項については、無用の紛争を避けるため、物件明細書に参考事項としてでも記載されることが望ましいであろう）。

　上記のとおり、原告は、本件和解の内容を重々承知しながら本件建物部分を買い受けたのだから、信義則違反や権利濫用を主張する余地がないことも明らかであろう（設問）。

和解の可能性

　「解答および解説」にも記したとおり、当事者は双方とも何が問題になる事案

なのかがあまりよくわかっていないという状況であったから、和解も勧めようがなかった。
　双方代理人が当事者本人に対してそれなりのリーダーシップがとれていたならば、何らかの方向を見出していくことが可能であったかもしれない。

第15 原告本人訴訟 (1)

42 損害賠償等請求事件

事案・争点 ➡ 原告本人訴訟のあり方と問題点

判　決

平成○○年○月○日判決言渡　同日原本領収
裁判所書記官　　○　○　○　○
平成17年（ワ）第1043号　損害賠償等請求事件
口頭弁論終結日　平成○○年○月○日

判　決

東京都○○区○○町○丁目○番○号
　　原　　　　　告　　有限会社阿部食品
　　同代表者代表取締役　　阿　部　康　介
東京都○○区○○町○丁目○番○号
　　被　　　　　告　　池　田　俊　輔
北海道○○市○○町○丁目○番○号
　　被　　　　　告　　池　田　隆　志

主　文

一　原告の請求をいずれも棄却する。
二　訴訟費用は、原告の負担とする。

事実及び理由

第一　請求
　一　被告らは、原告に対し、金９万1933円及びこれに対する被告池田俊輔については平成17年12月４日から、被告池田隆志については平成17年12月５日から各支払済みまで年５分の割合による金員を、金９万1933円とこ

れに対する平成17年12月5日から支払済みまで年5分の割合による金員については連帯して、支払え。
　二　被告らは、原告に対し、金210万円及びこれに対する被告池田俊輔については平成17年12月4日から、被告池田隆志については平成17年12月5日から各支払済みまで年5分の割合による金員を、金210万円とこれに対する平成17年12月5日から支払済みまで年5分の割合による金員については連帯して、支払え。

第二　事案の概要
　一　事案の要旨
　本件は、原告が、被告らに対し、連帯して、原告が被告池田隆志（以下「被告隆志」という）を連帯保証人として、被告池田俊輔（以下「被告俊輔」という）に対し東京都○○区○○町○丁目○番○号所在のマンションの○○号室（以下、それぞれ、「本件マンション」、「本件建物」という）を賃貸していた（以下「本件賃貸借」という）ところ、平成17年9月30日をもって前記契約は終了したとして、①被告俊輔が賃借中に本件建物につけた傷等の補修費用24万6183円（フローリング工事、畳替え、ハウスクリーニング費用10万6900円、本件マンションのエントランスタイル補修費用3万9900円〔②（エ）の台車使用により損壊した〕を含む）と被告俊輔が本件建物の鍵を遺棄したことによるその交換費用1万5750円の合計額26万1933円から敷金17万円を控除した金9万1933円、②（ア）被告俊輔が平成17年9月30日の朝の退去時に、本件建物のスペアの鍵をごみとともに遺棄し、また、ごみの分別を怠ったために原告が清掃事務所の信頼を失ったことを理由とする損害50万円、（イ）被告俊輔が同月10日に運送業者に荷物を出す際に本件マンションのメインドア（閉めれば自然にロックされる）とサブドア（サブドアは通常は開けないドアであり、下方の金具を外さないと開けられない）をいずれも開けたままにして放置し防犯上の危険を招いたことを理由とする損害100万円、（ウ）被告俊輔が同月16日から17日にかけての深夜に原告の設置している自動販売機8台の上部前端にごみ箱から出したペットボトル、缶、ビン等を隙間なく並べ、また、そのうち1台の上に設置してあった風防プラスチックを重しの石とともに落下させかつ割れたプラスチックが散乱したままに放置して原告の名誉、信用をそこなったことを理由とする損害30万

円、(エ)被告俊輔が廊下等の共用部分に自転車（1か月余り）や大きな物をたびたび（平成16年9月ころから退去時まで月に1、2回）置き、自転車についてはその後も退去直前まで自室に入れ、また、ベランダの躯体部分に物干しの金物を打ち込むなど、種々の禁止行為を行い、さらに、本件マンション内では台車を使用してはならない（使用する場合には事前に原告の承諾を得て養生をする必要がある）と警告したにもかかわらず(イ)と同じ日である平成17年9月10日にこれを無断で使用したことを理由とする損害20万円、(オ)被告俊輔が本件マンションの電気メーターボックスの高圧配線スペースに金属製の台車を常時保管して漏電を引き起こしかねない事態を招き、原告が○○消防署の10年に1度の定期検査時に指摘を受けたことを理由とする損害10万円の合計額210万円（以上いずれも、本件賃貸借契約上の義務違反、債務不履行に基づく損害賠償請求とその連帯保証債務履行請求である〔第3回口頭弁論調書別紙〕）とこれに対する訴状送達日の翌日から支払済みまで民法所定の年5分の割合による遅延損害金の支払を求めた事案である（以上の原告の主張については弁論の全趣旨により補った部分がある）。

　二　争いのない事実
　1　本件賃貸借が、平成13年10月28日に締結され、2年後に更新され、平成17年9月30日をもって終了し、同日明渡しも終えられたこと。
　2　本件賃貸借に関し、敷金17万円が交付されていること。
　3　被告隆志が本件賃貸借に関して被告俊輔の連帯保証人となったこと。
　三　争点
　1　二以外の請求原因事実
　2　敷金による充当の抗弁
　3　なお、被告隆志は被告俊輔の主張を援用している（第2回口頭弁論調書別紙）から、原告が主張するように請求原因を明らかには争わないものとみることはできない。

第三　争点についての判断
　一　原告の請求は、前記のとおり、被告俊輔に対して本件賃貸借契約上の義務違反、債務不履行に基づく損害賠償請求を行うもの、被告隆志に対してその連帯保証債務履行請求を行うものであるから、いずれも訴訟物は一個であり、損害額の算定については、適宜まとめて判断すれば足りるものと考え

られる。
　そこで、以下、便宜上、②の債務不履行の有無とこれによる損害額、①の債務不履行の有無とこれによる損害額の順に判断し、その後、敷金の充当について判断する。
　二　②の債務不履行の有無とこれによる損害額
　1　(ア)については、被告俊輔が平成17年9月30日の朝の退去時に、本件建物のスペアの鍵をごみとともに遺棄しまたごみの分別を怠った事実は同被告もその法廷における供述でこれを認めている。
　2　(イ)については、証拠(原告、甲一三の2)にはこれに沿う部分があるが、証拠(被告俊輔)の「台車の出入りのためにはサブドアを開ける必要はないし、メインドアも通常どおり閉めておいた」旨の供述に照らし採用できず、他にこれを認めるに足りる的確な証拠はない(なお付言すれば、仮に前記の債務不履行が認められるとしても、これにより原告が被った具体的な損害についての立証はない)。
　3　(ウ)については、証拠(甲一八の1、2、原告)にはこれに沿う部分があるが、同供述によっても、被告俊輔が前記の行為を行ったことの確認については、原告の妻が、行為者の声と同被告の声の声質が似ていると思ったということを根拠とするにすぎないものと解され、また、これに反する被告俊輔の法廷供述に照らし、採用できないし、被告隆志がこの行為に関する損害の一部を内容として含む原告の請求に応じた事実(甲五、乙一三、原告、被告俊輔)についても、「被告隆志は病気であり、被告俊輔の新たな就職のことなどを心配して甲五号証の請求部分については事実関係にかかわらず支払をしたものである」旨の被告俊輔の法廷供述に照らせば、被告俊輔が前記の行為を行った事実を認めるに足りる証拠ということはできず、他にこれを認めるに足りる的確な証拠はない。
　4　(エ)については、証拠(甲一、八、一三の1、3、一五、一九及び二〇の各1、2、二九の1ないし3、三九の15、原告、被告俊輔。ただし、原告及び被告俊輔の各供述については、以下の認定に反する部分は採用できない)によれば、被告俊輔が廊下等の共用部分に自転車を置き(2階のエレベーター前の隅のほうに1ないし2か月くらい置いていた)、自室の前に宅急便の荷物等大きな荷物を置き(平成16年9月ころから退去時まで月に1、2回くらい置いていた)、自転車についてはその後も退去直前まで自室に入

れ（もっとも、泥で部屋が汚れないよう手当てはしていた）、ベランダの躯体部分に物干しの金物を打ち込むなどの行為を行い、また、平成17年9月10日に原告から宅急便の業者を通じて本件マンション内では無断で台車を使用してはならないと警告されたにもかかわらずこれを使用し、これにより本件マンションのエントランスタイルの一部を損壊した事実は認められる（この損壊については、他にその原因となる事実が見当たらないようであり、この日の出来事を境として原告と被告俊輔の関係が悪化した事実〔これは被告俊輔も法廷供述で認めている〕からしても、被告俊輔が損壊したと認めてよいと考えられる。乙一〇はこの認定を左右するような証拠とはいえない）。

5 （オ）については、証拠（甲二三ないし二五、原告、被告俊輔）によれば、被告俊輔が本件マンションの電気メーターボックスに金属製の台車を保管していたため、原告が○○消防署の10年に1度の定期検査時に漏電の危険性がある旨を注意された事実が認められる。

6 債務不履行の該当性と損害額

（一） 前記（ア）のうち被告俊輔がスペアの鍵をごみとともに遺棄したことは賃貸借契約上の債務不履行と評価でき、その結果原告が不安を感じて鍵を交換した事実が認められる（原告）から、これに要した費用1万5750円（甲四の1）はこれにより生じた損害と認めることができる。

（二） 前記（エ）のうちベランダの躯体部分に物干しの金物を打ち込んだとの点は賃貸借契約上の債務不履行と評価できるが、これによる損害については既に被告隆志によって弁済されている（甲五）。

（三） （ア）のうち被告俊輔が平成17年9月30日の朝の退去時にごみの分別を怠った事実、（エ）のうち（二）において触れた以外の事実及び（オ）の事実は、賃貸借契約上の債務不履行と認めることができるとしても比較的軽微な態様のものも含んでおり、そのうち被告俊輔が台車使用により本件マンションのエントランスタイルの一部を損壊した点についてはこれにより生じた損害として3万円を認めることができる（甲七は原告の依頼による「見積書」にすぎないので、その金額のうち3万円を相当な損害額として認めることとする）が、その余の行為についてはこれによって原告に生じた具体的な損害が明らかではない（こうした行為が解除の一事情として主張されることはあっても、それらに基づく損害賠償請求が請求され、認められることは通常の明渡訴訟でも例がない）。

三 ①の債務不履行の有無とこれによる損害額
1 本件マンションのエントランスタイルの一部損壊については既に二で評価した。
2 その余の点については、家屋の通常の使用によって生じうる損耗（本件においても賃貸借期間は約4年間に及ぶからある程度の損耗は当然考えられる）については貸主が負担すべきものであり、それ以上の補修を要した場合にのみ債務不履行として借主がその費用を支払う義務が生じるというのが通常の考え方であるところ、甲三号証の1に掲げられた金額のうち下から2行目のハウスクリーニング等の費用については、甲六号証の1の内容をみると借主交替の場合の通常の損耗の補修ないしクリーニング工事と認められるから、原告が負担すべきものである。
　甲三号証の1のその余の費用については、原告提出の各種の関係書証（甲三九の1ないし10、14）を元に判断しても、通常の損耗の範囲を超えていない部分も含まれていると考えられるし、また、その金額についても、原告がみずから作業を行ったものを手間として金銭評価したものにすぎず（原告）、その金額に的確な客観的根拠はない。あえて金銭に評価すれば、多くともこれが6万円を超えるとは認め難い。

四 敷金による充当
1 以上二、三の損害額は合計して10万5750円である。
2 よって、敷金17万円のうち前記損害額と同額がこれに充当されることになり、原告の請求は理由がない。
3 なお付言すれば、本訴の争点とは関係はないが、被告隆志が支払った甲五のエアコン関係の工事費用についても本来支払われるべきものと評価できるかにはいささか疑問がある。

第四 結論
　以上によれば、原告の請求は理由がない。

○○地方裁判所民事第○部

　　　裁判官　　○　○　○　○

設　問

　こうした原告本人訴訟を地裁における通常の民事訴訟手続の中で取り扱うことについて、どのように考えるか。もしも何らかの問題点があるとすれば、それを是正するにはどのような立法論が考えられるか。
　また、将来弁護士強制主義が採用された場合、弁護士としてはこうした当事者の依頼にどのように対応してゆくことが相当と考えられるか。

参考事項

　　関係条文　民法616条、594条1項

解答および解説

　私は、裁判官時代には、地裁における通常の民事訴訟手続という器の中で原告本人訴訟を取り扱うことには、当事者主義という観点からも、当事者双方にとっての利益という観点からも問題があるのではないかと、また、その解決策としては選択的な特別訴訟手続を設けることが最も望ましいのではないかと考えていた。
　具体的には、本人訴訟については、地裁においても、仮の地位を定める仮処分命令手続における双方審尋の審理および簡裁における少額訴訟手続（民訴368条以下）の審理を参考にした選択制の特別訴訟手続を創設することが考えられよう。
　こうした手続であれば、主張立証はわずかな期日、短い期間で集中して行うことができ、原告が勝訴すべき事案についてはその早期救済に資するであろう。逆に、原告の請求におよそ理由がない事案については、被告の応訴の負担が大幅に軽減されよう。
　具体的には、争点整理については、訴状提出時に受付係の書記官が最低限の補正をさせた後、第1回期日前の時点において、審理を担当する書記官が、一定程度の後見的な役割を果たしつつ、最低限審理のテーブルに乗せられるレヴェルのものを整理させるなどのその準備への協力を行うことが可能になるであろう。書証についても、事前に書記官がその整理に協力し、写しに番号を振らせておくなどの準備を行うことが考えられよう。こうした事前の準備によって原告の主張立証の大綱が明らかになっていれば、被告の応訴の負担も相当に軽減されるのではないかと思われる。
　このような事前準備が行われるならば、ある程度細かな争点整理の必要な事案

であっても、最初の期日を争点整理と書証の証拠調べに充て、次の期日に同行可能な証人や本人を集中的に取り調べることによって、2期日程度で審理を終えることが十分に可能ではないかと思われる。

その詳細（設問に対するひとつの解答でもある）については、瀬木・要論第2部第8章「本人訴訟と特別訴訟手続」を参照されたい。

さて、本書に「原告本人訴訟」のセクションを設けたのは、その現状を知っていただくだけではなく、原告本人訴訟のあり方を検討することによって、「なぜ弁護士という職業、制度が設けられているのか。本人訴訟ではどこがまずいのか」という、より本質的な問題についても、実際の事件の検討を通じて考えていただきたかったからである。

そのような観点から、ふたつの事件のうち最初のもの（本件）については、比較的問題の少ないものを選んでみた。本件の訴えは、法律家の目からみればどうかということがあるかもしれないが、訴えを提起した本人としてはきわめてまっとうな内容と金額の請求のつもりなのである。

人間としてみても、原告は、思い込みと向こう意気の強いところがあり、バランス感覚もよくはないとしても、特別に変わった人というわけではなかった（本件判決につき、原告は、書記官に対して、「控訴するつもりはないです。被告らから、判決に従って充当された残りの敷金を返還してくれと言われているが、どうすればよいのでしょうか」との電話をしてきており、判決内容の当否を判断する理解力も、一定の常識も備えていた）。

そのことを踏まえた上で、法的素養がなく、したがって、自己の視点を離れた視点から自己の言い分の当否を客観的に判断することがなかなか困難な原告本人による訴えについて地裁における通常の民事訴訟手続で審理を行うことの当否という上記の問題についても、もう一度よく考えてみていただきたい。

判決の内容については説明は不要と思うので、審理のあり方について述べておくと、私は、原告本人訴訟については、和解が難しい場合には（原告本人訴訟では、相手が請求の大筋を認めており、一定の支払の意思もあるなど和解の可能性が大きい事案ではすみやかに和解が成立する。そうでなければ判決になることが多い）、大筋を押さえた争点整理をなるべく早期に終え、その後本人尋問を行って判断していた。

本件のような事案については、現在であれば少額訴訟（民事訴訟法368条以下）で対応することになろう。

また、この事案は、訴額からして弁護士が受任して引き合うような事案ではな

いので、多くの弁護士は受任を断るのではないかと思う。しかし、訴額がより大きくなる場合にはどうかということはある。将来弁護士強制主義が採用された場合には、弁護士が、現在はもっぱら裁判所が対応しているこうした当事者の依頼にどのように対応してゆくかを考えなければならないことになるだろう。

つまり、勝訴の可能性に乏しい事案、場合によってはその正当性も乏しい可能性のある事案についての受任拒否の可否、基準という広い意味での弁護士倫理上の問題、公益的な問題に正面から答えるよう迫られることになる。これは、いわゆる「開かれた問題」のひとつであり、一義的な解答は出しにくいが、個別事案の性格をよくみて判断するしかないであろう。ただ、弁護士強制主義が採用される場合には、無条件の（特段の理由のない）受任拒否の権利は認められにくくなる可能性があると思う。

その意味では、原告本人訴訟の問題が裁判所だけの問題ではないことは、弁護士も理解しておく必要があると思う（設問）。

なお、あくまで私が見聞きした範囲（東京地裁、さいたま地裁）のことであり、どこまで一般化できるかという問題はあるが、原告本人訴訟については、2000年代後半以降の変化が著しく、この間、問題のある本人訴訟の割合はかなり減少しているという印象があった。

これには、弁護士数の増加にもかかわらず、地裁民事訴訟における本人訴訟率が近年高くなってきていたことも関係しているかもしれない（新堂幸司『新民事訴訟法〔第五版〕』〔弘文堂〕185頁の統計表参照）。

また、インターネットから得られる情報が豊富になったために、簡単な事案（ことに被告が本格的に争わない事案）であれば、一定の能力を備えた人々がみずから訴状や準備書面を作成することが可能、容易になったことや、司法書士の多くが上記のような文書の作成に手を染めるようになってそうした業務に慣れてきたという事情も関係しているのかもしれない。

要するに、あくまで以前に比べればの話ではあるが、ことに首都圏においては、本人訴訟は正常化してきており、病理的な側面が小さくなってきていた。併せて、上記のような訴訟なら素人でもできるという認識が社会に広まってきていた。そういうことかと思われる。

ここでも、あるいは、法律家が社会に取り残されかねない状況が生じ始めているのかもしれない。

和解の可能性
　原告本人訴訟では、請求自体に一定の合理性があり、かつ、事実関係にそれほど争いがない事案でない限り、和解は難しいことが多い。
　本件についても、第一審では、およそ和解の余地はなかった。

第15 原告本人訴訟（2）

43 損害賠償請求事件

事案・争点 ➡ 原告本人訴訟のあり方と問題点

判　決

平成○○年○月○日判決言渡　同日原本領収
裁判所書記官　　　　○　○　○　○
平成14年（ワ）第1044号　損害賠償請求事件
口頭弁論終結日　平成○○年○月○日

判　決

東京都○○区○○町○丁目○番○号
　　　原　　　　　　告　　宮　沢　典　介
東京都○○区○○町○丁目○番○号
　　　被　　　　　　告　　中　村　和　彦
前記同所
　　　被　　　　　　告　　中　村　京　子
　　　被告ら訴訟代理人弁護士　　○　○　○　○

主　文

一　原告の請求をいずれも棄却する。
二　訴訟費用は、原告の負担とする。

事実及び理由

第一　請求
　一　被告中村和彦は、原告に対し、金500万円及びこれに対する平成14年10月30日から支払済みまで年5分の割合による金員を支払え。
　二　被告中村京子は、原告に対し、金200万円及びこれに対する平成14年

10月24日から支払済みまで年5分の割合による金員を支払え。

第二　事案の概要
　一　事案の要旨
　　1　被告中村和彦に対する請求原因
　同被告（以下「被告和彦」という）は、平成14年3月12日以降、原告が経営する○○コンビニエンスストア野沢店（以下「原告店」という）に勤務し、同年4月1日以降8月上旬まで店長であったところ、そのような立場にありながら、①平成14年4月14日3万5413円、同月18日1万2041円、同月25日6041円、同月28日4万9594円の現金をレジから、②同年6月27日に18万円の現金を店内で、③同年7月28日に91万5694円の現金を金庫から、いずれも横領ないし窃取し、また、④ごみ処理券、テレホンカード等の商品の横領ないし窃盗により同年9月2日の棚卸しの段階で金額にして73万6338円の損害を原告に生じさせた（以上合計193万5121円。不法行為に基づく損害賠償）。

　また、被告和彦は、⑤同年8月19日に友人の原田及び塚本と共謀して、○○コンビニエンスストア野沢2号店の経営者を売上金を奪う目的で襲い、窃盗容疑で逮捕、起訴されたところ、同逮捕の事実は大きく報道された。これにより経営者、雇傭主としての原告の信用は失墜し、原告店の来店客が大幅に減少し、原告は、その名誉信用を大きく毀損された。その慰謝料は306万4879円を下らない（不法行為に基づく慰謝料。なお、金額は原告の被告和彦に対する請求金額500万円から前記の損害賠償額を控除した金額である）。

　遅延損害金の起算日は訴状送達日の翌日である。
　　2　被告中村京子に対する請求原因
　被告中村京子（以下「被告京子」という）は、被告和彦の母親であるが、原告及びその友人である大村徹平（以下「大村」という）が1に記載した原告の被害内容のうちその時点までに判明していたものについて平成14年8月17日ころに話合いを求めたところ、これを拒否するのみならず原告を誹謗中傷する言動をし、また、これにより被告和彦による同年8月19日の前記犯行を抑止する機会を失わせ、さらに、同事件後、被告和彦の部屋にあったものを引き揚げて証拠を隠滅した。

被告京子の前記行為は原告に対する不法行為を構成するものであり、その慰謝料は200万円を下らない。

遅延損害金の起算日は訴状送達日の翌日である。

二　被告らの答弁

被告和彦が原告主張のころ原告店に勤務したことと、同被告が原告主張のころに窃盗容疑で逮捕、起訴されたことを認めるが、その余の事実は争う。

第三　判断

一　被告和彦が原告主張のころ原告店に勤務したことと、同被告が原告主張のころに窃盗容疑で逮捕、起訴されたことについては、当事者間に争いがない。なお、被告和彦が店長であったか否かについては、本件の請求原因に直接関わる事柄ではないが、証拠（甲6、原告、被告和彦）によれば、被告和彦は、平成14年4月ころ以降は一応従業員中の責任者的な立場で勤務していたことは認められる（原告のいう「店長」の意味もこのことを超えるものではないと解される）。

二　被告和彦に対する請求について（第二の一1の①以下の番号で特定）

1　まず、①ないし④の各項目に共通の事柄であるが、原告主張の現金の紛失について、原告が逮捕起訴等されたことを示す証拠は存在しない。

また、原告店で勤務する従業員は常に複数であり、そのことは原告の主張する金銭や商品（テレホンカード）の紛失時においても同様であったことは、原告自身がその供述で認めるところである。

以下の判断はこのことを前提としている。

2　①の点に関する原告の主張に沿う証拠（甲7、8、原告、有野証人）は、要旨、「被告和彦が勤務している際にこれらの比較的多額の現金不足が生じている。被告和彦が金銭をレジから取り出していること自体は目撃した者もなく、防犯ビデオでも確認できなかったけれども、現金不足の生じたころの時期に何者かによってビデオの電源が切られていたことがあったことやそのころから被告和彦の金回りが良かったことなども総合すると、被告和彦がレジから金銭を取ったものとしか思われない」という内容であって、それ自体、推測の域を超える内容とはいい難いし、原告自身、「平成14年7月ころまでは被告和彦をそれほど強く疑ってはいなかった」と供述しており、結局、前記の供述の根拠は、被告の原告店退職とその後の逮捕の後に振り返っ

て考えると被告和彦が非常に疑わしい、ということに尽きると考えられる。
　一方、被告和彦はこれを否定する供述をしている。
　そうすると、原告の主張に沿う前記の証拠から、被告和彦の横領ないし窃盗を認めることは困難である。
　3　②の点に関する原告の主張に沿う証拠（甲7、8、原告）は、要旨、「被告和彦が当日の午後1時にレジ締めを行った時点では過不足はなく、その後20万円近い公共料金を支払に来た客があり、さらにその後に被告和彦が現金を銀行に預金しに行った。ところが、同日の午後6時には18万円の不足が発生しており、これは、被告和彦がこの間、銀行へゆく前に前記20万円の一部を店内で着服したものとしか思われない」という内容であって、やはり、それ自体、2の場合同様、推測の域を超える内容とはいい難い。
　一方、被告和彦はこれを否定する供述をしている。
　そうすると、原告の主張に沿う前記の証拠から、被告和彦の横領ないし窃盗を認めることは困難である。
　4　③の点に関する原告の主張に沿う証拠（原告）は、要旨、「店の奥にあるバックルーム内の金庫に入っている現金が盗まれたところ、当日午後6時には別の従業員が金庫を閉めており、それが午後9時には開いており、ビデオによれば被告和彦が金庫を覗いているような状況もあるので、被告和彦が怪しい」というものであり、やはり、それ自体、2の場合同様、推測の域を超える内容とはいい難い。
　一方、被告和彦はこれを否定する供述をしている。
　そうすると、原告の主張に沿う前記の証拠から、被告和彦の横領ないし窃盗を認めることは困難である。
　5　④の点のうちテレホンカードに関する原告の主張に沿う証拠（甲8、原告、有野・友田証人）は、要旨、「④の棚卸し時の不足商品の多くは、ごみ処理券、ついでテレホンカードであったところ、平成14年7月にテレホンカード3万円相当が、従業員しか手を触れられない場所にあったにもかかわらず短時間の間に紛失しており、その時の勤務従業員は被告和彦、有野、友田の3名であったところ、被告和彦がテレホンカードの配達を受け取っており、また、被告和彦以外の従業員はこれに触れていないと言っているから、被告和彦が怪しい」というものであり、やはり、それ自体、2の場合同様、推測の域を超える内容とはいい難い。

④の点のうちごみ処理券に関する原告の主張に沿う原告の供述は、要旨、「被告和彦が勤務していた当時ごみ処理券が発注を繰り返してもなくなっていたところ、被告和彦の退職後に友田から後記のようなことを聞いた」というものであり、友田証人のそれは、要旨、「被告和彦と一緒に住んでいた平成14年の6、7月ころに、被告和彦の自宅でごみ処理券らしいものの0.5センチメートルくらいの束を見たように思う。もっとも、そんなにちゃんと見たわけではない。その時には特に不審は抱かなかったが、後に友田がごみ処理券とテレホンカードを取ったと同被告が言っていると聞いてから、同被告が犯人だと思うようになり、先の事実を原告に告げた」というものであって、やはり、それ自体、2の場合同様、推測の域を超える内容とはいい難い。

　一方、被告和彦はこれらを否定する供述をしている。

　そうすると、原告の主張に沿う前記の各証拠から、被告和彦の横領ないし窃盗を認めることは困難である。

　6　以上のとおりであって、①ないし④の点に関しては、原告は、民事訴訟における立証責任を果たしたものとはいい難い。原告は、被告和彦の在職時に集中して前記のような紛失が起こっているところから被告和彦が怪しいと主張するが、たとえそうした紛失の事実があるとしても、原告のいうような推測に従って裁判を行うことはできないのである。

　7　⑤の点については、平成14年8月19日に被告和彦が友人の原田及び塚本と共謀して、○○コンビニエンスストア野沢2号店の経営者を売上金を奪う目的で襲い、窃盗容疑で逮捕、起訴され、これが報道されたこと自体は、同被告も逮捕、起訴の事実については認めており、また、その余の事実も証拠（甲3、4）により認められるけれども、一般的にいって、従業員の犯罪報道がそれだけで雇傭主に対する関係で不法行為を構成するとみることは困難であるし、加えて、本件においては、被告和彦が犯行以前に原告店を事実上退職していたことも報道されており（甲3、4）、また、一方の記事においては原告店の名称すら報道されていない（甲4）のであって、そうすると、以上のような報道によって被告和彦の原告に対する不法行為を認めることは困難である。

　三　被告京子に対する請求について

　被告京子に対する請求のうち、原告及びその友人である大村が平成14年8月17日ころに話合いを求めたところ、同被告がこれを拒否したとの点に

ついては、乙1（同被告の陳述書）によっても一応認められるところである。しかし、被告京子が被告和彦の母親であるというだけの理由で前記のような話合いに応じなければならないとは認められないし、前記の話合い拒否と被告和彦の前記犯行との間に法的な因果関係を認めることもできない。よって、被告京子の話合い拒否が原告に対する不法行為を構成するとは認め難い。

　被告京子が原告を非難する言動をしたとの点については、原告の供述によれば一応そのような事実が認められないではないが、これは、乙1によれば、原告や大村に反発しての売り言葉に買い言葉的なものであったと認められるし、その程度についても原告らのそれを超えるようなものであったことを示す的確な証拠はないから、これが原告に対する不法行為を構成するとは認め難い。

　被告京子が被告和彦の部屋にあったものを引き揚げて証拠を隠滅したとの点については、これを証するに足りる的確かつ客観的な証拠は存在しない。

第四　結論
　以上によれば、原告の請求はいずれも理由がない。

　　○○地方裁判所民事第○部

　　　　裁判官　　○　○　○　○

設　問

1　42事件の設問に同じ。
2　本件をひとつの素材として、証明責任の意味と機能、ことに現実の訴訟におけるその働き方について考察せよ。

参考事項
　関係条文　民法709条

解答および解説

　本件は、横領ないし窃盗に基づく損害賠償請求事件だが、横領（に準じる）類型については、不法行為のセクションにおける20事件がはるかに本格的な事実認定上の争いを含んだ事案といえる。

　ここでこの事案を選んだのは、不法行為という側面からではない。この事案が、原告本人訴訟としてみても、42事件と異なり、紛争の経緯、訴えの内容、訴え提起の目的等において通常の事案とはいささか質の異なるものが感じられる類型だからである（請求の内容自体についてみれば、42事件についても、法律家の感覚からすれば首を傾げる部分はあるが、紛争の経緯、訴えの内容、訴え提起の目的等についてみれば、およそ常識的な範囲を超えているというまでのものではない）。

　もっとも、本件請求のうち被告京子（被告和彦の母親）に対するものは誰でも問題外だとすぐにわかるであろうけれども、主たる被告である被告和彦に対する請求については、たとえば司法修習生として本件の人証調べや記録をみた場合でも、それほど明白ではなく、ある程度の経験を積んだ裁判官でないと迷う部分が出てくるのではないかと考える。

　つまり、本件は、まさに、証明責任が問題となる事案なのである。

　被告和彦が、原告の店舗において何らかの（つまり、本件請求にかかる以外の態様のものをも含めた）違法行為をはたらいた可能性が皆無であるかといえば、そこは証拠上も微妙である。原告の訴え提起の動機は、被告和彦の原告店退職とその後の逮捕の後に振り返って考えてみると被告和彦の行動が非常に疑わしく思え、被告和彦在職時の原告との関係も悪かったであろうことからくる感情的なしこりに火がつき、「そうだ。どうもおかしいと思っていたが、考えてみればあいつに違いない！」ということになった、ということであろう。そのことは容易に想像がつく。

　しかし、原告の具体的な主張（請求原因）自体、争点整理の過程できちんとまとめさせることが困難なほどあいまいなものであったし、また、原告店舗の金銭や商品等の管理についてもきわめてずさんな部分があることが、そうした主張からも、また、証拠調べの結果からもうかがわれた。

　そうした全体的な状況の中での立証であることは頭に入れておく必要がある（もっとも、これについても、せいぜい弁論の全趣旨〔民事訴訟法247条〕を超える事柄ではない。当事者に対して属人的な一定の印象を抱き、判断がそれに引きずられること

は、裁判官としては厳に避けるべき事柄である。そうした「印象」は、証拠調べや事実認定の際には意識的に捨象しなければならない。私の経験では、刑事では陪審裁判が当たり前のアメリカにおいても民事陪審はあまり評判がよくなかったが、それは、民事陪審が、法的な思考方法に慣れていないことのほかに、こうした「印象」に引きずられやすい傾向があることにもよるのではないかと感じられた）。

　以上を踏まえて判決をもう一度お読みいただくならば、本件における「判断」が、もっぱら、原告は証明責任を果たしたか、あるいは、原告の主張に推測、憶測を超える的確な根拠があるか、といった観点から厳密に行われていることが理解されるはずである。

　通常の民事訴訟では、証明責任が意識されることはそれほど多くない。双方当事者の主張にかかるストーリーのいずれがより説得力があるかの勝負という感覚で審理が進むのが普通であり、証明責任は、主張責任が証明責任に従うことを踏まえた審理のガイドラインとして機能しているにすぎない。しかし、証拠が決定的に不足している事案では、証明責任が正面から問題とされることになる。

　おおざっぱにいうと、民事訴訟において証明責任で決着が付く事案は、原告本人訴訟の例が多い。

　なお、本件の結論は、証明度（22事件の「解答および解説」参照）について、「高度の蓋然性」、「証拠の優越」のいずれの考え方を採っても変わらないであろう（設問2）。

　なお、設問1については、42事件の「解答および解説」を参照されたい。

和解の可能性

　およそ和解の余地のある事案ではない。

［著者略歴］
瀬木比呂志（せぎ・ひろし）
1954年名古屋市生まれ。東京大学法学部在学中に司法試験に合格。1979年以降裁判官として東京地裁、最高裁等に勤務、アメリカ留学。並行して研究、執筆や学会報告を行う。2012年明治大学法科大学院専任教授に転身。民事訴訟法、同演習、民事執行・保全法等を担当。専門書の著書として、研究の総論『民事訴訟の本質と諸相』、体系書『民事保全法〔新訂版〕』、『民事訴訟実務・制度要論』（各日本評論社）、論文集『民事裁判実務と理論の架橋』（判例タイムズ社）等、一般書の著書として、日本の裁判所・裁判官制度および裁判の包括的批判『絶望の裁判所』、『ニッポンの裁判』（各講談社現代新書）、リベラルアーツの総合案内書『リベラルアーツの学び方』（ディスカヴァー・トゥエンティワン）、創作『黒い巨塔 最高裁判所』（講談社）等、また、関根牧彦の筆名による『内的転向論』（思想の科学社）、『心を求めて』、『映画館の妖精』（各騒人社）、『対話としての読書』（判例タイムズ社）がある。『ニッポンの裁判』により第2回城山三郎賞を受賞。

ケース演習　民事訴訟実務と法的思考

2017年3月25日　第1版第1刷発行

著　者──瀬木比呂志
発行者──串崎　浩
発行所──株式会社 日本評論社
　　　　〒170-8474／東京都豊島区南大塚 3-12-4
　　　　電話 03-3987-8621（販売）-8601（編集）／振替 00100-3-16
印刷所──精文堂印刷株式会社
製本所──株式会社松岳社
装　幀──レフ・デザイン工房
検印省略　ⓒH. Segi 2017
ISBN 978-4-535-52178-0　Printed in Japan

[JCOPY]〈㈳出版者著作権管理機構 委託出版物〉
本書の無断複写は著作権法上での例外を除き禁じられています。複写される場合は、そのつど事前に、㈳出版者著作権管理機構（電話03-3513-6969、FAX 03-3513-6979、e-mail：info@jcopy.or.jp）の許諾を得てください。また、本書を代行業者等の第三者に依頼してスキャニング等の行為によりデジタル化することは、個人の家庭内の利用であっても、一切認められておりません。

民事訴訟の本質と諸相
──市民のための裁判をめざして

瀬木比呂志／著

裁判官と司法の「存在被拘束性」の正体に肉薄する
比類なき内省的考察の書

日本人の法意識は変わったか？　司法に対して日本人が抱いている幻想とは？　法律実務家を特徴づける精神構造とは？……長年の裁判官生活に終止符を打った著者が、自己を縛ってきた環境と正面から向き合い、その本質を鋭く問いかける瞠目の論考。

◆ISBN978-4-535-51950-3／A5判／本体4000円+税

民事保全法【新訂版】

瀬木比呂志／著

定評ある決定版体系書、待望の大幅増補新訂版

「弁護士と当事者のための民事保全」の実現をめざしつつ、研究者の視点から理論面を徹底的に見直し、民事訴訟法・執行法との整合性をさらに高めた新訂版。

◆ISBN978-4-535-51996-1／A5判／本体7400円+税

民事訴訟実務・制度要論

瀬木比呂志／著

実務と理論を見事に融合した弁護士必携の決定版体系書

著書の裁判官経験の総決算ともいうべき旧版『民事訴訟実務と制度の焦点』を、研究者の視点に立った大幅な増補とアップトゥデートをもとに全面的にリニューアル。著者ならではの明快で具体的な記述は、学生をも無理なく実務の理解へと導く。

◆ISBN978-4-535-52089-9／A5判／本体6500円+税

日本評論社　https://www.nippyo.co.jp/